Eva Biringer

Un-abhängig

Vom Trinken und Loslassen

HarperCollins

3. Auflage 2024
Originalausgabe
© 2022 Jahr by HarperCollins in der
Verlagsgruppe HarperCollins Deutschland GmbH, Hamburg
Abbildung Innenklappe: Edvard Munch, Der Tag danach © akg-images
Gesetzt aus der Dante
von Pinkuin Satz und Datentechnik, Berlin
Druck und Bindung von CPI books GmbH, Leck
Printed in Germany
ISBN 978-3-365-00016-8
www.harpercollins.de

Für meine Freundinnen und Freunde,
die nicht immer da sind,
aber immer bei mir

Falls sich jemand die Frage stellt, warum sich ein feministisches Buch dem Gendern verweigert: Es ist ja nicht so, dass ich mir keine Gedanken über dieses Thema mache, im Gegenteil. Sowohl beim Schreiben als auch beim Sprechen wähle ich die jeweilige Form mit Bedacht. Trotzdem habe ich mich bewusst gegen das Gendern mit Sonderzeichen entschieden, aus zwei Gründen. Erstens macht es Texte nicht schöner. Zweitens gibt es im Deutschen (noch) keine einheitliche Regelung. Mal ist es der Stern, dann ein Doppelpunkt oder Schrägstrich, dann wieder ein Binnen-I. Versprochen: Wenn sich der Duden mal für etwas entschieden hat, bin ich sofort an Bord. Bis dahin ist meine persönliche Strategie oft die Wahl der weiblichen Form, auch wenn damit beide Geschlechter gemeint sind (Superheldinnen), manchmal auch die doppelte Nennung (Superheldinnen und Superhelden), oder, falls möglich, die neutrale Form (Fliegende).

Inhalt

Das Bild 13
Die Flasche 27
Das Dorf 67
Die Frauen 84
Die Männer 115
Der Hunger 133
Die Stadt 154
Die Arbeit 177
Die Liebe 202
Die Wunde 225
Die Hilfe 250
Das Ende 283
Der Anfang 305

Danke 337
Anmerkungen 339

I feel my story's still untold
But I'll make my own happy ending

Róisín Murphy

Das
Bild

Auf meiner schwarzen Kommode stand jahrelang eine Postkarte mit einem Gemälde des norwegischen Malers Edvard Munch. Es zeigt eine schlafende Frau in unbequemer Pose, ein Bein eingeknickt, das andere aufgestellt, ein Arm ragt schlaff über die Bettkante. Zum wadenlangen olivgrünen Rock trägt sie schwarze Strümpfe, die weiße Bluse ist leicht verrutscht und erlaubt einen Blick auf ihren Brustansatz, ihre dunklen Haare berühren den Boden. Vor ihr auf dem aus der linken unteren Ecke ins Bild hineinragenden Tisch stehen zwei Flaschen, eine durchsichtige und eine, die vermutlich mal Rotwein enthielt, von denen zumindest die erstere leer ist, außerdem ein zu einem Drittel gefülltes – oder zu zwei Dritteln geleertes – Glas. Anmutig wirkt die Frau mit ihrer elfenbeinfarbenen Haut und dem friedlichen Gesichtsausdruck. Wenn man Glas und Flaschen ausblendet, reiht sie sich perfekt ein in die Galerie schlafender Schönheiten als zentrales Motiv der westlichen Kunstgeschichte. Auch ohne zu wissen, dass der Schöpfer des Bildes ein bis an sein Lebensende unverheirateter Norweger war, ist der männliche Blick unverkennbar. Nicht nur stellt die bewegungslose Frau das perfekte Modell dar, sondern ist in ihrer Wehrlosigkeit zugleich Objekt für Fantasien und Handlungen jeder Art. Man muss gar nicht so weit gehen und die Möglichkeit einer Vergewaltigung hineinlesen. Es reicht die Erkenntnis, dass diese Frau sich bereitwillig dem Blick darbietet, ihr Körper eine Einladung darstellt, die Linie ihres Brustbeins ein Versprechen.

Beim Betrachten neigt man dazu, eine Zeitlichkeit in die Szene zu lesen. Was geschah in der Nacht zuvor? Wahrscheinlich hat die Frau die vor ihr auf dem Tisch stehende Weinflasche getrunken und ist dann in dieser unbequemen Position eingeschlafen. War sie vorher allein oder in Gesellschaft? Falls Letzteres zutrifft, wohin sind die Mittrinkenden verschwunden, und warum hatten sie sie nicht zugedeckt? Hatte sie beim Trinken geraucht? Ein Stück Baguette gegessen oder Schokolade? Hat sie Musik gehört, wenn ja, welche?

Für mich liegt in diesem 1894 entstandenen Gemälde eine ganze Welt. Man kann es auf ganz verschiedene Art lesen, als Dokument einer aufregenden Nacht, deren Protagonistin sich Freude gegönnt und sich durch deren Nachwirkungen für mindestens einen halben Tag der kapitalistischen Verwertungslogik entzogen hat, denn eines ist sicher: Produktiv arbeiten wird sie heute nicht. Man kann darin aber auch das Sinnbild von Einsamkeit sehen, ungestillte Sehnsüchte und eine innere Leere, die versuchsweise mit dem Flascheninhalt gestillt wurde. Oder aber man fokussiert sich auf den voyeuristischen Blick. Wer garantiert, dass keine Gewalt ausgeübt wurde? So ein weiter Rock ist schnell hochgeschoben, die gierigen Hände hätten nicht mal einen BH aufhaken müssen. In ihren Träumen ist diese Frau von allem Bösen beschützt. In Wahrheit ist sie es nicht. Das Gemälde trägt den Titel *Der Tag danach*.

Die Kunsthistorikerin Ingeborg W. Owesen sieht darin einen Beweis für das vielschichtige Frauenbild seines Urhebers. Zu Unrecht werde dieser als misogyn dargestellt, viel eher habe er regen Anteil genommen an den enormen gesellschaftlichen Veränderungen seiner Zeit, die insbesondere den Kampf um Geschlechtergerechtigkeit betrafen. 1913 erhielten die Bewohnerinnen des skandinavischen Landes das Wahlrecht, sie gingen ins Kino und tauschten ihre Korsetts gegen bequeme Kleidung. 1929 notierte Munch in seinem Tagebuch: »Ich habe den Übergang zur Frauenemanzipation miterlebt.« Anders als viele von Munchs Zeitgenossen sieht Ingeborg W. Owesen in der Protagonistin in *Der Tag danach* keine Prostituierte, sondern eine selbstbestimmte Frau, die genauso Spaß haben kann wie die Männer – und hinterher auf die gleiche Weise dafür büßt. »Dieser Typus der befreiten Frau ist nicht auf eine vollendete und mütterliche Rolle festgelegt. Hier stellt Munch sie als dem Manne gleichgestellt dar, auch sie kann Euphorie erleben, sei es durch Rauschmittel oder Sex ausgelöst. In Munchs Bildwelt finden wir Frauen, die sich mit Männern vergnügen. In diesem Fall wird die verkatert auf dem Bett liegende Frau weder mit Verachtung noch mit Bewunderung dargestellt, sondern mit der stillschweigenden Feststellung, dass sie wie ihr männliches Gegenstück den unvermeidlichen Tag danach erleben muss.«[1] Und zwar zu Zeiten der Abstinenzlerbewegung, die um die Mitte des 19. Jahrhunderts auch Norwegen erfasst hatte. Während männlicher Alkoholkonsum zunehmend als Problem gesehen wurde, sollten Frauen, bitte schön, ganz die Finger davonlassen. So gesehen ist Munchs schlafende Schöne eine Rebellin.

All das wusste ich früher nicht, aber hätte ich es gewusst, hätte mir das Bild noch viel besser gefallen. Dass mich diese Postkarte so lange begleitete, von einem stuckverzierten WG-Zimmer ins nächste, sagt viel aus. So wie diese Frau sah ich mich selbst. Wie oft erwachte ich in einer ähnlich unbequemen Position, mit mascaraverklebten Augen und trockenem Mund, geblendet vom Licht eines Tages, auf den ich gerne verzichtet hätte. Je länger ich das Bild betrachte, desto mehr scheint es zu pochen – der Schlag eines erhöhten Pulses, der Schmerz eines Kopfes, der mit dem Acetaldehydabbau beschäftigt ist. Eine Flasche Wein, das war auch meine ideale Menge, gewissenhaft, wie ich war, stand daneben stets eine Flasche Wasser – *stay hydrated!*

Die Frau auf dem Bild, das hätte ich sein können, so viele Jahre lang, mit einem Unterschied: Munch hätte vergessen, meine Kopfhörer ins Bild hineinzumalen, weil Trinken und Musik für mich untrennbar zusammengehörten. Von den vielen Anlässen, zu denen ich gerne trank, war mir dieser der liebste: allein im Bett, mit Zugriff auf meine mehrere Tausend Titel umfassende Musikbibliothek. Stundenlang konnte ich so daliegen und träumen und mir all die Gefühle erlauben, die ich tagsüber so erfolgreich verdrängte, das volle Glas immer in Reichweite. Meist endete die Sache damit, dass ich von einer Sekunde auf die andere in einen komatösen Schlaf fiel; im Englischen gibt es dafür den Begriff *pass out*. Egal wie ich den vorangegangenen Abend verbracht hatte, mit sittsamen ersten Gläsern Rotwein zum Radicchiorisotto oder mit Freundinnen in einer Bar oder mit Fremden im Club – oft freute ich mich die ganze Zeit über auf den Moment, in dem ich meine müden Glieder endlich in mein eigenes Bett fallen lassen konnte. Mit niemandem teilte ich diesen Moment lieber als mit meiner großen Liebe, von der ich sicher sein konnte, dass sie mich nicht einfach so verlassen würde: dem Alkohol.

Früher empfand ich Munchs schlafende Schöne kaum als wehrlos, erst als ich selbst die Erfahrung machen musste, dass der männliche Blick sich nicht immer mit Zusehen begnügt, änderte sich das. Die Postkarte auf meiner Kommode war identitätsstiftend, zugleich aber auch eine Mahnung an mich selbst, mein Trinken im Auge zu behalten. Solange ich ein Bewusstsein dafür hatte, so glaubte ich, wäre ich sicher. Mir musste niemand sagen, dass mein Trinken längst die Grenzen der Normalität überschritten hatte, diese Aufgabe erledigte meine innere Kritikerin tadellos. In der scheinbar bewussten Entscheidung zur Flasche Wein neben meinem Bett lag für mich eine große Freiheit. Die Freiheit, sich zu verschwenden, dem Moment hinzugeben, so endlos wie einem auf Repeat gestellten Lieblingssong. Die Freiheit, nicht an den Tag danach zu denken. Dass meine Welt nach und nach auf Postkartenformat zusammenschrumpfte, sah ich lange Zeit nicht.

★★★

»Hier sind die Fragen, die wir uns stellen müssen: Ist Alkohol das Steroid der modernen Frau geworden, das es ihr erlaubt, dieses schwere Dasein in einer unendlich komplexen Welt zu stemmen? Ist er das Ventil, das Frauen brauchen, am Beginn einer sozialen Revolution? Wie viel davon ist Marketing und wie viel davon das Bedürfnis, sich zu betäuben?«

Ann Dowsett Johnston, *Drink. The Deadly Relationship between Women and Alcohol*[2]

Schon seit Jahren geht der Alkoholkonsum in Deutschland zurück. Von 15,1 Liter im Jahr 1980 auf weniger als 11 Liter im Jahr 2018.[3] Der Konsum Jugendlicher ist sogar auf einem historisch niedrigen Stand, fast 40 Prozent haben noch nie welchen getrunken.[4] Bei einer Gruppe jedoch steigt er: den emanzipierten Frauen. Jenen Frauen, die trotz Fünfzigstundenwoche noch Zeit für Pilates finden, morgens vor der Arbeit laufen gehen und sich anschließend einen 6-Euro-Ingwershot gönnen. Frauen, die beim Abendessen auf Kohlenhydrate verzichten und niemals den Geburtstag einer Freundin vergessen. Wenn sie Single sind, dann nicht der Bridget-Jones-, sondern Carry-Bradshaw-Typ, glamourös, *sophisticated*, im Besitz eines Fitnessstudiojahresabos und begehbaren Kleiderschranks oder wenigstens genug Schuhen, um einen zu füllen. Wenn sie Mutter sind, haben sie spätestens ein halbes Jahr nach der Geburt ihren Körper wieder in Form gebracht. Detox ist für sie genau wie Bio eine Lebenseinstellung. Diese Frauen also riskieren Tag für Tag den Verlust ihres schönen, gesunden Körpers, weil sie die von der WHO empfohlene Alkoholmenge um ein Vielfaches übersteigen. Sie nehmen billigend in Kauf, dass Alkohol für rund zweihundert Krankheiten verantwortlich ist und das Brustkrebsrisiko vervierfacht. Sie arrangieren sich mit Depressionen, Stimmungsschwankungen und Angstzuständen, weil sie nun mal *ein bisschen kompliziert sind*, obwohl erwiesen ist, dass Alkohol diese mehr pusht als jeder Ingwershot. Sie gehen Beziehungen ein, die ihnen nicht guttun, und setzen sich Gefahren aus, die sie nicht mal ihren schlimmsten Feinden zumuten würden. Sie fallen hin, dämmern weg und fragen sich am nächsten Morgen, wie das schon wieder passieren konnte. Sie sind bereit, vieles zu ändern, aber nicht *diese eine Sache*. Stattdessen trinken sie einfach weiter. Einer über hundert Jahre umfassenden Studie der University of New South Wales zufolge wurde der Unterschied im Alkoholkonsum zwischen den Geschlechtern mit jedem Jahrzehnt geringer. »Alkoholkonsum und die daraus folgenden Störungen wurden historisch immer als männliches Phänomen aufgefasst«, so der Suchtforscher Tim Slade. »Das ist eine veraltete Sicht. Mittlerweile sollten besonders die jungen Frauen als Zielgruppe gesehen werden. Gerade in den Jahrgängen ab 1980 und besonders ab 1990 zeigte sich, dass Frauen fast so oft zum Rausch neigen wie Männer und – da sie weniger vertragen – fast ebenso häufig von alkoholbedingten Schäden betroffen sind. Was ›problematisches Trinkverhalten‹ angeht, liegt das Verhältnis zwischen Männern und Frauen für die Jahrgänge 1991 bis 2000 bei 1,2 zu 1.«[5] Die Autorin Holly Whitaker formuliert es so: »Die Zukunft ist weiblich, der Wein ist pink, in den Yogakursen wird Bier ausgeschenkt, und die Todesrate steigt.«[6] In ihrem Heimatland USA stirbt jede zehnte Frau einen im Zusammenhang mit Alkohol stehenden Tod. Überall auf der Welt trinken Frauen gegen ihre Zweifel an und gegen unmöglich zu erfüllende Erwartungen. 2015 zählten in Deutschland 14 Prozent zu den sogenannten Risikotrinkerinnen.[7] Bei jenen mit hohem Sozialstatus ist es sogar jede

Fünfte. Da sind die unter der Woche tadellos funktionierenden *weekend warriors**, die sich Freitagnacht in die Bewusstlosigkeit trinken, die Vorortvillenbewohnerinnen, die mit ihrem Mann jeden Abend eine Flasche Bordeaux teilen, die Studentinnen, die sich nach dem Seminar zum Astra-Trinken am Kanal treffen. In vielen Friseursalons namens »Kamm Inn« oder »Scheitelkeiten« gibt es ein Glas Sekt aufs Haus. Mehr noch als einige Jahrzehnte zuvor ist Alkohol gelebte Emanzipation. Du hast es dir verdient, Sister! Du arbeitest wie ein Mann, hast – zwinker, zwinker – dieselben Rechte wie ein Mann, also kannst du auch saufen wie einer. Von Marguerite Duras, deren alkoholbedingtes Zittern manchmal so stark war, dass sie ihre Texte diktieren musste, stammt der Satz: »Eine trinkende Frau, das ist, wie wenn ein Tier oder ein Kind tränke.« Er scheint jede Gültigkeit verloren zu haben. Die Vorstellung einer gebildeten Frau, die ab und zu ein bisschen zu viel trinkt, erscheint heutzutage nicht abstoßend, ganz im Gegenteil. Frauen mit Universitätsabschluss trinken mit doppelter Wahrscheinlichkeit täglich Alkohol als solche ohne.[8] Wo die Grenze verläuft, ist klar. Eine mit Wodka gefüllte Evian-Flasche geht natürlich nicht. Morgens trinken geht auch nicht, außer wenn man anschließend feiern geht oder bei einem Bloody-Mary-Brunch. Mittags trinken geht unter Umständen in Ordnung. Vielleicht nicht beim Businesslunch – außer man macht währenddessen die nächste Champagnergutpressereise klar –, aber auf jeden Fall beim Lunch an einem freien Tag und im Urlaub. Schnaps pur geht nicht, außer bei Junggesellinnenabschieden und in Karaokebars und in Form von Mezcal im Mexikourlaub. Allein trinken geht auf jeden Fall, nur halt keinen Schnaps. Genau genommen ist alleine trinken sogar der Inbegriff von Emanzipation. In der Badewanne, nach einer Zoom-Konferenz, beim Lesen auf dem Balkon, beim Businesstrip

---

* Ein Begriff der amerikanischen Forscherin Katherine Keyes, den ich sehr passend finde. Hoch die Hände, Wochenende? Nein, auf in den Kampf! Siehe Dowsett Johnston, *Drink. The Deadly Relationship between Women and Alcohol*, S. 50.

im ICE-Speisewagen, im Singleurlaub. Eigentlich geht auch Schnaps in Ordnung, wenn es ein Single Malt Whiskey ist, nur halt nicht aus der Flasche. Und, Moment mal: Genau genommen besteht so ein Negroni ja auch aus drei Sorten Schnaps. Meine Mama hat immer gesagt: Früher konnten die Töchter kochen wie ihre Mütter, heute saufen sie wie ihre Väter. Es stimmt. Überall um mich herum sehe ich sie, die klugen, willensstarken, ehrgeizigen, fantastischen Frauen, Kinderlose und alleinerziehende Mütter, viele von ihnen Single oder in Beziehungen mit wenig ambitionierten Männern. Diese Frauen stapeln tief, glauben, *es* nicht verdient zu haben. Ihr Leben ist ein einziger großer Selbstzweifel. Nicht für alle spielt Alkohol eine Rolle, aber für viele. Nicht für alle von diesen vielen eine so große wie für mich, aber für manche. Ich höre völlig erschöpfte Mütter, deren Partner sich nicht wie erwartet zu gleichen Teilen um den Nachwuchs kümmert, reproduktionsbereite Frauen, die als Nanny auf Spielplätzen abhängen, weil ihnen zum eigenen Kind der passende Vater fehlt, Frauen mit Heiratswunsch auf Tinder. Für alle ist das Glas Wein am Ende des Tages Belohnung, Rettungsanker und ein Maulkorb für die innere Kritikerin, denn »anders würde ich das gar nicht aushalten«. Anstatt die Verhältnisse infrage zu stellen, suchen sie die Schuld bei sich, anstatt diese Verhältnisse zu ändern, beruhigen sie die flattrigen Nerven mit Pinot Grigio, so wie ihre Mütter es vielleicht mit Valium taten. Es betrifft viele von uns, und es werden mehr.

»Wenn ich Leuten erzählte, dass ich ein Buch über Sucht und Genesung schrieb, sah ich oft, wie sich ein Schleier über ihre Augen legte. Ach so, schienen die Blicke zu sagen, dieses Buch habe ich doch längst gelesen.« Dieses Zitat stammt aus Leslie Jamisons autobiografischem Roman *Die Klarheit. Alkohol, Rausch und die Geschichten der Genesung*, der in meinem Umgang mit Alkohol eine Schlüsselrolle einnimmt. Ich weiß genau, was sie meint. Wer anfängt zu suchen, findet ziemlich viele Bücher zu diesem Thema, auch und gerade von Frauen, die ihre eigene Geschichte schildern. Im englischsprachigen Raum gibt es eine regelrechte Kultur der *sober literature* beziehungsweise *quit lit*, darunter Ruby Warringtons *Sober curious*, Laura McKowens *We are the luckiest* oder Holly Whitakers *Quit like a Woman*. Mir haben diese Bücher enorm geholfen in einer Zeit, als das Nüchternsein zum Greifen nah war und doch so weit weg wie die Toilette vom Bett, wenn ich betrunken war. Phasenweise war ich regelrecht süchtig nach den Erfahrungen anderer Frauen. Woche um Woche schleppten Amazon-Mitarbeiter (es waren komischerweise immer Männer) Pakete mit Trinkliteraturnachschub in den vierten Stock.

Ist das Thema also ausgeschrieben? Nein, denn Frauen brauchen eine Stimme. So oft wurden wir in der Vergangenheit zum Schweigen gebracht und werden es immer noch. Wir wachsen auf in dem Glauben, nicht zu viel Raum einnehmen, unsere Bedürfnisse nicht so wichtig nehmen zu dürfen. Über die eigenen *first world problems* klagen? Wie eitel. Dabei sollten wir uns vor Augen halten, dass unsere Sorgen, Ängste und Zweifel in den seltensten Fällen privat sind, sondern einen gesellschaftlichen Ursprung haben. Im Fall von Alkohol zum Beispiel. Wir treffen Freundinnen zum Brunch, Lunch oder Dinner und trinken. Wir feiern Beförderungen, *baby showers* und Bergfeste, trinkend. Wir trinken als Trost und wenn es uns gut geht. Wir belohnen uns nach einem anstrengenden Videocall mit einem Quarantini, legen uns mit einem Shiraz in die Badewanne oder öffnen dienstagnachmittags eine Flasche Jahrgangschampagner und sprechen einen Toast auf uns selbst, weil wir's können. So bringen wir unsere innere Kritikerin zum Schweigen, die bei Mädchen durchschnittlich im Alter von acht Jahren die Bühne betritt.[9] Anstatt uns zu fragen, woher dieses elementare Gefühl der Unzulänglichkeit kommt, feiern wir das Saufen als Selbstermächtigung. Ist die Zukunft wirklich weiblich und der Wein pink? Nein, die Zukunft scheint rosé zu sein, am besten runtergekühlt mit ein paar Eiswürfeln.

Es besteht ein nachweisbarer Zusammenhang zwischen dem

Grad an Emanzipation in einem Land und dem Anteil trinkender Frauen.[10] Noch dazu einen bezogen auf deren Intelligenz. Ein Artikel des *Daily Telegraph* zitiert eine Studie, wonach Frauen mit einem Hochschulabschluss eher zu riskantem Alkoholkonsum neigen.[11] Je besser ausgebildet, desto höher die Wahrscheinlichkeit, dass sie täglich trinken und Anzeichen eines problematischen Konsums aufweisen. Mädchen, die in Grundschultests gut oder sehr gut abschnitten, hatten ein mehr als doppelt so hohes Risiko. Bereits im Alter von fünf Jahren ließ sich eine entsprechende Prognose treffen. Die Studienautorinnen Francesca Borgonovi und Maria Huerta liefern mögliche Erklärungen: Gut ausgebildete Frauen bekommen später Kinder, haben also mehr Freizeit und Gelegenheit zu trinken. Sie entstammen der Mittel- oder Oberschicht, wo Trinken zum guten Ton gehört, bewegen sich in einem alkoholfreundlichen Umfeld, arbeiten eher in männerdominierten Jobs und haben mehr Geld zur Verfügung. Zu ähnlichen Ergebnissen kommt eine Studie der Columbia University, wenn sie feststellt, dass besser ausgebildete Frauen mehr trinken und verheiratete Frauen im Gegensatz zu alleinstehenden viel seltener zu Problemtrinkerinnen werden.[12] So gesehen habe ich das große Los gezogen: Master-Universitätsabschluss, erwerbstätig, die meiste Zeit meines Lebens Single.

Die amerikanische Forscherin Sharon Wilsnack bezeichnet weiblichen Alkoholkonsum als »globale Epidemie«.[13] Das Private ist eben doch politisch. Dieser Satz ist kein Joschka-Fischer-Zitat, sondern der Titel eines Artikels[14] der US-amerikanischen Feministin Carol Hanisch, erschienen im gleichnamigen Essayband. Die Message: Die Chancen stehen gut, dass deine Probleme etwas mit dem System zu tun haben. Wenn du nachts an der Bushaltestelle bedrängt wirst, ist das nicht deine Schuld. Wenn du rund 18 Prozent weniger Gehalt bekommst als ein Mann, ist das nicht deine Schuld. Auch nicht, wenn Männer dir wieder mal ungefragt die Welt erklären. Was aber, wenn du in einem fremden Bett aufwachst und dich nicht an die vorherige Nacht erinnern kannst? Wenn du kotzend über einem dir unbekannten Klo hängst und froh bist, wenn dir jemand die Haare aus dem Gesicht hält? Das soll politisch sein? Ja. Wann immer ich meine Geschichte mehr oder weniger ausführlich erzählt habe, gab es Frauen, die wissend nickten. Ich selbst hungerte ja auch nach solchen Geschichten.

Irgendwann hatte ich eine unsichtbare Grenze überschritten, vielleicht schon als ich zum allerersten Mal betrunken war, vom Rum aus dem Schrank mit den Backzutaten. Über die Jahre legte sich ein grauer Film über mein Leben, eine permanente Unzufriedenheit, losgelöst von äußeren Umständen, denn hatte ich nicht alles, Sternerestaurants, Champagnerlunches und trotz Freiberuflichkeit genug Geld für Schuhe, in denen ich nicht laufen konnte? Hatte ich. Ebenso den unerschütterlichen Glauben, dass eine betrunkene Frau auf einem öffentlichen Platz vor der Hand eines Mannes in ihrer Hose sicher ist.

Ein Problem mit Alkohol kann sich auf verschiedene Arten äußern. Etwa wenn die Vorstellung eines dauerhaften Verzichts dem Tod gleichkommt. In meiner Vorstellung gingen ganze Nationen unter: Was soll ich in Italien, wenn ich keinen Negroni trinken kann? Was in Österreich ohne burgenländischen Chardonnay? Trinken war für mich Freiheit, Rebellion, Grandezza. Abstinenz das Ende von allem. Ein Problem besteht auch, wenn viele kleine und große Unglücke zwar ein schlechtes Gewissen nach sich ziehen und jede Menge Selbsthass, aber nie ernsthafte Konsequenzen. Wenn die ganze Welt gegen uns ist, haben wir doch immer noch Mr. Perfect an unserer Seite, auch wenn diese Beziehung eine im wahrsten Sinn toxische ist. Auf lange Sicht führt sie nicht nur zu gebrochenen Herzen und Kniescheiben und dem Verlust von Portemonnaies und Selbstrespekt. Sie führt auch dazu, dass wir unser Potenzial nicht nutzen.

Ann Dowsett Johnston hat sich lange Zeit mit dem Thema Frauen und Alkohol beschäftigt. Im Hinblick auf die Valiumsucht ihrer Mutter stellt die kanadische Autorin fest: »Jahrelang kam es mir nie in den Sinn, dass Alkohol der *mother's little helper* meiner Generation war. Dabei war er genau das.«[15] Ich möchte verstehen, warum Alkohol ausgerechnet auf junge, emanzipierte Frauen eine so starke Verführung ausübt. Zunächst einmal weil das bei mir selbst so war, mehr als mein halbes Leben lang. Was bringt Frauen dazu, sich durch den Konsum eines Nervengifts kleinzumachen und das dann als Emanzipation zu feiern? Was muss passieren, um den Widerspruch zu erkennen in einem auf Gesundheit und Selbstfürsorge ausgerichteten Leben und dem schleichenden Mord des eigenen Körpers? Wo liegt die Grenze zwischen einem genussgeleiteten Alkoholkonsum und dem Missbrauch einer Substanz, die süchtiger macht als Heroin? Wie kann es sein, dass unsere Gesellschaft noch immer relativ blind ist für eine Krankheit, die allein in Deutschland über 70 000 Menschen jährlich das Leben kostet? Und so viele Frauen die Fähigkeit zum Glücklichsein? Die gute Nachricht: Es ist eine gute Zeit für den Feminismus. Es ist auch eine gute Zeit fürs Nüchternsein. Ausgehend von den USA und Großbritannien nimmt die *Sober*-Bewegung ihren Lauf, mit *Nogroni*-Bars und *Mindful Drinking*-Festivals. Es gibt unzählige Podcasts, eine wachsende Instagram-Community und Websites mit Empfehlungen zu alkoholfreien Botanicals. Immer mehr Restaurants bieten neben Wein- auch Saftbegleitungen an. Spätestens die Coronapandemie hat dem Thema eine neue Dringlichkeit verliehen. Man kann seinem Immunsystem kaum einen größeren Gefallen tun, als mit dem Trinken aufzuhören. Manche taten das. Andere tranken mehr als sonst, oft allein zu Hause. »Im Lockdown ist immer Happy Hour«, sagte der Moderator meines Lieblingsradiosenders, und ich wusste genau, was er meinte. Gleichzeitig nahm überall die häusliche Gewalt zu, oft zurückzuführen auf Alkoholmissbrauch. Die Opfer? Überwiegend Frauen.

Ich will, dass sich etwas ändert. Dass wir frei entscheiden, was gut für uns ist. Deswegen erzähle ich meine Geschichte. Ich erzähle sie als eine der Unabhängigkeit. Zunächst hatte ich ein Problem mit diesem Begriff, weil er nahelegt, dass ich mal abhängig war, und mit dieser Beschreibung habe ich ein ähnliches Problem wie mit jener der Alkoholikerin. Wochenlang kann man Google die Frage stellen, ob man alkoholsüchtig ist, ohne ein konkretes Ergebnis. Das Hundsgemeine am Alkohol ist nämlich die sehr weitläufige Grauzone des problematischen Trinkens. Manche vertreten die These, dass jeder, der regelmäßig trinkt, zumindest ein klein wenig abhängig ist. Spinnt man diese Annahme weiter, kommt man zu einer, wie ich finde, revolutionären Erkenntnis. Ich bin nur so lange abhängig, wie ich die entsprechende Substanz konsumiere. Wenn ich aufhöre zu trinken, bin ich keine Alkoholikerin mehr. Es befreit ungemein, sich nicht sein Leben lang als Alkoholikerin identifizieren zu müssen, immer nur einen Negroni vom Rückfall entfernt. Alkohol, so viel bereits an dieser Stelle, hat für mich jeglichen Reiz verloren. Es geht nicht darum, nicht trinken zu dürfen, sondern das irre befreiende Gefühl, es nicht mehr tun *zu müssen*. Anstatt sich zu fragen: »Bin ich eine Alkoholikerin?«, schlägt die britische Autorin Catherine Gray deswegen eine andere Formulierung vor: »Wäre mein Leben schöner, wenn ich nüchtern bleiben könnte?«[16] Die erste Zeit meiner Nüchternheit begleitete mich eine leise Angst: Wann würde ich aufhören, mich so gut zu fühlen? Bestimmt war das die berühmte rosa Wolke, von der alle redeten, das körpereigene High einer beginnenden Abstinenz. Daniel Schreiber nennt sie »die Farbe einer massiven narzisstischen Hochwetterfront, im Grunde ist sie die Fortsetzung der ausblendungsfreudigen Wahrnehmungsstörung des Trinkers«.[17] Sei wachsam, sagte ich mir, mach dich bereit fürs Gewitter. Irgendwann kam ich dann aber zum Schluss, dass diese grundlegende Zufriedenheit mit mir und der Welt ein Normalzustand war, gewissermaßen die Grundeinstellung meiner Hardware, bevor der Alkohol als Virus mein System angegriffen hatte. Natürlich war nicht jeder Tag von ekstatischem Glück dominiert, natürlich wendeten mir die Tiere auf dem Ponyhof des Lebens auch mal ihr Hinterteil zu, aber alles in allem war ich, wie ich erstaunt feststellte, doch ein erstaunlich optimistischer Mensch. Die *pink cloud* war gekommen, um zu bleiben. Und Rosa ist schließlich meine Lieblingsfarbe. All das möchte und musste ich aufschreiben. Mit dem Trinken aufzuhören war die vielleicht beste Entscheidung meines Lebens.

In ihrem Buch *Hunger. Die Geschichte meines Körpers* verspottet die wunderbare Roxane Gay die Behauptung, dass in jeder dicken Frau eine dünne stecke, die nur darauf warte, hervortreten zu dürfen. Was ich mit Bestimmtheit sagen kann: In jeder betrunkenen Frau wohnt eine nüchterne. Und wenn die erst mal leben darf, kann sie nichts und niemand aufhalten.

Die
Flasche

Immer wollte ich dreizehn sein. Mit neun, mit elf, mit zwölf träumte ich mich an diesen unendlich fernen Ort, verheißungsvoll und aufregend. Dreizehn als Sehnsuchtsalter ergab natürlich überhaupt keinen Sinn. Weder durfte man länger draußen sein noch Sex haben noch *Matrix* im Kino sehen. Trotzdem fieberte ich auf diesen Tag hin. Ich erinnere mich an einen Spaziergang mit meinem Vater, ich war etwa elf, bei dem ich ihm mein Leid klagte: Wie unendlich lange es dauern würde, bis aus mir ein Teenager würde (denn immerhin *das* passiert nach der Zwölf), und wie viel länger noch, bis ich sechzehn und achtzehn wäre, um endlich, endlich dieses dämliche Dorf verlassen zu können.

Träumen half. Auf dem Moodboard in meinem rosarot gestrichenen Kellerzimmer – direkt neben der Haustür, was super war, um unbemerkt zu verschwinden – hing ein Bild vom Berliner Fernsehturm, ein aus der *Glamour* ausgeschnittener Artikel über das Café Bravo in Berlin-Mitte und einer über den Sage Club, weil sich darin ein echter Pool befand, als Upgrade des bei Dorfpartys aufgebauten Schaumbads. Die Hauptstadt war *the place to be*, weswegen ich, als ich wider Erwarten doch dreizehn geworden war, den nächsten Punkt auf der Zukunftsachse setzte: achtzehn werden, bereit für die große Stadt.

Rückblickend frage ich mich, ob es mit dem Film *Dreizehn* zu tun hatte, der erschien allerdings erst 2003, als ich bereits vierzehn war. Abgesehen davon passt er exakt zu meiner damaligen Gefühlslage. Tracy ist eine Einserschülerin, die ihrer Mutter Gedichte vorliest, bis sie Evie kennenlernt, das hotteste Mädchen der Schule.* Als Duo ziehen sie Speed im lilafarbenen Kinderzimmer, klauen Höschen mit »Ich will einen Knochen«-Aufdruck, lassen sich die Zunge piercen, und beim Bauchnabel legen sie selbst Hand an. Innerhalb weniger Monate verwandelt sich Tracy in eine, die der Welt bevorzugt ihren aus der Size-zero-Jeans hervorblitzenden Stringtanga entgegenstreckt. Ihr Vater ist weg und schickt nur manchmal einen Scheck. Ihre Mutter hat genug mit sich zu tun, mit notorischem Geldmangel, einem frisch aus dem Entzug entlassenen Partner und ihrer eigenen Vergangenheit, die durch den Besuch von AA-Meetings nur vage angedeutet wird. Moment mal, trinkt die Mutter etwa Wein zum Abendessen? Ja, und später Apfelmost, gemeinsam mit ihrem von-wegen-abstinenten Boyfriend. Interessanterweise ist mir dieser Punkt damals gar nicht aufgefallen. Ich sah vor allem zwei superschlanke L. A.-Girls – Evies Diätgeheimnis sind zehn Gläser Eiswasser pro Tag –, die es krachen lassen. Die schlechte Bildqualität schob ich auf die Tatsache, dass ich den Film in Form einer illegal gebrannten DVD erworben hatte, nur um fast zwanzig Jahre später festzustellen, dass Blaustich und Handkameraoptik von der Regisseurin Catherine Hardwicke durchaus gewollt sind.** In der Anfangsszene betäuben sich die Hauptdarstellerinnen mit dem Inhalt einer Blechdose und schlagen sich gegenseitig die Unterlippe blutig. »Schlag mich fester, ich spür nichts«, sagt Tracy, bevor sie mit dem Kopf gegen den Nachttisch knallt. Anders als an seinem Schauplatz Los Angeles scheint in *Dreizehn* nicht bloß die Sonne. Evie ist von einer kindlichen Vergewaltigung traumatisiert, ihre schauspielende

---

* Deren Darstellerin Nikki Reed war zugleich am Drehbuch beteiligt, mit dem sie ihre eigenen Erfahrungen verarbeitete.
** Für Cineastinnen: Der Film wurde auf 16 Millimeter gedreht.

Cousine ein Opfer des Jugendwahns, und Tracy ritzt sich, an die Badfliesen gelehnt, mit einer Nagelschere die Unterarme auf. Diese kritischen Momente blendete ich damals komplett aus und wünschte mir stattdessen, meine katholische Privatschule gegen eine kalifornische Highschool tauschen zu können. Das Angebot, mich ohne Erziehungsberechtigteneinverständniserklärung von einem dubiosen Typ in Venice Beach piercen zu lassen, hätte ich als Teenager nicht ausgeschlagen, genauso wenig wie einige Jahre später im Wohnzimmer eines Bekannten – und so kam ich zu meinem ersten Tattoo.

Noch heute ist das Gefühl von damals leicht abrufbar, eine Mischung aus Trotz und Selbstmitleid – warum war ich nicht wie Tracy in L. A. geboren worden oder wenigstens in Tübingen, warum vergingen meine Tage so viel langsamer als bei meinen Eltern, die ständig das Rasen der Zeit beklagten? –, aus *fear of missing out*, das als Begriff natürlich noch nicht existierte, und Sehnsucht. Dass in Sehnsucht das Wort Sucht steckt, war mir selbst als Erwachsene lange nicht klar.

An mein erstes Mal Trinken erinnere ich mich ganz genau. Es war ein Freitagabend, drei Freunde, ein sturmfreies Haus. Wobei das mit der Freundschaft kompliziert war. Ich hasste Andreas von dem Moment an, in dem er den Lenker meines brandneuen Barbiefahrrads abgebrochen hatte, einfach so. Damit nicht genug, hatte er mir meine beste Freundin ausgespannt. Sandra kenne ich, seit ich denken kann, wir waren Nachbarinnen, unsere Eltern eng befreundet. Es gibt Fotos von uns im Planschbecken und beim Radschlagen im Garten, wir waren unzertrennlich, und das war schön. Dann grätschte Andreas mit seinen Jungsspielen dazwischen. Wenn ich Sandra sehen wollte, gehörte er plötzlich mit zum Paket, »Freundschaft plus« sozusagen. So auch an besagtem Freitag. Draußen war es bereits dunkel geworden. Anders als in meinem Elternhaus wurde kein Rollladen heruntergelassen, blieben die Gardinen mit Rosenmuster offen. Wir spielten Wahrheit oder Pflicht. Was ich nicht wusste: Schon im Vorfeld hatten die beiden geplant, mich, die Spießer-Eva, aus der Reserve zu locken. Damals war ich nämlich der Inbegriff der im Grundschulzeugnis gern gebrauchten Wendung »zur vollsten Zufriedenheit«, strebsam, artig, Klassenbeste. Ich zog das an, was meine Mama mir am Abend vorher über die Badewanne gehängt hatte. Andreas und meine Freundin, die ein beziehungsweise zwei Jahre älter waren, wollten wohl sehen, ob da nicht doch irgendwelche Abgründe lauerten. Ein bisschen wie das Geschwisterpaar in *Eiskalte Engel*, nur halt ohne Sex. Zu Wahrheit oder Pflicht mussten sie mich nicht groß überreden. Als ich dran war, rief die Pflicht: Ich sollte einen Schluck Rum trinken. Dabei handelte es sich keinesfalls um ein jahrzehntelang im Eichenfass gereiftes Exemplar, wie es Andreas' stilvolles Elternhaus hätte vermuten lassen, sondern um die Sorte, die im Supermarktregal ganz unten steht. Ich setzte die Flasche an den Mund. Ich trank. *Sie erfüllte die an sie gestellten Anforderungen im besonderen Maße.* Der erste Schluck war eine brennende Klinge und schmeckte wie Medizin oder so, wie es roch, wenn meine Mama Spiritus ins Fonduerechaud kippte. Andreas und Sandra lachten über meinen Anblick, was mich wütend machte und trotzig. Als Reaktion darauf nahm ich gleich den nächsten Schluck. *Ihr Lerninteresse war auffallend stark ausgeprägt.* Irgendwie ging es schon viel besser. Vielleicht konnte ich mit ein bisschen Limo nachspülen? Das Spiel ging weiter, an die anderen Aufgaben oder Fragen erinnere ich mich nicht mehr, sehr wohl aber daran, dass ich immer wieder die Flasche ansetzte. Der Brandherd hatte sich vom Mund in den Magen verlagert und glich jetzt dem Gefühl einer Eins mit Sternchen. Plötzlich spielte es keine Rolle mehr, dass mir meine beste Freundin entglitten war, die Tickets fürs Backstreet-Boys-Konzert ausverkauft waren und die Zeit in den dörflichen Höllenkreisen sich ins Unendliche dehnte. Endlich einmal konnte ich den Moment genießen. Und ja, ich genoss ihn sehr, weswegen ich, *story of my life*, den Moment verpasste, an dem ich hätte aufhören müssen zu trinken. Am Ende war es Andreas, der mir die Flasche aus der Hand riss, weniger aus Fürsorge als aus Angst vor dem Zorn meiner Mutter, wogegen ich mich heftig wehrte. Da war ich bereits so betrunken, dass die beiden beschlossen gegenzusteuern. Zunächst indem Andreas mir über der Kloschüssel den Finger in den Hals steckte, eine Geste, deren Intimität nicht zu unserer Feindschaft passte. Anschließend hievten mich die beiden auf einen Esszimmerstuhl und flößten mir abwechselnd Kaffee und Spaghetti bolognese ein. Wichtiger Punkt: Damals war ich Vegetarierin, und Kaffee fand ich eklig. Ich wollte Rum. An den Rest erinnere ich mich nicht mehr, wohl aber daran, dass ich irgendwie zur vereinbarten Zeit nach Hause kam. Ob ich wohl im Wohnzimmer meiner Mutter begegnete? Oder profitierte ich wie so oft in der Zeit danach von der Kellerzimmerlage? So oder so erwachte ich am nächsten Tag wie eine Soldatin nach der Schlacht. Es fühlte sich scheiße an und gerade deshalb so gut, so intensiv, der Geschmack der Freiheit. 40 Prozent derjenigen, die vor ihrem dreizehnten Lebensjahr zu trinken beginnen, werden abhängig.[1] Ich war elf.

Allen Carr schreibt, der erste Schluck Alkohol schmecke niemandem. Sein Buch *Endlich ohne Alkohol!* ist ein millionenfach verkaufter Bestseller und, in seinen eigenen Worten, »der Schlüssel zur Freiheit«. Inhaltlich baut es auf den noch erfolgreicheren Vorgänger *Endlich Nichtraucher!* auf. Dass dessen Autor an Lungenkrebs gestorben ist, klingt wie das Ende eines schlechten Films, ist aber wahr.* Um die Gefahr von Alkohol deutlich zu machen, wählt Carr das Modell einer fleischfressenden Pflanze. In dem Moment, in dem eine durch den verheißungsvollen Nektarduft angelockte Fliege zum ersten Mal andockt, bleibt sie kleben. Von da an geht es nur noch bergab, genau genommen den Hals der Venusfliegenfalle hinunter, und je mehr die Fliege dagegen anstrampelt, umso mehr verkleben ihre Beinchen. Dieser Logik zufolge ist jeder, der jemals einen Schluck Alkohol getrunken hat, schon abhängig, die Frage ist nur, in wel-

---

* Carrs noble Bilanz: »Wenn das der Preis war, den ich zahlen muss, um so vielen Rauchern geholfen zu haben, dann zahle ich ihn gerne.«

chem Ausmaß. »Selbst wenn Sie meinen, den Vergleich zwischen der fleischfressenden Pflanze und der Alkoholfalle nicht ohne Weiteres akzeptieren zu können, geht es in erster Linie darum, einmal die Möglichkeit in Betracht zu ziehen, dass wir vielleicht überhaupt nie die Kontrolle besessen haben. Oder anders ausgedrückt: Es gibt keinen angeborenen Unterschied zwischen Gelegenheitstrinkern, normalen Trinkern, starken Trinkern und Alkoholikern. Vielleicht sind wir alle Fliegen, die nur unterschiedlich tief in der Fleisch fressenden Pflanze abgesunken sind.«[2] Eine ziemlich gewagte Theorie, die alle sogenannten Genusstrinkenden heftig mit den Beinchen strampeln lässt. Mir ist sie zu radikal. Einerseits weil sie die Tatsache ausblendet, dass manche Menschen sehr wohl ab und an ein paar wenige Gläser trinken können, andererseits weil sie viele vor den Kopf stößt, noch bevor sie ins Nachdenken kommen.

Etwas gemäßigter ist das fließende Krankheitsmodell des Sozialpsychiaters Georg Schomerus. Statt jemanden als hundert Prozent gesund oder hundert Prozent krank zu sehen, empfiehlt er eine differenzierte Sichtweise: »Inzwischen wissen wir, dass Leute, die viel trinken, deutlich offener sind, ihren eigenen Alkoholkonsum zu hinterfragen, wenn wir ihnen das Kontinuumsmodell zeigen. Und ihnen eben nicht sagen, entweder man ist abhängig oder nicht. Denn die Idee von krank oder gesund, süchtig oder nicht, führt dazu, dass Menschen viel länger brauchen, sich ihren Problemen zu stellen. Meist erst dann, wenn das Problem richtig groß ist.«[3] Kontinuumsmodell meint die ständige Beweglichkeit auf einer Skala zwischen Abhängigkeit und Unabhängigkeit. Anstatt sich in Sicherheit zu wiegen – ich bin ja nicht abhängig! –, sollte man ein Gespür für den eigenen Standpunkt entwickeln. Der Weg in eine Sucht kann ein langer sein, und nicht alle gehen ihn bis ans Ende. Und doch haben sich viele zumindest die Schuhe geschnürt. Wie Nektar schmeckte mein allererster Schluck Billigrum nun wirklich nicht, und doch blieb ich wie Allen Carrs Fliege daran kleben. Ich wollte mehr, am selben Abend genauso wie in den folgenden Jahren. Ich trank nicht wegen, sondern trotz des abstoßenden Geschmacks. Ich trank, weil ich betrunken sein wollte.

Was genau passiert eigentlich, wenn wir Alkohol trinken? Schauen wir uns zunächst die unmittelbaren Auswirkungen an.[4] Man wird lockerer, kontaktfreudiger, Stimmung und Risikobereitschaft steigen. Selbsteinschätzung, Urteils- und Kritikfähigkeit hingegen sinken, ebenso das Seh- und Hörvermögen. Herzschlag und Atmung beschleunigen, das Wärmegefühl nimmt zu.* Oft wird »mehr Mut« als positiver Effekt genannt. In Wahrheit unterdrückt Alkohol lediglich Angst. Es folgt eine enthemmende Wirkung bis hin zur Selbstüberschätzung. Gefühle wie Freude, aber auch Trauer und Wut werden verstärkt, es kommt zu Gleichgewichtsstörungen. Ab etwa 0,8 Promille verengt sich das Blickfeld, und die Reaktionszeit ist um etwa ein Drittel verlangsamt. Wer weitertrinkt, erfährt Orientierungs-, Gleichgewichts- und Sprachstörungen sowie Verwirrtheit. Als Nächstes versucht der Körper möglicherweise, sich durch Erbrechen des Alkohols zu entledigen. Was soll ich sagen: Es gab Anlässe, bei denen ich hinterher einfach weitergetrunken habe. Einer Alkoholvergiftung bin ich überraschenderweise immer entgangen. Damit einhergehen Bewusstlosigkeit, Atemstörungen, eine Lähmung des Nervensystems bis hin zum Tod. Wichtiger Fakt: Alkohol hat einen sogenannten biphasischen Effekt, was bedeutet, dass er in geringen Dosen ganz anders wirkt als in hohen. Abgesehen davon sind die Effekte höchst individuell. Während der eine nach der dritten Runde Korn auf der Tischplatte schläft, wirft die andere mit Maßkrügen um sich. Der eine wird melancholisch, die andere redselig, einer schweigt, einer tanzt.

Irgendwann ist jede Party zu Ende. Nicht auf der Gästeliste der

---

* Von wegen »Das wärmste Jäckchen ist das Cognäckchen«: Dass Alkohol wärmt, ist eine Illusion. In Wahrheit kühlt er den Körper sogar aus. Was mich nie davon abhielt, jede weitere Glühweinrunde auf dem Weihnachtsmarkt mit der Außentemperatur zu rechtfertigen.

nun folgenden Nacht steht die REM-Schlafphase*, während der das Gehirn den vergangenen Tag verarbeitet und Zellverbindungen regeneriert. Die Folge ist nicht nur das Ausbleiben von Träumen, sondern vor allem Gedächtnis- und Konzentrationsschwierigkeiten. Bei Ratten, die dauerhaft um die REM-Phase gebracht werden, verkürzt sich die Lebenszeit von zwei bis drei Jahren auf fünf Wochen.[5] Wer regelmäßig zu viel trinkt, kennt vermutlich das Vier-Uhr-früh-Phänomen: Die Zeit, in der Alkohol seine sedierende Wirkung verliert. Nachdem man einige Stunden zuvor in einen komatösen Schlaf fiel, ist man dann schlagartig wieder wach, auf eine gerädert Art, perfekt für Grübeleien über das eigene Trinken. Und noch eine schlechte Nachricht: Frauen sind von alkoholbedingten Schlafstörungen schwerer betroffen als Männer.[6] Für beide Geschlechter gilt, dass auf den Rausch in den meisten Fällen der Kater folgt. Im Prinzip handelt es sich dabei um einen Minientzug, mit allen unangenehmen Begleiterscheinungen. Verantwortlich dafür ist insbesondere das Abbauprodukt Acetaldehyd, aber auch der Verlust von Flüssigkeit und Elektrolyten. Man weiß, was gemeint ist: Mehrmals pro Nacht drückt die Blase, gleichzeitig führt der Nachdurst, umgangssprachlich Brand, dazu, dass selbst große Mengen Wasser den Durst nicht stillen. Neunundfünfzig verschiedene Katersymptome gibt es, von Migräne, Schwitzen, Mundgeruch über Konzentrationsstörungen, Reizbarkeit und depressiver Verstimmung bis hin zu Krampfanfällen.[7] Ich hatte sie alle, Baby. Glücklicherweise verschwindet so ein Kater nach einem Tag wieder, wobei der Körper bis zu zweiundsiebzig Stunden mit den Nachwirkungen beschäftigt sein kann. Auch wenn das sogenannte Konterbier eine Illusion ist, weil es den Alkoholabbau lediglich verzögert, ist seine lindernde Wirkung real.

---

* Die Abkürzung steht für *Rapid Eye Movement*, schnelle Augenbewegung. In dieser Phase träumt man am meisten, sie gleicht dem Aufräumen und Neuanordnen von Dateien auf einer Computerfestplatte. Siehe www.apotheken.de/krankheiten/hintergrundwissen/10579-die-schlafphasen.

Ich selbst ließ Katertage am liebsten mit einer Flasche Rotwein ausklingen, weil der sich so einstellende Rausch ein besonders dumpfer war. Die gesunde Körperreaktion, die einem wenigstens an einem Katertag jegliche Lust aufs Trinken vermiest, erinnere ich höchstens aus meiner Jugend.

Viel problematischer als so ein Katertag sind die Langzeitfolgen. Alkohol sorgt dafür, dass ein Übermaß an Dopamin ausgeschüttet wird, ein Botenstoff, der für Freude und Belohnung zuständig ist. Geschieht dies regelmäßig, blockiert der Körper als Ausgleich die entsprechenden Rezeptoren. Die Folge: Für das durch Dopamin erzeugte Belohnungsgefühl braucht es irgendwann Alkohol. Außerdem wirkt er sich auf das Angstempfinden aus: Der Alkohol erhöht den GABA-Spiegel, was eine beruhigende Wirkung hat, und senkt jenen von Glutamat, was sich angsthemmend auswirkt. Es ist, als würde man Kopfhörer tragen und gleichzeitig die Musik leiser stellen. Das Gehirn versucht dieses Missverhältnis auszugleichen, indem es den Glutamatspiegel erhöht, also gewissermaßen die Musik lauter dreht – das wiederum versetzt den Körper in Alarmbereitschaft. Nimmt man dann die Kopfhörer ab – das passiert, wenn die Wirkung des Alkohols nachlässt –, ist die Musik natürlich viel zu laut. So entsteht ein Gefühl von Panik einerseits und dem Wunsch nach Ausgleich andererseits. Ausgleich heißt: wieder Alkohol trinken. Dieses ansehnliche Bild findet der Global Drug Survey, eine weltweit anonyme Umfrage zu Drogenkonsum.[8] Blöd, dass dieser in direktem Zusammenhang mit siebenundzwanzig Krankheiten steht* und mit über zweihundert in indirektem Zusammenhang.[9]

---

* Abgesehen von Asthma, Epilepsie und Vorhofflimmern steht auch Cellulite auf der Liste. Das nur als Info für all jene Frauen, die Hunderte Euro in ihre Oberschenkel massieren. Der auf *Focus.de* erschienene Text, dem ich diese Information entnehme, schließt übrigens mit dem absolut dämlichen Ergebnis, leicht angetrunkene Menschen würden attraktiver wahrgenommen als nüchterne. Hallo, Qualitätsjournalismus! Siehe www.focus.de/gesundheit/ratgeber/psychologie/sucht/es-drohen-nicht-nur-alkoholschaeden-alkohol-diese-27-krankheiten-riskieren-sie_id_4600512.html.

Eine kleine Auswahl: Herz-Kreislauf-Störung, Magenschleimhautentzündung, Fettleber und Leberzirrhose, Übergewicht, Hormonstörungen mit verminderter Libido und Impotenz als Folge, chronische Entzündungen, Tötung gesunder Darmbakterien und Krebs im ganzen Körper, insbesondere jedoch in den direkt mit Alkohol in Berührung kommenden Regionen wie Rachen, Kehlkopf, Bauchspeicheldrüse. Ein Viertelliter Wein am Tag erhöht das Brustkrebsrisiko um 25 Prozent.[10] In Deutschland führen Brust- und Darmkarzinome die Liste der häufigsten Krebsarten an, wobei beide in engem Zusammenhang mit Alkohol stehen. Eine Tatsache, die den Mediziner und Alkoholforscher Helmut Seitz in der sehenswerten Dokumentation *Alkohol, der globale Rausch*[11] zu der Frage verleitet, wie hoch die Zahlen ohne Alkohol wären. Dann wären da die Schäden am Gehirn, die Persönlichkeitsveränderungen und Gedächtnisstörungen nach sich ziehen. Der Verband der Ernährungswissenschaftler Österreichs fasst es so zusammen: »Es gibt keine gesunde Menge Alkohol.«[12] Und zwar weil wirklich jeder Teil des Körpers von einem dauerhaft erhöhten Alkoholkonsum betroffen ist. Dauerhaft erhöht heißt im Verständnis der WHO: mehr als ein halber Liter Bier oder ein Viertelliter Wein pro Tag für Männer, bei Frauen die Hälfte, bei mindestens zwei alkoholfreien Tagen die Woche. Schluck.

An mein zweites Mal Trinken erinnere ich mich nicht mehr. Ich weiß allerdings, dass ich sehr schnell Gefallen an jener funkelnden Wärme fand. Beweis dafür sind meine *Hausaufgabenhäffte*, jene Schülerkalender, die ich Jahr für Jahr aufwendig beklebte, mit dünnen Frauen, rauchenden Frauen, Houellebecq-Sätzen und I-♥-Berlin-Schriftzug. Hauptsächlich nutzten meine Freundinnen und ich sie für Briefe. Daraus ergaben sich gleich zwei Vorteile: Im Gegensatz zu losen Zetteln fiel es weniger auf, wenn man sich sein Hausaufgabenheft hin- und herschob, außerdem hatte man alle gesammelt an einer Stelle. Angesichts der Hunderten mit Pastellgelstiften vollgeschriebenen Seiten grenzen meine hervorragenden mündlichen Noten an ein Wunder. Oft ging es darum, was wir Dreizehn-, Vierzehn-, Fünfzehnjährigen bei den Coverbandpartys in den Mehrzweckhallen unseres Dorfs anziehen würden, nach denen meine Ohren jedes Mal fiepten, wie ich es in zehn Jahren Partyberlin selten erlebt habe, aber auch, was wir dort trinken würden. Selbst zu Sleepovers mit DVD-Marathon – wir waren Fans von Horrorfilmen wie *The Ring* – organisierten wir eine Flasche Baileys. »Trinkfreudig sein«, nannten wir das damals.

Wenn ich heute darin blättere, würde ich die Eva von damals gerne in den Arm nehmen und sagen: Alles wird gut, auch wenn dein Handyguthaben*, schon nach der Hälfte des Monats leer ist. Du bist okay, so wie du bist, auch wenn du von Julian aus der 8b keine Rose bei knuddels.de bekommst und Marc aus der 8c behauptet, er könne seine Handynummer nicht auswendig. Vor allem würde ich sie fragen, warum sie so viel trinkt. Weil ihr der Alkohol eine Form von Aufmerksamkeit entgegenbringt, gepaart mit dem Gefühl, richtig, also begehrenswert zu sein, das Julian, Marc und all die anderen ihr versagen? Die Scheidung meiner Eltern lag da schon einige Jahre zurück. Hätte jemand nachgefragt, hätte ich gesagt: Alles gut, ich habe schon als Siebenjährige kapiert, dass eine Trennung besser ist als ständig zu streiten. Außerdem rief mein Papa doch jeden Tag an. Vielleicht aber war nicht alles gut. Und weil nicht alles gut war, trank ich.

Mehr als vier Getränke pro Abend bei Frauen, fünf bei Männern, so lautet die Definition von *binge drinking*, zu Deutsch: Rauschtrinken. Auch Wein fällt darunter. Wer im Restaurant zu einem Tasting-Menü eine Weinbegleitung bestellt, bekommt zu jedem Gang 0,1 Liter Wein. Bei mindestens sieben bis acht Gängen ergibt das eine ganze Flasche. Dabei sind Aperitif und Digestif noch nicht mal eingerechnet. So gesehen war *bingen* als Foodjournalistin meine Erwerbsquelle. Damit passe ich gut in die Statistik: Besonders gefähr-

---

* Damals sagte man noch Handy zum Telefon.

det sind Frauen zwischen 18 und 34 Jahren und solche mit höherem Haushaltseinkommen.[13] Frauen, von denen 80 Prozent *nicht abhängig* sind.[14] Sie trinken sich also nicht aufgrund einer Erkrankung von Zeit zu Zeit in die Bewusstlosigkeit, sondern als Gegengewicht zu einem Alltag, der viel zu viel fordert. Weltmeisterinnen im *binge drinking* sind britische Mädchen, jede zweite Fünfzehnjährige gab an, mindestens zweimal im vergangenen Jahr betrunken gewesen zu sein, mehr als gleichaltrige Jungs. Sehr wahrscheinlich waren es mehr als zweimal – wer einmal freitagabends durch ein Londoner Ausgehviertel spaziert ist und die halb weggetretenen und in ihren ultrakurzen Kleidern frierenden Mädchen auf dem Bürgersteig kauern gesehen hat, weiß, was gemeint ist. In Deutschland ist die Zahl der alkoholbedingten Klinikaufenthalte Jugendlicher zwischen 2004 und 2019 um mehr als 80 Prozent gestiegen. Jeder fünfte zwölf- bis siebzehnjährige Jugendliche trinkt mindestens einmal im Monat fünf oder mehr alkoholische Getränke.[15] Ihnen gegenüber steht die bereits erwähnte Zahl von 40 Prozent, die noch nie Alkohol getrunken haben. Offenbar nehmen die Extreme zu. Diejenigen, die trinken, übertreiben es, viele andere hingegen entscheiden sich gleich für die Abstinenz.

Nicht wenige der Erstgenannten beginnen ihre Trinkerkarriere mit Alcopops. Für alle nach Mitte-der-Neunziger-Geborenen: Hierbei handelte es sich um zuckerhaltige Mischgetränke mit einem Promillegehalt zwischen 1,2 und 10 Prozent.[16] Manche sind milchig weiß, andere lavalampengrün. Auch ich war ein Fangirl. Im Schuljahr 2003/04, da war ich vierzehn, fragte meine Freundin per *Hausaufgabenhäfft-Brief*, ob sie sich um den Alkohol kümmern solle, damit wir uns »mal so richtig besaufen können, dann wanken wir heim«, woraufhin ich schrieb: »Ja einmal rotzevoll sein **grins**«. Wir kauften sie mit gefälschtem Schülerausweis im Sixpack an der Tankstelle oder im Kleinstadtsupermarkt oder bekamen sie auf Schaumpartys, deren entscheidendes Charakteristikum ein links hinten im Bierzelt durch Holzlatten abgegrenzter Bereich war, in den seltsam riechender Schaum gepustet wurde. Auf sehr vielen online veröffentlichten Partyfotos* meiner Jugend waren diese Flaschen zu sehen; was sie einte, war, dass sie immer so schnell leer waren. Die Getränke unserer Wahl hießen Smirnoff Ice, Bacardi Breezer und Rigo. Gefahr Nummer eins: Im Gegensatz zum immerhin ehrlichen Back-Rum schmeckte dieses Zeug überhaupt nicht nach Alkohol. Gefahr Nummer zwei: Durch den hohen Zuckergehalt schoss der Alkohol direkt ins Blut. Gefahr Nummer drei: Locker in der Hand gehalten, verliehen einem diese Flaschen *street credibility*. Da war jemand definitiv auf der Schnellstraße in Richtung Erwachsensein unterwegs. David Jernigan, Leiter des amerikanischen Center on Alcohol Marketing and Youth spricht von »Übergangsgetränken«, die vor allem junge Frauen weg vom Bier und hin zu Spirituosen führen.[17] Schon um die Jahrtausendwende herum stand dieses auch *chick beer* genannte Zeug in der Kritik, weil man ihm unterstellte, Jugendliche an Alkohol heranzuführen, was in meinem Fall ja auch stimmte. Trotzdem wäre es falsch, den fluoreszierenden 0,3-Liter-Fläschchen die Schuld zu geben, schließlich trank ich nicht nur das, sondern alles, was ich kriegen konnte. Grape zum Beispiel, die Innovation jener Brauerei, die sich ironischerweise im selben Ort befand wie mein katholisches Gymnasium, ein mit Grapefruitlimo aromatisiertes Biergemisch, super vor allem gegen Inlineskating-Durst. Wodka-Red-Bull, weil sich hier die Wirkung des Fusels mit jener des Energygetränks** potenzierte und das Gummibärchenaroma niemanden störte. Batida-Kirsch, ein dickflüssiges Gesöff auf Kokoslikörbasis, das nach jenem Karibikurlaub schmeckte, den sich meine Mutter nicht leisten konnte. Malibu-Orange, gleiches Prinzip, für die Orangenscheibendeko hatten wir keinen Sinn, wohl aber für den Strohhalm, weil es dann schneller ging. Jägermeister-Cola, der Dorffestklassiker, ein pur

---

* Persönlichkeitsrechte haben damals keinen interessiert.
** Ich wundere mich immer wieder, dass sich auf dem Satz »Verleiht Flügel« ein Medienimperium aufbauen lässt – Österreich halt!

ungenießbarer Kräutergeist*, dessen Branding (stolzer Hirsch, deutscher Wald) vor allem jene aus heutiger Sicht abgehängten jungen weißen Männer ansprach, die sich das Böhse-Onkelz-Logo an die Heckscheibe ihres getunten Golfs klebten. Die Cola machte außerdem ganz gut wach. Als Alternative bot sich Jägermeister-Kaba an – ernsthaft. In der Eisdiele Venezia bestellten wir Kreationen mit Haselnusslikör oder chlorblaue Swimmingpoolcocktails. Mädchen, jedenfalls die, die keine Kalorien zählten, mochten Bananenweizen, Baileys auf Eis und Rotkäppchen-Orange. Die beiden Klassenpunks mochten ihre Rezeptur mit Wodka und aufgelösten Wick-Hustenbonbons, die ich aus Coolnessgründen auch einige Male mittrank, wobei das selbst mir zu krass war. (Wenn man es genau betrachtet, war das die Vorwegnahme jener Hustensaftcocktails, mit denen sich die Angehörigen der Generation Z heute gerne das Licht im Oberstübchen auspusten.) Alle mochten Tequila aus der Flasche mit dem lustigen Plastikhut auf dem Deckel, vor allem das dazugehörige Ritual, Zimt oder Salz auf die Hand zu klopfen und in eine Zitrusfrucht zu beißen, wobei ich die Goldversion mit Orange klar bevorzugte. Die entsprechenden Partys hießen »Lichtschachtorgie« oder »Apollo 12 – Wir schießen uns ins All«. Oft tranken wir aber auch einfach die Erzeugnisse lokaler Brauereien. In der Dorfdisco kostete das Beck's drei Mark, auf Dorffesten noch weniger. Mädchen wurden praktischerweise oft eingeladen. Als vom kümmerlichen Taschengeld abhängige Schwäbinnen wussten wir es natürlich zu verhindern, dass uns auf halbem Weg zum Rausch das Geld ausging. Vorglühen hieß die aus heutiger Sicht befremdliche Praxis, im Vorfeld einer Party bei jemandem zu Hause exakt so viel Alkohol zu konsumieren, dass man den eigentlichen Abend im perfekten

---

* In Deutschland zählt der während der NS-Zeit auch als »Göring-Schnaps« bezeichnete Jägermeister zu den beliebtesten Spirituosen. 80 Prozent seines Umsatzes erzielt das in Wolfenbüttel ansässige Unternehmen allerdings im Ausland, siehe www.news.at/a/kultlikoer-jaegermeiste-unnuetzes-wissen.

Rauschzustand startete, wobei natürlich der Weg miteinbezogen werden musste – was hätten wir damals für die Berliner Kulturtechnik des Späti-Wegbiers gegeben – und die immer unvermeidbare Konfrontation mit jenen Erziehungsberechtigten, die an diesem Abend mit Fahren dran waren. Wie wir an die Getränke kamen, erinnere ich nicht. Wahrscheinlich war immer irgendjemand schon volljährig genug, damit wir voll werden konnten. Die Jungs tranken Bier aus Sixpacks, die bei Kaufland gerade im Angebot waren, wir Mädchen Sekt oder Batida-Kirsch, anfangs jedenfalls.

Schon bald entdeckte ich die segensvolle Wirkung von Schnaps. Eine Zeitlang war Chantré* das Getränk meiner Wahl, dann die in der familienfreundlichen Vorratspackung erhältlichen Minischnäpse. Einmal füllte ich zur Faschingszeit meine H&M-Fake-Ledertasche mit einer ganzen Palette Kleiner Feigling, das werden so dreißig Stück gewesen sein, und ging damit auf den Nachtumzug. Viele andere Male wickelte ich Asbach-Uralt- oder Wodka-O-Flaschen – seltsamerweise nie Wein – in Übergangsjacken und schmuggelte sie so erfolgreich in Discos und Festzelte jeder Art. Hätte es damals in meinem Dorf Flatratepartys gegeben, ich wäre die allererste Gästin gewesen. In den frühen Zweitausendern ging ihretwegen ein Aufschrei durch die Medien, weil sie Schuld seien an Alkoholvergiftungen und Türöffner für eine mögliche Sucht. Das Prinzip ist schnell erklärt: Einmal Eintritt zahlen – Mädchen in der Regel weniger als Jungs –, dann saufen, bis der Arzt kommt. Manchmal im wörtlichen Sinn, wie im Fall jenes Sechzehnjährigen, der nach dem Konsum von über fünfzig Tequilas mit knapp fünf Promille im Krankenhaus verstarb, eine Geschichte, die es damals, im Jahr 2007, bis an unseren Abendbrottisch schaffte**. Für mich wäre ein solcher Deal besonders

---

* Laut Herstelleraussage »Deutschlands beliebtester Weinbrand«. Heute kann ich mir kaum die Website ansehen, ohne Brechreiz zu spüren.
** Der Wirt der entsprechenden Kneipe versicherte im *Spiegel*-Interview, er habe dem Jungen nur ein Bier ausgeschenkt, siehe https://www.spiegel.de/panorama/

gefährlich gewesen, schließlich will die Schwäbin etwas haben für ihr Geld – man muss nur mal schauen, wie sich meine Landsleute beim All-you-can-eat-China-Büfett den Bauch vollschlagen, als gäbe es kein Morgen. Wie es auf so einer Flatratesaufparty zugeht, beschreibt Lara Fritzsche sehr ansehnlich in der *Zeit*:

> »Man merkt dem beinahe ausschließlich deutschen Publikum an, dass es nüchtern ist und gut erzogen. Hier stehen keine Problemkinder, keine Jugendlichen, zerrissen zwischen zwei Kulturen, keine Schwererziehbaren ohne Perspektive. Hier wartet der Gymnasiast von nebenan auf seinen wohlverdienten Vollrausch nach einer harten Woche Werther-Analyse im Deutsch-Grundkurs. (...) Und auf der Toilette, dem Ort der Wahrheit? Finden sich hier Koma-Säuferinnen kurz vorm Kollaps? Es ist übervoll und brechend heiß. Eine junge Frau hängt über dem Waschbecken, sie spritzt sich Wasser ins Gesicht. Ihr Mascara ist verschmiert, und ihre Augen sind gerötet. (...) Warum sie manchmal übertreibt? ›Ein bisschen Spaß antrinken. Das Wochenende ist doch die einzige Gelegenheit, wo man mal auf die Kacke hauen kann‹, sagt sie. Mit dem Kopf über der Schüssel zu hängen mache ihr nichts aus. Am Montag müsse sie doch schon wieder funktionieren, im Job, zu Hause mit den Eltern und bald auch noch an der Uni. Wenn sie weggeht, will sie endlich die Kontrolle abgeben und die gute Erziehung zu Hause lassen. In der Schicht, aus der sie kommt, lernt man nur, sich zu benehmen. Den Mut, sich auch mal danebenzubenehmen, muss man sich erst antrinken.«[18]

Wir wissen inzwischen, dass Alkohol nicht mutig macht, sondern die Hemmschwelle senkt, ein ziemlicher Unterschied. Mindestens so sehr geht es um jene pubertäre Energie, wie auch ich sie

---

gesellschaft/alkoholmissbrauch-schueler-stirbt-nach-flatrate-party-entsetzen-in-berlin-a-474710.html.

im Übermaß verspürte. Hätte sie nicht ein anderes Ventil finden können? Sport zum Beispiel? Nicht dass ich es nicht probiert hätte, von Leichtathletik und Volleyball über Basketball, Boxen und Bogenschießen bis hin zu Ballett (nur der Rock-'n'-Roll-Tanzkurs blieb mir verwehrt, weil ich keinen männlichen Partner hatte). Leider alles nichts. Vielleicht was Kreatives? Eine Zeitlang malte ich Roy-Lichtenstein-Comics auf Leinwände oder bastelte im Kunstunterricht aus Holzscheiten Männerskulpturen mit Kondom in der aufgeklebten Hosentasche, deren künstlerische Aussage meinen Lehrer nicht überzeugen konnte. Jenen Lehrer übrigens, von dem es hieß, sein Auto quelle über vor leeren Bierflaschen.

I felt him: Saufen erwies sich nun mal als eine sehr befriedigende Freizeitbeschäftigung. Es stimulierte meinen Geist, riss die Grenzen meines Dorfs nieder und verlieh mir ein süchtig machendes Gefühl von Rebellion. Was ich damals nicht wusste und meine Eltern wahrscheinlich auch nicht: dass in der Jugend der Grundstein für den späteren Umgang mit Alkohol gelegt wird. Je früher jemand anfängt, desto höher ist das Risiko einer Abhängigkeit. Dasselbe gilt für die Regelmäßigkeit. Einer Studie aus den USA zufolge sind bestimmte Gehirnbereiche regelmäßig betrunkener Jugendlicher auffallend beeinträchtigt.[19]

Was meine Eltern allerdings sehr wohl mitbekamen, war das Katerelend eines Teenagers, der den Sonntagsspaziergang mehr durchleidet als durchlebt. Meine Mutter jedenfalls, denn mein Vater lebte da schon längst in einer Hunderte Kilometer entfernten Stadt. Natürlich gab es Diskussionen über die Wochenendbesäufnisse und mit zunehmendem Alter bitterböse Streitereien – von meiner Seite aus fehlte nicht viel, und ich hätte mit Flaschen geworfen –, aber keine Drohung meiner Mutter zeigte je eine Wirkung, ich tat einfach immer, was ich wollte. Regelmäßig fiel der Satz, es fehle der männliche Erziehungspart, was auch damit zu tun hatte, dass die Kommunikation zwischen meinen Eltern nicht die beste war. Genau genommen bekam mein Vater von meiner Rebellion kaum etwas mit, weil ich mich bei seinen Besuchen stets in die kleine Prinzessin zurückverwandelte, die ich früher gewesen war, und weil es dort, bei ihm, keine Ausgehoptionen gab. Selbst als ich später, mit siebzehn, achtzehn, mit ihm und meiner Stiefmutter Wein zum Essen trank, übertrieb ich es erst, nachdem die beiden schlafen gegangen waren. Bei meinem Vater war ich eine heimliche Trinkerin, bei meiner Mutter das Gegenteil.

Es dürfte inzwischen klar geworden sein, wie leicht es für uns alle damals war, an Alkohol zu kommen. Meine subversive Energie führte dazu, dass ich mit vierzehn mithilfe einer Schreibmaschine meinen Schülerausweis auf sechzehn fälschte und damit durchkam. Wichtig vor allem, wenn es um den Einlass jener quartalsweise in Mehrzweckhallen stattfindenden Coverrockbandkonzerte ging, auf die meine Clique und ich so sehnsüchtig hinfieberten. War man erst mal drin in der Mehrzweckhalle, lief der Rest im wahrsten Sinn des Wortes wie von selbst. Oft standen Mitglieder des Narrenvereins oder der freiwilligen Feuerwehr hinterm improvisierten Bartresen. Natürlich kannten sie unser Alter, es wurde ein Auge zugedrückt und mit dem anderen verschwörerisch zugezwinkert: halt nicht übertreiben, gell. Sollte sich doch jemand weigern, uns Vierzehn-, Fünfzehnjährige zu bedienen, schickten wir einfach einen der Älteren vor. Das funktionierte natürlich auch hervorragend bei Einkäufen für Hauspartys oder Carportgeburtstagsfesten. Daran, dass der Alkohol mal ausgegangen wäre, kann ich mich nicht erinnern. Umso besser an meinen eigenen unbedingten Willen zum Rausch. Als einer meiner Freunde am Waldrand seinen sechzehnten Geburtstag feierte, mit röhrenden Mofas und schwäbischem Kartoffelsalat von Plastiktellern, schüttete ich kurz nach Ankunft eine Dreiviertelflasche Sekt auf ex in mich hinein. Kurze Zeit später, es war noch nicht mal dunkel, kotzte ich ins Lagerfeuer, »meterweit«, wie sich einige der Anwesenden rückblickend erinnern. Dann wankte ich nach Hause in mein Kellerkinderzimmer.

Nichts lag uns ferner als Genusstrinken, immer war alles auf den möglichst sofort einsetzenden Rausch ausgelegt. Hilfreich dabei waren Trinkspiele. Das ging natürlich nur, wenn jemand sturmfrei hatte, aber bei zehn Leuten war das eigentlich immer der Fall. Wir tranken aber auch in der Öffentlichkeit, neben jenem Bauwagen, den die Mutter eines Freundes so waldorfschulenmäßig mit Blumen angemalt hatte, unter der Quarterpipe neben dem Fußballplatz (für eine Halfpipe hatte der Dorfetat wohl nicht gereicht), sogar in der Schule, zum Beispiel am letzten Tag vor den Weihnachtsferien, als mein bester Freund Glühwein statt Punsch in seiner Thermoskanne mitbrachte. Sobald es legal war, also mit sechzehn, trank ich sonntagabends beim Nachbardorfgriechen zum Dorfsalat zwei Viertele, also einen halben Liter Wein. Ich erinnere mich gut, wie meine Mutter jedes Mal bei der zweiten Bestellung seufzte: »Muss das sein?«, schon auch des Geldes wegen. Meine Oma schaufelte derweil die übrig gebliebenen Pommes in den eigens dafür mitgebrachten Gefrierbeutel.

Alle zehn Sekunden stirbt weltweit ein Mensch durch Alkohol, 2016 waren es drei Millionen, mehr als durch Verbrechen, Verkehrsunfälle und illegale Drogen zusammen. Alkohol ist die einzige psychoaktive, süchtig machende Substanz, die keinen einheitlichen Regeln unterliegt. Etwa 5 Prozent der weltweiten Bevölkerung über fünfzehn Jahre hat deren Konsum nicht unter Kontrolle. 13,5 Prozent der Todesfälle von Menschen zwischen 20 und 39 waren darauf zurückzuführen.[20] Aber, hey, Alkohol ist doch ein Kulturgut! Und das seit 10 000 Jahren. Der Ursprung des Weins liegt in Persien, die dazugehörige Sage geht so: Nach einer üppigen Ernte lagerte König Dschamschid die Trauben im Keller. Als sie zu gären begannen, glaubte er an das Werk böser Geister und verhängte ein allgemeines Kellerverbot. Seiner von chronischer Migräne geplagten Frau kam das ganz recht, sie plante mit dem Teufelszeug Selbstmord zu begehen. Anstatt zu sterben, verschwanden Arnewas' Kopfschmerzen jedoch an Ort und Stelle. Glückliches Königspaar, Beginn der Weinkultur.[21] Auch die alten Ägypter ergötzten sich an Honigwein und legten toten Pharaonen Hunderte entsprechender Gläser mit ins Grab. Im Mittelalter war Wein verschmutztem Grundwasser definitiv vorzuziehen, auf dem Speiseplan stand zudem Biersuppe, auch für Kinder, und manchen Mönchen standen täglich fünf Liter Bier zu. Stichwort Kirche: Eine stattliche Menge floss auch die Kehlen der Gläubigen hinunter, schließlich steht vergorener Traubensaft für das Blut Christi, und bekanntlich war es Jesus selbst, der Wasser in Wein verwandelte.* Dann kam der Schnaps. 1750 wurde in Rheinhessen die erste Kartoffelbrennerei gegründet. Von 1800 bis 1840 stieg in Preußen der jährliche Konsum reinen Alkohols von zwei auf acht Liter, in Brandenburg auf dreizehn. Das Ideal des Nationalsozialismus hingegen war der abstinente Arier, der seine Manneskraft nicht durch Rausch zerstört. Hitler beispielsweise trank gar nicht. Dennoch soffen die Leute, besonders die Höhergestellten: Die Nürnberger Parteitage beispielsweise arteten regelmäßig in »Trunkenheitsexzesse« aus, wie die Historikerin Dorothea Schmidt trocken bemerkt.[22] Nach Kriegsende standen die Zeichen auf Wirtschaftsaufschwung, die Fünfzigerjahre waren nicht nur die Zeit der Mettigel, sondern auch von Cognac und Co. Erst seit 1968 gilt Alkoholismus in Deutschland offiziell als Krankheit.[23]

Heute ist Alkohol in erster Linie ein Wirtschaftsfaktor. Der Dokumentation *Alkohol, der globale Rausch* zufolge sind drei Millionen europäische Arbeitsplätze an die Weinproduktion geknüpft, dem wichtigsten Exportmarkt im Lebensmittelbereich.[24] 11 Milliarden Euro bringt die Ausfuhr von Spirituosen pro Jahr, es fällt der Begriff »Kronjuwelen im Exportsektor«. Zwei Drittel der Gewinne gehen dabei auf jene Menge zurück, die von der WHO als gesundheitsschädigend eingestuft wird. In Deutschland sind die durch Al-

---

* Heute gehört der Vatikan zu den weinseligsten Ländern Europas, 2017 betrug der Absatz fast dreimal so viel wie in Deutschland, siehe www.wir-hier.de/wissen-und-experimente/faktencheck/detail/15-fakten-zum-wein/.

koholschäden verursachten Kosten zehnmal höher als die Steuereinnahmen. Eine Milchmädchenrechnung? Nein, vielmehr fließen die Einnahmen direkt in die Staatskasse, während die Ausgaben nur die Renten- und Krankenkassen treffen – und das Individuum. Oder wie es der Drogenexperte David Nutt formuliert: Steuereinnahmen sind unmittelbar, während die gesundheitlichen Schäden erst mit jahrelanger Verzögerung zutage treten und die meisten Politikerinnen und Politiker bekanntlich nicht über die nächste Legislaturperiode hinausdenken. Nutt ist es auch, der von einer vom Spirituosengiganten Diageo gesponserten Party im Londoner Parlament berichtet. Angesichts ihrer Hemmungslosigkeit hatte dessen Kollege sie für die Weihnachtsfeier gehalten, aber nein: Es handelt sich um einen lockeren After-Work-Umtrunk, der jeden zweiten Donnerstag stattfindet.[25]

In Deutschland sieht die Situation kaum besser aus. Fast elf Liter reinen Alkohol trank jeder und jede im Jahr 2018.[26] Im selben Jahr galten dem Bundesgesundheitsministerium zufolge 1,6 Millionen Menschen als abhängig, und 6,7 Millionen konsumierten Alkohol in gesundheitlich riskanter Form[27], darunter fast 1,5 Millionen Mütter.[28] Verglichen mit den Zahlen der letzten Jahrzehnte ist ein Rückgang zu beobachten, allerdings kann von Entwarnung keine Rede sein, sie sind nämlich immer noch höher als der europäische Durchschnitt.

Die Bundeszentrale für Gesundheit geht von über einem Viertel der erwachsenen Bevölkerung aus, das mindestens an der Schwelle zum Alkoholismus steht.[29] Lassen wir das kurz sacken: Von zwanzig Partygästen haben fünf ein massives Problem, es bei zwei Gin Tonics zu belassen. Vierzig Deutsche sterben jeden Tag durch Alkohol[30], mehr als im Verkehr. Wir leben in einem Hochkonsumland. Klingt unsexy? Wie wäre es mit »Hopfen und Malz, Gott erhalt's«? In Bayern zählt Bier faktisch als Grundnahrungsmittel, Daytime-Drinking heißt dort Frühschoppen. Auch außerhalb des Freistaats bieten manche Kantinen zur Currywurst ein Helles an.

Sogar die sonst immer grundvernünftige Angela Merkel findet, dass ein Glas Wein doch zum Abendessen dazugehöre.* Das Bundesgesundheitsministerium formuliert es so: »In der Gesellschaft herrscht eine weit verbreitete unkritisch positive Einstellung zum Alkohol vor.«[31] Deutschland ist eines der wenigen Länder, in denen Alkohol rund um die Uhr verfügbar ist. Wer mal in Skandinavien war, kennt die staatlich reglementierten Spirituosengeschäfte, mit festen Öffnungszeiten und fetter Besteuerung. Nun könnte man einwenden, es sei ja wohl egal, wann Leute ihren Alkohol kaufen, wer auf Nummer sicher gehen will, legt eben Preppervorräte an. Tatsächlich zeigen Modellstudien, dass der Absatz bei festen Geschäftszeiten sehr wohl zurückgeht, genau wie die Zahl von Gewalttaten.**

Auch Werbung hat einen enormen Einfluss. Die Hälfte aller Zwölfjährigen kann Alkoholmarken anhand ihrer Slogans sicher zuordnen. Je mehr Werbung Kinder und Jugendliche ausgesetzt sind, desto mehr konsumieren sie.[32] Hierzulande beläuft sich das Alkoholwerbebudget auf über 600 Millionen Euro.[33] Zum Vergleich: Bei Aufklärungskampagnen über die Folgen von Abhängigkeit sind es 10 Millionen Euro.[34] Anders als in vielen anderen Ländern gibt es kaum Regeln, in welcher Form Alkohol beworben werden darf. Vor allem die das Internet betreffenden sind ein Witz, ausgerechnet da, wo junge Menschen quasi vogelfrei unterwegs sind. Man nehme nur den Sport: Von der Wodka-Gorbatschow-Bandenwerbung im Fußballstadion bis hin zum vor der Champions League geschalteten Krombacher-Spot: Unbewusst setzt sich so die Erkenntnis fest, die

---

* Ihren ersten Rausch hatte die ehemalige Bundeskanzlerin mit achtzehn bei der Abiturfeier. Ein Whiskey-Kirschwasser-Gemisch führte dazu, dass sie morgens um vier vom Boot kippte, siehe Andreas Rinke, *Das Merkel-Lexikon: Die Kanzlerin von A–Z*, zu Klampen Verlag, 2016, S. 25.

** Beweis ist das baden-württembergische Verkaufsverbot an Tankstellen, das 2017 trotz großen Erfolgs wieder aufgehoben wurde, siehe www.fr.de/panorama/weniger-gewalt-durch-verkaufsverbot-alkohol-12833614.html.

Kombination von Alkohol und körperlicher Ertüchtigung sei eine gute Sache.*

Durch die Coronapandemie hat sich unser Alkoholproblem noch mal zugespitzt, den Empfehlungen der WHO** zum Trotz. Bis zu einem Drittel gab an, mehr als sonst getrunken zu haben.[35] Alkohol tröstet und scheint zunächst gegen Ängste zu helfen, auch wenn er diese langfristig verstärkt. Zwar konsumierten die sozial Trinkenden während des Lockdowns tendenziell weniger, schließlich waren Bars, Kneipen und Restaurants geschlossen. Diejenigen hingegen, die sich schon früher öfter mal ein Bier allein zu Hause aufgemacht haben, liefen Gefahr, diese Gewohnheit zu intensivieren.

Die spannende Frage ist, ob all diese Menschen früher oder später sowieso ein Alkoholproblem entwickelt hätten. Anlass zur Sorge besteht so oder so. Alkohol verstärkt Depressionen und Angstzustände, Selbstzweifel und Einsamkeit. Alles Dinge also, mit denen die meisten Menschen spätestens im Jahr 2021 Bekanntschaft machten. Manch eine stellte in dieser seltsamen Zeit vielleicht fest, dass sie entspannt auf ihren Whiskey on the Rocks verzichten kann, manch anderer, wie wichtig das abendliche Bier ist. So oder so verstärkte die Coronapandemie ein Problem wie unterm Brennglas: wie fest Alkohol in der deutschen Gesellschaft verankert ist und wie viele Menschen damit leider nicht so gut klarkommen.

Kein Wunder, dass parallel zur Auslastung der Intensivstationen auch die Zahl derjenigen stieg, die wegen ihres Alkoholkonsums professionelle Hilfe suchten. Psychotherapeutinnen und Psycho-

---

* 2008 hatte die Regierung mal die Idee, Alkoholwerbung im Fußballsport zu verbieten. Wurde vom DFB und der DFL erfolgreich verhindert, siehe https://www.tagesspiegel.de/2008-10-29-neuss-alkoholwerbung-im-fussball-weiterhin-erlaubt/1359930.html.

** »Die WHO empfiehlt, den Alkoholkonsum während der SARS-CoV-2-Pandemie weitestgehend einzuschränken. Dazu werden derzeit Studien durchgeführt, deren Ergebnisse noch nicht vorliegen.« Wir sind gespannt! https://www.drogenbeauftragte.de/presse/detail/neuer-bericht-der-drogenbeauftragten-ludwig/

therapeuten konnten sich vor Anfragen nicht retten, Suchtkliniken sprachen von regelrechten Anstürmen. In meinem persönlichen Umfeld hörte ich oft den Satz: »Ich trinke mehr als früher«, in Sichtweite der wachsenden Altglasberge. Neben den offensichtlichen Gründen – Trost, Durchhaltemotivation, Langeweile – ist einer davon auch: weil man's kann. Im Homeoffice bleibt ein Kater unentdeckt, ebenso wie die Tatsache, dass man seine Mittagspause mit einem Glas des sowieso offen im Kühlschrank stehenden Sancerre begeht. Das offizielle Pendant ist das digitale Zoom-Feierabendbier.

2020 war der Umsatz alkoholischer Getränke in Deutschland mit knapp 38 Millionen Euro auf einem historischen Tiefstand, weil selbst der gestiegene Konsum zu Hause den Wegfall der Gastronomie nicht ausgleichen konnte. In den kommenden Jahren soll er wieder stark steigen, auf fast 55 Millionen Euro im Jahr 2025, mehr als in den zehn Jahren zuvor.[36]

Je länger ich recherchierte, desto mehr gelangte ich zur Überzeugung: Man könnte sehr wohl etwas am Umgang mit Alkohol ändern. Man will bloß nicht. Erwiesenermaßen reduzieren höhere Preise, weniger Werbung und ein zeitlich eingeschränkter Alkoholverkauf nachweislich den Konsum.[37] Oder das Beispiel Alkopops: Durch massive Besteuerung haben sie für die meisten Jugendlichen jeglichen Reiz verloren. 2017 beliefen sich die daraus resultierenden Steuereinnahmen auf weniger als ein Viertel im Vergleich zu 2005.[38] Ohne mir den Aluhut aufsetzen zu wollen (ruiniert die Frisur), glaube mittlerweile auch ich, dass die Politik sich ganz bewusst dagegen entscheidet, einen entscheidenden Beitrag zur Gesundheit ihrer Wählerinnen und Wähler zu leisten.

Abgesehen von Steuereinnahmen – im Jahr 2020 waren es 2,2 Milliarden Euro[39] – regiert eine starke Lobby mit, die ihre Arbeit gerne wissenschaftlich untermauert. Da ist beispielsweise die von Anheuser-Busch und diversen Brauereien geförderte ERAB-Stiftung (European Foundation for Alcohol Research)[40], deren Studienergebnisse zur Auswirkung von Budweiser und Co man sich lebhaft vorstellen kann. Unter anderem kommen die Forschenden zum Schluss, Bier enthalte Vitamine und stärke die Knochen. Großer Unsinn, findet Helmut Seitz, Direktor des Alkoholforschungszentrums Heidelberg: »Die ERAB blendet Gesundheitsrisiken wie Krebs und Leberzirrhose bewusst aus (...). Da stecken natürlich Interessen dahinter.«[41] Gleiches gilt für die vom Bund finanzierte Arbeitsgruppe zur Alkoholprävention, der Briefe vom Brauereiverband und dem Bundesverband der Deutschen Spirituosen-Industrie ins Haus flatterten mit der Bitte, Alkoholwerbung nicht noch weiter zu reglementieren, und dem Vorschlag, doch lieber auf Prävention zu setzen statt auf erhöhte Alkoholsteuern: »Wir würden uns freuen, wenn es möglich wäre, unsere Argumente in der weiteren Diskussion zu berücksichtigen.«[42] Die Politik gibt sich gerne volksnah, und das heißt in diesem Land nun mal trinkfreudig. Der ehemalige Bundesernährungsminister Christian Schmidt hält Grußworte in Weindörfern und bei Jungweinproben.[43] Seine Nachfolgerin Julia Klöckner lehnte das schottische Modell eines Mindestpreises ab mit der Begründung: »Wein schadet der Gesundheit nicht, wenn man ihn maßvoll genießt.«[44] Die letzte Politikerin, die ernsthaft an der deutschen Alkoholpolitik rüttelte, wurde regelrecht aus dem Amt gejagt, außerdem erhielt Sabine Bätzing-Lichtenthäler Morddrohungen wegen ihrer Ideen, die Promillegrenze für Autofahrer auf 0,3 zu senken oder die Biersteuer zu erhöhen.[45]

Dabei geht es auch anders. Teil der schottischen *Drink smarter*-Kampagne ist die App Drinking Mirror, die zeigt, welche sichtbaren Spuren ein hoher Alkoholkonsum hinterlässt. Man lädt ein Foto von sich hoch, gibt seine Trinkgewohnheiten an und bekommt eine gealterte Version von sich zu sehen, Trinkernase inklusive.[46] Oder Australien: Nachdem dieses lange Zeit zu den absoluten Hochkonsumländern gehörte, sehen heute vier von fünf Bürgerinnen und Bürgern Alkohol als Problem.[47] Das könnte auch der Verdienst von Chris Raine sein und seiner 2009 ins Leben gerufenen Initiative Hello Sunday Morning, die Menschen dabei helfen will, ihren Umgang mit Alkohol zu überdenken beziehungsweise zu ändern. Die gleichnamige App ist für australische Staatsbürger kostenlos.[48] Scheint zu wirken: Der Absatz alkoholfreier Biere hat sich 2021 verdoppelt, ebenso die Zahl der abstinent lebenden 18- bis 24-Jährigen.[49]

Noch bemerkenswerter ist das Beispiel Island. Als Reaktion auf das massive nationale Alkoholproblem verschrieben sich alle Parteien Ende der Neunziger dessen Bekämpfung. Werbung wurde komplett verboten, der Verkauf auf spezielle Geschäfte beschränkt. Im Fokus der Präventionsmaßnahmen lag die Jugend, der seither zehn Prozent des Haushaltsbudgets zugutekommt. Musik- und Kunstvereine, Tanzgruppen, Mannschaftssport und alle möglichen *natural highs* sollen dafür sorgen, den Zeitpunkt des ersten Rauschs so lange wie möglich hinauszuzögern. Mit Erfolg: 1998 waren 42 Prozent aller isländischen 15-Jährigen mindestens einmal im Monat betrunken, 2019 nur noch fünf Prozent.[50] Nirgendwo in Europa konsumieren junge Menschen so wenig Alkohol, Zigaretten und illegale Drogen. Und nirgendwo trinken sie mehr als in Dänemark. Am offensichtlichsten in Form jener Festwagen, auf denen volltrunkene Schulabgänger durch den öffentlichen Raum marodieren. Ab der neunten Klasse ist Alkoholtrinken offiziell erlaubt, viele Gymnasien haben eigene Bars. Bei dieser Sozialisierung wundert es nicht, dass 37 Prozent der Erwachsenen einen »regelmäßig hohen Konsum« angeben* – und ihre Lebenserwartung eine der niedrigsten Westeuropas ist.[51] Gleichzeitig gelten die Dänen als das glücklichste Volk. Genau diesen Widerspruch greift der Film *Der Rausch* auf, den ich mir an einem feuchtfröhlich-nüchternen Sommerabend im Kino ansah. Ich mochte seine Ambivalenz, dass er trotz scharfer Kritik auf die Moralkeule verzichtet.** Was nicht heißt, dass es keine dras-

---

* Und in Deutschland? Sind es immerhin auch rund ein Drittel, siehe www.berliner-zeitung.de/news/senioren-trinken-oefter-alkohol-als-junge-menschen-in-der-eu-li.175479.

** Die nationalen Kritiken reichten von »Hommage an die dänische Nationalseele« über

tischen Szenen gibt, allen voran jene, in der Hauptdarsteller Mads Mikkelsen verwundet und volltrunken morgens vorm Haus seiner Nachbarn zum Liegen kommt, weil er es für sein eigenes hält. Sein Sohn bringt ihn dann ins Bett.

Werfen wir einen Blick nach England. 2010 sorgte eine britische Studie für Aufsehen, die zwanzig Drogen auf ihren Schaden für die Konsumierenden und die Gesellschaft untersuchte. Gefragt waren die Abhängigkeits- und Sterblichkeitsrate ebenso wie die Kosten für das Gesundheitssystem und der Einfluss auf die Kriminalstatistik. Zwar machen Tabak und Crack schneller abhängig, aber wenn man alle Kategorien zusammenrechnet, ist das Ergebnis eindeutig. Sieger mit 72 von 100 Punkten ist König Alkohol. Es folgen Heroin (55 Punkte) und Crack (54), dann Crystal Meth (33) und Kokain (27). Am wenigsten schädlich sind demnach Ecstasy, LSD und Magic Mushrooms.[52] Um sicherzugehen, dass England mit seiner Pubkultur kein Extrembeispiel darstellte, wurde die Studie auf zwanzig weitere europäische Länder ausgeweitet: gleiches Ergebnis. Leiter der Studie war Professor David Nutt, der bis 2009 die britische Regierung in Sachen Drogenpolitik beriet und weiter oben schon mal von den After-Work-Partys im Londoner Parlament zu berichten wusste. Einen Tag nach Veröffentlichung der Studie wurde er entlassen.*

In Deutschland plant die Ampelkoalition die Legalisierung von Cannabis, das in Lancets Studie auf 20 Punkte kommt. Ich persönlich stehe dem zwiespältig gegenüber: Einerseits weil ich weiß, dass Illegalität den Konsum nicht verhindert, sondern Konsumentinnen

---

eine Zurschaustellung deren »grotesker Alkoholkultur, allerdings nicht ohne eine gewisse Zärtlichkeit« bis hin zu »In Wahrheit ist Dänemark ein Alkoholiker«, siehe www.sueddeutsche.de/leben/trinken-daenemark-alkohol-rausch-corona-thomas-vinterberg-druk-mads-mikkelsen-hygge-bier-1.5352951.

* In Deutschland besetzte 2021 die CSU-Politikerin Daniela Ludwig als Drogenbeauftragte eine vergleichbare Position. Ihr damaliges Hauptanliegen war die Überdosierung des Nasensprays Naloxon, siehe www.drogenbeauftragte.de/presse/detail/neuer-bericht-der-drogenbeauftragten-ludwig/.

genauso wie Vertreiber in Nöte bringt; dass es in bestimmten Fällen einen medizinischen Nutzen hat und die Langzeitfolgen selbst bei exzessivem Konsum milder sind als die von Alkohol. Andererseits ist erwiesen, dass vor allem Jugendliche ein erhöhtes Abhängigkeitspotenzial haben* und Cannabis oft als Einstiegsdroge funktioniert. Aus persönlicher Erfahrung kann ich sagen: Keine Kombination ist mir in den Gruppenstunden der Suchttherapie öfter begegnet als die von Saufen und Kiffen.

An meinen ersten Joint kann ich mich sehr gut erinnern. Ich war fünfzehn oder sechzehn und zu Besuch in der Gartenhütte eines Bekannten. Es war die Britpopphase, wir hörten Oasis, probierten es mit Guinness und landeten doch wieder bei Beck's. Illegale Drogen waren bis dahin in meinem Umfeld kein Thema gewesen, im Gegenteil: Mit einer scheinheiligen Verachtung blickte das Dorf auf alle herab, die etwas anderes konsumierten als Ethanol. Mit elf machte ich mir in meinem Tagebuch Sorgen um meinen kiffenden Schwarm: »Er nimmt eine der stärksten Drogen, die es gibt! Er denkt, dass er so seine Probleme lösen kann! Wahrscheinlich wird er nicht mal zwanzig!« Und dann, einige Jahre später in der Gartenhütte, war da plötzlich dieser Joint, aus Mangel an Papers aus einer ausgerissenen Bibelseite gedreht. Jesus, was für eine Pointe! Wie so viele spürte ich erst mal kaum was und hakte die Sache damit als erledigt ab. Erst einige Jahre später in Berlin war Kiffen en vogue, eine Zeitlang fast jeden Abend in unserer *purple haze*-farbenen WG-Küche. Inzwischen merkte ich sehr wohl was, sogar so viel, dass ich beim Ziehen penibel mitzählen musste. Einmal: leichte Beruhigung. Zweimal: beginnendes Benommensein. Dreimal: Lachanfall und/oder Wortfindungsstörungen. Viermal: Bett. Ich habe diese Abende als sehr lustig in Erinnerung, toll auch, dass dar-

---

* Das Argument, Cannabis dürfe nur von Volljährigen konsumiert werden, lasse ich nicht gelten, schließlich ist es kinderleicht für eine Dreizehnjährige, an Bier zu kommen.

auf kein Kater folgte, höchstens ein matschiger Kopf. Wir lachten zum hundertsten Mal über *Napoleon Dynamite* oder *The Big Lebowski*, stopften uns fressflashbedingt mit Keksteigeis voll, und manchmal gingen wir sogar noch tanzen. Einige Jahre lang ging das gut. An meinen letzten Joint erinnere ich mich fast so gut wie an den ersten. Ich besuchte meine Freundin in Wien, wir hatten mehr gekifft als sonst, und am nächsten Tag fühlte ich mich, als würde mir die Macht über meine Gedanken entgleiten. Es waren nicht direkt Stimmen in meinem Kopf, aber etwas außerhalb meiner selbst, ein Klopfen an einer Tür, die ich auf keinen Fall öffnen wollte. Seither habe ich nie wieder gekifft.

»Abhängigkeit«, so der Neurowissenschaftler Marc Lewis, »ist ein Haus mit vielen Türen.«[53] Gibt es so etwas wie eine Suchtpersönlichkeit? Darüber streitet die Wissenschaft. Die einen glauben, eine Art Trinkergen entdeckt zu haben, also die genetische Disposition für eine Abhängigkeit. Die anderen sehen die Gründe für eine Abhängigkeit in den äußeren Umständen, insbesondere jenen der ersten Lebensjahre. Demgegenüber steht die These, dass Alkohol mit seinem hohen Suchtpotenzial von niemandem wirklich sicher konsumiert werden kann. Stellen wir uns ein ethisch natürlich völlig unkorrektes Experiment vor. Wer von einem möglichst jungen Alter an täglich eine Menge x Alkohol konsumiert, mindestens mehr als die von der WHO empfohlene*, der wird irgendwann zwangsläufig abhängig werden. Als Beleg dieser These zitiert Daniel Schreiber in seinem wegweisenden Buch *Nüchtern. Über das Trinken und das Glück* die sogenannte Grant-Studie, die 268 US-Bürger jahrzehntelang begleitete.**

Die Erkenntnisse über Alkohol ergaben sich eher zufällig im Hinblick auf Ess- und Trinkgewohnheiten, sind dafür aber umso bezeichnender:

---

* Zur Erinnerung: das wirklich lächerliche Achtel Wein für Frauen.
** Eine heutige Kritik setzt klarerweise an deren fehlender Diversität an. Untersucht wurden ausschließlich weiße Männer aus dem Akademikermilieu.

»Während Sie noch studierten, unterschieden sich die zukünftigen Alkoholiker überhaupt nicht von den zukünftig normal trinkenden Männern. Die Alkohol missbrauchenden Teilnehmer der Studie – 58 Prozent unter ihnen verloren erst nach dem 45. Lebensjahr die Kontrolle über das Trinken – wiesen anfänglich nicht mehr Persönlichkeitsstörungen auf als diejenigen, die später sozial tranken. Es gab zwar einige Studienteilnehmer, die schon früh Probleme mit Bindungsfähigkeit, Angstzuständen, Aggressionen und dem Aufschub der Bedürfnisbefriedigung hatten. Diese Persönlichkeitsmerkmale waren jedoch kein signifikanter Indikator dafür, dass die betroffenen Jugendlichen später alkoholkrank wurden. Allerdings wurden sie bei fast allen Teilnehmern zur Regel, sobald sie anfingen, Alkohol zu missbrauchen.«[54]

Zwei Faktoren schienen Alkoholmissbrauch zu begünstigen: eine genetisch bedingte Desensibilität, also die körpereigene Fähigkeit, Alkohol besser zu vertragen, und ein dem Alkohol gegenüber positiv eingestelltes soziales Umfeld. Es gibt auch niedrigere Schätzungen zum genetischen Einfluss, Daniel Schreiber zitiert hingegen eine Studie, die auf 40 bis 60 Prozent kommt.[55] Und der Rest? Viele Suchtexpertinnen und -experten meinen, es sei nicht der Alkohol selbst, von dem wir nicht lassen können, sondern das davon erzeugte Gefühl des Ganzseins. Dafür spricht, dass Menschen nach praktisch allem süchtig werden können, Essen, Sex, Computerspiele – oder Klassik-CDs. In der Hochphase seiner Sucht gab Gabor Maté dafür achttausend Dollar pro Woche aus. Es sei vorgekommen, dass er als Geburtshelfer Frauen in den Wehen liegen gelassen habe, um zum Musikgeschäft zu eilen, wie er in seinem TED-Talk erzählt.[56] Heute ist er einer der weltweit angesehensten Experten ausgerechnet auf jenem Gebiet, das ihm selbst so zu schaffen machte. Ihm zufolge muss die Frage nicht lauten, was Sucht einem nimmt, sondern, was sie einem gibt: Erlösung vom Selbst und Seelenfrieden, wenn auch nur für kurze Zeit. Ihr Ursprung liege stets in einem Mangel beziehungsweise einem kindlichen Trauma, wobei sein eigenes daher rühre, dass er als 1944 in Budapest geborener Jude den Einmarsch der Wehrmacht miterlebte. Viele seiner Patientinnen und Patienten hätten Missbrauchserfahrungen gemacht oder andere schwere psychische und physische Verletzungen erfahren.

Ich bin überzeugt, dass Süchte auch einen weniger dramatischen Ursprung haben können, insbesondere in unserer gegenwärtigen hochtechnologischen Welt, die Glück so oft über Konsum definiert. Nicht jeder Mensch, der eine Abhängigkeit entwickelt, hatte eine schlimme Kindheit. Schön waren an meiner eigenen die behütete Umgebung, die Nachbarn, bei denen man immer klingeln konnte, die ungeteilte elterliche Liebe zum Einzelkind, die Fürsorge einer Großmutter, die mich als das Beste in ihrem Leben bezeichnete. Nicht so schön war die Trennung meiner Eltern, auch wenn mein Vater schon vorher aufgrund eines weit entfernten Arbeitsplatzes die meiste Zeit nur am Wochenende zu Hause war. Den Tag, an dem er auszog, habe ich als einen der schlimmsten überhaupt in Erinnerung. Bis weit in meine Zwanziger hinein ließ ich die These des psychisch angeknacksten Scheidungskindes allerdings überhaupt nicht gelten. Inzwischen glaube ich, dass es sehr wohl etwas mit mir und meiner eigenen Bindungsfähigkeit gemacht hat. Und doch: Trotz seiner physischen Abwesenheit war mein Vater immer für mich da und ist es bis heute. Es ist dieses *so ist es*, dieses *und doch* und jenes *aber dennoch*, das möglicherweise meinen eigenen, von Gabor Maté beschriebenen Mangel begründet. In der Pubertät äußerte er sich in Form von Selbstzweifeln, Perfektionsstreben, dem Wunsch, dünn zu sein, und einer extremen Fixierung auf das andere Geschlecht. Ich war wütend, ich war bedürftig, ich wollte gesehen werden. Trinken schien die Lösung für vieles zu sein, nicht zuletzt eine Art Strafe für meine alleinerziehende Mutter, der ich – wer weiß das schon? – vielleicht unbewusst die Schuld an der Trennung gab.

Und doch: Alle Eltern machen Fehler und viele trotzdem vieles richtig. Und selbst Kinder aus völlig intaktem Elternhaus sind nicht vor Süchten geschützt, weil ein Mangel so verschiedenen Ursprungs sein kann. Suchtexperte Maté findet das Bild eines buddhistischen Geistes mit riesigem Bauch und schmaler Kehle, der immerzu isst und doch niemals die innere Leere füllen kann. So, sagt der Ungar, geht es den Menschen in unserer Gesellschaft. Wir sind hungrig, ohne zu wissen, wonach, wir werden nicht satt, obwohl wir es beständig versuchen. Auch das Gefühl des Sich-nach-etwas-Sehnens – oft ohne zu wissen, wonach genau – kann süchtig machen.

Komischerweise wurden andere Drogen für mich nie zum Problem, obwohl ich das Versprechen Berlins beim Wort genommen habe. Da waren LSD-Trips mit Bob-Ross-Videos, Pilztees, nach deren Genuss meine Freundinnen und ich den versifften Park vor unserer Tür plötzlich als den Garten Eden entdeckten, MDMA-Nächte in leer stehenden Hochhäusern, Ecstasy-Raves im Görlitzer Park, Candyflips auf dem Technofestival Fusion, Koks von Plattentellern. Manchmal zitierten wir Bismarck im Garten des Technoclubs Sisyphos: »Die erste Generation schafft Vermögen, die zweite verwaltet Vermögen, die dritte studiert Kunstgeschichte, und die vierte verkommt«, ohne so recht zu wissen, ob wir jetzt zur dritten oder vierten gehörten, denn tatsächlich *hatte* ich ja Kunstgeschichte studiert. Manchmal ging es mir schon währenddessen furchtbar schlecht – ich erinnere mich beispielsweise an eine Nahtoderfahrung auf dem Berghain-Klo, jenes Berliner Technoclubs, der bekannt ist für seine exzessive Türpolitik und den exzessiven Drogenkonsum gleichermaßen –, spätestens jedoch am nächsten Tag. Immer war mir bei diesen Aktionen klar, dass es sich um etwas Besonderes handelte, dass total wichtig war, aus welcher Motivation heraus ich das tat (Bewusstseinserweiterung, ja, auch Spaß, aber nicht, um schlechte Gefühle wegzudrücken) und dass es nicht zur Gewohnheit werden durfte. Hat immer gut geklappt. Einer meiner Ex-Freunde lachte mich mal aus, als ich von einer Pille fantasierte, deren Einnahme schlagartig nüchtern mache, weil ich manchmal einfach nur *saufen wollte, ohne betrunken zu sein.* »Die gibt es doch schon: Koks.« Dem konnte ich aber überhaupt nichts abgewinnen, zum Glück, schließlich ist dessen Suchtpotenzial noch höher als das von Alkohol, und ich kenne niemanden, der sich beim Konsum nicht in ein Arschloch verwandelt. Kiffen, Koks, Ketamin: Mit zunehmendem Alter landeten mehr und mehr Substanzen auf der schwarzen Liste, weil ich merkte, dass sie mehr Schaden als Nutzen brachten. Um Missverständnissen vorzubeugen: Es liegt mir fern, illegale Drogen zu verharmlosen. Ich finde es nur bezeichnend, wie ich allmählich von allen abließ, während Alkohol immer interessanter wurde.

Auch die Droge mit dem höchsten Suchtpotenzial ließ ich von einem Tag auf den anderen sein. Mit elf rauchte ich hin und wieder im Wald, weil alle es taten. Mit sechzehn dann Selbstgedrehte, mal zwei am Tag, mal zwanzig in einer Nacht. Bis Mitte zwanzig hatte ich mich immer als glückliche Raucherin gesehen, dann überwogen für mich die Nachteile, die verfärbten Zähne und Finger (ich hätte natürlich auf Filterzigaretten umsteigen können, war aber zu geizig dafür), der Geruch in Kleidung und Haaren, die eingeschränkte Kondition, der verminderte Geschmackssinn, die Kosten. Ich erinnere mich gut an die Situation, die dazu führte, dass ich es sein ließ. Mein damaliger Freund hatte sich von mir getrennt, worunter ich unverhältnismäßig stark litt, was dazu führte, dass ich a) eine willkommene Entschuldigung hatte, noch mehr zu trinken als sowieso schon, b) seltsamerweise aber mit dem Joggen anfing, merkte, dass es mir guttat und dabeiblieb, und c) zum wunderbar logischen Schluss kam, dass Laufen mit voller Lungenkapazität mehr Spaß machte, weswegen ich »mal ausprobierte, wie es ist, nicht zu rauchen«. Natürlich fiel es mir in den ersten Wochen schwer, sitzen zu bleiben, wenn alle anderen sich unter den Heizpilz vor der Tür drängten (es muss die Zeit des beginnenden Rauchverbots gewesen sein), geschweige denn in meiner Raucherstammbar meinen geliebten Negroni ohne Kippe zu genießen, aber ich blieb dabei. Heute erscheint es mir fast surreal, jemals geraucht zu haben. Es kam mir irgendwann absurd vor, sich eine brennende Tabakrolle in den Mund zu stecken, die ausschließlich Nachteile mit sich bringt – und schließlich verbrennt man das Geld quasi in Echtzeit, für eine Schwäbin ein immer triftiges Gegenargument. Beneidete ich Raucherinnen? Kein bisschen. War ich trotzdem mit ihnen befreundet? Natürlich. Hatten wir andere Themen als das Rauchen? Selbstverständlich. Dass es mir mit dem Trinken genauso gehen könnte, dass ich mit derselben Leichtigkeit davon Abschied nehmen könnte, schien mir absolut unvorstellbar.

Nicht nur ich finde es seltsam, dass jemandem, der aufhört zu rauchen, ausnahmslos gratuliert wird. Auch wird denjenigen, die es nicht schaffen, selten mangelnde Willenskraft unterstellt, und niemand käme auf die Idee, sie nach ihrer kaputten Kindheit zu fragen. Natürlich ist ein Nikotinrausch nicht mit einem alkoholischen vergleichbar, aber Sucht ist Sucht – ich erinnere noch mal daran, dass man auch von Klassik-CDs abhängig werden kann. Unser gesellschaftlicher Umgang mit Nikotinabhängigkeit ist jedenfalls weitaus weniger scheinheilig als jener mit Alkohol. Beim Thema Zigaretten ist allen klar, dass es sich um ein Suchtmittel handelt, das nur in den seltensten Fällen aus reinem Genuss konsumiert wird, sondern bei einer Anzahl x über einen Zeitraum y zu Abhängigkeit führt. Das ist nicht zuletzt der Verdienst einer gezielten Politik. Da wären zum einen die Fotos von Raucherbeinen und teerschwarzen Lungen auf den Schachteln,* zum anderen das 2007 beschlossene Nichtraucherschutzgesetz, die sukzessiv steigende Besteuerung** sowie die strenge Werberegulierung – und überhaupt: schon mal bemerkt, dass in Filmen und Serien kaum noch jemand zur Kippe greift? Das Beispiel Rauchen zeigt ziemlich eindrucksvoll, dass Veränderung sehr wohl möglich ist, wenn die Politik entsprechende Rauchzeichen gibt.

Wenn es um Abhängigkeit geht, schlägt Tabak sogar Alkohol.

---

* Gute Sache, auch wenn ich persönlich nicht verstehen kann, warum nicht jeder Rauchende ein Zigarettenetui besitzt.
** Wer auch nur eine Schachtel pro Woche raucht, bringt es auf knapp 400 Euro im Jahr, bei einer Schachtel täglich sind es über 2700 Euro.

Eine 1994 durchgeführte US-amerikanische Studie stellte das Suchtpotenzial diverser legaler und illegaler Drogen gegenüber. Knapp 32 Prozent wurden bei regelmäßigem Konsum im Verlauf ihres Lebens von Nikotin abhängig, bei Heroin 23, bei Alkohol 15 Prozent.[57] Kein Wunder, dass jeder vierte Deutsche raucht.[58] Interessant auch, dass die Studie nach Gründen sucht, warum aus einem Gewohnheitskonsum eine Sucht entsteht. So gaben beispielsweise viele Vietnamveteranen ihren Heroinkonsum bei ihrer Rückkehr nach Hause von selbst auf. Je fester eine Droge in der Gesellschaft verankert ist, desto gefährlicher. Wer trinkt und raucht, wird nicht schief angesehen. Wer sich eine Spritze setzt, schon.

Was aber bedeutet Abhängigkeit konkret? Wenn ich mich schon bei der Arbeit auf den After-Work-Drink freue? Wenn ich nicht locker zwei Wochen darauf verzichten kann? Wenn ich im Schlafanzug Bier kaufen gehe? Die WHO definiert eine Abhängigkeit laut ICD* 10 wie folgt: »Typischerweise bestehen ein Verlangen, die Substanz einzunehmen, Schwierigkeiten, den Konsum zu kontrollieren, und anhaltender Substanzgebrauch trotz schädlicher Folgen. Dem Substanzgebrauch wird im weiteren Verlauf oft Vorrang vor anderen Aktivitäten und Verpflichtungen gegeben. Es entwickelt sich eine Toleranzerhöhung und manchmal ein körperliches Entzugssyndrom.«[59] Hinzu kommt der vage durch eine Schädigung der körperlichen und seelischen Gesundheit definierte Gebrauch.[60]

Im Internet finden sich diverse Tests zu dem Thema, die auf dem Prinzip der ehrlichen Selbstbefragung beruhen. Einer der bekanntesten ist der von der WHO empfohlene AUDIT (Alcohol Use Disorders Identification Test). Er besteht aus zehn Fragen wie »Sind Sie oder jemand anderer schon einmal verletzt worden, weil Sie

---

* Die Internationale statistische Klassifikation der Krankheiten und verwandter Gesundheitsprobleme (ICD, englisch: International Statistical Classification of Diseases and Related Health Problems) ist das wichtigste weltweit anerkannte Klassifikationssystem für medizinische Diagnosen.

getrunken haben?«. Mehr als sieben Punkte bei Frauen beziehungsweise acht Punkte bei Männern weisen auf einen gefährlichen und schädlichen Alkoholkonsum hin.[61] Daneben existiert eine Vielzahl weiterer mehr oder weniger seriöser Selbsttests. Mal trafen bei mir vier von fünf Punkten zu, mal acht von elf, immer war allerhöchste Eisenbahn. Gleichzeitig waren da immer auch entscheidende Punkte, die ich guten Gewissens mit Nein beantworten konnte: Trinken Sie nach dem Aufstehen? Nein, außer bei mehrtägigen Technofestivals. Kaufen Sie Ihren Alkohol in verschiedenen Geschäften ein, um kein Aufsehen zu erregen? Nein, denn es interessiert in Berlin keinen Menschen. Oder die selbstironische Frage der Autorin Kristi Coulter nach der Definition einer vertretbaren Trinkmenge:[62] »Ein ›Glas‹, das heißt:

- 150 ml.
- 150 ml plus das, was nachgeschenkt wird, wenn niemand hinsieht.
- Das hängt davon ab, wie fies die Welt heute war.
- Maße sind ein Konstrukt der Bourgeoisie, gar des Patriarchats.

Spaß beiseite: Leider ist Alkoholismus eine ziemlich subjektive Diagnose, zumindest solange man nicht körperlich abhängig ist, was sie wenig greifbar macht.

Zielführender scheint mir deshalb vor allem die in fast jedem Selbstbefragungstest auftauchende Frage »Haben Sie sich schon mal Gedanken über Ihr Trinkverhalten gemacht?«. Wenn damit erfolglose Einschränkungsversuche einhergehen, sollte das ein Warnsignal sein. Was nicht heißt, dass man dann bereits alkoholabhängig ist. Dass ich mich mit dem Wort schwertue, hat mehrere Gründe. Zum einen zieht es eine Pseudogrenze zwischen den »normalen Trinkern« und den »krassen Fällen«, die da wären: die von einem Entzug zum anderen torkelnde Drehtürpatientin, der an der Pfeffipulle hängende Obdachlose und die verrückte Alte, die sich morgens Wodka ins Müsli kippt. Alkoholabhängigkeit hat viele Gesichter. Wenn jemand dreißig Jahre lang jeden Abend zwei Flaschen Bier trinkt, ist das auch eine Form davon. Zum anderen scheint das Wort Abhängigkeit einen für immer und ewig an die jeweilige Substanz zu binden. Meine Therapeutin legte nahe, es anders zu sehen: »Sie sind nur so lange abhängig von Alkohol, wie Sie ihn konsumieren.«

Robert Pfaller würde dem entschieden widersprechen, schließlich versteht er Entgrenzung als gesellschaftliche Pflicht. Der Professor für Philosophie ist ein wortgewandter Lebemann, für den ich phasenweise viel übrighatte, nicht zuletzt, um meinen eigenen Alkoholkonsum zu rechtfertigen. Seine Kulturgeschichte des Rauschs ist plausibel: Von den dionysischen Mysterienspielen und der Verehrung des Weingottes Bacchus über die den Winter verabschiedenden Faschingsbräuche bis hin zu Hermann Nitsch und dessen Orgien-Mysterien-Theater – über den ich beinahe meine Bachelorarbeit geschrieben hätte – ist unsere abendländische Kultur das Gegenteil von nüchtern. Bis vor Kurzem jedenfalls. Pfaller zufolge hat sich der kapitalistische Performancezwang inzwischen vom Manager*, der vor seinem Vierzehnstundenarbeitstag vierzig Kilometer auf dem Hometrainer abschwitzt, bedauerlicherweise auch auf die Supermarktkassiererin übertragen. Auch ich bin gegen eine Gesellschaft, die sich nur durch Leistung definiert. Nicht weil ich selbst kein Disziplinfan bin (bin ich), sondern weil ich auch einer des Genusses bin. Fünfmal täglich Rohkost und sieben Liter Wasser machen nun mal kein erfülltes Leben aus. Zu einer bestimmten Art Selbstkasteiung passt der Verzicht auf Alkohol perfekt; vielleicht erklärt das, warum gerade Millennials kaum noch trinken. Es mag überraschen, aber: Ich lehne gar nicht den Rausch als solchen ab. Das Leben kann nicht nur aus Lebenslaufoptimierung und Smartphonemeditation bestehen. *Du sollst nicht funktionieren* heißt ein Buch der Philosophin Ariadne von Schirach, das ich bei seinem Er-

---

* Hier keinesfalls gendern!

scheinen 2014 gern gelesen habe. Ähnlich wie Pfaller spricht auch sie sich gegen ein Leben im Dauerpflichtmodus aus, nur dass es nicht ums Konsumieren geht. Wir sollen unseren Körper bewohnen, anstatt ihn zu kontrollieren, unser Dasein ausschöpfen, anstatt es zu perfektionieren. Ich finde, das geht auch mit klarem Kopf.

Noch mal: Es liegt mir fern, der Welt das Recht auf Rausch abzusprechen. Was ich kritisiere, ist die Omnipräsenz von Alkohol in unserer Gesellschaft. Beim Abendbrot und bei der Arbeit, beim Kitasommerfest und am Baggersee, auf der Berghütte und beim Bergfest im Büro, weil Mittwoch ist. Wer über achtzehn Jahre alt ist und nicht sichtbar schwanger, hat mitzutrinken. Einige Ausreden gehen gerade so durch – Antibiotikaeinnahme, gläubige Muslimin, Autofahrer, beginnende Schwangerschaft –, die Aussage »Ich trinke nicht« ohne weitere Erklärung hingegen kaum. Wer nicht trinkt, macht sich verdächtig. Spaßbremse? Fahrradfahrerin? Oder hat da jemand etwa EIN PROBLEM MIT ALKOHOL? Das nämlich ist das Perfide an der Sache. So allgegenwärtig dieses *Kulturgut* ist, so hart werden diejenigen sanktioniert, die nicht damit umgehen können. Wie Aasgeier stürzt sich das Volk auf einzelne Sündenböcke wie die betrunken Auto fahrende Bischöfin Margot Käßmann oder Jenny Elvers, deren entgleister TV-Auftritt noch heute bei YouTube zu sehen ist. Alkoholabhängige sind wirklich das Allerletzte für diejenigen, die es doch auch *irgendwie hinkriegen*, und genau da liegt das Problem. Weil so viele es eben nicht *irgendwie hinkriegen*, herrscht ein diffuses Missbehagen, denn mal ehrlich: Die meisten haben sich doch schon mal gefragt, ob sie zu viel trinken. Anstatt das eigene Verhalten kritisch zu hinterfragen, zeigt man lieber mit dem Finger auf andere, nach dem Motto: Guck dir die Jenny an, so was von drüber, so schlimm ist es bei mir ja zum Glück nicht. Prösterchen!

Dieser gesamtgesellschaftliche Übertragungsprozess lässt sich wunderbar im Alltag beobachten. Meiner Erfahrung nach haben vor allem diejenigen ein Problem mit Abstinenz, deren eigener Konsum problematische Züge aufweist. Beim Junggesellinnenabschied einer

Freundin beispielsweise, den wir erst in irgendeinem Autokorso (es war EM), dann in der Großraumdisco begossen. Besonders für die wie gefoulte Stürmer schwankenden Dorfprolls grenzte es an Menschenrechtsverletzung, dass sie mir keinen Sex on the Beach ausgeben durften. Beim Ostseepressedinner, als mein bereits bei der zweiten Bordeauxflasche angelangter Sitznachbar irgendwann meinte, er sei überrascht, dass ich gar nicht so langweilig sei, wie er es von einer Abstinenzlerin erwartet hätte. Oder jener Weinhändler, der es eine Zeitlang lustig fand, meine Facebook-Beiträge zum *Dry January* mit »Zum Glück naht der feuchtfröhliche Februar« zu kommentieren. Ausgerechnet er, den ich zu keiner Tageszeit jemals nüchtern erlebt habe. Merke: Je entspannter jemand mit seinem eigenen Konsum umgeht, desto unwahrscheinlicher, dass er den eines anderen verurteilt. Meine Freunde zum Beispiel: Viele von ihnen trinken wenig oder gar keinen Alkohol, ein Umstand, der mir lustigerweise erst so richtig auffiel, als ich selbst damit aufhörte. Auch von denen, die trinken, hat niemand je versucht, mich zum Mittrinken zu nötigen.

Noch mal zurück zu Robert Pfaller und seinem provokanten Buchtitel *Wofür es sich zu leben lohnt*. Nein, das Leben ist kein bei neunzig Grad gewaschenes Sportbustier, keimfrei und nach Meeresbrise duftend. Leben ist Schwitzen, Stinken, Aufdrehen, Bereuen, Abdrehen, Durchmachen, Ausbrechen, Hinfallen, Aufstehen – und gelegentliche Ekstase so wünschenswert wie individuell. Manche klettern ungesichert Steilwände hinauf, manche absolvieren einen Ironman*, manche tanzen drei Tage im Club, und wieder andere kotzen sich die Seele aus dem Leib und kriechen dann gedanklich in den Geburtskanal zurück**. Und wem das alles zu verrückt ist, der trinkt vielleicht beim Nachbarschaftsgrillen einen halben Kasten Bier und grölt dabei Andreas-Gabalier-Hits.

---

* Warum eigentlich nicht Ironwoman?
** Richtig, die Rede ist von Ayahuasca.

Mein Vorschlag: Alkohol soll als das verstanden werden, was er ist: eine Substanz mit enorm hohem Suchtpotenzial. Kinder sowieso, aber auch Jugendliche sollten so spät wie möglich damit in Berührung kommen, weil nämlich ein früher Konsum den Weg zu einer späteren Abhängigkeit ebnet. Werbung, die suggeriert, dass Alkohol zu einem gelingenden Leben beiträgt, gehört verboten. Alkohol muss höher besteuert und das so eingenommene Geld in Prävention und Suchthilfe investiert werden. Die Verfügbarkeit ist dringend einzuschränken, beispielsweise durch ein nächtliches Verkaufsverbot und strengere Kontrollen bei der Abgabe an Jugendliche. Ein Verbot in Verkehrsmitteln und auf öffentlichen Plätzen? Warum nicht. Im Verkehr hat Alkohol absolut gar nichts zu suchen. Warum gilt in so vielen Ländern eine Null-Promille-Grenze und in Deutschland nicht? Wer bitte weiß denn so genau, wie sich 0,5 Promille anfühlen, zumal die Urteilsfähigkeit bekanntlich mit jedem Schluck sinkt beziehungsweise die Selbstüberschätzung steigt? Alkoholbedingte Vergehen sollten zudem so bestraft werden, dass es richtig wehtut, und ich meine damit mehr als die Medizinisch-Psychologische Untersuchung, kurz MPU, auch bekannt als Idiotentest.* Niemand sollte sich rechtfertigen müssen, weil er oder sie keinen Alkohol trinkt. Auf jeder Firmenweihnachtsfeier soll es neben Glühwein auch Punsch geben und bei jeder *baby shower* alkoholfreien Sekt. Wer zwischen Alkohol und vermeintlich harten Drogen wie Koks** unterscheidet, lügt sich selbst in die Tasche. Wer diejenigen verurteilt, die nicht mit der Alltagsdroge Nummer eins umgehen können, sollte vielleicht mal ins eigene Glas schauen. In meinem befindet sich gerade ein selbst gebrauter Orangen-Zimt-Kombucha, danke der Nachfrage.

---

* Peter Richter hat das in seinem Buch *Über das Trinken* ganz schön beschrieben, auch wenn es sich, nüchtern betrachtet, um die Feuilletonisierung eines ziemlich problematischen Konsums handelt.
** Das passt ja auch so toll zum Leistungsimperativ unserer Gesellschaft, Stichwort: *work hard, play hard.*

Das
Dorf

Wenn ich heute mit dem Auto den Berg runterfahre, mit Blick auf das im Tal gelegene Dorf, im Winter oft südzuckerweiß, im Sommer jägergrün, denke ich mir: schon schön hier. Das Dorf liegt auf der Schwäbischen Alb, zwischen Schwarzwald (da, wo der Monkey-47-Gin herkommt) und der Stadt, deren Wahrzeichen eine neun Meter hohe Prostituierte ist, Konstanz. Eigentlich würde man gerne am Bodensee leben, weil das aber zu teuer ist, versichert man sich, dass es da unten ja sowieso das halbe Jahr über neblig sei. Die nächste Kleinstadt ist nah genug, dass man über Feldwege sogar mit dem Traktor hinkommt, dort gibt es McDonald's und Burger King, einen Elf-Euro-Friseur (inzwischen sind es zwanzig) und sogar einen H&M, aber erst seit ich nicht mehr dort wohne. In dem Dorf selbst leben etwa zweitausend Menschen, hinzu kommt eine Teilgemeinde mit ein paar weiteren Hundert, auf welche die Jugend etwas verächtlich von ihrem Traktorsitz herabschaut. Umso stärker ist das Zusammengehörigkeitsgefühl im richtigen Dorf. Jeder kennt jede, und alle nehmen ihren Platz in der Gemeinschaft ein. Da ist die schöne Bäckerin, die bei meinen zweijährlichen Besuchen immer ernsthaft interessiert fragt, wie es so gehe in Berlin, der homöopathisch praktizierende *Kügeledoktor*, der Organisator des Seniorentreffs Sechzig plus, der Burgherr und seine Frau (die das Dorf überragende mittelalterliche Burg befindet sich zwar in Privatbesitz, öffnet ihre Pforten aber regelmäßig für Grundschulklassen).

Das Schöne am Dorf ist die Ruhe. Dass die nächstgelegene Autobahn rund eine Stunde Fahrt entfernt ist – der Bundesstraßenausbau zieht sich seit Jahrzehnten hin –, nervt, bringt aber den Vorteil mit sich, dass man nachts Uhus rufen hört. Der umliegende Wald hätte Goethe in Entzückung versetzt, so ein richtiger deutscher, gesunder Mischwald, inklusive Kreuzweg, denn es ist ein katholisches Dorf. In diesem Wald bauten wir als Kinder Hütten und spielten Räuber und Gendarm. Aus dem geplanten Re-enactment von *Blair Witch Project* wurde hingegen nie was. Im Winter bretterten wir auf Skiern den einzigen steilen Hang hinunter, an dem sich das Dorf einen Skilift gegönnt hatte, oder den etwas weniger steilen Hang mit Schlitten. Im Sommer wateten wir durch den kleinen Fluss oder sammelten Kaulquappen im Kappleneibrunnen. Schon als Grundschülerin durfte ich in den Sommerferien auf der Straße Verstecken spielen, bis es dunkel war, weil unsere Eltern eh meistens in der Hofeinfahrt irgendwelcher Nachbarn auf Bierbänken saßen. Eine Zeitlang warnte mich meine Mutter davor, zu fremden Männern ins Auto zu steigen, aber eigentlich war Sicherheit kein Thema, sie war einfach da.

Meine Mutter: damals, Ende der Neunziger, eine der wenigen Alleinerziehenden im Dorf. Vielleicht sogar die einzige? Aufgewachsen ist sie ein Dorf weiter, nach aufregenden Zeiten als Ostseebadkellnerin und Zimmermädchen in Schweizer Luxushotels kehrte sie dann zurück, als sie etwa so alt war wie ich heute. Meinen Vater lernte sie bei einem Campingurlaub am Alpsee kennen, sie als Alleinreisende, was ich ziemlich cool finde, und mein Vater offenbar auch. Wegen ihr zog er aus seiner Heimat, dem Saarland, auf die Schwäbische Alb, wurde Mitglied im Tischtennisverein und feierte seinen runden Geburtstag wie alle anderen in der holzverkleideten Skihütte. Assimilation geglückt. Als ich sechs war, trennten sich meine Eltern. Mein Vater zog aus und wurde somit ein Wochenendpapa, aber auch einer, der täglich anrief. Meine Mama arbeitete erst ganz-, dann halbtags in der Verwaltung einer Privatklinik. Oft war das Haus leer, wenn ich nach Hause kam, mit vorgekochten Linsen mit Spätzle auf dem Herd. Das Dorf sah für derartige familiäre Konstellationen den Begriff »Schlüsselkind« vor. Meinen trug ich an einem pinken Fishbone-Band um den Hals. In Wahrheit ging dieser Begriff natürlich weit über die Tatsachenbeschreibung hinaus. Ein Schlüsselkind steht mit einem Bein in der Verwahrlosung, es muss seine Hausaufgaben ohne Aufsicht erledigen und sich von Aufgewärmtem ernähren. Über einen ähnlich oft unbeaufsichtigten Jungen hieß es, er kaue aus Mangel an Alternativen an einem Block Butter herum, wenn er Hunger habe. Auch wenn natürlich nicht alle Frauen im Dorf Vollzeitmütter waren, so hatte eine mögliche Erwerbstätigkeit doch unter keinen Umständen der Erziehungspflicht in die Quere zu kommen.

Mit zehn, elf Jahren war mir das relativ egal, und je älter ich wurde, desto mehr konnte ich diesem Lebensmodell abgewinnen. Dass ich meine Hausaufgaben erledigte, war selbstverständlich, danach konnte ich tun, was ich wollte, jedenfalls in der Zeit, in der meine Mutter arbeiten oder beim Frauenturnen war. Rauchen und Kaffee trinken mit Andreas beispielsweise, der verrückterweise mein bester Freund geworden war. Mittwochabend hatte ich immer sturmfrei. Zeitweise saßen wir dann zu acht in meinem Wohnzimmer, hörten Musik und tranken Kaffee. Kaffee? Ja, weil meine Clique größtenteils aus Nichttrinkern bestand. Das hatte einen simplen Grund: Alle liebten ihr Auto mehr als den Rausch. Wenn wir ab und an zum Vollmondtanz nach Tübingen pilgerten, gab es jedes Mal fast Streit um den Fahrersitz, weil nämlich alle ihre Audis und Einser-BMWs und Vintage-Mercedes *ausfahren wollten*. Manchmal ließen wir die Disco aus zugunsten nächtlicher Überlandfahrten, bei denen auf Schotterwegen der Tank leer gefahren und das Driften geübt wurde. Bis auf meine beste Freundin und mich waren dabei alle nüchtern. Wir hingegen soffen für eine halbe Fußballmannschaft. Manchmal

Bier, manchmal aber auch Chantré aus der Flasche, den wir uns auf dem Rücksitz schwesterlich teilten.

In ihrer Autobiografie *Nachtlichter* schildert Amy Liptrot ihre Kindheit und Jugend auf einer gottverlassenen schottischen Insel. Die Orkneyinseln sind von Klippen umgeben, an denen routiniert Schiffe zerschellen, es regnet, stürmt, hagelt pausenlos, und so wild die Witterung, so wenig ist es das Leben für ein abenteuerlustiges Mädchen. Ich habe mich sehr wiedergefunden in den Schilderungen endloser Winter, der Banalität einer kultur- und partyfreien Existenz und dem Alkohol mit seinem Versprechen eines Auswegs. Mein Teenagerherz zuckte vor *fomo – fear of missing out*, Angst, etwas zu verpassen –, lange bevor dieser Begriff existierte. Wenigstens zum Teil habe ich das ständige Gefühl, etwas (eigentlich alles) zu verpassen, wohl von meiner Mutter geerbt. Genau einmal in ihrem Leben, erzählte sie mir, habe sie Silvester zu Hause verbracht, da war ich ein Jahr alt, und vom Badfenster aus das Feuerwerk angeheult. Damals schwor sie sich, nie wieder in diese Situation zu kommen – Vorsatz bis heute gehalten.

Lange habe ich über die Gründe meines Trinkens nachgedacht. Wollte ich den Schmerz der elterlichen Trennung betäuben? Die Einsamkeit eines Einzelkindes? Auch wenn beides eine Rolle gespielt haben mag, sehe ich mich doch eher als jemand wie Amy Liptrot, eine Getriebene, die sich nichts sehnlicher wünscht, als dass es endlich losgeht. Als würde man im Bürgeramt sitzen, mit direktem Blick auf die Wartenummer vor einem, irgendwas mit zwanzigtausend – ungefähr so fühlte sich das an. In einem meiner *Hausaufgabenhäffte*, die damals zugleich als eine Art Tagebuch funktionierten, klebte die Nahaufnahme einer Frau mit pinkem Lidschatten und einer gigantischen, ebenfalls pinken Kaugummiblase, auf der »Ich will mehr!« stand. So war es. Ich wollte mehr Raum, mehr Freiheit, mehr Gefühl, mehr Aufregung, mehr *mehr*. Die Rückseite eines anderen *Häffts* war beklebt mit einer Filmszene aus *My Summer of Love*, in der die Schauspielerin Natalie Press melancholisch eine Zigarette raucht. Die Bildunterschrift lautete: »Kennt die Sehnsucht nach Liebe.«

Mehr noch als Filme tröstete mich Literatur. Eines meiner liebsten Bücher aus meiner Teenagerzeit ist *Millie*, die Geschichte einer Neunzehnjährigen, die sich in Liverpools Rotlichtviertel rumtreibt und mit sehr vielen Menschen schläft, Männern und Frauen. Deren Autorin Helen Walsh nahm mit dreizehn zum ersten Mal Ecstasy, versank anschließend in der Liverpooler Raveszene und tauchte mit sechzehn in Barcelona unter, um sich zu Hause nicht prostituieren zu müssen. »Neuer Feminismus oder Pornografie?«, fragten sich die Kritikerinnen bei Erscheinen des Romans 2006. Vier Jahre später gestand die britische Autorin der *Süddeutschen Zeitung*, dass sie inzwischen mit noch nicht mal dreißig Jahren abstinent lebe. Wie das mit dem Feiern gewesen sei, will die Interviewerin Rebecca Casati wissen. »Was genau heißt das, ›bis zum Exzess‹? Drei Nächte hintereinander? Eine Woche?« – »Es heißt: Jede Nacht nach Hause getragen werden. Und wenn ich mich heute betrinken oder high werden will, dann setze ich mich halt hin und schreibe.«[1]

Helden dieser Zeit waren für mich Pete Doherty und Kate Moss, Letztere schon allein weil sie dünn war. Wenn schon nicht aufs Glastonbury Festival wie die beiden, fuhr ich wenigstens zum Southside und sang betrunken Tocotronic-Songs mit. Ich liebte Baudelaires *Blumen des Bösen* ebenso wie *Wir Kinder vom Bahnhof Zoo*, weil mir beide etwas von Erlösungssehnsucht und Ennui, vom Leben in größtmöglicher Intensität erzählten. Angeblich wurde in unserer Kreisstadt ziemlich viel gedealt, aber zum Glück kam ich damit nicht in Berührung. Keine Ahnung, wie es gelaufen wäre, wenn ich in Berlin aufgewachsen wäre oder Frankfurt am Main oder Tübingen. Was Baudelaire der Absinth und Christiane F. das H, waren mir Alcopops und Biermischgetränke. Meine Hymne kam von den Toten Hosen: »Kein Alkohol (ist auch keine Lösung)!«

Hilft es, jemanden mitschuldig zu sprechen? Meine Eltern vielleicht, weil sie mir zuliebe nicht zusammengeblieben sind? Meine

Mutter, dass sie mich nicht entschiedener vom Trinken abgehalten hat? Versucht hat sie es ja. Regeln gab es sehr wohl, teilweise wesentlich strenger als bei meinen gleichaltrigen Freundinnen – sie waren mir halt egal. Ich kam nicht zur verabredeten Zeit nach Hause, kletterte aus dem Kellerfenster und trank, so viel ich wollte. Ab und an klingelte meine Mutter nachts irgendwelche anderen Erziehungsberechtigten aus dem Bett, um zu rekonstruieren, wo sie uns zuletzt abgesetzt hatten – mein Handy war natürlich ausgeschaltet –, manchmal marschierte sie in die entsprechenden Mehrzweckhallen und suchte so lange, bis sie mich gefunden hatte, nicht selten an einem Typen klebend. Am Wochenende darauf wiederholte sich das Spiel. Andererseits war ich immer gut in der Schule, klaute keine Replay-Jeans, zündete keine Werkzeugschuppen an. Was hätte sie tun sollen, mich auf die Straße setzen? Aus heutiger Sicht war meine Mutter einfach nur wahnsinnig überfordert, von ihrer Rolle als Alleinerziehende, dem ständigen Geldmangel und mir als Rotzgöre vor dem Herrn. Die noch dazu immer mal wieder davon redete, zu ihrem Vater ziehen zu wollen, weil es da vermeintlich keine Regeln gab – was aber einfach daran lag, dass die Zeit bei ihm immer wie Urlaub war. Wenn es etwas gibt, das ich meinen Eltern vorwerfe, dann, dass sie so schlecht miteinander kommunizierten. Dass ein Paar nach der Trennung in harmonischer Zusammenarbeit für die gemeinsamen Kinder sorgt, stelle ich mir aber auch verdammt schwer vor.

Sonst irgendwelche Schuldigen? Andreas und Sandra und ihr blödes Wahrheit oder Pflicht? Oder Carrie Bradshaw, Königin des begehbaren Kleiderschranks, die sich ihre achthundert Dollar teuren Manolo Blahniks seltsamerweise allein durch das Schreiben einer wöchentlichen Kolumne finanziert? Ihre Küche in Manhattan (dem Stadtteil) wird nie benutzt (»Mädchen können nicht mehr kochen wie ihre Mütter ...«), dafür jeder auswärts genossene Brunch mit Manhattans (den Cocktails) begossen. Als Teenager schaute ich jede einzelne *Sex and the City*-Folge, dienstagabends auf Pro7, und jedes Mal hoffte ich, dass meine Mama bei den Sexszenen gerade mit Wurstsalatmachen beschäftigt war. Natürlich wollte ich sein wie Carrie, wer nicht? Aber ist Carrie schuld daran, dass ich so gerne trank? Wohl kaum. Auch meiner Clique kann ich nicht die Schuld geben, zumal die meisten ja lieber Benzin in ihre Einser-BMWs schütteten als Hochprozentiges in sich selbst. Dem Dorf vielleicht?

In der Zeit, als meine Eltern ihr Haus bauten, hatte ein dem Alkohol nicht abgeneigter Bürgermeister das Sagen. Baugewerbliche Ungereimtheiten klärte man mit ihm am besten beim gemeinsamen Schnäpseln. Als er unsere angebliche zu hohe Gartenmauer begutachtete, schwankte er so stark, dass er sich an der Laterne festhalten musste. Auch die von meinen Eltern engagierten Handwerker waren dem Alkohol nicht abgeneigt – schon zum Frühstück kippten sie ihr erstes Bier. Die im Lauf des Vormittags geleerten Kümmerlinge warfen sie einfach hinter sich. Noch Jahre später fand meine Mutter beim Umgraben der Blumenbeete kleine Fläschchen. Dann war da noch der »elektrische Josef«, den meine Eltern mit der Technik in ihrem Eigenheim betraut hatten. Schon zu Beginn seiner Schicht war er merklich betrunken, einmal fand ihn mein Vater schlafend inmitten seines Werkzeugs. Das Haus ist trotzdem nicht abgebrannt.

Der Dorfalki erfüllte seine Rolle genauso zuverlässig wie die anderen Figuren, abgesehen davon spielte Alkohol die meiste Zeit des Jahres eine untergeordnete Rolle. Natürlich wurde am Stammtisch des Gasthaus Löwen gebechert, ebenso an der Tankstelle, wo wir Kinder uns immer Chickenwings holten. Natürlich tranken die Väter die Erzeugnisse lokaler Brauereien, wenn sie samstags mal wieder dazu verdammt waren, ihren Jungs beim Kreisligaturnier zuzuschauen (kein einziges Mädchen spielte damals Fußball). Natürlich prostete man sich beim Geburtstag mit Freixenet-Sekt zum Feuerwehrkuchen zu und mit Württemberger Riesling beim Grillfest, und jeden Winter lud meine Mutter die halbe Nachbarschaft zur Feuerzangenbowle ein, die, nebenbei bemerkt, mit einem solchen

Back-Rum entzündet wurde, wie er mir zu meinem ersten Rausch verholfen hatte. Natürlich becherte die Dorfjugend bei jedem sich bietenden Anlass, vom Musikvereinskonzert über den Wohltätigkeitsbasar bis hin zu den zahllosen Richtfesten – denn dass in meinem Dorf ein Haus vor dem dreißigsten Lebensjahr fertiggestellt werden muss, ist ja wohl klar.

So richtig wichtig war der Alkohol aber nur einmal im Jahr. Am 11. 11. begann offiziell die Fasnet, wie der Fasching im schwäbischen Dialekt heißt. Meistens saß ich zu diesem Zeitpunkt in der Schule, aber selbst da hielten wir kurz ehrfürchtig inne in Gedenken an den bevorstehenden Exzess. Man muss das wirklich mal miterlebt haben: wie die Kehrwochenschwaben am 11. 11. um 11.11 Uhr einen Piccolo aufmachen, in freudiger Erwartung der demnächst beginnenden fünften Jahreszeit, und dann einige Wochen später jegliche Vernunft über den Haufen werfen.

Am Schmotzige, dem schmutzigen Donnerstag, blieb kein Auge trocken. Bei Sonnenaufgang donnerten Kanonenschläge vom Kapellenhügel herab, anschließend spielte die Blasmusikkapelle. Jeder, wirklich jeder maskierte sich an diesem Tag und flippte irgendwie aus. Während die als Cowboy oder Indianer verkleideten Kinder (Cowgirls gab es nicht, und kein Mensch hätte »amerikanische Ureinwohner« gesagt) in der Grundschule Reise nach Jerusalem spielten, nutzten ihre Eltern den Anlass, um sich bereits vormittags hemmungslos zu besaufen. In der mit Konfetti übersäten Kreissparkasse gab es Gratissekt aus Plastikbechern, die schöne Bäckerin verschenkte Fasnetsküchle. Ein Konfettiregen ging auf das Dorf nieder, und niemand dachte daran, wer das später wegkehrt. Es roch nach Krapfen und jenen Chinaböllern, mit denen sich die umsichtigen Schwaben schon kurz vor Silvester eingedeckt hatten, manche davon illegal aus Tschechien importiert. Es war so laut wie sonst nie, eine Mischung aus Glockenscheppern, Saumagenblasenknallen und dem Knallen dieser unsäglichen Käpselepistolen, mit denen kleinen Jungs der Pazifismus ausgetrieben wurde, den Faschingsliedern der

Musikkappelle (»Jesus, Jesus, heidenei, es wird doch nix passiert sei!«) und dem enthemmten Geschrei des Narrenvereins.

Offiziell war das Dorf an diesem Tag in der Hand von Frauen: Schon am frühen Morgen stürmten sie das Rathaus und schnitten allen männlichen Angestellten die Krawatten ab, inklusive dem Bürgermeister (in der über tausendjährigen Geschichte meines Dorfs gab es noch nie eine Bürgermeisterin). Denke nur ich hier an eine Kastrationsgeste? Vom Rathaus zogen die wilden Weiber dann weiter durchs Dorf, und sollten ihnen irgendwelche Krawattenträger begegnet sein, waren auch die fällig. Wenigstens an einem einzigen Tag im Jahr hatten die Frauen die Hosen an, oft bunt gestreifte, als Anlehnung an Clowns oder Pippi Langstrumpf, während es an den restlichen dreihundertvierundsechzig Tagen mit der Emanzipation nicht ganz so weit her war. Frauen wie Männer sammelten sich dann am frühen Nachmittag in der Mehrzweckhalle, wo es Saitenwürstle mit Kartoffelsalat und Gulaschsuppe gab und Bier und Sekt und noch mehr Schnaps, wobei der erste offizielle Teil die Kinderfasnet war. Später spielten dann irgendwelche Kapellen und es wurden Reden gehalten, bis dann abends endlich, endlich die offizielle Party begann, musikalisch untermalt von Coverrockbands mit Namen wie No Change und She's the Boss. Nicht wenige hatten da schon den ersten Rausch des Tages ausgeschlafen. Das Dorf prostete sich dann an langen Bierbänken zu, wer noch aufrecht stehen konnte, wagte ein Tänzchen. Die Musikanlage war hoffnungslos übersteuert, und nicht nur die Augenklappentragenden hatten Schwierigkeiten mit dem Kleingeld, kurzum: ein irrer Spaß und genau das, was der Philosoph Robert Pfaller meint, wenn er sagt, eine Gemeinschaft müsse von Zeit zu Zeit gemeinsam ausbrechen. Es kann kein Zufall sein, dass der Fasching ausgerechnet bei den pflichtbewussten Schwaben einen so hohen Stellenwert hat. Wer im Alltag mit Häuslebauen und Sparbuchpflege beschäftigt ist, sehnt sich nach Ausgleich. Wenn das Dorf voller Konfetti und Luftschlangen und Chinaböllerresten ist, lohnt sich die Kehrwoche wenigstens mal.

Als Kind hasste ich Fasching. Hauptsächlich lag das an den Böllern und Kanonenschlägen und Käpselepistolen, weil ich unter einer Knallphobie litt, seit ich als Baby wohl mal bei einem Feuerwerk am Gardasee Todesängste ausgestanden hatte. Abhilfe verschaffen sollte die Verhaltenstherapie bei einem kauzigen Kindertherapeuten. Der Erfolg der Therapie fiel genau mit meinem Eintritt in die Pubertät zusammen. Plötzlich ging mir auf, was für eine fantastische Sache diese Fasnet war. Wann sonst durfte, ja sollte man sich in aller Öffentlichkeit so schamlos besaufen? Wobei sich diese Erlaubnis nicht nur auf den schmutzigen Donnerstag beschränkte. Fast eine ganze Woche lang herrschte Ausnahmezustand. Im ganzen Landkreis fanden Ringtreffen statt und Nachtumzüge, Narrensitzungen und Bürgerbälle, Rosenmontagsumzüge und Fasnetsdienstagspartys. Wenn unsere Eltern uns nicht bereitwillig zu den teilweise vierzig Kilometer entfernten Events fuhren, dann jemand aus meiner nach wie vor abstinenten Clique. Ein straffes Programm, bei dem der Kater des vorherigen Tages am besten mit dem Konterbier des neuen bekämpft wurde. Wie sehr wir uns auf diese närrische Zeit freuten, beweist jener Abreißkalender, den meine beste Freundin mir zum fünfzehnten Geburtstag schenkte. Jeden Tag ein Post-it mit Durchhalteparolen, von September bis zum 3. Februar 2005, für die Vorfreude und damit ich genug Zeit für mein Kostüm hätte. Je älter ich wurde, desto gewagter wurden diese Kostümierungen. Genauso sehr wie ums Saufen ging es nämlich ums Flirten, konkret ums Knutschen an der improvisierten Sperrholzbar, oder ums Fummeln beim Seiteneingang der Mehrzweckhalle. Obwohl man eigentlich alle potenziellen Kandidaten der umliegenden Dörfer kannte, tauchten wie durch ein Wunder immer wieder neue auf, und oft reichten schon Blickkontakt und ein Zuprosten für den schnellen Erfolg.

Nicht wenige meiner prägenden Erfahrungen mit Jungs fanden in diesem Kontext statt. Mein erster Kuss zum Beispiel. Ich war vierzehn und für den Nachtumzug im Nachbardorf nicht ganz altersgemäß ausgestattet. In meiner Fake-Ledertasche von H&M befand sich die besagte Familienpackung Kleiner Feigling. Abgesehen hatte ich es auf einen Jungen aus dem Dorf, in dem meine Oma wohnte. Es hatte sich bereits eine zaghafte SMS-Konversation entsponnen, so eine Art digitaler Briefroman, außerdem hatten wir mal ein Cafédate gehabt, von dem mich meine Mutter abholte. Seine Freunde fanden, ich sei zu jung für ihn – er war achtzehn –, was ich so natürlich nicht gelten lassen konnte. Er war nett, er mochte mich, ich wollte ihn auch mögen, aber etwas fehlte. An einem feuchtkalten Winterabend, zwischen Hexenbesen und Narrenschellen, war es plötzlich da. Schon gegen zehn war ich so betrunken, dass mich irgendeine gute Seele auf einer Bierbank geparkt hatte. Plötzlich war mein Schwarm neben mir und ich mit dem Kopf auf seinem Schoß. Ich hoffe einfach mal, dass er genauso betrunken war wie ich, alles andere wäre mindestens sexuelle Nötigung. Wir küssten uns, und ich fand es schrecklich, eine plumpe Zunge in meinem nach Feigen schmeckenden Mund zu spüren. An den Soundtrack der Band Münchner Freiheit erinnere ich mich genau: »Ohne dich geh ich heut Nacht nicht heim, ohne dich schlaf ich heut Nacht nicht ein, ohne dich komm ich heut nicht zur Ruh, das, was ich will, bist du.« Zum Glück ging ich nicht mit ihm, sondern mit irgendeinem unserer Erziehungsberechtigten nach Hause. Im Auto war mir erst recht kotzübel. Das also war es, worauf mich *Bravo* und *Mädchen* jahrelang heißgemacht hatten?

Wir trafen uns dann noch ein paarmal. Über einen gemeinsamen Freund erfuhr ich hinterher, dass der Nachbardörfler mich zwar »süß und nett« fände, es ihn aber störte, dass ich ihn »immer« küssen wollte. Die Message, die da aus heutiger Sicht ankam: Du willst zu viel, und du zeigst es zu sehr.

Danach verlor ich schnell das Interesse, und er, glaube ich, auch. Da hatte die Sache im Dorf natürlich längst die Runde gemacht, denn leider galt nicht das Gesetz »What happens in Faschingszelt stays in Faschingszelt«. Auch wenn in der fünften Jahreszeit alles ein bisschen lockerer gesehen wurde als sonst, gestand man Mädchen und Frauen nur eine gewisse Zahl männlicher Kontakte zu. Es war wie in jenem Buch, das ich als Kind so gerne gelesen hatte, in dem es darum ging, dass jedem Opossumjäger eine bestimmte Zahl an Tieren zustand, die er töten durfte, bevor er selbst sterben musste. Keiner kannte seine eigene Zahl. Ähnlich unbarmherzig richtete das Dorf über seine Bürgerinnen. Während die eine sich Liebschaften im zweistelligen Bereich erlauben konnte, waren bei der anderen schon drei zu viel. Und was war mit den Bürgern? Nun, die männliche Entsprechung einer Schlampe gab es nicht, jedenfalls nicht sprachlich. Zu Schillers Zeiten hätte man vielleicht von Haudegen oder Hallodri gesprochen, in den frühen Zweitausendern am ehesten von Stecher, aber so richtig negativ klang das nicht. Umso breiter war die Auswahl an Bezeichnungen für promiskuitive Frauen: Hure, Nutte, Bitch, leichtes Mädchen. Ein bisschen ausprobieren durfte man sich schon, bevor man den Bund der Ehe einging – parallel zum Häuslebau idealerweise in den Zwanzigern –, aber bloß nicht zu viel.

Jahrelang stand in unserem Wohnzimmerregal das Buch *Brave Mädchen kommen in den Himmel, böse überall hin*. Von wegen: Was mit Frauen passierte, die ihre Sexualität offen auslebten, zeigten zwei Beispiele, jedes auf seine Art grauenhaft. Als ich fünfzehn war, wurde eine knapp Volljährige erwürgt, und zwar in einem neben einem Faschingsfestzelt aufgestellten Toilettenwagen. Ein Schock für die ganze Region, wobei der Tenor schon auch ein klein wenig in die Richtung ging von: Was hatte sie an, wie viel hatte sie getrunken? Das zweite Beispiel ist eines, das sich jährlich wiederholte. In der Nacht zum 1. Mai trafen sich Jungscliquen im ganzen Landkreis zum Biertrinken und Bäumesägen. Die auf diese Weise illegal zu Fall gekommenen Bäumchen wurden dann mit rot-weißen Schleifchen geschmückt, mit Leiterwägen oder dem elterlichen Auto zum Haus der Liebsten gefahren und dort möglichst ungestört auf dem Dach angebracht (ich kann mir gut vorstellen, dass dabei immer mal wieder jemand betrunken abstürzte). Ein solcher Maibaum, im

Prinzip ein verniedlichtes Phallussymbol, war für ein Dorfmädchen das Größte und der Stolz einer ganzen Familie und blieb mitunter wochenlang an seinem Platz. Schaut, hier wohnt eine ehrenhafte, junge Dame. Wer ihn ihr gesteckt hatte – ja, das war der übliche Ausdruck –, musste sie erraten. An sich eine herzerwärmende Sache, gäbe es nicht auch ein Gegenstück. Ein Blechbüchsenbaum wies ein Mädchen als Schlampe aus. Alternativ wurde ihr eine Matratze aufs Dach gelegt. Im Gegensatz zu einem wochenlang triumphierenden Maibäumchen hielt sich so ein Blechbüchsenbaum naturgemäß nur wenige Stunden, aber doch meist lange genug, dass alle Bescheid wussten. Es hieß, manche Väter blieben die ganze Nacht über auf, um im Fall einer solchen Blechbüchsenbaumsteckerei rasch reagieren zu können. Mein Vater war ja leider nicht da. Entsprechend groß war meine Angst, am 1. Mai von einem Büchsenscheppern geweckt zu werden. Zum Glück hielt mich offenbar niemand für nuttig genug, um sich die Mühe einer solchen Aktion zu machen. Dafür erfüllte sich mit siebzehn endlich mein Traum vom Maibaum. Ich hatte eine Vermutung, wer der Urheber war, der Freund des Bruders einer Freundin. Dass sie nie bestätigt wurde, war mir egal, denn ich hatte ja bekommen, was ich wollte: die Vergewisserung, dass mich mindestens eine Person in diesem Dorf für begehrenswert hielt.

Ein gewisses Unbehagen die Geschlechterungerechtigkeit betreffend fühlte ich schon damals. Mich deswegen als Feministin zu bezeichnen wäre mir aber nie in den Sinn gekommen, das existierte, wenn überhaupt, nur als Schimpfwort. Zum ersten Mal wirklich damit in Berührung kam ich mit Mitte zwanzig, als ich im Rahmen meiner Hospitanz bei der *Zeit* einen Text über Riot Grrrls schreiben sollte, eine feministische Ausprägung von Hardcorepunk mit Bands wie Bikini Kill, Sleater-Kinney und Le Tigre. Die entsprechende Musik gefiel mir. Darauf hätte ich eigentlich schon früher kommen können, schließlich folgte auf meine jugendliche Gothic-Phase, die sich in vornehmer Zurückhaltung eigentlich nur in schwarz getönten Haaren und einer Rammstein-Albensammlung äußerte, die Punkphase mit bunten Strumpfhosen, Totenkopf-Chucks und einem »Arbeit ist scheiße«-Button der damals bei uns sehr beliebten APPD, der Anarchistischen Pogo-Partei Deutschlands, den ich zum Entsetzen meiner Mutter auch in der Schule trug. Auch das war natürlich eine sehr sanfte Interpretation einer ursprünglich ziemlich politischen Subkultur. Hauptsächlich ging es meiner Clique und mir darum, unsere Eltern mit Sicherheitsnadeln in den Jeansröcken zu schockieren (in den Ohrläppchen wäre es natürlich viel effektiver gewesen), in Punkbandproberäumen abzuhängen, beim Pogotanzen überschüssige Energie loszuwerden und viel Bier zu trinken, Saufen gegen das System. Immerhin war dieses schwäbische Punkding ein schönes Gegengewicht zur dörflichen Spießigkeit, und wenn ich mich recht erinnere, war die Chance, als Schlampe bezeichnet zu werden, in diesen Kreisen sehr viel geringer.

Viel wohler als im Dorf fühlte ich mich in der Kleinstadt, in der sich mein katholisches Gymnasium befand. Dort lernte ich meine Freundin Lola kennen, mit der ich im Religionsunterricht versuchte, von Klebestift high zu werden. Unser Lieblingsbuch war *Wir Kinder vom Bahnhof Zoo*. Was als Abschreckung dienen sollte, löste bei uns die wildesten Fantasien aus. Wir wollten sein wie Christiane F., dünn, auf hochhackigen Stiefeln durch Westberlin staksend, nur halt ohne Prostitution und mit weicheren Drogen als Heroin. Musiktechnisch waren wir eher bei Sido als bei David Bowie unterwegs. »Mein Block« konnten wir auswendig, und selbst diese Asi-Dasein-Bestandsaufnahme triggerte bei uns eine Lust auf Entgrenzung.

Wir wollten voll und volljährig sein, so schnell wie möglich. Alkohol war, in Ermangelung anderer Rauschmittel, das Ticket in den Vergnügungspark, als den wir uns diesen neuen Lebensabschnitt vorstellten. Ganz ähnlich, wie es Dolly Alderton in ihrem wunderbaren Buch *Alles, was ich weiß über die Liebe* beschreibt.

Obwohl sie in einem Londoner Vorort aufgewachsen ist, ähneln sich unsere Biografien: früh in Berührung mit Alkohol gekommen (Dolly Alderton mit gerade mal zehn Jahren), schnell Gefallen daran gefunden, dann adoleszente Feierwut, regelmäßige Abstürze und Männerdramen in einem Alter, in dem man es doch besser wissen sollte, also jenseits der Zwanzig. Auch sie bemerkte mit zunehmendem Alter die zerstörerische Kraft des Alkohols, mit dem Unterschied, dass sie früher aus der Achterbahn ausstieg als ich und anscheinend sehr viel müheloser: »Eines Tages ließe ich diese in präziser Regelmäßigkeit wiederkehrenden Komasauftouren, die den nächsten Tag fortspülten wie ein Tsunami, schließlich hinter mir.«[2]

Ich wünschte, bei mir wäre es auch so gewesen. Erst mal arbeitete ich aber am Gegenteil, so hart wie ich mich auf jeden einzelnen Englischvokabeltest vorbereitete. Von der Oberstufe an gab es unter den Parallelklassen einen starken Zusammenhalt. Die Pausen verbrachten wir in der Raucherecke, die Wochenenden auf See- und Schuppenfesten, Radio-7-Partys oder in einem Club namens Relativ. »The Weekend« von Michael Gray war zu dieser Zeit einer meiner Lieblingssongs: »I'm workin' all week long / I dream the days away / I wanna sing my song / So let the music play / I have to get my kicks and fly tonight / And when the clock strikes 6 on Friday night / I need to blow it all away / I can't wait for the weekend to begin.« Praktischerweise musste man gar nicht aufs Wochenende warten, weil schon donnerstags die Großraumdisco M-Park mit Getränkespecials lockte. Nicht wenige von uns saßen am nächsten Morgen stark verkatert über ihren Parabelrechnungen. Einmal schrieb mir meine beste Freundin einen Brief aus dem Französischunterricht, der hauptsächlich aus den Aufzählungen der Getränke der vergangenen Nacht bestand und der Info, dass sie ihren Brand mit Apfelschorle stillte. Ich selbst war gar nicht erst zum Unterricht erschienen.

Über die Jahre hatte ich mir einen trinkfreudigen Ruf erarbeitet. Auf der Stufenfahrt nach Paris beispielsweise, auf der ich mit einigen meiner Mitschülerinnen und Mitschülern berauscht vom Billigbordeaux auf dem Platz vor dem Centre Pompidou lag, *literally*. Auf der Abihüttenfahrt, als ich mich als eines der wenigen Mädchen halb ins Koma soff, mit Tequila Silver und irgendwas aus Eimern. Nachlesen kann man das bis heute in unserem Abibuch:* »Einen wahren Genuss stellt für Eva auch das Partyleben dar. Auf der Abihütte offenbarte sich ihre Vorliebe für alkoholische Spirituosen (sic), doch mit Tequila und Co waren die Abende meist schneller zu Ende, als ihr lieb war. Evas Motto: Auffallen durch Umfallen.« Bei der Wahl zur Kampftrinkerin landete ich trotzdem nur auf dem dritten Platz.

Politik kam in meiner Jugend nur in Form der Tagesschau vor, die meine Eltern getrennt voneinander jeden Abend um zwanzig Uhr verfolgten. Gerne würde ich schreiben, dass sich das mit dem 11. September 2001 änderte, der ja gemeinhin als Zäsur gilt, aber das wäre gelogen. Wenn ich mir die heutigen Jugendlichen anschaue, bin ich aufrichtig beeindruckt von so viel politischem Bewusstsein. Fridays for Future? Die Zukunftsfragen meiner Freitage drehten sich darum, wie ich meine Mutter davon überzeugen konnte, mich zwei Stunden länger als ausgemacht wegbleiben zu lassen. Auch zu Beginn meiner Studienzeit dämmerte mein politisches Bewusstsein vor sich hin. Obwohl mich die Aufgeblasenheit des sogenannten Studierendenparlaments nervte, freute ich mich, als mit großem Knall die erst kurz zuvor eingeführte Anwesenheitspflicht wieder abgeschafft wurde. Demonstrieren ging ich in dieser Zeit genau einmal, bei einer Technoparade Richtung Regierungsviertel, die wir hauptsächlich zum Konsumieren nutzten, ich weiß schon gar nicht mehr, worum es ging.

Dann kam MeToo, die Wucht der Debatte traf mich in vollem Ausmaß. Für *Zeit Online* schrieb ich 2017 unter der Überschrift »Wir sind doch nicht alle nur Opfer«[3] einen aus heutiger Sicht zu kritischen Text über das Phänomen. Vier Jahre später ist Feminismus zum Lifestylethema geworden, mit »Viva. la Vulva!«-Slogans und Frauen, die bei Instagram selbstbewusst ihre Achselhaare präsentieren. Natür-

---

* Das Motto unseres Jahrgangs lautete sinnigerweise »Psychisch lABIl – 13 Jahre Wahnsinn«.

lich kann man kritisieren, dass sich der Kapitalismus das Thema in Form von sechshundert Euro teuren Dior-T-Shirts einverleibt, aber immerhin rückt es so ins öffentliche Bewusstsein. Nachdem ich lange Zeit annahm, Alice Schwarzer habe dieses Feld ausreichend beackert, bin ich heute vom Gegenteil überzeugt. Schaut man sich die Zahlen zu Chancengleichheit, sexualisierter Gewalt, dem Gender-Pay-Gap und der Verteilung von Care-Arbeit an, ist klar, dass noch viel passieren muss. Ganz abgesehen von der Tatsache, dass Staubsaugerbeutel immer noch mit nackten Brüsten beworben werden und sehr viele Männer nicht kapieren, dass ein kurzer Rock keine Einladung darstellt.

Feministische Anliegen berühren jeden Teil unseres Lebens. Es hat eine Weile gedauert, bis ich merkte, dass der Feminismus sogar jenes Thema betraf, das mich am meisten umtrieb: mein Trinken.

Die
Frauen

Mit Ende zwanzig fand ich mich an einem Schneeregenmärztag auf einem vor der kroatischen Küste schippernden Schiff wieder. Offizieller Anlass war ein Foodfestival, dessen Teilnehmende vor allem in Form von Alkohol bei Laune gehalten wurden, schließlich regnete es durchgehend. Ich war zusammen mit einem befreundeten Fotografen angereist, der gemeinsamen Freunden hinterher erschöpft berichtete, noch nie so viel in so kurzer Zeit getrunken zu haben. Am frühen Vormittag kam der Journalistenpulk auf Deck zu einem Seeigel-Tasting zusammen, dessen Exemplare ein Taucher performanceartig aus dem Meer fischte. Die widerliche Konsistenz ließ sich mit Champagner halbwegs kompensieren. Sanft dem ersten Rausch des Tages entgegenschaukelnd, kam ich mit der Frau eines der anwesenden Köche ins Gespräch. Sie stellte sich als kroatisches Supermodel heraus, was angesichts ihrer Ähnlichkeit mit Liv Tyler nicht verwunderlich war. Außerdem war sie wahnsinnig nett. Eine Anekdote blieb mir besonders in Erinnerung: dass sie ihre drei Kinder nach Rebsorten benannt hatte. Die Geburt des vierten stand unmittelbar bevor. Das Glas Champagner in ihrer Hand wurde immer wieder bis zum Rand nachgefüllt.

»Mit etwas Alkohol im Blut werden wir entspannter, offener und redseliger. Aber ist Ihnen jemals eine Frau begegnet, die dabei wirklich unterhaltsamer wurde? Durch zu viel Alkohol verliert eine Frau meistens ihre Würde, ihren Stolz und ihren Slip, und das normalerweise in dieser Reihenfolge.«[1] Dieser »witzig und provozierend gemeinte« Text erschien 1994 in einer niederländischen Wochenzeitung. Entnommen habe ich ihn dem Buch *Frauen und Alkohol*, verfasst von der Suchttherapeutin Anke Wevers, der Journalistin Colet van der Ven und Anja Meulenbelt, einer der Begründerinnen der holländischen Frauenbewegung. Die drei gelten als Pionierinnen der geschlechtsspezifischen Suchttherapie. Obwohl das Thema Alkoholabhängigkeit viele Regalmeter füllt, geht es selten um »Frauen und Alkohol«. Anders im gleichnamigen, im Original 1994 erschienenen, etwas in die Jahre gekommen Buch*, dessen zentrale Thesen lauten: Frauen reagieren nicht nur anders auf Alkohol, sondern sie trinken auch aus anderen Gründen als Männer, nämlich als Überlebensmechanismus, »als Antwort auf eine Situation, in der das Verhältnis von Belastbarkeit und Belastung aus dem Gleichgewicht geraten ist.«[2]

Zunächst einmal stellen die Autorinnen fest, dass Alkoholkonsum bei Frauen noch nie so akzeptiert war wie heute (also damals, 1994), denn »der alkoholische Drink passt zu einem modernen Lebensstil, zu einem höheren Einkommen, zur allgemeinen Emanzipation von Frauen«. Voraussetzung sei allerdings das rechte Maß. Frauen sollen trinken, aber nicht betrunken sein, weil sie dann, wie eingangs erwähnt, »Würde, Stolz und Slip« verlieren. Im Folgenden wird der unbekannte Autor des oben zitierten Textes noch viel drastischer, nach Auffassung der Autorinnen ein Beleg für eine durch und durch misogyne Haltung:

> »Alkohol spült bei einer Frau alle unangenehmen Züge an die Oberfläche. Wenn sie etwas von einer Nutte hat, wird sie in betrunke-

---

* So posiert Anja Meulenbelt auf ihrem Autorinnenfoto beispielsweise mit einem Zigarillo – heute undenkbar.

nem Zustand sofort dem Erstbesten anbieten, ihm einen zu blasen. Ist sie ein gefühlsbetonter Typ, dann wird sie Tische umstoßen, mit Tellern werfen und ihrem Nachbarn mit einer Heckenschere zu Leibe rücken. Ist sie eher melancholisch veranlagt, entwickelt sie im betrunkenen Zustand Selbstmordneigungen. (...) Warum können sie es nicht bei ein paar Gläschen Wein mit Mineralwasser und einem Beutel Erdnüsse belassen? Weil sie von den keifenden, feministischen Xanthippen gelernt haben, dass Männer und Frauen gleich sind. (...) Es wird höchste Zeit, dass wir Männer endlich einmal zugeben, dass wir betrunkene Frauen abstoßend finden. (...) Wir schämen uns stellvertretend für sie und finden sie widerwärtig.«

Okay, die Message ist angekommen: Betrunkene Frauen sind unsexy. Was allerdings viele Männer nicht davon abhält, ihnen beim Slipausziehen zu helfen. Sie werden betrunken außerdem gerne mal zu Gewalttätern. Jeder vierte Vergewaltiger steht unter Alkoholeinfluss.[3] Kein Wunder also, dass Männer eher extrovertiert trinken, an öffentlichen Orten wie der Kneipe oder dem Vereinsheim, Frauen dagegen öfter heimlich allein zu Hause. So entgehen sie einerseits der Stigmatisierung, die sie als problematisch trinkende Frau ungleich härter trifft, und andererseits begeben sie sich nicht in Gefahr, Opfer eines Gewaltverbrechens zu werden. Noch ein paar geschlechtsspezifische Unterschiede nennen die Autorinnen:

- Männer geraten unter Alkoholeinfluss öfter in Konflikt mit der Justiz als Frauen.
- Männer verstärken durch Alkohol ihr Gefühl von Macht, was schlimmstenfalls in Gewalt gegen Frauen endet, während Frauen eher gegen ein Ohnmachtsgefühl antrinken.
- Frauen suchen zwar früher Hilfe als Männer, nennen das Kind aber häufig nicht beim Namen. Statt von Alkoholismus sprechen sie lieber von Depressionen, Angststörungen oder

Schlaflosigkeit, was wiederum kein Wunder ist hinsichtlich des katastrophalen Bildes der weiblichen Trinkerin.
- Frauen tolerieren einen problematisch trinkenden Partner sehr viel länger als umgekehrt. Auch sind sie sehr viel eher bereit, ihn durch eigene Abstinenz bei seiner Genesung zu unterstützen.
- Auch auf körperlicher Ebene gibt es Unterschiede.

Das sollten wir uns genauer anschauen. Nicht die Alkoholmenge ist entscheidend dafür, wie betrunken jemand ist, sondern die Blutalkoholkonzentration. Diese ist abhängig vom Gewicht. Vereinfacht gilt: Je schwerer jemand ist, desto mehr kann er oder sie trinken. Abgesehen davon, dass Männer in der Regel mehr auf die Waage bringen, hat ihr Körper weniger Fettgewebe und einen höheren Wasseranteil, der Alkohol stärker verdünnt, sowie ein höheres Level des für den Abbau zuständigen Enzyms Alkoholdehydrogenase.[4] Ein erhöhter Östrogenspiegel begünstigt die toxischen Eigenschaften des Alkohols. Außerdem sind trinkende Frauen viel eher von Stimmungsschwankungen betroffen, als das bei Männern der Fall ist.[5] Somit liegt die Wahrscheinlichkeit für eine Depression 70 Prozent höher als bei Männern, bei einer Angststörung doppelt so hoch. Was waren noch mal die beiden Gefühle, die Alkohol besonders triggert? Angst und Depression.

Fest steht, dass Frauen schneller abhängig werden als Männer und Alkoholismus bei ihnen mit höherer Wahrscheinlichkeit zu einem vorzeitigen Tod führt: 4,6-mal so hoch ist das Risiko, bei Männern 1,9-mal.[6] Vor allem das Brustkrebsrisiko steigt schon bei moderatem Konsum so enorm an, dass Forschende die Überlegung anstellen, wie es sich in einem abstinenten Land mit der mit Abstand häufigsten weiblichen Krebserkrankung verhalten würde. Auch Leberschäden und kognitive Defizite treten früher auf als bei Männern. Das Risiko einer alkoholbedingten Hirnblutung ist für Frauen fünfmal höher.

Mit diesem Wissen ist nachzuvollziehen, warum die WHO für

Männer eine doppelt so hohe Menge reinen Alkohol gutheißt als für Frauen. Es ist hingegen nicht nachzuvollziehen, warum manche Frauen dasselbe Trinkverhalten wie Männer an den Tag legen. Frauen wie ich.

Im Juni 2021 veröffentlichte die WHO ihren Global Alcohol Action Plan 2022–2030. Darin stehen einige interessante Dinge, beispielsweise dass ein Viertel des weltweit konsumierten Alkohols aus illegaler Produktion stammt, dass der Kampf gegen Alkohol sowohl dem gegen Armut und Geschlechtergerechtigkeit dient als auch jenem für Wirtschaftswachstum und Bildung und jeder in Präventionsmaßnahmen investierte US-Dollar 16 US-Dollar zurück in die Kasse spült. Vor allem aber wurde ein Halbsatz von den Medien aufgegriffen: Frauen im gebärfähigen Alter sollten am besten gar nicht trinken. Die österreichische Journalistin Antje Schrupp empfand das als hundsgemeine Strategie des Patriarchats, nach dem Motto: Jetzt nehmen sie uns auch noch den Alkohol weg. Im Juli 2021 hatte die auf *derstandard.at* erschienene Polemik über 1600 Kommentare.[7] Ging es hier um Leben und Tod? Nein, aber vielleicht um das, was Wevers, van der Ven und Meulenbelt einen Überlebensmechanismus nennen.

Was ist für die Frauen so unerträglich, dass sie trinken müssen, um zu überleben? Neben traumatischen Extremfällen, beispielsweise sexuellem Missbrauch im Kindesalter, ist es dem Autorinnentrio zufolge vor allem die Kluft zwischen feministischem Anspruch und Realität. Nie waren Frauen so frei wie heute. Sie dürfen wählen (in Deutschland seit 1919), Arbeiten ohne Erlaubnis ihres Ehemanns (seit 1977), nicht mehr zum ehelichen Sex gezwungen werden (seit 1997). Sie können ihre Eizellen einfrieren lassen oder sich ganz gegen Kinder entscheiden, andere Frauen heiraten oder Single aus Überzeugung sein. Zum Sektkorkenknallen gibt es trotzdem wenig Anlass. Dass eine Karrierefrau nicht der Norm entspricht, beweist allein der Umstand, dass nie von Karrieremännern die Rede ist. Auch bei gleichem Bildungsniveau und gleichen Arbeitsstunden verdienen

Frauen in Deutschland im Schnitt 18 Prozent weniger.*[8] Noch dazu leisten sie noch immer den Großteil der sogenannten Care-Arbeit, die unbezahlte Pflege von Kindern, Haushalt sowie die Organisation des gemeinsamen Lebens, die als »Mental Load« bezeichnet wird. Warum? Weil Sichkümmern als etwas Weibliches angesehen wird, obwohl es keinerlei biologische Beweise dafür gibt.

Drei Lebensmodelle gibt es gegenwärtig für Frauen, und jedes bringt Nachteile mit sich. Entscheiden sie sich für die traditionelle Hausfrauenrolle, droht finanzielle Abhängigkeit und im Fall einer Scheidung die Altersarmut, ganz abgesehen vom Hausfrauensyndrom, dem schleichenden Unglück, das Frauen zu Psychopharmaka greifen lässt. Möchten sie arbeiten gehen – eine gute Entscheidung, weil das erwiesenermaßen psychisch und physisch gesünder macht – und sich alle Aufgaben eines gemeinsamen Haushalts mit ihrem Partner teilen, ist die Wahrscheinlichkeit hoch, dass spätestens nach der Geburt des ersten Kindes wieder traditionelle Rollenverteilungen greifen, sie mehr Elternzeit nehmen und anschließend eher auf Teilzeit reduzieren. Die sogenannten Karrierefrauen wiederum zahlen einen anderen Preis. Oft geht ein Großteil des Gehalts für die externe Kinderbetreuung drauf. Viel häufiger als Männer müssen sie sich den Vorwurf gefallen lassen, ihrer Elternpflicht nicht nachzukommen. Familienväter in gehobenen Positionen wirken anerkanntermaßen sympathischer als Familienmütter**. Diese übernehmen mehr Haushaltsarbeit und emotionale respektive Beziehungsarbeit als die Männer und befinden sich dadurch in einem permanenten inneren Konflikt, weil nie genug Zeit ist. Bei der Arbeit denken sie ans Kind, beim Kind an die Arbeit.

---

* Auch interessant: In Ländern mit einem geringeren Gender-Pay-Gap trinken berufstätige Mütter weniger als in solchen Ländern mit hohen Einkommensunterschieden zwischen den Geschlechtern. Noch ein Beleg für die These, dass Unzufriedenheit mit den Verhältnissen pathologisches Trinken befördert, siehe www.ncbi.nlm.nih.gov/pmc/articles/PMC3889179/.

** Stolpern Sie auch über diesen Begriff?

Besonders schlimm trifft es Frauen ohne feste Arbeitszeiten oder mit künstlerischen Berufen, beispielsweise Autorinnen. Einen guten Einblick in dieses Thema geben der von Ilka Piepgras herausgegebene Sammelband *Schreibtisch mit Aussicht*, Antonia Baums *Stillleben* und Rachel Cusks *Lebenswerk*. Auf der Sachbuchebene widmete sich zuletzt Mareice Kaiser dem Thema, Chefredakteurin des feministischen Onlinemagazins *Edition F. Das Unwohlsein der modernen Mutter* zeigt alle Missstände auf, unter denen Mütter in diesem Land leiden, von A wie Armut bei Alleinerziehenden bis Z wie das ständige Zukurzkommen der eigenen Bedürfnisse. Als Mutter, so Kaiser, könne man es keinem recht machen, genauso wenig wie als Frau. Zu brav, zu frech, zu nuttig, zu prüde, zu fordernd, zu langweilig, zu, zu, zu. Wundert sich noch jemand über die »Regretting Motherhood«-Studie der israelischen Soziologin Orna Donath, bei der Frauen zugaben, ihre Entscheidung für Kinder zu bereuen[9]? Oder dass die Zahl von Müttern, die Alkohol in einer gesundheitsschädlichen Weise trinken, während der Coronakrise in den USA um 323 Prozent gestiegen ist?* »Frauen sind eher gefährdet, Alkohol als Mittel gegen Stress, Depression und Angstzustände zu missbrauchen, allesamt Folgen der Coronaepidemie«, so die an der entsprechenden Studie mitbeteiligte Carolina Barbosa. »Schon seit zwei Jahrzehnten befindet sich weiblicher Alkoholkonsum im Aufwärtstrend, und wie unsere Studie beweist, verschärft er sich in der gegenwärtigen Situation.« Das Internet lacht und postet unter dem Hashtag #WineMom Sätze wie diesen: »Wenn Sie denken, 2020 ist gefährlich: 2050 wird das Land von Kindern geführt, die von weintrinkenden Müttern zu Hause unterrichtet wurden.«[10]

Egal ob mit Kind oder ohne, erwerbstätig oder nicht, Vollzeit oder

---

* In der Gesamtbevölkerung stieg die Zahl um 39 Prozent, wobei der Richtwert, was als gesundheitsschädlich gilt, dreimal höher liegt als hierzulande: bei drei alkoholischen Getränken pro Tag für Frauen, siehe https://nypost.com/2021/08/15/moms-with-kids-increased-drinking-by-323-after-start-of-covid/.

Teilzeit: Recht machen kann die Frau es nicht. Kein Wunder, dass so viele von ihnen den Kopf in den Sand stecken – oder ins Glas.

Auch jenseits der Familienplanung sind die in unserer Gesellschaft an eine Frau gestellten Ansprüche kaum zu erfüllen. Sie soll einem Schönheitsideal entsprechen, das sich in den letzten Jahren zwar glücklicherweise von einem unterernährten hin zu einem durchtrainierten verschoben hat, deswegen aber nicht weniger Disziplin erfordert: *Strong is the new skinny*.* Ihre mit Rosenquarzrollern geglättete Haut soll *glowen* und komplett haarfrei sein.** Dass sie einmal im Monat für einige Tage blutet, soll weder durch Arbeitsausfall oder schlechte Laune noch, du meine Güte, die offensichtliche Verwendung von Hygieneprodukten auffallen.*** Sie soll klug sein, aber bitte nicht so sehr, dass sie Männer dadurch in Verlegenheit bringt. Hat man je von einer Womensplainerin gehört, dem Gegenstück zu dem von Rebecca Solnit geprägten Phänomen des Mansplainers, der Frauen ungefragt die Welt erklärt? Natürlich soll sie ihre Ziele verfolgen, gerne auch in Form eines prestigeträchtigen Jobs, aber bitte nur solange das nicht ihre Pflichten als unbezahlte Haushaltskraft und Mutter behindert. Sexy soll sie sein, eine Augenweide für den *male gaze*, also den unsere Gesellschaft diktierenden männlichen Blick, auch einen Monat nach der Geburt in Form der MILF, *mother I'd like to fuck*, aber nur bis zu einem bestimmten Grad, weil sie sonst Gefahr läuft, dass Männer sich nicht beherrschen können. Alles Emotionale fällt in ihren Tätigkeitsbereich, ein offenes Ohr für

---

* Geschenkt, dass dieses Ideal – dünn und weiß sein – für Women of Color gar nicht zu erfüllen ist. Darum kümmert sich der intersektionale Feminismus.
** Dem Third-wave feminism (dt. Netzfeminismus) sei Dank scheinen auch hier Alternativen auf. Mein Instagram-Feed jedenfalls ist voller Achselhaare.
*** Auch hier geht Instagram mit pink leuchtendem Beispiel voran. Seit die Lyrikerin Rupi Kaur ein Foto ihres blutverschmierten Höschens postete und dafür von der Plattform gesperrt wurde, rufen immer mehr Frauen zum Widerstand gegen diese realitätsferne Körperfeindlichkeit auf – die Musikproduzentin Kiran Gandhi etwa, die während eines Marathons das Free-bleeding-Prinzip anwendete, also ihrer Periode einfach ihren, nun ja, Lauf ließ.

den Chef und eins für die rheumageplagte Nachbarin, die selbstlose Pflege aller Familienangehörigen inklusive Cousin dritten Grades, und vor allem hat sie dem Mann jederzeit ein gutes Gefühl zu geben, ganz ähnlich wie es von der Fünfzigerjahrehausfrau erwartet wurde, die bekanntlich ihren Kummer in rezeptpflichtigen Medikamentencocktails und Klosterfrau Melissengeist ertränkte.

»Warum Wein? Nun, nachdem mein Buch rauskam, habe ich mich gefragt, was ich noch tun kann, das weibliches Glück fördert. Was lieben Frauen? Wein. Spaß, Wein und Zeit mit ihren Mädels.«[11] Mit diesem Anliegen bewirbt die selbst ernannte Glücksexpertin Keryl Pesce ihre *Happy Bitch*-Linie, Weine, die Frauen zum Glück gefehlt haben. Es wird noch absurder: »*Happy Bitch* ist ein Lifestyle. Es geht um Empowerment, darum, deine emotionale Last loszuwerden und dein glücklichstes Leben zu leben. Ja, es ist möglich. Blöde Dinge passieren jeder von uns. Du kannst vielleicht nicht aussuchen, was dir widerfährt, aber sehr wohl, wie du damit umgehst. Verkriechst du dich und versinkst in Selbstmitleid? Oder ziehst du deine *big girl panties* an und fragst dich: Was nun?«[12]

Das geht Pesce zufolge am besten mit einem großen Glas Chardonnay in der Hand. Wein verhilft dazu, zur besten Version seiner selbst zu werden. Er ist bei einem, wenn man sich verkriechen will, aber genauso im Moment des Triumphs.

So bizarr das klingt, trifft die Amerikanerin damit doch einen Nerv. Das Verführerische am Alkohol ist nämlich seine Anpassungsfähigkeit. In einem Moment tröstet er über die verpasste Schultheateraufführung der Kinder hinweg oder erstickt den Ärger auf den Überstundenmann, im anderen läutet er die wohlverdiente *me-time* ein, entspannend wie ein Schaumbad, bloß dass man hinterher nicht putzen muss. Noch dazu kreiert er das Bild einer emanzipierten Frau – die Autorinnen von *Frauen und Alkohol* sprechen von »Performancestrategie«[13] –, die nicht nur arbeiten, sondern auch anstoßen kann wie ein Mann.

Zeit, einen historischen Blick auf das weibliche Trinken zu werfen. Schon im antiken Babylon wurde Bier so geschätzt, dass es eine eigene Göttin dafür gab, Ninkasi. Sowohl bei den alten Ägyptern als auch im finnischen Nationalepos *Kalevala* sind es die Frauen, die aus Hopfen und Malz Göttliches schaffen. Im Mittelalter brauten Frauen Bier, wie sie Marmelade einkochten, das dann von der ganzen Familie getrunken wurde, Kindern inklusive. Anders als Wasser war es nämlich keimfrei.[14] Besonders talentiert soll Luthers Ehefrau Katharina von Bora gewesen sein; von ihrem Mann stammt der Satz: »Wer kein Bier hat, der hat nichts zu trinken.« Immerhin tranken die Frauen ihr Erzeugnis auch selbst, zum Beispiel im Rahmen dessen, was die Journalistin Nina Anika Klotz als »Bierkränzchen« bezeichnet[15], einer Zusammenkunft von Nachbarinnen zwecks Bierverkostung.

All das kann nicht darüber hinwegtäuschen, dass Alkohol sehr lange Zeit eine Männerdomäne war, wie die Historikerin Katharina Simon-Muscheid in ihrem Aufsatz *Trinkende Frau – Trunkenes Weib* feststellt.[16] Mit ihm wurden Geschäfte besiegelt und Verbindungen gestärkt, zwischen Herrschern und Politikern ebenso wie in Zünften oder Studentenverbindungen. Ein ehrbarer Mann hatte trinkfest zu sein. Im Gegensatz dazu war weiblicher Konsum geächtet oder stand sogar unter Strafe. Der römische Feldherr Metellius soll seine Ehefrau sogar deswegen erschlagen haben. Im Prinzip diente dieses Verbot vor allem der sexuellen Beherrschbarkeit. Weil das weibliche Fleisch als besonders schwach galt, sollte es nicht durch einen Rausch in Versuchung gebracht werden. »In der Konzeption von Weiblichkeit und weiblicher Ehre hingegen hatte Trinken keinen Platz. Trinkende Frauen galten als unweiblich, als *femmes fortes*, die sich über die gesetzten Scham- und Geschlechtergrenzen hinwegsetzten und damit auch die Geschlechterrollen infrage stellten.« Ein bezeichnendes Beispiel ist die aus dem 14. Jahrhundert datierte Fabel *Die drei Damen von Paris*, deren Protagonistinnen es wagen, ihre häuslichen Pflichten niederzulegen und einen Tag im Wirtshaus zu verbringen. Als Strafe werden sie erst lebendig begraben, schaffen es, sich zu befreien, und fordern dann »nackt und furchtbar schmutzig« das nächste Glas Wein. Um derartigen Phänomenen vorzubeugen, wurde Frauen lange Zeit überall auf der Welt der Griff zum Glas verwehrt. Von den Trinkritualen indigener Dschungelvölker waren sie ebenso ausgeschlossen wie aus englischen Pubs und jenen Gentlemen's Clubs, die die Diskriminierung praktischerweise schon im Namen tragen.

Das absolute Gegenteil davon sind jene Mänaden, die in der griechischen Mythologie zusammen mit den Halb-Mann-halb-Ziegenbock-Wesen Satyrn das Gefolge des Weingotts Dionysos bilden. Ein Phänomen, das es mir bereits während meines Kunstgeschichtsstudiums sehr angetan hatte, »eine weibliche Gestalt, efeubekränzt, in der Rechten den Thyrsos schwingend, in der Linken etwa das abgerissene Stück von dem Jungen eines Rehs, eilt in schwärmerischem, rasendem Lauf über die Berghöhen, das bacchische *Euoi* rufend.«[17] Frauen außer Rand und Band, die tanzen, singen und alles, was ihnen in den Weg kommt, in Stücke reißen, Rehkitze zum Beispiel. Wenn sie marodierend durch Dörfer und Städte ziehen, wissen deren Bewohner Bescheid: Bald werden die Spiele beginnen. Diese sogenannten Bacchanale, abgeleitet von Bacchus, wie der Weingott in der römischen Mythologie heißt, sind mehrtägige Orgien, begleitet von Musik, Tanz, Ritualen, möglicherweise auch sexuellen Ausschweifungen und jeder Menge Wein. Interessanterweise sind die Mänaden nicht unbedingt negativ konnotiert, obgleich die explosive Mischung aus Rausch, Gewaltbereitschaft und entfesselter Sexualität allen Anlass zur Sorge gäbe. Eher erinnern sie die Menschen – notfalls mit Gewalt – daran, die Pflicht auch mal Pflicht sein zu lassen und ihrem Befehlshaber zu huldigen, und das heißt dann unmissverständlich: saufen. Klingt nach mystischem Feminismus? Der Historiker Adolf Rapp gibt zu bedenken, dass die Mänaden das absolute Gegenteil der weiblichen Realität darstellten. In der Antike hatten Frauen kaum Rechte, durften nicht wählen und nur in männlicher Begleitung das Haus verlassen. Wie so oft galt es, über ihre sexuelle Verfügbarkeit zu bestimmen. Zu frei liebenden, frei tanzenden Mänaden wurden Frauen einzig durch den Gott Dionysos, sprich durch den Wein. Man kann darin eine Warnung sehen – oder Emanzipation.

Zurück zur Realität. In den 1860er-Jahren kam Alkohol für Frauen nur in Form von Medizin in die Einkaufstüte, davon aber wiederum reichlich. Nicht ungewöhnlich war die Kombination mit Kokain, Morphium und Opium, Letzteres unter dem Namen Laudanum. Auch Tonics mit bis zu 45 Volumenprozent erfreuten sich großer Beliebtheit. Die Schauspielerin Sarah Bernhardt war ebenso wie Queen Victoria prominente Anhängerin eines Tonic-Koka-Blätter-Gemisches.[18] Ebenfalls im 19. Jahrhundert formierten sich die ersten Abstinenzlerbewegungen. Bezeichnenderweise waren deren treibenden Kräfte vor allem weiblich und ihr Ziel bei Weitem nicht nur eine veränderte Alkoholpolitik, sondern auch eine verbesserte Stellung der Frau. Ihre Hochzeit hatte diese Bewegung zu Beginn des 20. Jahrhunderts in den USA. Die Armenhäuser waren voll mit Alkoholkranken, viele Familienoberhäupter ebenfalls abhängig, was sich in Schulden, häuslicher Gewalt und allgemeiner Pflichtvernachlässigung äußerte. Leidtragende waren die Frauen. Sie riefen zum Widerstand in Form lokaler Temperance-Bewegungen – was übersetzt Mäßigung bedeutet, es waren nämlich nicht alle der Meinung, man müsse Alkohol komplett verbieten –, allen voran die Women's Christian Temperance Union (Vereinigung Christlicher Frauen für Alkoholabstinenz) mit ihrer Vorsitzenden, der Lehrerin Frances Willard, die durchsetzte, dass schon in Grundschulen auf die Gefahr des Alkoholismus hingewiesen wurde. Abgesehen davon setzte sie sich für das Frauenwahlrecht ein, das im selben Jahr griff wie die Prohibition, 1920. Interessante Koinzidenz, oder? Noch rabiater war die Aktivistin Carry Nation. Nachdem ihr Ehemann an Alkoholsucht gestorben war, verschrieb sie ihr Leben deren Bekämpfung. Und zwar im ganz wörtlichen Sinn: indem sie Bars und Saloons erst mit Steinen, dann mit einer Axt zertrümmerte.[19] Nicht zuletzt aufgrund Nations handfestem Engagement herrschte von 1920 bis 1933 in den USA ein de jure komplettes Alkoholverbot. In Wahrheit florierten der illegale Handel und das private Brennen, und nie war die Dichte an illegalen Flüsterkneipen höher als damals.* Hierzulande gründete Ottilie Hoffmann 1900 den Deutschen Bund abstinenter Frauen**, der sich vor allem gegen Branntwein starkmachte. Eine seiner Strategien war ein alkoholfreies Restaurant inklusive Kaffeewagen als gesunde Alternative zum mittäglichen Kneipenbesuch.[20]

Bis hierhin scheint die Beziehung von Frauen und Alkohol von Extremen geprägt zu sein. Entweder Totalabsturz oder totale Abstinenz. Entweder nüchtern und keusch oder besoffen und nymphoman. Zu Beginn des 20. Jahrhunderts änderte sich das, zumindest hierzulande. Während die USA offiziell trockengelegt worden waren, wurde Alkohol im Berlin der Roaring Twenties zum Synonym eines neuen Freiheitsgefühls, und zwar für beide Geschlechter. Einen guten Einblick gibt die Serie *Babylon Berlin* mit ihren überlaufenden Champagnerbrunnen und dem Bier fürs Proletariat. Neben einer Zigarettenspitze war die Cocktailschale für Frauen das Accessoire der Wahl, als Ausweis von Lebenslust und Selbstbestimmtheit. Oder die Bierflasche. Nach Ende des Ersten Weltkriegs entwickelte die Dortmunder Hansa-Brauerei das Hansa-Girl, ein kühl dreinblickendes *flapper girl*, »das nicht nur die Eleganz und Modernität des Dortmunder Biers, sondern auch die weltoffene Seite der Weimarer Republik [symbolisierte].«[21]

Unter dem NS-Regime war Alkohol bei Frauen verpönt. Sie hatten ihre Rolle als Hausfrau und Mutter zu erfüllen, und zwar

---

* Diese sogenannten *speakeasys* erleben derzeit ein Revival. In Berlin beispielsweise gab es mal eine im Hinterzimmer einer Metzgerei, mit einer Telefonzelle als geheimen Eingang. Abgesehen davon sah manch einer einen Zusammenhang zwischen den coronapandemiebedingten Ausgangssperren und dem Kneipenverbot während der Prohibition, die immerhin exakt hundert Jahre vorher ihren Lauf genommen hatte.

** Es gibt ihn noch immer, seit 1924 unter dem Namen Deutscher Frauenbund für alkoholfreie Kultur e. V., siehe www.deutscher-frauenbund.de / geschichte /.

nüchtern. Dann kam der Zweite Weltkrieg und nach ihm die Trümmerfrauen, die nun wirklich Besseres zu tun hatten, als sich ihrer Arbeitskraft durch Kater zu berauben. Keine gute Zeit für die Alkoholindustrie. Welch genialer Coup, als ausgerechnet eine Firma für homöopathische Präparate einige Jahre später mit einem Produkt um die Ecke kam, das sich explizit an die daseinsgeplagte, wieder in die Hausfrauenrolle zurückgedrängte Frau richtete und den bis dahin grassierenden »Kölnisch-Wasser-Alkoholismus« ablöste.

»Erschöpfte Frauen sind jene ewig geschätzten, geplagten Frauen und Mütter, die weder eine 40- noch 48-Stundenwoche kennen. Wie oft gehen sie abgespannt, zerschlagen und innerlich verbittert an Familien- und Eheglück vorbei. Gerade diese Frauen aber brauchen Frauengold, das unübertroffene Konstitutionstonikum für die Frau, welches speziell auf den weiblichen Organismus abgestimmt ist. Mit Frauengold wachsen erschöpfte Frauen in eine kraftvolle Lebensfreude und in ein neues, glückliches Frauenleben hinein.«[22]

Frauengold war eine ab 1953 in Drogerien und Apotheken erhältliche Mischung aus verschiedenen Kräutern und Extrakten und einem Alkoholgehalt von 16 Volumenprozent. Empfohlen wurde es für alle möglichen »Frauenleiden«, von Schwermut und hormonellen Stimmungsschwankungen (»Frauengold schafft Wohlbehagen – wohlgemerkt an allen Tagen«) über Wechseljahresbeschwerden, »nervöse Erschöpfungszustände«, schwache Nerven und unruhigen Schlaf. Eine erfreuliche Begleiterscheinung war zudem ein »jugendfrisches Aussehen«. Zunächst richtete es sich an frustrierte Hausfrauen, später auch an Arbeitnehmerinnen und generell alle, »die mitten im Leben stehen«. Sekretärinnen etwa sollten so die Launen ihres Chefs besser ertragen. Mit 22,75 DM war eine »Kurflasche« Frauengold rund doppelt so teuer wie dieselbe Menge Branntwein, was einen Stuttgarter Arzt zu der Feststellung brachte: »Besaufen ist billiger.«[23]

Dem Erfolg der Marke tat das keinen Abbruch, was vor allem auf eine raffinierte Werbestrategie zurückzuführen ist.* Die Anzeigen aus dieser Zeit wirken wie eine Persiflage: schläfenmassierende Schreibmaschinenkräfte, auf Wäschekörben sitzende Frauen mit Föhnfrisur, die nach einem Schluck aus der Flasche wieder strahlen, eine perfekt geschminkte Staubwedelwischerin, deren Spiegelbild ihr empfiehlt: »Du solltest mal wieder etwas für dich tun!«

Wer sich selbst sediert, hat natürlich keine Energie mehr, etwas an den widrigen Umständen zu ändern. Man stelle sich das Leben einer Durchschnittsfrau in den Fünfzigerjahren vor: 100 Prozent Care-Arbeit bleiben an ihr hängen, von Wäschewaschen über Einkaufen, Kochen, Kindererziehung und alles, was unter das *bisschen Haushalt* fällt. Klagen waren fehl am Platz, stattdessen war es ihre Aufgabe, dem nach Hause kommenden Mann eine angenehme Atmosphäre zu bieten. Ähnlich wie schon im Bürgertum waren Frauen größtenteils auf die häusliche Sphäre verwiesen, während der Mann die Welt da draußen beherrschte. Die logische Konsequenz war Einsamkeit bei geistiger Unter- und körperlicher Überforderung. Frauengold funktionierte nach demselben Prinzip wie die besonders in den USA beliebten Tranquilizer, auch bekannt als *mother's little helper*. Ganze Generationen von Frauen wurden so auf sehr effiziente Art daran gehindert, aufzubegehren.

Frauengold wurde 1981 verboten, unter anderem weil es im Verdacht stand, nierenschädigend und krebserregend zu sein. Das Frauengold-Prinzip allerdings hat die Zeit überdauert. Im Hinblick auf die Coronapandemie fragt Verena Mayer im *SZ Magazin*: »Wie sehr unterscheidet sich das Leben vieler Frauen im Moment gerade eigentlich von der frauengoldenen Zeit damals? Waren es Studien zu-

---

* 160 000 000 DM betrug das Werbebudget, eine für damalige Verhältnisse hohe Summe. Ein Gericht sah hierin »irreführende Werbung« und verhängte eine Strafe von 100 DM. Siehe https://www.spiegel.de/geschichte/frauengold-herz-kreislauf-tonikum-der-fuenfzigerjahre-a-1040307.html.

folge nicht die Frauen, die während der Pandemie die meiste Zeit zu Hause waren, die Familie und Job gemanagt, sich aufgerieben haben zwischen Videokonferenzen, Homeschooling und Haushalt? (...) Wie viele Frauen haben in den vergangenen Monaten Alkohol als Schmiermittel entdeckt, um vermeintlich funktionieren zu können, wie viele von ihnen ertragen die Tatsache, dass das, was sie während der Pandemie geleistet haben, von der Gesellschaft als völlig selbstverständlich angesehen wird, nur noch mit Alkohol? Wie viele Frauen haben sich in den vergangenen eineinhalb Jahren gewünscht, dass es eine sozial anerkannte Art gibt, sich die Birne wegzuknallen? Wie viele hätten sich nur allzu gerne immer mal wieder eine Flasche Frauengold aus dem Drogeriemarkt geholt?«[24]

Statt zur Drogerie führt der Weg heute zum Supermarkt. Statt mit einem als Medizin kaschierten Kräuterlikör betäuben sich dauergestresste Frauen jetzt eben mit dem, was die *Huffington Post* »Mommy Juice« nennt. Ein alltagstaugliches alkoholisches Getränk – oft Sekt oder leichte Weine, wie sie, kein Scherz, die Firma Mommy's Time Out vertreibt* –, das in Facebook-Gruppen namens »Mommy Needs Some Wine« gefeiert wird und das weibliche Dasein mit seiner Dreifachbelastung als Arbeitnehmerin, Mutter und Geliebte erträglicher macht. Die *Huffington Post* zitiert eine fünffache Mutter wie folgt: »Alles schien mit Wein zu tun zu haben. Es gab Spielverabredungen mit Wein. Bei jedem Müttertreffen gab es Wein. (...) Ich hatte dieses T-Shirt mit der Aufschrift ›Prosecco hat mich dazu gebracht‹. Es war fast so, als ob man die Mutterschaft ohne diese Substanz nicht überleben könnte.«[25] Nicht zuletzt durch *Playdate*-Proseccos ist der riskante Alkoholkonsum unter amerikanischen Frauen zwischen 2002 und 2013 um über 80 Prozent gestiegen.

---

* Noch nicht überzeugt? »Wir wissen alle, dass Mamasein ein harter Job ist. Mommy's Time Out ist die wohlverdiente Pause davon. Diese köstlichen, fruchtigen Weine kommen von einigen der besten Weingärten Italiens.« Siehe www.mommystimeout. net/mommys-time-out.

Zwei weitere Beispiele dafür aus anderen Ländern. Für die Britin Clare Pooley war Wein das Sedativum der Wahl. Früher war sie Highperformerin in einer Werbeagentur mit für Alkohol vorgesehenen Spesen und lebenshungrige Singlefrau: »Damals, in den 1990ern, betrachteten wir als gute Feministinnen das Trinken als Pflicht.«[26] Sie hoffte, dass sich das mit dem Alkohol irgendwie rauswachse. Dann wurde sie Mutter dreier Kinder und gab nach einiger Zeit ihren Job auf, weil ihr Kopf nie da war, wo er sein sollte, und ein Großteil ihres Gehalts für die Tagesmutter draufging. Aber auch das fühlte sich falsch an und wie ein Verrat an ihren feministischen Idealen. Ihre Lösung? »Wein war meine Oase der Vernunft, eine Erlösung von dem Stress des Trotzalters, der Langeweile des Windelwechselns und der stumpfsinnigen Kindermusik. (…) Ich trank Wein, um runterzukommen, um in Stimmung zu kommen, um mich in Selbstmitleid zu suhlen, um gesellig zu sein und um Zeit für mich zu haben.«[27] Das Glas am frühen Abend, aus dem gerne auch mal eine ganze Flasche wurde, pro Woche genau genommen neun bis zehn, war ihr Fels in der Brandung des Familienwahnsinns.

Zu Beginn ihrer Autobiografie beschreibt sie eine morgendliche Küchenszene. Ein Kind spielt Minecraft, eines schaut YouTube, das dritte übt Klarinette, begleitet vom Jaulen des Terriers, dann klingelt es an der Tür. Pooley, schwer verkatert und im Nachthemd, duckt sich, um nicht aufmachen zu müssen, hinter die Küchenzeile. Von dort fällt ihr Blick auf die Küchenuhr: elf Uhr. »Kein Alkohol am Vormittag gehört zu den eisernen Regeln. Wer morgens trinkt, ist Alkoholikerin, stimmt's?« Im Kühlschrank findet sie eine angebrochene Flasche Chianti, ein Kuriosum, weil sie eigentlich nie etwas übrig lässt. Weg damit! Kurz danach bemerkt sie den »Weltbeste Mum«-Schriftzug auf der Tasse in ihrer Hand. Pooley beschloss, mit dem Trinken aufzuhören, und hielt ihre Erlebnisse in einem zunächst anonym verfassten Blog namens *Mummy was a Secret Drinker* fest. Im Lauf des ersten nüchternen Jahres wurde bei ihr Brustkrebs festgestellt, den sie besiegte, ohne wieder mit dem Trinken anzufangen. Die Bilanz nach einem Jahr: »Ich hatte keine Ahnung, dass das Leben ohne Alkohol viel spannender, aufregender und zugleich friedlicher und bunter sein würde als je zuvor. Ich hatte keine Ahnung, dass ich unterwegs eine Person fände, von der ich glaubte, ich hätte sie verloren.«[28]

Auch die Protagonistin in Sara Peschkes im *SZ-Magazin* erschienenem Artikel[29] schwört als überforderte Mutter auf Wein, genau genommen Pinot Grigio. Eine schöne, in Teilzeit gut verdienende Frau mit geschmackvollem Kleidungsstil und strengem Pilatesplan, die beim zweieinhalbten Glas feststellt: »Ich habe das Gefühl, das Leben will zu viel von uns Frauen. Oder wir von ihm, wie man es nimmt. (…) Du willst es allen recht machen, weil: Du hast ja ach so viele Möglichkeiten. Du bist eine Frau, du bist stark, du bist schön, du kannst das. Und dann geht alles schief, weil du dir selbst ein Bein stellst, während du versuchst, in zwei Richtungen gleichzeitig zu rennen.« Sie weiß, dass sie ein Problem hat, ist aber derzeit nicht bereit, etwas daran zu ändern. Noch scheint der Nutzen größer als der Schaden. Dabei, und das kann nicht oft genug erwähnt werden, ist ihr Problem nicht privater, sondern gesellschaftlicher Natur. Die über mehrere Länder angelegte GENACIS-Studie* kam zu dem Ergebnis, dass eine bessere Vereinbarkeit von Mutterschaft und Erwerbsarbeit zu einem Rückgang problematisch trinkender Frauen führt.[30]

Wir halten fest: Das weibliche hat sich dem männlichen Trinken angenähert. Je emanzipierter ein Land ist, desto eher trinken die dort lebenden Frauen.** Einerseits weil es ihnen wie gelebtes Empowerment vorkommt, andererseits aber auch, um den ganz alltäglichen Wahnsinn zwischen Kind und Karriere zu ertragen – dann

---

* Die Abkürzung steht für »Gender, Alcohol, and Culture: An International Study«.
** Ein Beispiel ist Südkorea. Während 1989 dort 32 Prozent aller Frauen Alkohol tranken, waren es 2007 80 Prozent. Siehe www.ncbi.nlm.nih.gov/pmc/articles/PMC3889179/.

in Form von Mummy Juice – oder die klaffende Lücke zwischen feministischen Idealen und der Realität, zum Beispiel als mit ihren männlichen Kollegen After-Work-Drinks kippende Singlefrau.

Schauen wir uns doch noch mal an, wie es nach dem per Gesetz beschlossenen Ende von Frauengold weiterging. Mit der sexuellen Freiheit der Achtundsechziger ging auch eine Freiheit im Umgang mit Genussmitteln einher. Frauen rauchten und tranken mit der gleichen Selbstverständlichkeit wie Männer. In den späten Achtzigern etablierte sich dann das Ideal der Karrierefrau, äußerlich gut erkennbar an Schulterpolstern und die gläserne Decke durchbrechenden High Heels.* Nach ihrem Zwölfstundenarbeitstag gönnte sich diese Frau mit ihrer Kollegenschaft eine variable Zahl After-Work-Drinks, die sie natürlich selbst bezahlte. Es folgte ein Jahrzehnt der Körperbesessenheit: Das Ideal der Neunziger war eine knabenhafte Figur, bei der klar war, dass sie nicht ohne Anstrengung zu haben war – Selbstdisziplin als Pseudoempowerment. Kein Getränk drückt das besser aus als der praktisch kalorienfreie Skinny Bitch, Wodka mit Soda und einem Spritzer Zitronensaft, mit Kate Moss als prominenter Fürsprecherin.**

Und heute? Obgleich sich Frauen in ihrem Trinkverhalten den Männern annähern, trinken sie doch auf andere Art. In vielen Kulturkreisen ist der Umgang mit Alkohol streng geregelt, und selten gelten für beide Geschlechter dieselben Gesetze. Recht unwahrscheinlich, dass man in einer griechischen Taverne oder einem irischen Pub tagsüber auf eine trinkende Frau trifft. Ungarische Romafrauen dürfen trinken, aber nur solange man es ihnen nicht

---

* Wobei – mehr als ein paar Risse hat die gläserne Decke nicht abbekommen.

** Bethenny Frankel, Darstellerin in der Realityshow *Real Housewives of New York*, griff die Idee mit Skinnygirl Cocktail auf, 2012 die am schnellsten wachsende Spirituosenmarke der USA. Beworben wurde sie wie folgt: »Diese Lady versteht was vom Cocktailtrinken! Skinnygirl hat all den Wein, Wodka und die servierfertigen Cocktails, die Sie brauchen – ohne die lästigen Kalorien! *Drink like a lady!*« Siehe Dowsett Johnston, S. 65.

anmerkt. Im afrikanischen Zaire ist Palmwein das Getränk der Wahl, die weibliche Version ist süßer und weniger stark. In Nigeria ist es wahrscheinlicher, dass Frauen als lebende Werbekampagne für Alkohol herhalten müssen, als dass sie selbst tränken, wie jene 2000 von Heineken engagierten Prostituierten, die im Zusammenhang mit ihrer Arbeit massiver sexueller Belästigung ausgesetzt waren.[31] Südafrikaner trinken Bier, Südafrikanerinnen sogenannte Pretty Drinks, Cola-Spirituosen-Mischgetränke, die dazu führen, dass über 40 Prozent der Frauen *binge drinking* betreiben.[32]*

Auch hierzulande ist Alkoholtrinken, genauso wie Zahnpasta und Badezusätze, gegendert. Dem Klischee nach trinken Männer Bier und Schnaps, gerne als Kombination des besonders in Norddeutschland beliebten Herrengedecks. Ein Damengedeck gibt es auch, es besteht aus einem Piccolo mit Orangensaft oder Sekt mit Eierlikör. Bei »Mann und Bier« denkt man an Kleingartenkoloniegriller, die ihr Steak mit Dosenpils ablöschen, oder am Vatertag durch Kleinstädte marodierende Junggesellen mit Bierfass auf dem Bollerwagen. Deren kultiviertes Pendant ist dann der Whiskey on the Rocks trinkende Anzugträger – so wie Bill Murray als Suntory-Maskottchen in *Lost in Translation* – oder der gastrosexuelle Mann**, der die Horsd'œuvres im Weinkeller serviert. Oder aber die Zielkundschaft der Firma G Spirits. Deren »beste Spirituosen« stehen für »exzellenten Geschmack, atemberaubend schöne Frauen und stilvolles Design, genau die Dinge, die ein Lebemann schätzt und liebt«. Und,

---

* In den meisten afrikanischen Ländern sind mehr als 90 Prozent der Frauen abstinent. Südafrika hingegen gilt als eines der fortschrittlichsten des ganzen Kontinents. Auch hier passt die Theorie, dass Frauen in emanzipierten Ländern mehr trinken. Siehe www.ncbi.nlm.nih.gov/pmc/articles/PMC3889179/.

** Der vom Journalisten Carsten Otte geprägte Begriff meint einen neuen Typus Mann, für den Kochen Leidenschaft und Identitätsbildung ist. Zu seinem Sous-Vide-Garer unterhält er eine beinahe erotische Beziehung. Am liebsten kocht dieser Mann am Wochenende, als Show für Gäste – während die Alltagsküche der Frau überlassen bleibt. Siehe Carsten Otte, *Der gastrosexuelle Mann. Kochen als Leidenschaft*, Campus, 2014.

das Beste: Jede dieser Spirituosen läuft vor Abfüllung über »den Busen eines ausgewählten Topmodels«, Frauen wie *Playboy*-Covergirl Amina Malakona.[33] Ich schwöre, ich habe mir das nicht ausgedacht. Ob Frau Malakona wohl auch mal am 108 Euro teuren G. Rum No.1 nippen darf? Vielleicht bleibt sie eh lieber beim Hugo. Erfunden wurde dieses Holunderblütensirup-Sekt-Gemisch vom Bartender Roland Gruber, um von Südtirol aus seinen Siegeszug bis auf die Terrassen meines schwäbischen Dorfs anzutreten. Kein Wunder, schließlich mögen Frauen es doch süß und fruchtig, und wenn dann noch die Farbe stimmt: Stößchen!

Die Liste der vermeintlichen Frauenalkoholika ist lang und pastellfarben: Erdbeersekt, Rotkäppchen halbtrocken, Maibowle mit Beereneiswürfeln, ein leichter Rosé oder jener Wermut, der 1786 von Antonio Benedetto Carpano als den weiblichen Geschmack bedienende Rotweinalternative erfunden wurde und so gut ankam, dass sein Turiner Geschäft rund um die Uhr geöffnet hatte. Dann die ganze Palette an Dessertlikören, von Bailey's über Likör 43 bis hin zu Frangelico. Bei Tikki-Cocktails wie Mai Tai, Piña Colada, Sex on the Beach und Tequila Sunrise ist das Urlaubsgefühl inklusive, was praktisch ist, wenn sich der Alltag durch die verglichen mit Männern mehr als doppelte Menge Care-Arbeit so gar nicht nach Strandliege anfühlt. Die Psychotherapeutin und Autorin Ann Dowsett Johnston, jahrelang selbst abhängig, spricht angesichts des wachsenden, auf den weiblichen Geschmack zugeschnittenen Alkoholsortiments von einer »Feminisierung der Trinkkultur«.[34]

Meine Mutter trank – in ihren eigenen Worten: düdelte – früher gerne Martini-Sprite, vor allem in jener Zeit, in der sie als Sekretärin in einem Elektrounternehmen arbeitete, wo es mit zu ihren Aufgaben gehörte, für ausreichend Biernachschub zu sorgen und die volltrunkenen Handwerker nach ihrer Schicht nach Hause zu fahren. Privat gab es Württemberger Trollinger, ab und an Sekt, im Sommer Radler, im Winter Glühwein von Aldi Süd oder selbst gemachte Feuerzangenbowle. Zeit ihres Lebens hat meine Mutter immer gemäßigt getrunken, oft vergisst sie tagelang, dass noch eine angebrochene 250-Milliliter-Weinflasche im Kühlschrank steht (hätte man mich zu Trinkzeiten um drei Uhr früh nach dem Inhalt meines Kühlschranks gefragt, hätte ich zumindest die Getränke im Schlaf aufsagen können). Entsprechend unverständlich war es für sie, was ich mir als Jugendliche so alles reinkippte.

Immerhin kann ich behaupten, dass ich mich schon damals gegen Geschlechterstereotype gesperrt habe. Zwar waren da Phasen von Malibu-Kirsch und Vanille-Absolut-Vodka, aber eben auch die Jim-Beam-Momente und jene wirklich bedenkliche Zeit, in der meine Freundin und ich Chantré und Asbach Uralt direkt aus der Flasche tranken. Außerdem mochte ich Bier, kein Mädchenbier wie Beck's Gold oder Bananenweizen, sondern Pils aus Nullfünferflaschen, oder jene Sorte, die im Vorabendprogramm immer mit Vogelperspektive auf einen glitzernden bayerischen See beworben wurde. Jack Daniel's mochte ich auch ziemlich gerne, aus Gründen des begrenzten Taschengelds fiel die Wahl allerdings meist auf die Kaufland-Eigenmarke. Ab und zu gönnten meine Freunde und ich uns einen Johnnie Walker. 2020 veröffentlichte die US-Firma auf ihrer Website eine Art Manifest:

> »An zukünftige Pionierinnen: Unser Fortschritt wurde von furchtlosen Frauen in Vergangenheit und Gegenwart hart erarbeitet, die mutig genug waren, die Ersten zu sein. Sie haben die Tür nicht nur geöffnet, sie haben sie aus den Angeln gehoben, damit sie nicht wieder geschlossen werden kann. Heute erheben wir das Glas auf die Frauen, die vor uns kamen, auf die Errungenschaften der großen und kleinen Frauen in den letzten Jahren und auf die Meilensteine des Fortschritts, die noch kommen werden.«[35]

Praktischerweise wurde auch gleich erwähnt, was sich im zum Toast erhobenen Glas befindet: die feministische Sonderedition Jane Walker. Klingt irre? Es wird noch besser. Gemeinsam mit der Initiative IfundWomen sponserte Johnnie Walker dreißig frauengeführte Unternehmen mit jeweils 10 000 Dollar und einem einjährigen Coachingprogramm. Das oben zitierte Manifest fand seinen Weg in die *New York Times*, die *Washington Post* und das *Wall Street Journal* und wurde unterstützt von Halle Berry und Rita Moreno. Noch mal zur Erinnerung: Es geht um einen Whiskey.

In ihrem Buch *Quit Like a Woman. Nüchtern und glücklich in einer Welt voll Alkohol* stellt die US-Autorin Holly Whitaker eine faszinierende Theorie auf. Genau wie bei Zigaretten habe auch bei Alkohol gezieltes Gendermarketing zu einem Anstieg weiblicher Konsumenten geführt. Zigaretten waren ein Produkt des amerikanischen Bürgerkriegs. Zu Beginn rauchten nur die unteren Schichten. Im Zweiten Weltkrieg erhielten amerikanische Soldaten Zigarettenrationen, dann fand Hollywood daran Gefallen, und schon bald stand es für Glamour und Grandezza, seine Lunge freiwillig mit Teer zu fluten. Zu Beginn des 20. Jahrhunderts gab es allerdings kaum rauchende Frauen, galten sie doch als lasterhaft, irgendwie anrüchig. Aus Sicht der Zigarettenindustrie lauerte da ein großes Potenzial: Warum nicht auch die zweite Hälfte der Weltbevölkerung ins Boot holen? Whitaker zitiert ein Gespräch zwischen dem Geschäftsführer von American Tobacco George Washington Hill und Edward Bernays, eine Art frühem PR-Manager mit Propagandafaible[*]: »Wie können wir Frauen dazu bringen, in der Öffentlichkeit zu rauchen?«, wollte Hill wissen. »In ihren eigenen vier Wänden rauchen Frauen Zigaretten. Angenommen, Frauen verbringen die Hälfte ihrer Zeit außer Haus. Wenn wir sie dazu veranlassen könnten, auch in der Öffentlichkeit zur Zigarette zu greifen, würden wir unseren Absatz in diesem Kundensegment verdoppeln. Lassen Sie sich etwas einfallen.«[36] Mit Bernays Hilfe gelang American Tobacco ein genialer Coup. Das

---

[*] Der in Wien geborene Bernays war ein Neffe Sigmund Freuds und nutzte nicht zuletzt dessen Erkenntnisse zur menschlichen Triebhaftigkeit für seine Kampagnen.

Unternehmen schaltete Anzeigen für die 1929 in New York stattfindende Ostersonntagsparade, auf der Frauen für Gleichberechtigung demonstrierten, mit dem Slogan: »Women! Light another torch of freedom! (Frauen! Zündet eine weitere Fackel der Freiheit an!)« Die etablierten Medien waren geschockt: rauchende Frauen auf der Fifth Avenue! Woraufhin viele Frauen natürlich erst recht die Zigarette als Zeichen des Widerstands begriffen. Den Rest besorgte speziell auf Frauen zugeschnittene Werbung. Virginia Slim warb mit einer Frau im Superwoman-Kostüm und dem Satz: »We make Virginia Slims especially for women because they are biologically superior to men. (Wir stellen Virginia Slims speziell für Frauen her, weil sie den Männern biologisch überlegen sind.)« Ein anderes Plakat zeigte eine Frau im Badeanzug, sprungbereit am Becken, während hinter ihr ein unförmiger Schatten lauert. »Is this you five years from now? Reach for a Lucky instead (Sind Sie das in fünf Jahren? Greifen Sie stattdessen zu einer Lucky)« – rauchen für die schlanke Linie. Philip Morris bewarb seine Produkte mit einer ihren Säugling im Arm haltenden Mutter. Ich selbst hatte jahrelang ein Retroblechschild in meinem Kinderzimmer hängen, mit einem Pin-up-Hawaii-Girl, das grazil neben einer Schachtel Lucky Strikes posiert.

Tatsächlich stieg die Zahl der Raucherinnen infolgedessen sprunghaft an. Zigaretten signalisierten Genussfähigkeit, aber auch Selbstbestimmtheit bis hin zur Emanzipation. Interessant ist die folgende Entwicklung: Während der Anteil männlicher Raucher ab den 1960ern zurückging, war das bei Frauen erst rund zehn Jahre später der Fall. Frauen begannen später damit und kosteten die Sache entsprechend länger aus.

Vieles spricht dafür, dass es sich mit Alkohol ebenso verhält. Ein adrettes Beispiel ist die Anfang der 1970er-Jahre geschaltete Werbung mit drei selbstbewusst mit Whiskeygläsern posierenden Frauen unter der Überschrift »Liberated Loyalists (Befreite Loyalisten)«. Gibt es bei Ebay als Vintageprint, den ich mir damals ohne zu zögern in mein Kinderzimmer gehängt hätte.

Aktuell sei das Problem, so Whitaker, dass Alkohol – den sie konsequent als Ethanol bezeichnet – in unserer Gesellschaft sowohl als soziale Notwendigkeit als auch als kein allzu großes Gesundheitsrisiko angesehen werde. Sie hat recht: Routiniert machen Studien die Runde, die behaupten, regelmäßiger Sport gleiche einen moderaten Konsum vollständig aus. Alternativ wird die Mittelmeerdiät* bemüht, um das berühmte Glas Wein zum Essen schönzureden, oder das sogenannte französische Paradoxon, das besagt, dass Franzosen ein im Vergleich zu US-Amerikanern deutlich geringeres Risiko für Herz-Kreislauf-Erkrankungen haben, obwohl sie ähnlich fett- und zuckerreich essen. Muss ja mit dem *vin rouge* zusammenhängen, dachten sich Forscherinnen und Forscher zu Beginn der Neunziger. Gilt inzwischen als widerlegt: Alkohol schadet dem Körper, egal in welcher Menge. Eine über mehrere Jahrzehnte angelegte Studie des US-Zentrums für Gesundheitsstatistiken kam zum Ergebnis, dass selbst geringe Mengen zu Bluthochdruck führen. Abschließendes Urteil der *Ärztezeitung*: »Die Studie widerspricht der Auffassung, moderater Alkoholkonsum fördere die Herzgesundheit.«[37] Eine zweite Untersuchung der Universitäten von Peking und Oxford stellte ein erhöhtes Schlaganfallrisiko fest.[38] Zugegeben: Andere Forschende kommen zum Ergebnis, dass in Maßen getrunkener Rotwein sich vor allem bei älteren Menschen günstig auf das Herz-Kreislauf-System auswirke – allerdings stehen diesem positiven Effekt eine Vielzahl negativer entgegen, allen voran ein vielfach erhöhtes Krebsrisiko. Abgesehen davon befinden sich die vermeintlich heilsamen Inhaltsstoffe des Rotweins genauso in anderen Lebensmitteln, die ganz ohne Ethanol auskommen. Resveratrol beispielsweise in roten Trauben und Erdnüssen.[39]

Bis Erkenntnisse dieser Art zur breiten Masse durchdringen,

---

* Wenig Fleisch, viel Fisch, Hülsenfrüchte, Obst und Gemüse. Über allem kreist die Olivenölflasche – und die Flasche Rotwein, dem Klischee nach wenigstens.

fließt allerdings noch viel Wasser den Rhein hinunter. Stichwort Rhein: Sogar der aus dem pfälzischen Landau stammende Bas Kast, Deutschlands inoffizieller Foodgott, empfiehlt in seinem *Ernährungskompass* einen moderaten Konsum: »Bier und Wein sind in Maßen okay, mehr als okay sogar: Ab einem gewissen Alter (meinem Alter etwa, ich bin 46) wirkt ein tägliches Glas am Abend beim Essen vermutlich günstig, weil Alkohol in Maßen das Herzkreislaufrisiko senkt, und dieses Risiko steigt mit dem Alter.«[40] Ich vermute, sein Wohlwollen hängt damit zusammen, dass er »inmitten von Weinbergen« aufgewachsen ist, »wo ich mich heute noch manchmal mit der Familie treffe, um Wein einzukaufen«.[41] Leider wird er widerlegt: Alkohol schädigt den Körper auf vielfältige Art, und zwar in jeder beliebigen Dosis. Die von der University of Washington durchgeführte »Global Burden of Diseases Study« kommt zu folgendem Ergebnis: »Die meisten nationalen Richtlinien legen nahe, dass ein oder zwei Gläser Wein oder Bier pro Tag der Gesundheit zuträglich sind. Unsere Ergebnisse zeigen, dass das sicherste Maß an Alkoholkonsum keines ist.«[42] Also auch nicht das Glas Wein zum Essen, das hierzulande einer heiligen Kuh gleicht. Holly Whitaker bekommt eigener Aussage zufolge auf ihren Einwand, Alkohol sei Gift, öfter mal zu hören, selbst Jesus habe doch Wein kredenzt, und handele es sich nicht um ein achttausend Jahre altes *Kulturgut*? Ja, aber nur weil etwas immer da war, heißt es nicht, dass es gut und sinnvoll ist und unveränderbar.

Kopfschüttelnd schauen wir uns jahrzehntealte Zigarettenwerbungen an. Meine Favoriten sind der gutaussehende Zahnarzt, der seinen Patientinnen und Patienten Zigaretten der Marke Viceroys empfiehlt, und jene Kampagne, die behauptet, von 113 597 Medizinern würden laut einer nationalen Befragung die meisten Camel rauchen. Letztere gingen aufgrund ihrer Milde auch für Profisportler wie den Baseballspieler Lou Gehrig in Ordnung. Und der US-Präsident Ronald Reagan empfahl, zu Weihnachten eine Stange Chesterfield zu verschenken. *Funny*, oder? Dann werfen wir doch mal einen Blick auf zeitgenössische Alkoholwerbung. »Frauen stehen auf Sixpacks«, heißt es da bei der Schweizer Bierfirma Hürlimann, »Männer auch«. Ob den Männern wohl klar ist, dass regelmäßiger Bierkonsum ein Sixpack praktisch unmöglich macht? Ein Krombacher-Produkt wird illustriert mit einer Frau, die statt Sonnenbrille Limetten auf den Augen trägt, zusammen mit dem Satz »Mehr Limo als Bier«. Ist aber trotzdem Alkohol. Carlsberg wirbt mit einer Gruppe Rafter, pflichtbewusst helmtragend. Den angesprochenen »ultimativen Kick« holen sie sich offenbar durch die alkoholbedingte Einschränkung ihrer Reaktionsfähigkeit. Das Hofbräuhaus Traunstein wiederum zeigt ein Paar in Tracht. Der Mann beißt seiner dirndltragenden Partnerin in die Wange, gut möglich, dass Sabber in ihr üppiges Dekolleté läuft, während sie unbefangen lachend ein schäumendes Bierglas in der Hand hält. Die Überschrift: »Hilft in Sekunden, wirkt für Stunden.« Das Weißbier führt hier offenbar auf direktem Weg ins Schlafzimmer.* In eine ähnliche Richtung geht die Werbung der Hamburger Brauerei Astra, auf der ein Paar im Homedress über zwei Tassen Kaffee gebeugt missmutig aneinander vorbeistarrt, darüber der Satz: »Kein Astra, kein Spaß«. Und dann das Negligé tragende Paris-Hilton-Lookalike, das dem vor ihr stehenden Mann sagt: »Mit kostet's 3 Mark mehr.« Vor allem Astra trifft mit seiner trashig ironischen Bildsprache immer wieder den Zeitgeist. Kein Wunder, sind mir die entsprechenden Plakate schon in diversen WGs begegnet, dabei sind viele davon nicht nur alkoholverherrlichend, sondern auch extrem sexistisch.

Ich kann mir gut vorstellen, dass Whitaker recht hat mit ihrer Vermutung, dass künftige Generationen auf Alkohol genauso fassungslos schauen werden wie viele heute aufs Rauchen. Bis dahin ist es aber noch ein langer Weg. Was hilft: Alkoholwerbung komplett ver-

---

* Bei dem Paar handelt es sich übrigens um Maximilian Sailer, den Besitzer der Brauerei, und seine Frau Brigitte. Siehe www.cicero.de/kultur/werbung-alkohol-traunstein-deutscher-werberat-weissbier/plus.

bieten. Keine Verbindung herstellen zwischen Alkohol und Emanzipation. Nicht in Form von Rollenmodellen wie Cosmopolitan-Girl Carrie Bradshaw und schon gar nicht in Form feministischer Whiskeyeditionen.

In den letzten zehn, fünfzehn Jahren wurde Frauen immer stärker suggeriert, dass sie doch alles haben könnten. Sie müssen weder Hausfrau noch Mutter sein, eine hetero- oder homosexuelle Partnerschaft ist vermeintlich genauso okay wie Singlesein.* Frauen können allein reisen und selbstverständlich alleine in Bars trinken – besser jedoch, sie gehen danach nicht allein nach Hause und werden eines von täglich zwanzig Vergewaltigungsopfern, polizeilich erfassten wohlgemerkt.[43] Wenig drückt dieses Bild der selbstbewussten Trinkerin so gut aus wie Elisabeth Raethers zwischen 2011 und 2016 im *Zeitmagazin* erschienene Kolumne. Kein Wunder, dass ich mich jahrelang von *Die trinkende Frau* so angesprochen gefühlt habe. Raether, eigentlich Redakteurin im Politikressort der *Zeit*, beschreibt darin stilistisch brillant ihre Erfahrungen als genussverliebte Konsumentin alkoholischer Getränke. »Jeder sucht sich etwas, was ihm die kurze, beschwerliche Existenz auf Erden leichter macht. Ich bin meiner Familie dankbar, dass sie mir das Trinken beigebracht hat.«[44] Mal geht es in den Kolumnen ums Alleinetrinken bei der Hausarbeit oder beim Mittagessen – weshalb sie auf manche Leute wirke, als hätte sie Probleme. »Habe ich auch«, sagt sie, »und ich wäre froh, wenn sie sich mit einem Glas Wein lösen ließen«[45] –, mal um die dreiundzwanzig Sorten Schnaps in Raethers Hausbar, mal um das Trinken gegen Schüchternheit oder die Suche nach illegal gebrautem Bier in Teheran. Zwischen den Zeilen geht es vor allem um Empowerment: »Ich gebe zu, dass es ein bisschen frivol wirken könnte, das Trinken zu einem Akt des Widerstands

---

* Dass dem nicht so ist, hat Gundula Windmüller in ihrem großartigen Buch *Weiblich, ledig, jung sucht nicht* dargelegt.

zu erklären. In Wirklichkeit trinke ich natürlich einfach gern, und zwar nicht immer unbedingt im Namen der Frauenrechte. Ich brauche keinen Anlass zu trinken, es passiert ganz von allein. Ich weiß auch, dass ich als Frau hier in Europa *minor problems* habe. In weiten Teilen der Welt plagen Frauen ganz andere Sorgen als die, dass man ihnen ihren Appletini nicht gönnt. Und doch sehe ich einen Zusammenhang. Alkohol für Frauen zu tabuisieren ist ein kleiner Schritt in einem größeren System. (...) Frauen waren und sind die ersten Adressaten, wenn eine Gesellschaft sich mehr oder weniger sinnfreie Moralvorstellungen gibt.«[46]

Mehr oder weniger sinnfreie Moralvorstellungen? In dieser Lesart ist Trinken Teil des feministischen Projekts und Länder wie der Iran oder Saudi-Arabien Beleg dafür, dass Alkoholverbote die Welt zum Schlechteren verändern. Um nicht missverstanden zu werden: Ich schätze Raethers Arbeit sehr. Mir geht es darum, das im wahrsten Sinn des Wortes starke Bild vorzuführen, das sie in ihrer inzwischen eingestellten Kolumne zeichnet. Deren Message ist klar: Frauen dürfen alles. Anstatt etwas an ihrer »beschwerlichen Existenz auf Erden« zu ändern, feiern sie den in einer Randbezirkskaschemme gekippten Averna als Selbstermächtigung. Oder als kleine Aufwandsentschädigung für die alle Lebensbereiche durchdringende Selbstdisziplin, wie jene Freundin der Autorin, die mit vom Berlioni* schwerer Zunge aufzählt, was sie alles richtig macht: wenig Fleisch, kein Weißmehl, keine Zigaretten, Sport, Therapie. Alkohol bewahre sie davor, eine »Heilige« zu werden.

Nicht nur bei dieser Frau scheinen die Folgen übermäßigen Alkoholkonsums noch nicht so richtig angekommen zu sein. Paradoxerweise lässt er sich sogar vermeintlich mit einem *healthy lifestyle* vereinen. Frauen, die sich gluten- und zuckerfrei ernähren, stoßen

---

* Gin, Cynar, Wermut – ein Drink, der früher genau meinen Geschmack getroffen hätte.

mit Gin Tonic an. Veganerinnen trinken Wein.* Rückenschmerzgeplagte gehen zum Bieryoga. Jen Batchelor, Erfinderin des alkoholfreien Wellnessgetränks Kin Euphorics, erklärt ihre Geschäftsidee nicht zuletzt mit der heuchlerischen Fitnessszene von Los Angeles, »wo nachts um drei Uhr gekokst und morgens um sechs Uhr Yoga gemacht wird.«[47] Dann wäre da noch der anhaltende Biotrend, den ich auf allen Ebenen sehr begrüße. Auch Alkohol ist davon nicht ausgenommen, wobei zwischen biologischem und biodynamischem Wein unterschieden werden muss. Bei Ersterem kommen keine Spritzmittel zum Einsatz, bei Letzterem wird auch im Keller weitestgehend auf Zusatzstoffe verzichtet. Der oft synonym gebrauchte Begriff Naturwein ist insofern korrekt, als dass der Entstehungsprozess wirklich weitestgehend sich selbst überlassen wird. Weine dieser Art enthalten wenig bis kein Acetaldehyd, jener chemische Stoff, der im Verdacht steht, für den Kater verantwortlich zu sein. Diesem Versprechen auf ein mit meinen Self-Care-Prinzipien zu vereinbarendem Saufen bin auch ich lange aufgesessen, dazu später mehr. Für den Moment reicht die Feststellung, dass das Geschäft mit biologischen Weinen und anderen alkoholischen Biogetränken insbesondere das gesundheitsbedachte Geschlecht anspricht.

Alkohol scheint außerdem prima mit Fitness vereinbar zu sein, jedenfalls wenn es nach Fergie geht. 2012 brachte die Sängerin der Black Eyed Peas Voli Light Vodka auf den Markt, einen kalorienarmen Wodka (ist Wodka nicht immer kalorienarm?) in sechs verschiedenen Geschmacksrichtungen, darunter Himbeer-Kokos und Birne-Vanille. Ihr Statement dazu: »Ich denke, viele Menschen, die wie ich einen gesunden Lebensstil anstreben, die Sport treiben, hart

---

* Dass sie dies nicht bedenkenlos tun sollten, hat ausnahmsweise nichts mit einer Marketingstrategie zu tun. Es ist nämlich nicht unüblich, Wein mithilfe von Fischblasen zu filtern und ihn mit Eiweiß zu klären, wodurch Rückstände entstehen. Was bei Veganerinnen ankommt: Du musst vielleicht auf Käse verzichten, nicht aber auf Riesling mit Blauschimmelaroma.

arbeiten, kontaktfreudig sind und am Ende des Tages einen Drink zu sich nehmen, haben auf Voli gewartet. Enthält keinen Extrazucker!«[48]

Dann wäre da noch Gwyneth Paltrow. Wir kennen sie als Hauptdarstellerin von *Shakespeare in Love*, die jetzt Kerzen mit Vaginaduft vertreibt und sich mit ihrer Marke Goop ein kleines Feel-good-Imperium aufgebaut hat, das Netflix eine eigene Serie wert war. Dann kam Corona. »Ich habe an sieben Abenden pro Woche getrunken. Ich bin total entgleist.« So beschrieb Gwyneth Paltrow in einem Interview mit dem britischen *Mirror* ihre Zeit im Lockdown[49]. Das Getränk ihrer Wahl war die Eigenkreation Buster Paltrow, bestehend aus Zitronensaft, Ahornsirup und einem Quinoa-Whiskey aus Tennessee.

Seltsam, dass tägliches Trinken plötzlich ein Problem zu sein schien, oder? Schließlich wird der Goop Health Summit vom Wodkahersteller Ketel One gesponsert. Auf goop.com geht man der Frage nach, ob Naturwein weniger Kopfschmerzen macht als konventioneller[50], außerdem teilt die Gründerin Antikatertipps, von Ginger Ale und Kokoswasser über die japanischen Salzpflaumen Umeboshi bis hin zum Eisandwich am Morgen danach. Praktischerweise ist die passende Homewear (ein Boyfriend-T-Shirt für 145 Dollar) für so einen stilvollen Katertag ebendort bestellbar. Nicht zu vergessen Paltrows Wohlfühlprogramm, zu dem neben in die Vagina eingeführten Jadeeiern auch ein Glas japanischer Whiskey in der Badewanne gehört.[51]

Das hat mich echt umgehauen. Eine Frau, die alles vermeintlich Giftige verbannt (Pasta, Brot, Zucker sowieso) und dann zum täglichen Konsum eines Nervengifts rät, das nicht zuletzt die Haut verschlechtert und den Schönheitsschlaf stört, ist schon ein starkes Stück. Aber eben auch ein sehr lehrreiches im Hinblick auf die Doppelmoral des weiblichen Trinkens. Ähnlich verstörend wie eine hochschwangere Frau mit Champagnerglas in der Hand und Kindern mit Namen der beglückenden Kulturpflanze.

Die Männer

Meine allererste Liebe hieß Rausch mit Nachnamen. Echt jetzt, mit bürgerlichem Namen. Es war weniger eine Sandkasten- als eine Klettergerüstliebe, am liebsten hingen wir nämlich kopfüber oder übten Rolle rückwärts. Thomas, wie er mit Vornamen hieß, war zwei Jahre älter als ich mit meinen sechs Jahren, hatte eine avernabraune Pilzkopffrisur, genau wie die meines Backstreet-Boys-Schwarms Nick Carter, und Sommersprossen. Meist trug er eine schwarze Fake-Lederjacke. Der Spielplatz seiner Wahl lag eigentlich außerhalb meines erlaubten Radius. Aus heutiger Sicht kommt es mir seltsam vor, dass meine Mutter meinen Bewegungsraum so sehr einschränkte, schließlich war jener Hochhausspielplatz, der so hieß, weil er sich neben dem einzigen Hochhaus meines Dorfes befand, höchstens einen Kilometer von zu Hause entfernt.

An einem flirrenden Sommerferientag ging es mit mir durch: Ich war nicht zur verabredeten Zeit zu Hause, weil Thomas Rausch mit mir wippte, er oben, ich unten, dann ich unten, er oben, mein Magen war eine Murmelbahn. Meine Mutter suchte derweil im Auto das ganze Dorf nach mir ab. Als sie mich schließlich beim Spielplatz fand, zog sie mich mit derselben Unerbittlichkeit im wahrsten Sinn an den Haaren nach Hause wie später aus irgendwelchen Dorfdiscos. Es folgten ein kurzzeitiger Hausarrest und ewiges Hochhausspielplatzverbot. Noch heute spüre ich den körperlichen Schmerz, den mir die Vorstellung bereitete, Thomas *nie, nie, nie* wiederzusehen. Nie, nie, nie wieder habe ich so intensiv gefühlt wie damals. Liebe, so die schmerzhafte Erkenntnis, hatte immer auch etwas von Verzweiflung. Es war so, wie es sehr lange sein würde: Auf den Rausch folgte der Kater.

Schon früh spielten Jungs eine große Rolle in meinem Leben. Mit elf notierte ich in mein Tagebuch, wie sehr ich mir einen Freund wünschte: »Ich darf nicht aufgeben!« Mit dreizehn wartete ich ganze Mittagspausen lang an der BWP (Buswendeplatte) darauf, dass ein Typ, gegen den ich beim Völkerballturnier verloren hatte, seine Pfandflasche wegwarf, damit ich sie aufsammeln und wie einen Schatz aufbewahren konnte. Mit vierzehn wollte ich Carrie Bradshaws durchsichtige La-Perla-BHs haben oder wenigstens diesen Stringtanga mit Jesusmotiv von Vive Maria. Ein geschätztes Drittel der bereits mehrfach erwähnten *Hausaufgabenhäffte* war gefüllt mit Fragen wie diesen: Warum darf ich es nicht zeigen, wenn ich jemanden süß finde? Finden Jungs es doof, wenn Mädchen den ersten Schritt machen? Dazu zitierte ich eine Statistik – für die ich offenbar damals schon eine Schwäche hatte – zweifelhaften Ursprungs: »98 Prozent aller Jungs mögen es, wenn Mädchen den ersten Schritt machen.« Stundenlang lag ich auf meinem Bett, hörte »My Immortal« von Evanescence oder den *Eiskalte Engel*-Soundtrack und fragte mich, wohin meine 20 Cent teuren SMS verschwanden. Denn wie konnte es sein, dass Dominik nicht auf meine Frage reagierte, ob wir uns *Crazy* zusammen im Kino anschauen?!

Zu einem späteren Zeitpunkt zurate gezogene Psychotherapeuten kamen eigentlich immer zu dem Schluss, es habe etwas mit meinem abwesenden Vater zu tun. Kann schon sein, aber ebenso sehr waren Jungs für mich wohl auch eine Möglichkeit, der dörflichen Enge zu entfliehen, große Gefühle als Ablenkung vom Kehrwochen-Klein-Klein.

Ich verfolgte mein Ziel mit dem gleichen Ehrgeiz, wie ich Grundschulklassenbeste wurde. Ebenfalls meinem Tagebuch ist zu entnehmen, dass ich schon mit zwölf, dreizehn irgendwelche Berufsschüler auf der BWP oder im Regionalzug anquatschte. Wenn ich mich, was sehr oft vorkam, in einen Jungen von meiner Schule verknallte, mussten meine Freundinnen in die Rolle der Kupplerin schlüpfen. Abgeschaut hatte ich mir das aus *Romeo und Julia*, der, nicht zuletzt aufgrund des Hauptdarstellers Leonardo DiCaprio, zu meinen absoluten Lieblingsfilmen zählte. Die Aufgaben der Kupplerin umfassten Schulhof-Small-Talks ebenso wie stundenlange Festnetztelefonate. Beides klappte eigentlich nie. Ich schrieb seitenlange Briefe auf Diddl-Sammelblöcken, flirtete bei SchülerVZ, Knuddels. de und ICQ. Ich versuchte rehkitzig zu sein wie Audrey Tautou in *Die fabelhafte Welt der Amélie*, dessen Soundtrack ich rauf und runter hörte. Oder doch eher keck wie Diana Amft, die in *Mädchen, Mädchen!* ihren ersten Orgasmus auf ihrem Fahrradsattel erlebte? Natürlich folgte ich akribisch den Tipps von *Mädchen* und *Elle Girl* und *Bravo Girl* und manchmal der *Glamour*, die bekanntlich oft sehr widersprüchlich sind: Sei sweet! Mach dich rar! Kaue verträumt auf der Unterlippe! Sag, du hast schon was anderes vor! Wirf ihm ein verschwörerisches Lächeln zu! Sei aber bloß nicht zu leicht zu haben! Folglich leugnete ich sämtliche Festnetzkuppeleianrufe, tat so, als interessierten mich andere Jungs noch viel mehr, oder ignorierte meinen Schwarm vor dem Erdkunderaum, nur um mich hinterher zu entschuldigen (überhaupt entschuldigte ich mich viel zu oft für alles Mögliche, zum Beispiel bei meinem Tagebuch dafür, zu lange nichts hineingeschrieben zu haben).

Mit zehn wartete ich den halben Sonntag auf den Anruf eines gewissen Julian, nachdem ich ihn gefragt hatte, ob er mit mir gehen wolle: »Liebes Tagebuch, ich bin mir sicher, dass es eine leichte Erklärung gibt. Er hat sich noch nicht entschieden. Klar. Versteh ich.« Als mir der Geduldsfaden riss, griff ich selbst zum Hörer – und zwar so oft, dass seine Mutter drohte, das Telefon sperren zu lassen. Mit elf verfasste ich mit meiner besten Freundin unter Pseudonym einen Brief ans Dr.-Sommer-Team mit der Frage, warum es einfach nicht klappen wollte mit der Liebe. Die dreiseitige, sich selbstbewusst über die deutsche Rechtschreibung hinwegsetzende Antwort einer gewissen Helene*: »Du willst einen Freund, sehnst dich nach Liebe und Zärtlichkeit. Verständlich. Was erhoffst du dir denn von einem Freund? Damit du mit deinem Freund glücklich wirst, ist es gut, wenn du vorher deine Wünsche und Vorstellungen hast und weißt, wonach du dich genau sehnst, wenn du dich nach einem Freund sehnst.« Helene riet mir, mich auf andere Dinge zu fokussieren: »Es wäre wohl am besten, die krampfhafte Suche einfach aufzugeben, sich an den schönen Dingen des Lebens zu freuen, es sich gutgehen zu lassen und dann plötzlich zu merken, dass einen das für viele Menschen (auch für Jungs) um einen herum interessant macht.«

Aus heutiger Sicht macht mich das wahnsinnig traurig. Ein junges Mädchen, das von seinen Eltern und Freundinnen geliebt wird, gesund und privilegiert in jeder Hinsicht, hasst sein Leben, weil Peter aus der 12c sie ignoriert, wenn sie sich in der großen Pause vorm Bioraum begegnen. Natürlich suchte ich den Fehler bei mir. Fand meine Schneidezähne zu groß, meine Brüste zu klein, meine Haarfarbe zu gewöhnlich und meinen Körper natürlich, wie ungefähr jedes andere weibliche Wesen, nicht dünn genug. Auszug aus meinem Tagebuch: »Anscheinend hat jede auf dieser Welt einen flachen Bauch, superlange glatte Beine, superglänzende Haare und Arme ohne Muttermale (ich habe 72 auf einem Arm!)! Gleich gibt es Mittagessen, Pommes, damit ich noch fetter werde, als ich sowieso schon bin.« Vermutlich war es das, was Helene mit »Ausstrahlung« meinte, da halfen auch die ganzen Flirttricks ihres Arbeitgebers *Bravo* nichts. Was allerdings gut half, war ihr Tipp, sich an den schönen Dingen des Lebens zu erfreuen: Alkohol. Es ging dabei weniger um Mut, denn in die Offensive gehen konnte ich ja offensichtlich, als um Kompensation. Das wilde Gefühl, das ich so unbedingt haben

---

* Der Brief kam aus München und war abgestempelt mit »Stadt weltberühmter Biere«.

wollte, konnte ich bekommen, auch ohne dass jemand auf meinem »Willst du mit mir gehen«-Zettel das Ja ankreuzte.

Wann wird aus Liebessehnsucht Liebessucht? Dem Philosophen und Soziologen Sven Hillenkamp zufolge hat es die Liebe heute so schwer wie nie, gerade *weil* ihr keine Hindernisse mehr entgegenstehen. Früher entschieden Väter oder der gesellschaftliche Stand über Verbindungen, heute steht eine unendliche Anzahl möglicher Partnerinnen und Partner zur Auswahl. Jede Entscheidung führt nur zu Frustration, weil sie eine gegen so viele andere ist, viel schlimmer noch: gegen die Unendlichkeit. Die »freien Menschen«, wie Hillenkamp in seinem Buch *Das Ende der Liebe* die Mitglieder unserer Gesellschaft – also uns alle – nennt, hören nie auf zu suchen, obwohl sie sich nichts sehnlicher wünschen, als zu finden.

> »Die freien Menschen fallen auf durch ihre Hoffnung. Sie sind ruhelos, ständig in Bewegung. Wenn sie kein Ziel haben, blicken sie umher. Wenn sie keinen Weg haben, träumen sie. (…) Ihre Augen schmerzen. Die Menschen bestehen nur noch aus Augen, glasigen, zitternden Magneten in einem wirbelnden Feld. Sie sind krank vor Hoffnung. Sie leiden an einem furchtbaren Optimismus. Würden sie verzweifeln – ›Ich werde nie einen finden!‹ –, es wäre das erste Zeichen von Genesung. Doch sie verzweifeln nicht. Sie halten das Erscheinen des Erhofften, auf ihren Wegen durch die Welt, jederzeit für möglich. Eines Tages wird es geschehen. Vielleicht morgen, vielleicht gleich.«[1]

In dieser traurigen, wahren Beschreibung habe ich mich sehr wiedergefunden. Damit bin ich nicht allein. Ausgerechnet die zur Suchoptimierung gedachten Werkzeuge, Dating-Apps wie Tinder, Onlinepartnerbörsen wie Elite Partner, führen dazu, dass sogar die in einer Beziehung Lebenden ständig ihre Wahl anzweifeln, denn es könnte ja etwas Besseres beziehungsweise jemand Besseren geben. Der Weg wird zum Ziel, die Suche zur Sucht, deren Wesen das niemals Abgeschlossene ist. An einer Stelle vergleicht Hillenkamp diesen Zustand mit dem des Alkoholikers:

> »Die Menschen, die fortwährend einer Unendlichkeit von Möglichkeiten ausgesetzt sind, verändern sich mit der Zeit – wie Menschen, die fortwährend der Schwerelosigkeit des Weltalls oder dem Alkohol ausgesetzt sind. Die freien Menschen existieren in der Unendlichkeit wie Astronauten in der Schwerelosigkeit, sie konsumieren permanent Unendlichkeit, wie Alkoholiker permanent Alkohol konsumieren.«[2]

So wie der Durst nach Alkohol nicht gestillt werden kann, kommt auch die Suche nach dem perfekten Partner niemals an ein Ende.

Eine meiner Therapeutinnen verglich eine erfüllte Beziehung mit Zuhausesein. So gesehen war ich zeit meines Lebens eine Wohnungslose. Als Single fühlte ich mich so unvollständig, als hätte mir jemand ein Bein oder einen Arm weggenommen. War ich kurzzeitig fündig geworden, fand ich allerdings schnell einen Haken, sein schlechter Musikgeschmack, dass er lieber Filme mit Jack Black mochte als österreichisches Autorenkino oder wie er seine Gabel hielt.* Dann beendete ich die Sache und widmete mich wieder der Suche nach dem, was die Band Madsen in ihrem Lied *Die Perfektion* besingt: »Du bist perfekt, makellos / Du bist besser als gut / Du bist perfekt, einfach groß / ich wäre gern wie du / Du bist die Perfektion, die Perfektion.«

Es ist wohl kein Zufall, dass ich schon bei meinem ersten Kuss total betrunken war, damals im Festzelt des Nachtumzugs. Auch die zweiten, dritten und vierten ereigneten sich auf diese Art, bei Zeltpartys am Lagerfeuer, auf Geburtstagen im Hobbykeller oder in der

---

* Auch Hillenkamp zählt einige absurde Trennungsgründe auf. Mein Favorit ist die Frau, die nicht akzeptieren kann, dass ihr Date glaubt, Fassbinder habe mit Vornamen Heiner geheißen statt Rainer, siehe Hillenkamp, S. 23.

bereits erwähnten Faschingszeit. Einmal, da war ich bereits auf dem Gymnasium, versuchte ich meinen Schwarm aus der Oberstufe bei einer jener perfekt auf unser Taschengeldbudget zugeschnittenen All-you-can-drink-Partys zu küssen, einfach so, mitten im Gespräch, woraufhin er sich verstört abwandte. Es machte mir nichts aus, weil ich betrunken war. Ein anderes Mal knutschte ich in einer Nacht mit zwei verschiedenen Jungs und kam mir wahnsinnig verwegen vor. An einem der beiden hatte ich ernsthaftes Interesse, woraus wenig überraschend nichts wurde. Ich spülte die Enttäuschung mit Batida-Kirsch hinunter.

Manchmal zischten mir Miss-Sixty-Hüftjeansträgerinnen »Schlampe« auf dem Schulflur hinterher. Während bei den meisten Mädchen meines Alters nun feste Freunde mit am Familienabendbrottisch saßen, brachte ich lange Zeit niemanden mit nach Hause. So wie mir ging es eigentlich nur meiner besten Freundin, weshalb wir mit fünfzehn eine Art Manifest verfassten. Ziel war, so zu werden wie die mit unseren Gefühlen spielenden Jungs. »Wir lassen uns nicht mehr auf der Nase herumtanzen, sondern wir tanzen.« Wir wollten uns nehmen, was wir wollten, ohne uns zu kümmern, was andere von uns dachten. »Wenn es nicht egal ist, haben wir schon verloren.« Wir manifestierten in unseren Raufasertapetenkinderzimmern vor uns hin, während »Where is my mind« von den Pixies lief, oder auf Großraumdiscopartys, die »Pure Pleasure« hießen. Vor dem Hintergrund heutigen Female Empowerments klingt das ziemlich cool, angesichts der Realität eines Dorfs mit Blechbüchsenbrauch sehr viel weniger. Ganz abgesehen davon, dass wir uns Gefühle und Verletzlichkeit verboten, und Verbieten ist immer eine schlechte Idee.

Erst mit sechzehn hatte ich meinen ersten richtigen Freund – andere waren viel früher dran –, und weder der noch der darauffolgende fühlten sich nach erster großer Liebe an. »Hab langsam das Gefühl, bei mir fehlt da was oder ist kaputt ☹« steht dazu in meinem *Hausaufgabenhäfft*. Beide Beziehungen wurden von einem nicht abreißenden, angeblich gefühlsbereinigten Faible für Jakob überschattet, einen Klassenkameraden meines besten Freundes. Meine Clique fand ihn furchtbar, weil er dafür bekannt war, zu kiffen und betrunken Auto zu fahren. Ich war fast so sehr verliebt in ihn wie in Thomas Rausch. Immer mal wieder machten wir auf irgendwelchen Schuppenfesten rum, immer hackedicht, wie man im Schwäbischen sagt. Die damit verbundene Aufregung – auch wenn sie keine der angenehmen Sorte war – suchte ich in meinen Beziehungen vergebens. Natürlich konnten sie unmöglich meine Erwartungen erfüllen. In mir war ein schwarzes Loch voller Selbstzweifel und Sehnsucht, Angst davor, nicht liebenswert zu sein, Angst davor, gefühlsbedingt den Verstand zu verlieren, wie in einem Pixies-Song.

Als ich wieder Single war, richtete ich den Fokus meistens auf Jungs, später Männer, die unerreichbar oder auf ihre Art kaputt waren. Wenn sich doch einer mal für mich interessierte – der Aggro-Berlin-Hörer, der in der siebten Klasse Raps für mich schrieb, der tapsige Oasis-Fan aus dem übernächsten Dorf, der mich mit dem Mofa zum Brauereifest mitnahm –, verlor ich schnell das Interesse. Aus Angst vor Nähe, aus Angst vor dem Verlassenwerden. Das machte alles natürlich noch viel schlimmer. Kein Satz taucht öfter in meinen *Hausaufgabenhäfften* auf als dieser: »Warum klappt es nicht endlich mal?« Möglicherweise *wollte* ein Teil von mir nicht, dass meine Sehnsucht gestillt wurde, einerseits aus mangelnder Selbstliebe, andererseits weil das Sehnen selbst essenziell geworden war. Eine suchende Sucht.

»Wir erzählen uns Geschichten, um zu leben«, sagte die großartige Joan Didion. Meine Geschichte war die des Verlassenwerdens – und des Rauschs, der mich meine Verletzlichkeit vergessen lassen sollte. Es widerfuhr mir in den verschiedensten Stadien einer Liebesbeziehung. Dann, wenn sich ein Junge nach dem ersten gemeinsamen Kinobesuch nicht mehr meldete, obwohl er im Dunkeln meine Hand ergriffen hatte. Nachdem wir in seinem Auto gefummelt hatten oder ich im Naturfreibad seine Peergroup kennengelernt hatte. Nachdem wir in der spanischen Großraumdisco zu den Black Eyed

Peas geknutscht hatten, bis mich meine völlig aufgelöste Mutter fand (ich war vierzehn). Nachdem wir zum ersten Mal miteinander geschlafen hatten.

In meinem letzten Schuljahr war ich mit einem Jungen aus meiner Klasse zusammen. Nachhaltig beeindruckt hatte mich, dass er mich auf der Parisstudienfahrt die Treppen zur Métro hinuntergetragen hatte, nachdem ich, vom Tetrapak-Wein betrunken, hingefallen war. Das prägendste Erlebnis unserer kurzen Beziehung war, als wir mit dem Fiat seiner Eltern mit achtzig Stundenkilometern ins siebenhundert Kilometer entfernte Berlin gondelten, dort eine Nacht im Hostel verbrachten und am nächsten Tag wieder nach Hause fuhren. Zwei Tage vor meinem achtzehnten Geburtstag trennte er sich von mir. Obwohl ich gar nicht besonders verliebt gewesen war, brach die Welt über mir zusammen, bis ich mir sagte: Von diesem Idioten werde ich mir nicht die so lange ersehnte Volljährigkeit kaputt machen lassen. Stattdessen druckte ich Geburtstagseinladungen mit dem Foto der rauchenden Uschi Obermaier und dem bezeichnenden Satz: »In deinem und meinem Interesse: Bring lieber etwas zu trinken mit, anstatt dir den Kopf zu zerbrechen, was schenken.« Die Organisation eines Stromaggregats erwies sich als anstrengender als jene des Alkohols. Wie geplant feierte ich mit meiner halben Stufe in einer Hütte im Wald. Auch mein Exfreund war da, was mir nichts auszumachen schien, nichts ausmachen durfte. Schon am frühen Abend war ich so betrunken, dass ich mich erst mit ausreichend Sicherheitsabstand zum Stromaggregat übergab und dann auf einer der Bänke wegdämmerte. Der Rausch machte mich stumpf, herzenskalt und zu einer, der die Anwesenheit ihres Ex-Freundes gleichgültig war. Als ich am nächsten Morgen aufwachte, war ich noch halb betrunken, was mich nicht davon abhielt, mit dem Auto meiner Mutter die Pfandflaschen wegzufahren. Das also war mein erster Tag mit Fahrerlaubnis.

Nach meinem Auszug setzte sich das Verlassenwerden fort. Berlin ist dafür prädestiniert – eine Stadt, in der niemand sich festlegen will, aus Angst, etwas, jemanden, *alle* zu verpassen. Lange bevor das Phänomen zu seinem Namen kam, lernte ich Ghosting als festen Bestandteil des seltsamen Paarungsverhaltens moderner Großstädter kennen. Gemeint ist die Unsitte, sich bei einer Person einfach nicht mehr zu melden, wie ein Geist aus deren Leben zu verschwinden. Möglich ist dies nach dem ersten Date ebenso wie nach einer jahrelangen Beziehung. Manche Männer schreiben »Bin Zigaretten holen« auf einen Zettel, bei mir stand da immerhin »Danke für die Gastfreundschaft«. Berlin war für mich die Stadt der Geister, die nicht mehr anriefen.

Schon meine allererste Erfahrung endete auf diese Art. Edgar, den ich über seine Anzeige bei WG-Gesucht.de kennengelernt hatte, in dessen Charlottenburger Maisonettewohnung ich zwar nicht einzog, wohl aber in sein Bett. Es waren die allerersten Wochen meines Kunstgeschichtsstudiums. Lieber als den Aufbau gotischer Kathedralen entschlüsselte ich die maorischen Tätowierungen auf Edgars definiertem Oberkörper. Zum Frühstück servierte er Kaviar auf Discounterbrötchen (er war Russe). Irgendwann ging er einfach nicht mehr ans Telefon. Beim ersten Date mit dem anderen schönen Russen lagen wir im Hinterzimmer einer Bar schnapsaphrodisiert praktisch aufeinander, woraufhin wir höflich, aber entschieden gebeten wurden zu gehen, keine geringe Leistung im sexpositiven Berlin. In manchen Nächten ließen wir die Weinflasche gleich neben dem Bett stehen. Irgendwann war auch er einfach verschwunden, Instagram zufolge nach St. Petersburg. Es folgte der Investmentbänker, mit dem ich mich in der King Size Bar mit Flaschenchampagner betrank und in den ich mich schon deswegen verknallte, weil er meinem Ex-Freund so ähnlich sah. In der Nacht fantasierten wir davon, gemeinsam nach L. A. zu fliegen, am nächsten Morgen musste er dann unbedingt seinen Flug nach London kriegen. *This number is currently unavailable.* Dann war da der Typ ohne Namen, dem ich bei einer Weinverkostung meine Kontaktdaten zusteckte. Unser erstes und letztes Date begann mit Negronis in einer Weddinger

Hinterhofbar und endete auf einer Erstsemesterparty, bei der ich mich schrecklich alt fühlte – ich war etwa vierundzwanzig – und mich so sehr mit Berliner Luft betrank, dass ich im Treppenhaus einschlief. Netterweise bot mir der Typ ohne Namen an, mich nach Hause zu bringen – die echte Berliner Luft würde mir bestimmt guttun –, ließ mich dann aber einfach auf der Straße stehen. Ich, völlig orientierungslos, klappte zeitweilig vor einem Späti zusammen, bevor ich mich zu Fuß nach Hause schleppte, denn für ein Taxi war ich in dieser Zeit viel zu geizig. Am nächsten Tag erwachte ich wie so oft mit einem brennenden Schamgefühl, das ich mit einer Nachricht an den Typ ohne Namen zu kompensieren versuchte, die lautete: »So behandelt man keine Lady.« Dass keine Antwort kam, wundert mich heute kein bisschen. So verhält sich ja auch keine Lady.

Scheinbar half das Trinken, mit der bodenlosen Bedürftigkeit in meinem Inneren klarzukommen. Beim Kennenlernen schuf es eine Verbindung zwischen den Männern und mir, markierte sozusagen unser Spielfeld. Im weiteren Verlauf konnte ich mich dadurch einen Moment so zerbrechlich zeigen, wie ich war, und in anderen Gefühle von Unbehagen und Nichtgenügen ersticken. Kurzum: Es regelte meinen kompletten Gefühlshaushalt.

Interessanterweise brauchte es nicht viel, um ein Verlassenheitsgefühl bei mir auszulösen. Ganz egal ob ich einen Typen ein halbes Jahr oder nur eine halbe Nacht gekannt hatte: Wenn die Tür hinter ihm ins Schloss fiel, riss es mir den Boden unter den Füßen weg. Wieder war ich allein, würde immer allein bleiben. Immer trug ich meine Traurigkeit vor mir her wie einen Babybauch, der Fremde zu Kommentaren provozierte. Einmal fragte mich ein Orthopäde, der mich an das Oberhaupt eines ägyptischen Familienclans erinnerte, warum ich so traurig sei. »Wir werden Sie aufbauen. Ich weiß nur noch nicht, wie.« *Daddy issues* auf Krankenschein.

Der universelle Erklärungsversuch für all diese kleinen und großen Katastrophen lautete: Immer gerate ich an die Falschen. Dass *geraten* in Liebesangelegenheiten nicht mal die halbe Wahrheit ist, habe ich erst sehr viel später verstanden. Weil meine Selbstachtung so gering war, suchte ich mir unbewusst Männer aus, die mich ebenfalls nicht achteten. Immer lief es nach demselben Muster ab: Ich verliebte mich, entweder nach dem dritten Date oder dem ersten gemeinsamen Wodkashot, wurde verlassen, litt und hasste mich noch mehr als zuvor. Dann trank ich. Manchmal zelebrierte ich dieses Bild regelrecht: die verlassene Frau, tränenüberströmt, mit Rotweinlippen an ihrer Selbstgedrehten ziehend. Während meines Bachelorstudiums war ein Zwei-Euro-Fünfzig-Aldi-Tempranillo mit goldenem Netz das Getränk meiner Wahl; wenn ich das Gefühl hatte, mir etwas gönnen zu können, griff ich zum Fünf-Euro-Yellow-Tail-Shiraz mit keckem Kängurulogo.

Wie eng mein Leiden an der vermeintlichen Untauglichkeit der Berliner Männerwelt mit Alkohol verknüpft war, sehe ich erst heute. Die allermeisten lernte ich im mindestens beschwipsten Zustand kennen, auf WG-Küchenpartys, illegalen Raves, oder, wie meinen ersten festen Berliner Freund, auf dem Dancefloor eines Technofestivals. An ein nüchternes erstes Date kann ich mich überhaupt nicht erinnern, nicht wenige endeten im gemeinsamen Vollrausch. Und so wie die Bindungen von variabler Dauer begonnen hatten, kamen sie auch an ihren Endpunkt: indem ich Rotwein blutete und mein gebrochenes Herz in ein goldenes Netz einwickelte.

Drei meiner längsten Beziehungen begannen auf die genau gleiche Art: indem ich mich – aus Angst, aus Unsicherheit – in die Bewusstlosigkeit trank und dann von den Männern nach Hause gebracht wurde. Auf diese Art spielte ich das dämlichste Klischee überhaupt durch: das der Frau, die eigentlich nur gerettet werden will. Einer Cinderella auf der Suche nach ihrem Märchenprinzen, nur dass ich das Glas nicht am Fuß trug, sondern in Händen hielt. Es war die einzige Art, jene Verletzlichkeit zuzulassen, die ich mir damals mit meiner besten Freundin so erfolgreich abtrainiert hatte, und sie gleichzeitig im Rausch zu ersäufen.

Natürlich suchte ich mir ausschließlich Männer aus, die selbst gerne tranken. Alles andere wäre mir hochgradig verdächtig vorgekommen. Ich liebte den gemeinsamen Exzess, und ich liebte es, jemandem nahe zu sein, der so war wie ich, als Gewissheit, dass es *so schlimm doch nicht sein konnte*. So verschieden die Lieben auch begonnen hatten, am Schluss endeten sie alle gleich: mit Gläsern, randvoll mit Aldi-Wein gefüllt, und stundenlangen Gesprächen mit meinen Freundinnen. Den Bechdel-Test* hätten wir in dieser Zeit jedenfalls nicht bestanden.

Kein Wunder, schließlich drehte sich auch bei unseren filmischen Vorbildern alles immer nur um Männer. Allen voran meine Lieblingsserie *Sex and the City*. Bekannterweise geht es in der auf einem Buch von Candace Bushnell basierenden Serie um vier dem westlichen Schönheitsstandard** entsprechende, beruflich äußerst erfolgreiche Frauen, mit genug Geld für Oscar-de-la-Renta-Roben und Taxifahrten quer durch New York. Ihre Gesprächsinhalte: Aidan, Sam, Mr. Berger, der impotente jüdische Ehemann, der russische Balletttänzer und Carries ewiges On-off-Ding mit Mr. Big. Die Pointe am Ende der finalen sechsten Staffel ist die Enthüllung seines echten Namens. Er heißt John.

Von ihren vier Freundinnen ist Carrie die einzige Raucherin. In Staffel drei gibt sie dieses Laster auf*** – nur um in der letzten, in Paris spielenden Staffel wieder damit anzufangen.**** Im Gegensatz zu den von den drei anderen Ladys verachteten Marlboro Lights ist Alkohol

---

* Mit diesem nach der Autorin Alison Bechdel benannten Test wird die feministische Tauglichkeit von Filmen geprüft, und zwar anhand folgender Kriterien: Gibt es mindestens zwei Frauenrollen? Sprechen sie miteinander? Unterhalten sie sich über etwas anderes als einen Mann?

** Alle weiß, cis, hetero und ohne sichtbare Behinderung, was in den Neunzigern keinen störte, 2021 allerdings schon, weshalb in der Neuauflage *And just like that* drei schwarze Frauen den Cast ergänzen.

*** Funfact eins: Wegen der realistischen Darstellung einer Nikotinabhängigkeit wurde die Serie mit dem sogenannten Prism Award ausgezeichnet, siehe https://tobaccocontrol.bmj.com/content/13/2/102.1.

**** Funfact zwei: Carrie-Darstellerin Sarah Jessica Parker war selbst lange Zeit Raucherin und fing parallel mit ihrer Serienfigur wieder damit an.

fast ausschließlich positiv besetzt. Der Zwanzig-Dollar-Martini ist die Analogie zur 8000-Dollar-Birkin-Bag, beide Ausweis eines selbst finanzierten Luxuslebens. Einmal sagt Carrie den Satz: »In Wahrheit war Wodka mein einziger Verbündeter«, ein anderes Mal: »Ich bin nicht betrunken, ich habe nur meinen Schmerz betäubt.« Am Set wurde übrigens keinerlei Alkohol ausgeschenkt, stattdessen Cosmopolitans durch Cranberrysaft imitiert und Champagner durch Ginger Ale.[3] Besser so, schließlich war die Charlotte-Darstellerin Kristin Davis früher alkoholabhängig.

Um Sex, Männer und die damit verbundenen Schmerzen geht es auch in *Girls*. Produziert wurde die erstmals 2012 ausgestrahlte Serie von Lena Dunham, die sowohl Regie führte als auch die Hauptrolle der Hannah übernahm. Die Parallelen zum ebenfalls von HBO produzierten *Sex and the City* sind nicht zu übersehen: vier Frauen in New York, irgendwo zwischen Feminismus und Fertilität. Mit dem Unterschied, dass *Girls* ein sehr viel realistischeres Bild zeichnet. So sind beispielsweise die Körperbilder diverser, auch wenn kaum People of Color auftauchen, was Lena Dunham explizit zum Vorwurf gemacht wurde.[4] Statt in Manhattan-Lofts hausen die Protagonistinnen in Brooklyn-WGs, statt überbezahlte Liebeskolumnen zu schreiben, hangeln sie sich von einem unbezahlten Praktikum zum nächsten. Kein Martini-Lunch, sondern Vernissagen mit Gratisfusel. Im Gegensatz zu *SATC* spielt Alkohol allerdings eine sehr viel geringere Rolle, was auch daran liegen könnte, dass Lena Dunham selbst kaum trinkt und diese Haltung auf ihre Figuren übertragen hat. Die Autorin Jennifer Cacicio geht sogar so weit zu behaupten, dass Betrunkene in *Girls* fast immer peinlich dargestellt werden, auffallend oft in Gestalt alter weißer Männer.[5]

Vor allem herrscht eine härtere, zynischere Stimmung vor, sind die Frauenfreundschaften viel weniger empathisch. Mehr als einmal geht es um sexuelle Belästigung beziehungsweise Vergewaltigung. In Staffel zwei beispielsweise, als Hannahs On-off-Boyfriend Adam gegen deren Willen Oralsex mit einer anderen Frau hat. Und zwar ausgerechnet in einer Nacht, in welcher der ehemalige Alkoholiker einen Rückfall hat.[6]

Auch in ihrer Autobiografie *Not That Kind of Girl. Was ich im Leben so gelernt habe* berichtet Dunham sehr offenherzig von den vielen Enttäuschungen, die sie mit Männern erlebt hat. Von schlechten Dates bis an Vergewaltigung grenzende Vorfälle ist alles dabei. Besonders schockierend fand ich diese Sexszene:

> »Er führte mich zum Bett und drehte mich auf den Bauch. Alkohol, Angst und Faszination vernebeln mein Erinnerungsvermögen, aber ich weiß noch, dass meine Strumpfhose irgendwann zusammengerollt in meinem Mund steckte. Zwischendurch wusste ich nicht, wo im Raum er sich befand, bis ich es spürte. Und er redete auf mich ein, ließ den schmutzigsten Kram vom Stapel, den ich je aus dem Mund eines Menschen gehört habe. Eindrucksvoll in seiner narrativen Komplexität und bedrohlich in seinen Vorlieben. Das, redete ich mir ein, ist das beste Spiel, das ich je gespielt habe. (…) Am nächsten Tag taumelte ich mit nackten Beinen auf die Straße und wusste nicht, ob ich gerade mein Ende oder meine Erweckung erlebt hatte.«[7]

Warum lassen sich Frauen so behandeln, in Buch und Film genauso wie im echten Leben? Warum wehren sie sich nicht gegen Männer, die das Kondom unbemerkt abstreifen und damit die Zimmerpflanze dekorieren? Die ihren kostbaren Körper so schlecht behandeln, dass sie danach ein heißes Bad nehmen müssen? Warum warten sie auf Anrufe von Männern, die ihre Allgemeinbildung infrage stellen oder sich über ihr Studienfach lustig machen? Oder die, nachdem sie gekommen sind, »Erster!« rufen und dann aus dem Zimmer rennen?* Weil es ihnen so beigebracht wird. Weil Zähne beim Lächeln

---

* Letzteres könnte auch eine Szene aus Lena Dunhams Buch sein, ist aber mir passiert.

gezeigt werden sollen, nicht beim Zubeißen. Weil die Wünsche der anderen – Kinder, Familie, Vorgesetzte, vor allem die der Männer – mehr zählen als die eigenen. Und weil viele Frauen ihre Wünsche nicht mal kennen, weder im Bett noch irgendwo sonst. Vielleicht bin ich einfach ein kleines bisschen *masochistisch veranlagt*? Ja, vielleicht. Vielleicht ist der Typ aber auch einfach ein Arschloch.

Wie oft ich den Schmerz einfach aushielt. Von einem ließ ich mir – betrunken – den Rücken am Ufer des Berliner Schlachtensees wundscheuern, mit dem anderen brach ich – betrunken – in einen verwaisten Vergnügungspark mit Dinoachterbahn ein, ließ mich in einer Pappwesternstadt kulissenhaft *lieben* und fühlte mich dabei wie die Hauptdarstellerin eines Tarantino-Films, dieses Frauenhassers*. Ich fiel beim Couchsurfing auf einen niederländischen Gastgeber rein, der es nach einem Großeinkauf im Coffeeshop für eine gute Idee hielt, mich völlig stoned in seinem Neunzig-Zentimeter-Bett zu begrapschen. Zum Glück kam er meiner Bitte aufzuhören irgendwann nach, denn so viel ist klar: In diesem Amsterdamer Randbezirk hätte niemand meine Leiche gefunden.

So oft lief ich ziellos durch die Stadt, meinem Tagebuch zufolge »platzend vor Kummer und Wut«. Beruhigen konnte ich mich erst, nachdem ich an einem Bartresen Platz genommen hatte.

Alkohol als Soforthilfe gegen Liebeskummer ist eine bei beiden Geschlechtern beliebte Maßnahme. Ich glaube trotzdem, dass Frauen anders, nachhaltiger davon betroffen sind. Wenigstens dem Klischee nach gehen frisch getrennte Männer mit ihren Kumpels in die Kneipe, wo sie möglicherweise gleich die nächste Partnerin vom Tresen wegsammeln, ins Bierglas geweint wird eher nicht. Frauen

---

* Es stimmt, dass der US-Regisseur in seinen Filmen häufig starke Frauenfiguren auftreten lässt, man denke nur an Racheengel Uma Thurman in *Kill Bill*. Ändert aber nichts daran, dass er lange Zeit zur Causa Harvey Weinstein schwieg und seine Darstellerinnen am Set würgte und bespuckte. Siehe www.spiegel.de/kultur/gesellschaft/uma-thurmans-vorwuerfe-gegen-quentin-tarantino-was-hat-das-mit-metoo-zu-tun-a-1191450.html.

hingegen zelebrieren den Schmerz, entweder im Freundinnenkreis oder allein in der eigenen Küche, mit Hochprozentigem und schachtelweise Kleenex. Wir wissen: In jedem Klischee steckt ein Schnapsglas Wahrheit.

Noch entscheidender finde ich die Gründe einer solchen Misere. Evolutionär gesehen sind Frauen bei der Partnerwahl klar im Vorteil. Weil die Fortpflanzung für eine so lange Zeit all ihre Kräfte in Anspruch nimmt – neun Monate Schwangerschaft plus anschließende Stillzeit –, schauen sie sehr viel genauer hin als Männer, die ihre Gene in wenigen Minuten unters Volk bringen können. Leider sieht die Realität des Patriarchats anders aus. Mit Anfang zwanzig – denn in diesem Alter wirkt eine Frau auf Männer am anziehendsten[8] – mag noch gelten, dass sie die Zügel in der Hand hat, aber je älter sie wird, desto mehr kehrt sich dieses Machtverhältnis um. Weil sich Frauen alterstechnisch nach oben orientieren, Männer nach unten und der Pool an ungebundenen Männern mit zunehmendem Alter kleiner wird; weil Frauen mit dem Alter an Attraktivität beziehungsweise sexuellem Kapital verlieren, Männer hingegen mehr und mehr zu George Clooneys werden, manche jedenfalls. Besonders fatal wird es für Frauen mit Kinderwunsch: Mit einer tickenden Uhr im Unterleib lässt es sich kaum unbeschwert flirten. Männer hingegen haben alle Zeit der Welt, Vater zu werden. Nicht nur die Soziologin Eva Illouz beklagt, dass Männer und Frauen auf dem sogenannten Beziehungsmarkt nicht unter den gleichen Voraussetzungen antreten. Vielmehr habe die sexuelle Befreiung vor allem Männern jede Menge Vorteile gebracht.[9] Die schmerzhafte Kluft zwischen Wunsch (Partnerschaft, Kinder) und Realität (bindungsunwillige Männer) kann für Frauen dann wieder ein Grund sein zu trinken. So jedenfalls war es bei mir.

So oft ging es um die Wünsche der Männer anstatt meine eigenen. Sie bestimmten, wohin wir in den Urlaub fuhren und welchen Film wir schauten. Manchmal sogar, was ich im Restaurant bestellte. Sie bestimmten, wann genug Zeit bis zum nächsten Date verstrichen war und wie lange sie meine Anwesenheit am nächsten Morgen ertrugen. Ihr Urteil machte mich innerlich zur Königin oder zum ungeliebten Aschenputtel, je nachdem.

Männer: Ich hörte mir ihren Proteinernährungsplan an, ihre *mummy issues* und *Faust*-Textsicherheit*, ihre Schrottwertpapierexpertise und wie sie damals in der Lobby eines Hotels mit der schönsten Frau Miamis gesoffen hatten. Ich tat so, als bewunderte ich ihre Sammlung mechanischer Springpenisse. Ich ließ mich mansplainen zur Nouvelle Vague, den Parallelen zwischen Molekularküche und abstrakter Malerei und dem weiblichen Bindungswillen. Sehr oft bewegte sich mein Gesprächsanteil im einstelligen Prozentbereich.

Der Alkohol, den ich trank, um damit klarzukommen, hingegen nicht: Staunend sah ich Hunderte Male zu, wie das männliche Ego mit jedem Drink größer wurde, während mein eigenes schrumpfte. Ich wanderte ihren Komplimenten nach wie eine Bräunungswillige der Sonne. Eine Zeitlang notierte ich in mein Tagebuch sämtliche netten Dinge, die Männer zu mir gesagt hatten. »Wow, deine Augen« oder »Niemand außer dir kann ein solches Kleid tragen« beispielsweise oder »Du bist eine Frau zum Heiraten«, obwohl ich die Ehe aus feministischen Gründen doch eigentlich ablehnte. Besonders freute ich mich, wenn ich Komplimente in Anwesenheit meiner Partner bekam. Wenn die türkische Schneiderin mich eine »schöne Freundin« nannte, als wäre ich gar nicht anwesend, oder der Pariser Weinhändler meinen damaligen Freund ermahnte, mir »ja immer die Tür aufzuhalten«. Immer wollte ich von Männern gesehen werden. Vielleicht hatte ich Angst, andernfalls zu verschwinden.

---

* »Alles Veränderliche ist nur ein Gleichnis; das Unzulängliche, hier wird's Ereignis; das Unbeschreibliche, hier ist's getan; das ewig Weibliche zieht uns hinan.«

Der Hunger

Mit sechzehn beschloss ich, dünn zu werden. Drei Schlüsselmomente führten zu dieser Entscheidung. Erstens eine bei Arte ausgestrahlte Chanel-Doku,[1] die ich auf Video aufgezeichnet hatte und mir wieder und wieder ansah. Fünf Folgen zeigten die Entstehung einer neuen Haute-Couture-Kollektion, vom ersten Entwurf bis zur Präsentation. Zu dem großartigen Song »Staring at the Sun« von TV on the Radio staksten die Models auf bleistiftdünnen Beinchen in viel zu hohen Schuhen über den Catwalk.* In ihrer Mischung aus Unnahbarkeit und Zerbrechlichkeit fand ich diese Frauen wahnsinnig ästhetisch. Damals, 2005, saß noch der 2019 verstorbene Karl Lagerfeld am Zeichentisch, ein Mann, der mit preußischer Disziplin und der sogenannten 3-D-Diät** vierzig Kilo verlor. Von ihm stammt der Satz »Runde Frauen will niemand sehen.«[2]

Der zweite Schlüsselmoment war eine Fotostrecke in einem meiner Lieblingsmagazine, *Elle Girl*, mit einem Model, das mir recht ähnlich sah, helle Haut, mittellanger brauner Bob, nur halt in sehr

---

* Erst als ich mir das Video viele Jahre später noch mal ansah, fiel mir auf, dass eines der Models kurz vor Beginn der Show ein Glas Sekt oder Champagner trinkt. Hat zwar Kalorien, beruhigt aber die Nerven.
** Steht für Doktor, Design und Diät. Viel Eiweiß, wenig Kohlenhydrate, Shakes gegen das Hungergefühl. Siehe www.brigitte.de/gesund/abnehmen/3d-diaet--abnehmen-wie-karl-lagerfeld--11066386.html.

dünn. Gezeigt wurden Bikinimodelle, es gab also wenig Raum für Spekulation. Wie viel schöner ich wäre mit ein paar Kilo weniger, dachte ich mir beim Betrachten ihres knabenhaften Körpers.

Der dritte Schlüsselmoment war eine schlaflose Nacht im Haus meines Vaters und meiner Stiefmutter. Den Entschluss, abzunehmen, hatte ich bereits gefasst, die Frage war nur, wie. Sollte ich mich gesund ernähren und viel Sport machen? Über Quinoa-Bowls redete damals noch keiner, stattdessen holten wir uns in der Mittagspause Hähnchendöner oder schwäbische Kümmelseelen mit geschmolzenem Käse. Oder sollte ich weiterhin rauchen und einfach weniger essen? Die Wahl fiel auf Letzteres.

Es war der Sommer kurz vor meinem siebzehnten Geburtstag. Anhand einer inneren Liste teilte ich Lebensmittel in erlaubt und verboten ein. Verboten waren unter anderem: vollfette Milchprodukte, die heiße Schokolade aus dem Kaffeeautomaten meines Gymnasiums, der Eiskaffee im Naturfreibad und Kuchen jeder Art. Erlaubt waren: Wasser, Salat, Magermilchprodukte, Kaffee und Zigaretten. Ich startete den Tag mit Obst und ein wenig Haferflocken, versuchte bis abends durchzuhalten und dann einen Salat zu essen. Oft knickte ich allerdings unterwegs ein und *gönnte* mir am frühen Nachmittag einen Apfel. Dieser Apfel war der Gradmesser für einen gelungenen Tag. Aß ich ihn, fühlte ich mich hinterher so miserabel, dass ich am liebsten gleich ins Bett gegangen wäre. Glücklicherweise kam ich nie auf die Idee, den Apfel oder irgendetwas anderes zu erbrechen, ein Rest Selbstschutz war wohl intakt. Die Beweggründe dafür waren für mich allerdings gut nachzuvollziehen. Statt zu kotzen, suhlte ich mich im Selbsthass und nahm mir vor, am nächsten Tag strenger mit mir zu sein.

An den ersten Tag nach den Sommerferien erinnere ich mich genau. Beim Frühstück, das ich von einer Schale Cini Minis und Marmeladentoast auf eine Vogelfutterportion Haferflocken reduziert hatte, lief auf meinem Lieblingsradiosender »When you were young« von The Killers. Ich trug ein türkisfarbenes Shirt mit Goldpunkten von einem aufstrebenden Nachwuchslabel mit dem Stolz von einer, die innerhalb weniger Wochen fünf, sechs Kilo abgenommen hat. Man muss dazu sagen, dass die einzige Waage in unserem Haushalt alles andere als exakt war. Gewogen habe ich mich so gut wie nie, was eher untypisch für eine Essstörung ist. Weniger als um eine Zahl ging es mir um das Gefühl, da war ich ganz bei Kate Moss und ihrer fatalen Behauptung: »Nichts schmeckt so gut wie das Gefühl, dünn zu sein.«*

Einige Mitschülerinnen sprachen mich auf mein verändertes Aussehen an, eher feststellend als besorgt. In der Vormittagspause aß ich jetzt gar nichts mehr, an den Tagen mit Nachmittagsunterricht nicht wie früher Take-away-Pizza oder eine Chinapfanne, sondern entweder nichts oder eine Seele mit Butter. Wenn jemand aus der Klasse Kuchen gebacken hatte, lehnte ich dankend ab. Bald sprach mich eine gute Freundin auf meine Veränderung an: Mein Kopf wirke im Vergleich zu meinem Körper seltsam groß. Was nicht als Kompliment beabsichtigt war, bestärkte mich nur in meinem Vorhaben.

Ich bin in einem Haushalt aufgewachsen, in dem täglich Kuchen gegessen wird. Meine Oma beispielsweise hatte kurz vor ihrem Tod auf nichts mehr Appetit außer ihren 99-Cent-Folienkuchen von Penny, den sie zusammen mit einer mit fünf Stück Süßstoff gepimpten Tasse Kaffee zu sich nahm. Meine Mutter hat eigener Aussage zufolge noch nie in ihrem Leben eine Diät gemacht. Ich glaube ihr das. Auf manchen Fotos von früher sieht sie etwas rundlicher aus als auf anderen, zu einer Zeit, als sie als Kellnerin in einem Ostseebad gearbeitet und sich nach Feierabend Pommes und Currywurst reingepfiffen hatte. Meistens jedoch war sie schlank, und das bis zu mei-

---

* Oft zitiert, selten kontextualisiert: Die damals 35-Jährige erwähnte den Satz in einem Interview des Modemagazins *Women's Wear Daily*, nur um direkt anzufügen: »Du versuchst es, du erinnerst dich daran, aber es funktioniert nie.« Im selben Interview verriet sie, dass Marmeladekochen ihre Kreativität fördere. Siehe https://wwd.com/beauty-industry-news/beauty-features/kate-moss-the-waif-that-roared-2367932/

ner Geburt, da war sie vierzig. Ich selbst war nie dick gewesen, nicht mal rundlich, im Gegenteil. Als Kind nannte man mich »Hättele«, was auf Schwäbisch so viel bedeutet wie »leichtes Mädchen«, hihi. Aus Angst, ich könnte irgendwann verschwinden, flößte mir meine Oma Kaba mit Extrazucker ein und zentimeterdick mit Butter und Honig beschmiertes Zopfbrot. Zur Belohnung bekam ich jedes Mal ein Überraschungsei, auf das ich einzig und allein wegen des darin enthaltenen Spielzeugs scharf war. Meine mehrere Hundert Stück umfassende Happy-Hippo-Drolly-Dinosammlung ist die in Plastik gegossene großmütterliche Sorge vor meinem Verhungern.

Dass ich so dünn war, kam nicht von ungefähr. Meist fand ich andere Dinge spannender als Essen, Enten beobachten beispielsweise oder Lesen. Seit ich denken kann, lag am Esstisch eine Zeitschrift oder ein Buch neben mir, und wenn es gar keine andere Option gab, las ich eben die Zutatenliste der Cornflakespackung. Noch heute erinnert sich meine Mutter an ihre verzweifelten Versuche, mir trockenes Brot in den Mund zu schieben, wenn ich abgelenkt genug war, beispielsweise von den erwähnten Enten im Park. Mein Vater hatte da weniger Geduld, er handelte eher nach dem Motto: »Wenn sie Hunger hat, wird sie schon essen.« So kam es dann auch. So mit zehn, elf Jahren war ich nicht mehr dünn, sondern nur noch zierlich, und irgendwann das, was ich als normal bezeichnen würde. Bloß dass normal für mich keine zulässige Kategorie war.

Damals hätte ich das Abnehmen mit einer ausschließlich ästhetischen Absicht erklärt: Ich fand dünne Frauen schön, also nahm ich die damit verbundenen Anstrengungen in Kauf. Mir war immer klar, dass ich damit wider meine Natur handelte. Einige Punkte sprechen darum auch gegen das klassische Krankheitsbild einer Magersucht. Ich hungerte nicht unendlich weit, sondern bis ich etwa 47 Kilogramm wog und befand, das sei mein *Wohlfühlgewicht*. Kalorien zählte ich eher oberflächlich, gönnte mir hin und wieder sogar ein dick mit Butter bespachteltes Nutella-Brot. Dafür spricht die obsessive Beschäftigung mit meiner Ernährung. Ein Großteil meiner geistigen Kapazität ging dafür drauf, über Essen nachzudenken. Was hatte ich gestern gegessen, was heute, was würde ich als Nächstes essen? Ich buk, auch das sehr typisch, Muffins für meine Familie, ohne sie selbst anzurühren. Jede Nacht träumte ich von Kuchen. Umso stärker war das Gefühl von Überlegenheit, wenn ich es wieder mal geschafft hatte, der Kaffee-Sahne-Torte unserer Nachbarin standzuhalten. In schwachen Momenten strich ich mit den Händen über die herausstechenden Knochen meiner Wirbelsäule oder umfasste mein schmales Handgelenk. Ja, so wollte ich sein, so wollte ich leben.

Und doch erlaubte ich mir hin und wieder einen kleinen Exzess, nicht nur in Form eines Industrieaufstrichs. Beim Geburtstag unseres Nachbarn etwa, dessen koreanische Frau Jahr für Jahr bergeweise Gerichte ihrer Heimat kochte. So wie sie schon Tage vorher in der Küche stand, um Rindfleisch zu marinieren, reduzierte ich meine Kalorienanzahl in den Tagen davor noch entschiedener als sonst, nur um mich dann beim Fest ins Foodkoma zu fressen. Der Kommentar der überraschten Nachbarschaft: »Wo tust du das bloß alles hin?« Ich habe mich sehr wiedergefunden in einer Szene, welche die ebenfalls essgestörte Leslie Jamison in *Die Klarheit* schildert:

> »Eines Abends trug ich ein Glas Erdnussbutter zu den Mülltonnen im Keller meines Wohnheims, weil ich Angst hatte, dass ich das ganze Glas auf einmal aufessen würde und es nicht reichte, wenn ich es in den Mülleimer in meinem Zimmer warf. Bevor ich es entsorgte, fischte ich mir mit den Fingern mehrere Batzen Erdnussbutter heraus und aß sie. Dann warf ich das Glas weg und ging zurück zum Aufzug. Dann ging ich zurück zur Mülltonne, holte das Glas wieder heraus, schraubte es auf und fuhr noch einmal mit den Fingern hinein. *Das* war meine Wahrheit: nicht das dürre Mädchen, das niemals aß, sondern das Mädchen mit den schmutzigen Fingern, das sich über die Mülltonne beugte.«[3]

Du backst Muffins, kratzt die Teigreste aus der Schüssel, führst den zitternden Finger zum Mund, steckst ihn hinein, gerätst in Panik, spuckst den Teig aus, spülst die Schüssel aus und würdest dich am liebsten übergeben. Du riechst tagelang Bibimbap und Bulgogi und ahnst, dass bald alle Dämme brechen werden.

Es war anstrengend, es war traurig, es war das Leben, für das ich mich entschieden hatte.

Bezeichnenderweise entwickelte meine beste Freundin – die, mit der ich auf dem Autorücksitz Chantré aus der Flasche trank – exakt zur selben Zeit eine Essstörung. Meine zusehends verzweifelnde Mutter behauptete, wir hätten uns gegenseitig abgesprochen, dabei verloren wir nie ein Wort darüber. Auch sonst tauschte ich mich mit niemandem darüber aus. Zwar gab es das Internet schon, aber nur über einen klapprigen Windows-PC im Keller, und nur solange meine Mama nicht telefonieren musste. Aus heutiger Sicht bin ich extrem froh, dass es so was wie Instagram noch nicht gab, mit seinen Thigh-Gap- und A4-Waste-Challenges*, weil mich das wahrscheinlich noch entschlossener gemacht hätte – andererseits hatte ich ja meine Frauenmagazine und die Videoaufzeichnung der Chanel-Show, die ich mir aus Motivationsgründen in regelmäßigen Abständen ansah.

Hätte man mir damals gesagt, dass es um irgendetwas anderes ging als ein Schönheitsideal, hätte ich entschieden verneint. Heute bin ich mir da nicht mehr so sicher. Ich war schon immer eine Perfektionistin, ehrgeizig bis zur Selbstaufgabe. Mein fünfstündiges Deutschabitur schrieb ich ohne Frühstück, weil mich der Hunger geistig flink machte wie einen Fuchs. Für Menschen wie mich ist es typisch, eine unkontrollierbare Gesamtsituation – und nichts anderes ist diese schrecklich verwirrende Pubertät – durch Kontrolle eines Teilbereichs zu beherrschen, in diesem Fall der Ernährung.

---

* Bei Ersterer geht es um eine sichtbare Lücke zwischen den Oberschenkeln, bei der zweiten um einen Hüftumfang, der schmaler ist als ein DIN-A4-Papier.

Natürlich hatte das Hungern eine Funktion, auch wenn sie mir damals verborgen blieb. Es verlieh mir ein Gefühl von Selbstwirksamkeit und eine kleine Kontrollinsel inmitten eines Meers voller Chaos. Jungs und alles, was irgendwie mit Liebe zu tun hatte, entzogen sich meiner Kontrolle, die Nähe zu meinem Vater entzog sich meiner Kontrolle, während meine Mutter scheinbar ihre ganze Energie darauf verwendete, *mich* zu kontrollieren, in Form von Ausgehbeschränkungen und Nachhausekommzeiten und sonstigem mir völlig unverständlichem Unsinn. Mein Bauch hingegen gehörte mir, nur dass es dabei nicht um Abtreibung ging, sondern Nahrungsentzug. Schon mit zehn Jahren notierte ich begeistert in mein Tagebuch: »Ich habe ein neues Motto: ›Du kannst alles kontrollieren, auch dich selbst.‹«

Nach außen hin war der Hunger Rebellion gegen die Enge meines vom deutschen Mischwald eingeschlossenen Dorfes und die vermeintlich unmenschlichen Regeln meiner Mutter. Dass sie mich länger wegbleiben ließ, als es das Gesetz erlaubte, wollte ich nicht wahrhaben. Dass es nicht normal ist, ein vierzehnjähriges Mädchen weit nach Mitternacht sternhagelvoll aus einer Mehrzweckhalle zu schleifen, in der es nie hätte sein dürfen, auch nicht. Rückblickend tut mir leid, was ich meiner Mutter nicht nur mit der Sauferei, sondern auch mit der Essstörung angetan habe. Mehrmals drohte sie damit, mich in eine Klinik einweisen zu lassen, dabei wurde nicht mal mein Hausarzt eingeschaltet. Dann wieder versuchte sie es mit gutem Zureden, was bei mir entweder zum einen Ohr rein und zum anderen wieder rausging oder gar nicht erst rein, weil iPod-Kopfhörer drinsteckten. Dann war da noch meine Oma, die als Weltkriegszeugin nun wirklich allen Grund hatte, mein Verhalten bescheuert zu finden. Einmal bot sie mir fünf Euro, wenn ich den mir vorgesetzten Kuchen äße, was ich natürlich ablehnte. Nicht mal für hundert hätte ich es getan.

Wahrscheinlich ging es auch noch um andere Dinge. Die in mir wohnende Verletzlichkeit sichtbar zu machen, etwas, was mir mit

Worten nicht gelang. Als Jakob, den ich auch während meiner Hungerphase regelmäßig sah, ohne dass sich daraus die von mir ersehnte Beziehung ergeben hätte, einmal besorgt feststellte, wie dünn ich geworden sei, war das für mich das größte Kompliment überhaupt. Ich wollte etwas sein, das Jungs in ihr Bett legten wie einen verletzten Vogel in eine Schuhschachtel. Ich wollte aufgepäppelt werden, mit Wärme und Zuneigung und mit einer großen Schale Müsli, die ich mir nur im Bett meines damaligen Freundes gönnte. Es ging natürlich auch um Hunger nach Zugehörigkeit und Angenommenwerden.

In ihrem grandiosen Buch *Hunger. Über Magersucht und weibliches Begehren* beleuchtet Caroline Knapp, welche Stellung der Hunger von Frauen in unserer Gesellschaft hat, und zwar anhand ihrer eigenen Biografie. Aus einer anfänglich strengen Diät wurde zu Beginn ihres Collegestudiums eine jahrelange Magersucht.

> »Am deutlichsten erinnere ich mich an eine distanzierte Neugier, einen Drang, mehr zu erfahren: *Was ist, wenn ich das Mittagessen ausfallen lasse? Was ist, wenn ich während des Tages gar nichts esse, sondern nur Kaffee trinke? Was für ein Gefühl das wohl wäre?* Es war ... interessant. Diese kleinen Prüfungen meiner Willensstärke gaben mir einen Vorgeschmack von Dingen, die ich mir anscheinend sehnlich wünschte: ein ruhiges Gefühl von Stärke, eine Möglichkeit, sich hervorzuheben, die Umrisse eines Ziels.«[4]

Der Wunsch nach Kontrolle zeichnet jede Essstörung aus. Im Kleinen wird etwas erreicht, was einem im Großen nicht gelingt – oder nicht gestattet ist. Knapp, die später alkoholabhängig wurde und als starke Raucherin mit nur 42 Jahren an Lungenkrebs starb, macht in ihrem 2003 posthum erschienenen Buch die Gesellschaft mitschuldig für die steigende Zahl essgestörter Frauen. Damals wie heute galt der Gleichsatz: dünn gleich sexy. Bis zu dreizehntausend Werbebotschaften sind wir an einem durchschnittlichen Tag ausgesetzt[5], der

Großteil davon zeigt Frauen, und viele sind untergewichtig.* Die an Männer gerichtete Botschaft: »Fick mich!« Die an Frauen gerichtete Botschaft: »Fick dich ins Knie – denn so gut wie ich wirst du niemals aussehen.« Schon Mädchen haben dieses Ideal verinnerlicht, jede vierte Elfjährige hält sich für zu dick.[6] Jede zweite Frau ist in diesem Moment gerade auf Diät[7], und neun von zehn deutschen Frauen sind mit ihrem Körper unzufrieden.[8] »Noch nie habe ich eine Frau getroffen, die nicht nach vier Drinks doch angefangen hat, von ihrem komischen Körper zu erzählen, je gebildeter und beeindruckender, desto beschämter«[9], stellt Sophie Passmann in ihrer als »literarischer Selbsthass« betitelten Gesellschaftsanalyse *Komplett Gänsehaut* fest. Wir sollten doch eigentlich weiter sein. Wir sind es nicht.

Dabei ist Schönheit so wandelbar. In früheren Zeiten galten üppige Formen als das Nonplusultra. Dünne Frauenkörper gab es auch schon in den Zwanziger- und Sechzigerjahren, mit Twiggy als Prototyp des Magermodels. Erst rund zwanzig Jahre später wurde daraus allerdings eine Norm.** Und zwar zu einer Zeit, in der Frauen sich mehr und mehr emanzipierten und freier in ihren Lebensentscheidungen waren. So gesehen disziplinierte sie das Patriarchat in Form eines oft nur mit viel Mühe zu erreichenden Ideals. Frauen wurden auf ihren Platz verwiesen, ihre Körper sollten möglichst wenig Raum einnehmen, und je mehr sie mit Kalorienzählen beschäftigt waren, desto weniger Nerven hatten sie für politische Ambitionen. Knapp formuliert es so:

> »Frauen gewinnen an Größe, und ihnen wird eingeschärft, sich körperlich zu verdünnisieren. Frauen fangen an, eine aktive Rolle in

---

* In den Fünfzigern wog ein Model acht Prozent weniger als die Durchschnittsfrau, Ende der Neunziger waren es 25 Prozent. Siehe Knapp, *Hunger. Über Magersucht und weibliches Begehren*, S. 53.
** Die Häufigkeit von Essstörungen nimmt seit den Fünfzigern alle fünf Jahre um 36 Prozent zu. Siehe Knapp, S. 43.

früheren Männerdomänen zu spielen (in Schulen und Universitäten, auf dem Sportplatz, am Arbeitsplatz, im Schlafzimmer), und gleichzeitig werden ihnen Bilder von Weiblichkeit vorgegaukelt, die sie infantilisieren, sie passiv, zerbrechlich und nichtbedrohlich machen. (...) Die Reaktion der Gesellschaft auf die Frauenbewegung wurde mit steigender Deutlichkeit in die heruntergehungerte Silhouette des amerikanischen Durchschnittmodels eingraviert: Werdet ja nicht zu hungrig, überschreitet eure Grenzen nicht.«[10]

Knapp, übrigens Tochter eines Psychoanalytikers, führt neben dem gesellschaftlichen Schönheitsideal noch einen zweiten Grund für ihre eigene Essstörung an. Ihr zufolge war sie eine Möglichkeit, emotionalen Hunger auszudrücken, nach Zugehörigkeit, Geborgenheit, Gesehenwerden. Einen Hunger, der jedem Menschen von Geburt an innewohne, weil nie wieder die perfekte Einheit mit dem Mutterkörper erreicht werden könne. Für die weibliche Form dieses Mangels allerdings gebe es in unserer Gesellschaft keinen Platz. So wie der Hunger nach Nahrung sei auch der nach Sexualität reglementiert, Begehren nur in passiver Form möglich. Kaufsucht*, Sexsucht, Magersucht beziehungsweise Bulimie sind für Knapp allesamt Ausdruck derselben Sehnsucht. Und, ja, auch Alkoholabhängigkeit.

Interessanterweise schaffte es Alkohol nie auf meine rote Liste, dabei hat er schon in seiner reinen Form sieben Kilokalorien pro Gramm, mehr als Zucker. Eine Flasche Weißwein entspricht etwa einer Tafel Vollmilchschokolade. Stichwort Selbstdisziplin: Noch nie habe ich mehr als eine Rippe Schokolade auf einmal gegessen.

---

* Auch hierfür findet Knapp starke Worte: »Männer beherrschen den Markt, und den Frauen gestatten sie die Waren einzukaufen, eine Beschäftigung, die viel Zeit in Anspruch nimmt, ihre Energie in begrenzte und ganz spezielle Richtung lenkt (auf das Dekorieren, Schmücken, Schön-Machen) und zudem eine wunderbar betäubende und den Verstand lähmende Wirkung hat. In der Welt der Dinge gibt es kein einziges Problem – kein erstickter Ehrgeiz, keine Sehnsucht, kein Aufwallen von Wut –, das nicht umbenannt und mit einem Produkt weggetröstet werden könnte.« S. 216.

Wenn es um Alkohol ging, setzte ich mich hingegen frech über die Empfehlungen der Frauenmagazine hinweg, deren Diäten immer Abstinenz beinhalteten. Ich trank, was ich in die Finger kriegen konnte, Bier genauso wie Zuckerbombenmischgetränke. Dass diese mich auf nüchternen Magen erst recht umhauten, kam mir natürlich sehr gelegen. Noch besser war das Gefühl, wenn man davor eine Zigarette rauchte.

Jahrelang bestand Caroline Knapps Abendessen aus einem zweieinhalb Zentimeter großen Stück Cheddarkäse und einem in sechzehn Scheiben geschnittenen Apfel. Leslie Jamison viertelte zwei Scheiben Wurst (30 Kalorien), und belegte damit acht Salzcracker (12 Kalorien pro Stück). Ganz so ausgeklügelt war mein System nicht. Ich beließ es dabei, Brötchen in kleinstmögliche Stücke zu zupfen und auf jedem dieser Vogelhäppchen zwanzig-, dreißigmal rumzukauen. Diesem gnadenlosen Regime stand als Gegenpol das grenzenlose Trinken entgegen. Ziemlich bemerkenswert, dass unsere Sprache ein Wort für den Zustand des genug gegessen Habens kennt, nicht aber für jenen des genug getrunken Habens. Auf Hunger folgt Sattsein. Auf Durst folgt das Weitertrinken, einfach immer weiter.

Drunkorexia ist ein Kofferwort aus *drunk* und Anorexia (nervosa), der medizinischen Bezeichnung für Magersucht. Es meint die gar nicht so selten auftretende Kombination von Hungern und Saufen. Die französische Journalistin Claire Touzard machte bei der Recherche für ihre Autobiografie dieselbe Beobachtung:

> »In der Tat kommt es häufig vor, dass man erst magersüchtig und dann alkoholkrank wird. Erst mal geht es darum, sich selbst zu schaden, ein Angriff des Selbstwertgefühls. Dann um eine Art von Kontrolle: Wenn man magersüchtig ist, hat man viel Kontrolle über seinen Körper, und wenn man bis zum Äußersten trinkt, geht es oft darum, diese Kontrolle zu verlieren – der genau umgekehrte Weg. Alkoholismus war in gewisser Weise das Gegenteil meiner Mager-

sucht, obwohl er eng mit ihr verbunden war. Auf jeden Fall waren es zwei Möglichkeiten, mich selbst zu verletzen.«[11]

40 Prozent aller Bulimikerinnen sind alkoholabhängig oder betreiben Missbrauch. 16 Prozent aller Collegestudentinnen sparen beim Essen Kalorien, um mehr trinken zu können.[12] Und sogar Oprah Winfrey verzichtet bei ihrer Weight-Watchers-Diät nicht auf Wein und Tequila, wie sie *US Weekly* gestand.[13] Dazu passt ein Tagebucheintrag aus meiner unglücklichsten Berlinzeit: »Am Tag weniger essen, damit man abends von weniger Alkohol betrunken wird. So spart man gleich zweimal Geld.« Auf der *wirklich sicheren Seite* ist man mit dem bereits erwähnten Skinny Bitch, einem Drink aus Wodka und Soda, der genau genommen nach nichts schmeckt, mal abgesehen von der Zitronenscheibe (Vitamine!). Mit 86 Kalorien pro 250 Milliliter entspricht er dem Nährwert eines Stücks Zartbitterschokolade, wie das Magazin mit dem sprechenden Namen *Fit for Fun* bemerkt.[14]

Ich erinnere mich gut an den ersten elternlosen Urlaub mit meiner Clique, eine Busfahrt in einen für seine Partyszene bekannten Ort an der Costa del Maresme, da war ich siebzehn. Zum Frühstück trank ich nur Kaffee. Während die anderen sich mittags in Folie eingeschweißte Thunfischbrote kauften, rauchte ich Zigaretten. Beim Abendessen holte ich mir Salat vom Büfett. Dann begann der beste Teil des Tages. Wir verleibten uns Sangria aus Drei-Liter-Krügen ein, Tequilashots und spanisches Bier. Durch eine fragwürdige Werbeaktion kamen wir zu Sammelstempelkarten, die unseren ohnehin hohen Getränkeverzehr weiter befeuerten. Mit irgendeinem Unisex-T-Shirt als Gewinnaussicht fuhren wir von Disco zu Disco beziehungsweise wurden wir gefahren, von einer Stretchlimo, in der Rauchen erlaubt war und es gekühlte Piccolos gab. Am Ziel angekommen, soffen wir weiter, tanzten zu DJ Antoine und baggerten multilingual. Von wegen *hacer el amor*: Es war die Art von Sex, die einen unbeteiligt zurücklässt. Trotzdem kam ich mir sehr verwegen vor, wie eine junge Frau, die sich nimmt, was sie will, und das Beste daran: *What happens in Calella stays in Calella.*

Mehr als das Gefühl von körperlicher Intimität blieb mir von dieser Woche ein anderes in Erinnerung: wie ich es einfach nicht schaffte, eine bequeme Schlafposition zu finden, weil entweder meine knochigen Knie aufeinanderdrückten oder sich meine Hüftknochen in die Matratze bohrten.

In meinem Kunstgeschichtsstudium begegneten mir üppige Frauendarstellungen aller Art. Von der dreißigtausend Jahre alten Venus von Willendorf und Botticellis Namensvetterin – die ich mir mal auf den Oberarm tätowieren lassen wollte, Gott bewahre – über Tizians Nymphen und Niki de Saint Phalles *Nanas* bis hin zu Rubens *Leda*, wobei das entsprechende Körperbild, Stichwort Rubensfigur, zum geflügelten Wort wurde.* Lange Zeit symbolisierten weibliche Rundungen Wohlstand und Fruchtbarkeit. Erst zu Beginn des zwanzigsten Jahrhunderts, mit den mit den androgynen Flapperdresskindsfrauen, kehrte sich dieses Prinzip um. Auf zwei Weltkriege folgten die sogenannten fetten Jahre, was zwar auf die mit Schichtsalat beladenen Partybüfetts zutraf, nicht aber auf die sie zubereitenden Hausfrauen. Dann kam Twiggy, die nicht Miniröcke, sondern auch Mikadobeine salonfähig machte.** Seinen Höhepunkt erreichte dieses Ideal in den Neunzigern mit dem sogenannten Heroin Chic, zu dem auch die bereits erwähnte Kate Moss zählte.***

---

* Dass, bis auf Ausnahme der *Nanas*, keine dieser Darstellungen von einer Frau geschaffen wurde, ist eigentlich mehr als eine Fußnote wert. Der allergrößte Teil der abendländischen Kunstgeschichte wird vom männlichen Blick dominiert. Frauen sind überdurchschnittlich oft Bildgegenstand und so gut wie nie Urheberinnen. Leider fehlt für weitere Ausführungen hier der Platz.

** In eine ähnliche Zeit fällt der Film *Blow up*, dessen unterernährte Hauptdarstellerin Vanessa Redgrave ich mir als Teenager ebenso zum Vorbild genommen hatte wie die Chanel-Models.

*** Die – Überraschung! – im Jahr 2020 nicht nur dem Koks, sondern auch dem Alkohol abgeschworen hat. Siehe www.dailymail.co.uk/tvshowbiz/article-8375967/Kate-Moss-sober-two-years-adopting-healthy-lifestyle.html.

Inzwischen hat sich das Ideal erneut verlagert, hin zum durchtrainierten, vom Konsum kaltgepresster Grünkohlsäfte und veganer Ernährung geformten Körper. Die *role models* unserer Zeit sind Instagram-Influencerinnen wie Pamela Reif, die Sixpacks nicht trinken, sondern vor sich hertragen.* Immerhin geht mit einem solchen Schönheitsideal eine Form von Stärke einher, die besser ist als Frauen, die immer Gefahr laufen, vom nächsten Windstoß weggeweht zu werden. Trotzdem handelt es sich um das alte Prinzip in neuem Gewand. Zuckerfrei, glutenfrei, vegan – vieles davon, was gerade hip ist, ähnelt auf verblüffende Weise dem, was Frauen früherer Zeiten als Atkins- oder Hollywooddiät oder Saftkur verkauft wurde. Hinter manch einem abführend wirkenden Detoxtee verbirgt sich eine Essstörung.**

Der weibliche Körper muss diszipliniert werden, jetzt eben durch ein rigides Sportprogramm und den Verzicht auf tierisches Eiweiß. Ganz abgesehen davon existiert parallel dazu weiterhin das Ideal der sehr dünnen Frau. Da helfen all die Body-Positivity-Hashtags bei Instagram und die halbgaren Versprechen der Modeindustrie*** wenig, ebenso wie einzelne erfolgreiche Plus-Size-Models wie Paloma Elsesser. Mit elf haben bereits 16 Prozent aller Mädchen Erfahrungen mit Diäten gemacht, drei Jahre später sind es 42 Prozent.[15] Wohlgemerkt stammt die Erhebung aus dem Jahr 2009, lange bevor soziale Medien so sehr in das Leben junger Menschen eingriffen.

Aus dem Fulltimejob Dünnsein resultieren mehrere Dinge. Einerseits nehmen Frauen sowohl körperlich weniger Raum ein als auch

---

* Unfassbar aus heutiger Sicht, dass Models früher Sportverbot hatten, weil Muskeln im Gegensatz zu Knochen als unsexy galten.
** Der Zwang, sich ausschließlich gesund zu ernähren, hat einen Namen: Orthorexia nervosa.
*** In Frankreich beispielsweise müssen Models seit 2015 ein ärztliches Attest vorweisen, das beweist, dass sie an keiner Essstörung leiden. Siehe www.zeit.de/zeit-magazin/mode-design/2015-12/mode-frankreich-beschliesst-gesetz-gegen-magermodels-kommentar.

im übertragenen Sinn. Wer mit einer permanent reduzierten Kalorienzufuhr lebt, verschenkt einen Großteil seiner physischen Stärke. Noch heute ist das Gefühl meiner Hungerjahre sehr greifbar. Ständig war mir kalt, an Ausdauersport war nicht zu denken. Zum Glück musste ich mich nie gegen einen Angriff wehren. Andererseits werden Frauen dadurch auch ihrer mentalen Fähigkeiten beraubt. Wer von morgens bis abends mit Kalorienzählen beschäftigt ist, hat natürlich keine Kapazität mehr für die Berechnung des Gender-Pay-Gaps. Ganz nebenbei spielt das weibliche Dünnseindiktat dem Kapitalismus in die Hände. 2020 belief sich der Umsatz der weltweiten Diätindustrie auf 423 Milliarden Dollar.[16]

In ihrem Buch *Fleischmarkt* stellt Laurie Penny die Frage, was passierte, wenn alle Frauen dieser Welt sich ihrer Macht bewusst und eines Morgens beschließen würden, keine »Drecksarbeit« mehr zu leisten, worunter für sie Kinderbetreuung ebenso wie Hausarbeit fällt. Die Antwort: Systemkollaps. Und was, wenn sie kein Geld mehr für Bikiniwaxing, Cellulitecremes* und Abführpillen ausgäben? Wenn sie statt Diättipps Bücher von Margarete Stokowski läsen? Und nicht auf dem Laufband, sondern auf der Straße marschierten? Leider sind wir Penny zufolge weit davon entfernt: »Der Triumph des freiwilligen Hungerns ist die größte Niederlage des Feminismus in der westlichen Welt.«[17]

Die Formulierung von Roxane Gay macht mehr als deutlich, wie feministisch das Thema Hungern aufgeladen ist:

> »Das ist es, was den meisten Mädchen beigebracht wird: dass wir schlank und zierlich sein sollen. Wir sollen keinen Raum einnehmen. Wir sollen gesehen und nicht gehört werden, und wenn wir gesehen werden, soll unser Anblick Männern gefallen und der Gesellschaft nicht negativ auffallen. Die meisten Frauen wissen, dass von uns er-

---

* Friendly Reminder: Alkohol fördert Cellulite!

wartet wird, dass wir verschwinden, aber es ist etwas, was gesagt werden muss, laut und immer wieder, damit wir uns der Erwartung, der wir uns unterwerfen sollen, widersetzen können.«[18]

Indem sich Frauen äußerlich in Mädchen zurückverwandeln, mit präpubertären Brüsten und DIN-A4-schmalen Hüften, tun sie das auch innerlich.* Anstatt sich über ungleich verteilte Care-Arbeit zu informieren, googeln sie lieber nach dem perfekten Magerquark. Anstatt sich zu fragen, warum sie trotz gleicher Qualifikation ein Drittel weniger Gehalt bekommen als ihre männlichen Kollegen, fragen sie sich, ob ihr Businessanzug aufträgt. Viele Frauen würden wohl antworten, sie unterwürfen sich diesem Schönheitsideal freiwillig, weil sie sich wohlfühlen wollen in ihrer Haut; ich habe jahrelang genauso argumentiert. Machen wir uns klar, dass dieses Ideal vom männlichen Blick ausgeht, der es nun mal äußerst *praktisch* findet, wenn Frauen sich selbst hassen, ihr Körper keine Bedrohung darstellt und patriarchale Machtverhältnisse dadurch nicht verschoben werden. Während in Deutschland jeden dritten Tag eine Frau von ihrem Partner oder Ex-Partner ermordet wird, führen Millionen andere eine Schlacht gegen ihren eigenen Körper.

Zugegeben: Auch Männer sind von unrealistischen Körperidealen betroffen. Seit Jahren steigt unter ihnen die Zahl der Essgestörten, und die mit Eiweißshakes aufgepumpten Fitnessstudiodauergäste erzählen ihre ganz eigene Geschichte. Trotzdem ist es für Männer viel akzeptabler, diesen Idealen nicht zu entsprechen. Während bei ihnen vor allem Status zählt, sind Schönheit und Jugend nun mal das erotische Kapital der Frau.

---

* Frauen sollen außerdem komplett haarfrei sein. Bedauerlicherweise hat dieses Ideal seinen Weg von der Pornoindustrie in den Alltag gefunden: 80 Prozent der 18- bis 30-jährigen deutschen Frauen entfernen sich die Schamhaare aus Schönheitsidealgründen. Siehe https://editionf.com/weibliche-schamhaare-komplettrasur-bedenklich/.

Für meine Mutter war mein Hunger nichts als Schmerz. Tag für Tag wurde die Portionsgröße meines Müslis verhandelt wie eine Staatsgrenze. Ihre Drohung, mich in eine Klinik einweisen zu lassen, ließ mich belustigt Amy Winehouse summen: »They tried to make me go to rehab / I said no, no, no.« Ich weiß nicht, wie ich an ihrer Stelle reagiert hätte. Gerne würde ich sagen: einfühlsamer, den dahinterliegenden Schmerz anerkennend. Wobei ich ihn ja selbst nicht sah, damals nicht und auch heute nur ansatzweise. Mein Vater hingegen kommentierte meine rigide Körperpolitik, soweit ich mich erinnern kann, nie. Wenn ich bei ihm zu Besuch war, blieb ich oft länger wach und barg Weinflaschen aus dem Regal neben der Infrarotsauna. Halbe Nächte lang verbrachte ich auf dem Wohnzimmersofa liegend, mit meinen Pfälzer Spätburgundern und Christian-Petzold-Filmen, und vielleicht ging es dabei auch auf ganz andere Weise ums Gesehenwerden.

Bis ich plötzlich entschied, dass das Drehbuch einen Wendepunkt brauche. Nachdem ich etwa zwei Jahre lang mit den sich jeden Tag Punkt sechzehn Uhr einstellenden Bauchschmerzen gelebt hatte, beschloss ich mit der gleichen Rationalität wie zu Beginn, dass es jetzt gut sei mit dem Hungern. Am Ende war es eine Kosten-Nutzung-Rechnung: Ich hatte schlichtweg keine Lust mehr, auf so vieles zu verzichten, wonach ich mich verzehrte. So begann ich also wieder zu essen. Zu meinem Abitur wog ich in etwa so viel wie vor meiner Essstörung. Nachdem ich von zu Hause ausgezogen war, gab es keine verbotenen Lebensmittel mehr, wobei ich weit von geregelten Mahlzeiten entfernt war. Eine Zeitlang spülte ich morgens eine Riesenschale Müsli mit zwei Latte macchiato runter, aß dann den ganzen Tag über nichts, dafür nach dem Abendessen Dunkin'-Donuts-Brownies und Karottenkuchenstücke vom türkischen Bäcker. Dann gab ich das Frühstücken komplett auf, ohne ein Mittagessen einzuführen, aß also praktisch nur abends, dafür so viel, dass viele sich genau wie damals beim koreanischen *binge eating* fragten, wo das bei mir hinginge. Manchmal aß ich einen Tag lang auch gar nichts.

An diesem neurotischen Zustand änderte auch die größtmögliche biografische Ironie erst mal nichts. Mit Mitte zwanzig begann ich über kulinarische Themen zu schreiben. Erst für ein Berliner Stadtmagazin, dann als freie Autorin für Wochenzeitungen und Gastromagazine. Hätte man mir zehn Jahre zuvor erzählt, dass ich mal zum Abendessen nach Kopenhagen fliegen oder dafür bezahlt werden würde, über den Garpunkt eines Saiblings aus dem Stechlinsee zu spekulieren, hätte ich diese Person für verrückt erklärt. Alle beneideten mich um meinen neuen Job, inklusive mir selbst – und doch würde ich wohl bis ans Ende meines Lebens wissen, wie viel Kalorien ein Löffel Olivenöl hat. Selbst in beruflichen Kreisen war ich damit in bester Gesellschaft. Keine Pressereise, bei der nicht spätestens am zweiten Tag ein kollektives Jammern über die vielen Extrakalorien einsetzte, deren Teilnehmerinnen sich nicht über ihre Schlankheitstricks austauschten (viel Sport, viel Schlaf, vor dem Frühstück ein Glas Zitronenwasser). Auch wenn ich bei Instagram Body-Positivity-Hashtags setzte und andere Frauen stets ermutigte, stolz auf ihre Kurven zu sein, würde ich doch nie das beruhigende Gefühl vergessen, das sich als Teenager bei der Berührung meiner knochigen Wirbelsäule einstellte. Sah ich eine auffallend dünne Frau auf der Straße, löste das nicht nur Mitgefühl aus, sondern immer auch ein wenig Neid. Schau, sie hat mehr Disziplin als ich. Caroline Knapp formuliert es so: »Da haben wir es: intellektuelle Überzeugungen ohne die dazugehörige emotionale Verankerung; feministische Frauenmacht, im Kopf begriffen, aber bis in den Bauch dringt es irgendwie nicht durch.«[19]

Von Zeit zu Zeit überfiel mich regelrechter Selbsthass, obwohl ich es doch inzwischen besser hätte wissen müssen. Mit Mitte zwanzig besuchte ich Freunde in Tokio, einer Stadt, die vielen als kulinarisches Paradies schlechthin gilt. Zwei Wochen lange schlemmte ich mich von einer Ramen-Bar zum nächsten Sushi-Counter. Ich aß Matcha-Eiscreme und Sashimi-Dons mit fangfrischen Meeresfrüchten auf dem weltberühmten Fischmarkt, Automatenmuschelsuppen, vergorene Sojabohnen und mit ganzen Cheesecakestücken gefüllte Crêpes, Butterpopcornsofteis und Fettaugen-Ramen, weil natürlich niemand verstand, dass ich Pescetarierin war. Einmal war ich zu Gast im Haus eines achtzigjährigen Zahnarztes, als Gastgeschenk hatte ich eine Spreewaldgurke dabei. Von Herrn Okinawa blieb mir vor allem ein Satz in Erinnerung: »Wer zu viel isst, stirbt.« Mit dieser Meinung schien er recht allein dazustehen. Das Faszinierende an den Japanerinnen und Japanern war, dass alle immer zu essen schienen und trotzdem dünn waren. Hatte ich irgendetwas nicht kapiert? Mindestens so viel, wie sie aßen, tranken sie, jedenfalls bei den ab Mittwoch stattfindenden After-Work-Sauftouren in den Izakayas genannten Kneipen. Natürlich trank auch ich, Sake aus der Dose und Sake aus überlaufenden Gläsern, Negroni aus Bordeauxgläsern und Weine von Francis Ford Coppola, und zwar in jener Bar, in der *Lost in Translation* gedreht wurde. *Kampai!* Einmal war ich allein in der Fressabteilung eines Luxuskaufhauses unterwegs mit der schreckenerregenden Befürchtung, zugenommen zu haben. Auszug aus meinem Reisetagebuch: »Vermeide jeden Blick in die zahlreichen Spiegel. Wenn doch: das nackte Grauen. So sehe ich also aus. Ich will weinen, schreien, kotzen, Winterschlaf machen, bis ich fünf Kilo weniger wiege. Ich beschließe, auf Süßes zu verzichten, umarme die Disziplin. Ich will dünn sein, zart, fragil, wie ich es mal war. Mein ganzes Konstrukt bricht in sich zusammen. Ich hasse mich.« Wie schrecklich ist das, bitte? Eine junge Frau auf Entdeckungstour in einer der aufregendsten Städte der Welt, deren Gedanken einzig darum kreisen, ob bloß ihr Querstreifenkleid aufträgt oder sie wirklich ein, zwei Kilo zugenommen hat.

Im selben Urlaub lernte ich eine Frau kennen, deren Gesichtshaut wirkte wie die einer Fünfzigjährigen, dabei war sie zwanzig Jahre jünger. Als Jugendliche, erzählte sie mir, habe sie sich dreimal die Woche in das im Keller ihres Elternhauses untergebrachte Solarium gelegt, wovon sich ihre Haut nie erholt habe. Ich kam aus dem Staunen nicht mehr raus. Wie konnte man seinen Körper aufgrund eines verfehlten Schönheitsideals so quälen? Wie konnten ihre Eltern das zulassen? Dann fiel mir auf, dass es mit meinem Hunger genauso war. Da hatte ich Mitleid, und zwar mit uns beiden.

Es brauchte viele, viele Jahre, einen Stapel feministischer Literatur und die Hilfe einer Ernährungsberaterin, bis ich bei einem halbwegs normalen Essverhalten angelangt war. Interessanterweise so richtig erst, als ich nüchtern wurde. Ein Phänomen, das viele Trinkerinnen kennen: Zu den vielen negativen Begleiterscheinungen zählt auch ein gestörtes Verhältnis zum eigenen Hungergefühl. Mahlzeiten werden zugunsten von Drinks ausgelassen, manchmal vergisst man sie schlichtweg. Das ging bei mir so weit, dass ich ohne Aperitif überhaupt nichts runterbrachte. Umso mehr stopfte ich anschließend betrunken in mich hinein. Und dann erst die Katertage, an denen ich mich perverserweise darüber freute, wenigstens mal ordentlich Hunger zu haben. Als ich zu trinken aufhörte, fühlte sich mein Nahrungsbedürfnis sehr viel natürlicher an. Auch was ich zu mir nahm, veränderte sich. Zwar liebte ich nach wie vor Kuchen aller Art, und Butterbrote zählten zu meinen absoluten Lieblingsgerichten*, aber abgesehen davon überwiegt seitdem der Anteil an Gemüse, Vollkornprodukten und allem, was Bas Kast in seinem *Ernährungskompass* absegnet. Auch damit bin ich in bester Gesellschaft. Offenbar ist bei vielen Trinkerinnen und Trinkern ein unbewusster Mechanismus am Werk, der glaubt, wenn man sich schon mit Alkohol schade, könne man das mit der gesunden Ernährung auch gleich sein lassen. Sobald sie aufhören, gehen sie besser mit sich um.

Übrigens sind auch Models nicht vor Alkoholproblemen geschützt. Als ich erfuhr, dass Lara Stone Wodkashots in ihrer Handtasche versteckt hielt, bevor sie einen Monat in einer südafrikanischen Entzugsklinik verbrachte, haute mich das total um. Eine halbe Stunde

---

* Offenbar konnte ich ja nicht mal in meiner akuten Hungerphase auf schwäbische Butterseelen verzichten!

lang klickte ich mich durch die Google-Bildersuche auf der Suche nach Spuren von Alkohol am Körper dieser wunderschönen Frau, ohne Erfolg. Selbst unretuschierte Paparazziaufnahmen wiesen weder ein aufgedunsenes Gesicht auf noch geplatzte Äderchen. Dabei hätte ich es doch besser wissen müssen: Es dauert, bis ein Körper vom Trinken gezeichnet ist, und wenn man nur streng genug in allen anderen Lebensbereichen ist, lassen sich die zusätzlichen Kalorien ganz gut kompensieren. Was mich allerdings noch viel mehr beeindruckte als die fehlenden Trinkspuren in Lara Stones' Gesicht, waren ihre Worte: »Das Trinken geriet völlig außer Kontrolle. Ich habe mich selbst kaum noch wiedererkannt. (…) Irgendwann kam mir das so richtig erbärmlich vor. Und ich fand, dass ich das nicht mehr haben wollte. Es war einfach dieses schreckliche Gefühl, ein vollkommen anderer Mensch zu werden und die Kontrolle darüber zu verlieren. [Aufzuhören] war das Beste, was ich je in meinem Leben gemacht habe. Ich bin so glücklich, dass ich das geschafft habe.«[20] Ich wusste genau, was sie meinte.

Paradoxerweise half mir die Erfahrung einer Essstörung hinsichtlich meines Alkoholverzichts. Anders als mit Drogen können wir nicht einfach mit dem Essen aufhören. Statt Abstinenz geht es darum, einen gesunden Umgang zu finden. Niemals hätte ich es für möglich gehalten, irgendwann wieder lustvoll essen zu können. Auch wenn sich gewisse Kalorienzahlen in meinen Kopf eingebrannt haben wie die Jugendsünden in meine Haut, bezeichne ich mich nicht mehr als essgestört. So, wie ich dieses selbstzerstörerische Verhalten damals erlernt habe, habe ich es wieder verlernt. Womit wir wieder beim Alkohol wären. Nur weil ich mal ein Problem damit hatte, heißt das nicht, dass ich mein Leben lang die Rolle der immer kurz vorm Rückfall stehenden Alkoholikerin einnehmen muss. Im Gegensatz dazu interessiert mich Trinken nicht mehr. Ich bin stolz auf meine Nüchternheit, ich umarme meine Freiheit.

Die
Stadt

»Du bist verrückt, mein Kind, du musst nach Berlin«, stand auf einer dieser Postkarten, die man in der Buchhandlung unseres Nachbarstädtchens kaufen konnte, gleich neben dem Grabbeltisch. Genau das war der Plan. Angefangen hatte es mit der von 2002 bis 2005 ausgestrahlten ARD-Serie *Berlin, Berlin*. Landei Lolle zieht darin von Malente – ein Kaff in Schleswig-Holstein, das meine Mutter mit mir besuchen musste, als wir mal in der Gegend waren, so wie andere zu Jim Morrisons Grab auf dem Père Lachaise pilgern – in eine Kreuzberger WG. Eine Comiczeichnerin, die einen ampelmännchenroten Pony und T-Shirts mit ☺-Aufdruck trägt und sich in ihren Cousin verliebt. Berlin ist in dieser Serie ein Ort, an dem jeden Tag Christopher Street Day sein könnte, regenbogenbunt und vielfältig, ruppig und tolerant.

Meine drei Schulfreundinnen und ich waren absolute Fangirls. In der achten Klasse beschlossen wir folglich, nach dem Abitur in die Hauptstadt zu ziehen. Wir malten einen Lageplan unserer zukünftigen WG, mit Himmelbetten und Rosenschaukeln, und schworen uns, wenn schon nicht Comiczeichnerin, dann doch Schauspielerin zu werden. Zu meinem fünfzehnten Geburtstag schenkte mein Vater meiner Schwester und mir einen Berlintrip, von dem mir vor allem unsere nächtlichen Irrwege durch Königs-Wusterhausen in Erinnerung geblieben sind, wo sich unser dezentrales Hotel befand.

Nicht zu vergessen das am Potsdamer Platz gelegene Haus der 100 Biere. Genug jedenfalls, um meine Entscheidung zu besiegeln. In Berlin, so viel stand schon damals fest, wäre ich endlich unabhängig. Kurz nach meinem achtzehnten Geburtstag ließ ich mir im Wohnzimmer des Freundes eines Freundes einen Satz auf den Oberarm tätowieren, den ich auf der Berliner East Side Gallery gelesen hatte: »Wunderbare Träume halten meinen Sinn umfangen.«*

Von meinen vielen Berufswünschen (Gerichtsmedizinerin, Modedesignerin, irgendwas mit Grafik) ließ ich ab, als ich merkte, wie sehr mir der theoretische Teil in meinem Kunstleistungskurs gefiel. Ich bewarb mich in mehreren Städten um ein Kunstgeschichtsstudium und erhielt für alle eine Zusage, für Berlin allerdings nur für den Fall, dass ich den Eignungstest meines Nebenfachs Französische Philologie bestehen würde. So saß ich also im Sommer 2008 fast acht Stunden lang allein im Zug Richtung Norden. Ziel war der Rosenthaler Platz mit seiner Mischung aus Detox-Bowl-Hipness und sparsam dosierter Abgeranztheit. Vor der Tür des Circus-Hostels ratterten die Trams vorbei, gleich gegenüber war das damals schon legendäre St. Oberholz, Geburtsstätte der digitalen Boheme, wo Menschen fünf Stunden vor einem einzigen Flat White sitzend in ihre MacBooks hämmerten und sich das für den Betreiber offenbar trotzdem rentierte. An der anderen Ecke befand sich ein Späti, direkt daneben noch einer und vier weitere in einem Radius von hundert Metern. Kippen, Zahnpasta und Sternburg-Bier shoppen rund um die Uhr – für mich Landpomeranze der helle Wahnsinn. Ein bisschen Grün war auch dabei in Form des Weinbergsparks, der eine Kehrwoche gut hätte vertragen können oder einen ganzen Kehrmonat.

Am Morgen nach meiner Ankunft absolvierte ich den Test an der

---

* Er stellte sich später als ein Lied der deutschen Dichterin Agnes Mathilde Wesendonck heraus.

Freien Universität, deren Name natürlich perfekt mein neues Lebensgefühl symbolisierte, lernte erst meine spätere Mitbewohnerin Sophie kennen und dann in der Hostelbar eine Gruppe Reisender, einen Typen aus Spanien, einen aus England, zwei Neuseeländerinnen. Beim Biertrinken beschlossen wir, den Abend gemeinsam zu verbringen, und landeten im Café Burger, einer nachlässigen Bar wenige Hundert Meter die Torstraße hinunter, die bekannt war für ihre Russendisco-Mottopartys. Wahrscheinlich tranken wir Wodkashots, sicher ist nur, dass ich mich ihrer oder etwas anderem irgendwann auf der Unisextoilette entledigte. Sogar diesem doch eher demütigenden Moment konnte ich etwas abgewinnen, weil ich spürte: Das ist das Versprechen der Nacht, an jedem Tag der Woche. Es war nämlich Mittwoch.

Am übernächsten Morgen erreichte mich im Frühstücksraum die Nachricht, den Aufnahmetest bestanden zu haben. Das war der mit Abstand beste Moment des Jahres. Ich würde nach Berlin ziehen, das irre gute Leben würde jetzt beginnen. Mit dem *Berlin Calling*-Soundtrack auf dem iPod – der Film drückte das Hauptstadtlebensgefühl damals aus wie kein anderer – schlenderte ich durch den Weinbergspark, zwischen Glasscherben hindurch, die funkelten wie Juwelen, und war glücklich.

Jetzt brauchte ich nur noch eine Wohnung. Meine WG-Besichtigungen waren nicht besonders ergiebig, wohl aber mein ans Schwarze Brett gepinnter Zettel. Plötzlich stand ein Typ namens Roland neben mir und bot mir ein Zimmer in seiner WG am Kottbusser Damm an. Er wirkte nett, und ich brauchte dringend eine Bleibe. So kam ich zu einem Zimmer über Berlins ältestem Kino, zu dessen Vorstellungen wir Hausbewohner und Hausbewohnerinnen immer freien Eintritt hatten. Die dazugehörige Wohnung war riesig und denkbar weit von Kehrwoche entfernt.

Gleich an meinem zweiten Abend nahm Roland, der als Bartender in einem besonders bei Feiertouristen beliebten Club arbeitete, mich auf eine Bootsparty mit. Auf dem Weg dorthin informierte er mich, dass die dort ausgeschenkte Bowle möglicherweise MDMA enthielte, und ich weiß noch genau, wie ich ihn fragend ansah: »Was ist MDMA?« Alles war so CRAZY. Ich ließ die Finger davon, bediente mich aber umso freimütiger an den kostenlosen Drinks. Die Nacht endete in jenem Club, in dem Roland arbeitete. Ich schlief besoffen auf einem der Sofas ein, in der folgenden Zeit sollte das öfter mal vorkommen. Im Morgengrauen fuhren wir mit dem Taxi zurück, übermüdet und euphorisiert, und ich spürte die Stadt auf meiner Haut flimmern.

»Die ständige, bodenlose Trunkenheit in Berlin«[1], so erinnert sich der Protagonist in Christian Krachts Roman *Eurotrash* an seine Zeit in der Hauptstadt. Damit ist er in bester Gesellschaft. Nirgendwo in Deutschland war der Anteil männlicher Risikotrinker 2017 mit 22 Prozent höher als in Berlin (gleichauf mit Thüringen und Sachsen), bei den Frauen lag Berlin nach Hamburg mit 16 Prozent an zweiter Stelle. Das bedeutet: Eine von sechs gelegentlich trinkenden Berlinerinnen hat damit ein Problem. An der Nordluft kann es nicht liegen, schließlich weist ausgerechnet Brandenburg mit neun Prozent den niedrigsten Anteil an Risikotrinkerinnen auf. Warum wird in der großen Stadt so viel mehr gebechert als auf dem platten Land? Ein Faktor ist sicherlich die mangelnde soziale Kontrolle. Im Dorf kennt jeder jede. Getrunken wird dort eher in Gesellschaft, ein heimliches Problem bleibt nicht lange unentdeckt. In einer Großstadt hingegen sind sich kümmernde Nachbarinnen eher die Ausnahme. Und wer hat schon einen Stammsupermarkt, in dem immer derselbe Kassierer misstrauisch würde beim Anblick von Vorratsschnapseinkäufen? Ein anderer Faktor ist der Einfluss von Städten auf die menschliche Psyche. 40 Prozent höher ist das Risiko, dort an einer Depression zu erkranken, als auf dem Land, bei Angststörungen sind es 20 Prozent.[2] Die Gründe dafür sind verschieden, erhöhter Lärmpegel, fehlende Nähe zur Natur, das Gefühl von Anonymität und sozialer Isolation – einsam sein unter vielen. Allesamt Gefühle, die sich vermeintlich gut wegtrinken lassen.

Gelegenheit dazu hatte ich reichlich. Allzu fordernd war die Uni nicht, allzu prägend auch nicht, mal abgesehen davon, dass ich – *cum temporem* – bis heute immer und überall fünfzehn Minuten zu spät komme. Große Teile meines ersten Semesters verbrachte ich entweder verkatert in Seminarräumen oder auf Studenten-Special-Partys in Clubs. Für jeden Tag der Woche gab es den richtigen. Dienstags eine ramponierte Villa in der Landsberger Allee, mittwochs Rolands Arbeitsplatz, wo ich für keinen einzigen Sambucashot jemals bezahlen musste, donnerstags ein abstellkammergroßes Loch unter dem S-Bahnhof Jannowitzbrücke, und an ein paar Sonntagen schafften wir es sogar, an der unmenschlichen Türsteherin der Bar 25 vorbeizukommen. Blieb ich mal zu Hause, waren meist Leute zu Besuch, Rolands Doppelkopfrunde oder die Leute, die ich nach und nach an Tresen und auf Tanzflächen kennenlernte. Getrunken wurde immer, meistens Bier und billiger Wein. Manchmal sahen wir uns auf Matratzen liegend *Dirty Dancing* an.

In diesen ersten Monaten holte ich nach, was mir achtzehn Jahre Landleben scheinbar verwehrt hatten, auch was Männer betraf. Oft hatte ich deren Namen schon vergessen, bevor wir aus dem Club raus waren. Als sehr ergiebig stellte sich Rolands Freundeskreis heraus, Männer, die zehn, teilweise fünfzehn Jahre älter waren, mich in Berliner-Weiße-Bars einluden und dann noch schnell eine Rolle Kneipenklopapier klauen mussten, weil ihres ausgegangen war. Manche dieser Begegnungen waren lustig, andere inspirierend, viele total unnötig, aber das störte mich nicht. In einige dieser Männer verliebte ich mich auf gewohnt wahllose Art, heulte mir zu »(I've Had) The Time of My Life« die Augen aus dem Kopf und steckte dann dem süßen Waffelverkäufer meine Nummer zu.

Dann verließ ich die Kino-WG wegen einer neuen Wohngemeinschaft unweit einer Straße, die im *Lonely Planet* als »Ausgehmeile« angepriesen wurde. In manchen dieser Bars war vierundzwanzig Stunden Happy Hour. Mit meiner neuen Mitbewohnerin war mein Leben viel studentischer, weniger Free-Sambuca-Shots und Sofanickerchen im Club, mehr Kiffen in der lila gestrichenen WG-Küche und Dornfelder in der Kickerkneipe. Nicht selten waren meine Zähne am Morgen darauf rot verfärbt.

Viel seltener, aber eben doch immer mal wieder wachte ich schon in dieser Zeit ohne Erinnerungen an die vorherige Nacht auf. Jedes Mal setzte sich dann in meinem Kopf dieselbe Maschinerie in Gang – Pluspunkt: Ich liege in meinem eigenen Bett. Minus- oder Pluspunkt, je nachdem: Niemand liegt neben mir. Minuspunkt: Mein Kopf explodiert gleich. Dann ging das Rekonstruieren los, wie eine Runde Scotland Yard. Wo war ich gewesen und mit wem, was war zuletzt passiert? Sachdienliche Hinweise lieferten mein verbliebenes Bargeld, weil ich natürlich immer wusste, mit wie viel ich aus dem Haus gegangen war, Handyfotos, Chatverläufe. Im zweiten Schritt wurden meine Freunde in den Zeugenstand geladen. Beim Schließen der Akte beschloss ich, dass so etwas nicht mehr passieren dürfe. Es passierte aber immer wieder.

Auch Leslie Jamison trinkt sich schon in ihren Zwanzigern routiniert in den Blackout und nennt in *Die Klarheit* ihre entsprechenden Strategien:

> »Ich begann, die sozialen Rituale der Unterhaltung nach einem Filmriss zu erlernen: Man lässt sich von jemandem erzählen, was man am Vorabend getan hat, und spekuliert dann mit demjenigen über die Gründe für dieses Tun. *WAS habe ich gemacht?* fragte ich mit schöner Regelmäßigkeit. *Warum hätte ich DAS tun sollen?* (…) Mein betrunkenes Ich war wie eine peinliche Cousine, für die ich die Verantwortung trug, ein Gast (…), den eingeladen zu haben ich mich allerdings nicht erinnerte.«[3]

Scham ist ein starkes Gefühl, einer meiner Therapeuten meinte sogar mal, das stärkste überhaupt. Man hätte meinen können, das Gefühl, seine eigene peinliche Cousine zu sein, sei einem eine Lehre. War es aber nicht. Stattdessen hörte ich den Geschichten meiner

Freunde über mich selbst zu, staunend, nicht selten belustigt, gierend nach mehr.

Gleich im ersten Semester lernte ich Charlotte und Isa kennen. Oft waren wir gemeinsam feiern, auf *Vice*-Partys, für deren Tickets wir uns samstagmorgens um acht Uhr direkt aus dem Club kommend anstellten, oder auf einem Rave in einer Neuköllner Brauerei, in dessen unterirdischen Gängen wir uns zigmal verliefen. Praktischerweise teilten wir nicht nur das Studienfach, sondern auch die Liebe zu starken Drinks. Allmählich verlagerte sich mein Interesse von Rossmann-Weinen hin zu Rieslingen von der Mosel, wie sie Charlotte gernhatte, oder Cocktails, die zu einem Großteil aus Spirituosen bestanden. Dafür war Isa zuständig, eine kluge, morbide Eleganz ausstrahlende Frau. Ihrem aufrichtigen Foucault-Interesse zum Trotz schaffte sie es nie, eine Hausarbeit zu Ende zu schreiben. Charlotte wiederum war die Erwachsenste von uns, mit ihrer jahrelangen monogamen Beziehung und den Küchenregalen aus an die Wand geschraubten Weinkisten. In einem dieser Regale stand eine Flasche Whiskey, aus der sie sich gelegentlich nach der Arbeit ein Glas eingoss. Ebenso gelegentlich bekam Charlotte von ihrer depressiven Mutter eine Ration Schlafmittel geschenkt, was ich aufregend fand und glamourös.

Ich brauchte dringend einen Job, weniger zum nackten Überleben als zur Finanzierung der ganzen Ausgeherei. Mit der Uni wollte ich so wenig wie möglich zu tun haben. Ein Job an der Garderobe von Rolands Club kam nicht infrage, weil mein Lebensstil auch so schon ungesund genug war. Für die Gastronomie hatte ich mich mehrmals trotz großer Motivation als völlig untauglich erwiesen. Dank Sophie, die ich damals beim Aufnahmetest kennengelernt hatte, wurde ich in die Kartei einer Hostessagentur aufgenommen. Die Jobs umfassten Autocenterfeste und Berlinale-Partys, Migränemedizinmessen und die Hauptversammlung der Mercedes-Aktionäre. Aufträge wurden spontan und zwanglos vergeben und waren vergleichsweise gut bezahlt. Manchmal reisten wir dafür sogar nach Paris, wo ich einen

Großteil meines Gehalts direkt in eine Designerhandtasche reinvestierte. Aus damaliger Sicht also ein absoluter Glückstreffer. Wenn ich heute darüber nachdenke, packt mich jedoch das Grauen. In der Regel war unsere einzige Aufgabe, adrett auszusehen. Für jemanden mit zwei linken Händen war das natürlich wesentlich stressfreier als die Aufgaben der parallel mit uns arbeitenden Caterer, aber dafür auch nicht mit feministischen Idealen vereinbar.

Der Tiefpunkt war ein Job für die Bundesdruckerei, immerhin ein staatliches Unternehmen, und deren Messeauftritt bei der Cebit. Eigens für diesen Anlass erhielten wir maßgeschneiderte Uniformen nach Vorbild der PanAm-Stewardessen, inklusive curaçaoblauem Hütchen und Schuhen, in denen einem schon nach zehn Minuten die Füße wehtaten. Ein Messetag dauerte neun bis zehn Stunden. Die kurzen Pausen reichten kaum zum Essen, was zusätzlich von der Tatsache erschwert wurde, dass Sitzen in unseren hautengen Bleistiftröcken kaum möglich war. Für die Besucher, zu 90 Prozent männlich, waren wir im besten Fall ein dankbares Fotomotiv, im schlimmsten Fall Freiwild.

Gut möglich, dass ich dort, in der schlecht belüfteten Hannoveraner Messehalle, zum ersten Mal die Heilsamkeit eines After-Work-Drinks kennenlernte. Punkt neunzehn Uhr verwandelten sich die Chefs von herrischen Beamten in Kollegen, die uns Sekt ausschenkten, der tagsüber den Kunden vorbehalten gewesen war. Schon der erste Schluck ließ die Erinnerungen an handkameraschwenkende Teenies und die demütigenden Kommentare der Teamleiterin verblassen wie ein umgekehrt entwickeltes Polaroid. Der Schmerz in den Füßen ließ nach, ebenso die Anspannung des eingeschnürten Körpers. Jetzt war ich wirklich eine Stewardess, charmant lächelnd durch die First-Class schwebend. Im Kleinen vollzog sich hier, was ich im Großen als feministische Kritik am Alkoholkonsum vorbringe: Anstatt etwas an den Verhältnissen zu ändern, mich also bei der Bundesdruckerei oder meiner Hostessagentur über Sexismus und die schlechte Behandlung durch Vorgesetzte zu beschweren, betrank ich mich. Ich wurde so, wie mich das System am liebsten hatte: angepasst, lächelnd und ein gutes Fotomotiv. Ohnmacht ist ein Loch, in das sehr viel Gratissekt hineinpasst.

Mit den ersten ein, zwei Gläsern intus zogen wir weiter zu den Nachbarständen, die um diese Zeit ausgesprochen großzügig waren mit Schampus und Kanapees. An einem Abend artete das Ganze in eine regelrechte Party aus, auf der wir eigentlich gar nicht hätten sein dürfen. Als wir aufflogen, wurde uns kurz mit Suspendierung gedroht, was aber schon allein deswegen nicht ging, weil die Bundesdruckerei uns ja als Fotomotiv brauchte, und so begann der nächste Morgen als regulärer Arbeitstag und dem schlimmsten Kater des Jahres.

Erstaunlich, wie viele Präsenztage in den verschiedensten Jobs ich auf dieselbe Art durchlitt. Eine erste Erleichterung brachte in der Regel nicht die gleich nach dem Aufquälen eingeworfene Aspirin, sondern das fettige Mittagessen und der aus möglichst viel Zucker bestehende Nachmittagssnack. So richtig gut ging es mir aber erst beim After-Work-Drink. Ein bisschen stelle ich mir so eine Geburt vor: Du gehst viele Stunden lang durch die Hölle, schwörst dir, dich nie wieder einer solchen Situation auszusetzen, und sobald du das Baby im Arm hältst, ist das ganze Leid vergessen. Unterstützt wurde dieses Gefühl von der Gewissheit, es verdient zu haben, *work hard, play hard*. In meiner Berliner Bubble machten immer mal wieder Gerüchte von Leuten die Runde, die montagmorgens vom Berghain direkt in ihre Unternehmensberatung oder Zahnarztpraxis humpelten, mit einer Line Koks als Krücke. Ich habe an einem Katermorgen nie auf Drogen zurückgegriffen, kann den zugrunde liegenden Impuls aber durchaus nachvollziehen.

Glücklicherweise fand sich bald eine Alternative zum sehr unemanzipierten Hostessendasein. Ein Freund von Charlottes Vater betrieb eine Galerie in Berlin-Mitte. Peter war ein grobschlächtiger Typ in Bauarbeiterkleidung, der in der affektierten Auguststraßenwelt wirkte wie ein Elefant im Porzellanladen. Charlotte hatte er bereits für einen Aushilfsjob engagiert, weiteres Personal war eigentlich nicht nötig, trotzdem kamen auch Isa und ich zum Zug. Bis dahin hatte ich mich immer gefragt, was die busy auf ihren MacBooks herumtippenden Galeriemitarbeiterinnen (es waren komischerweise immer Frauen) eigentlich so machten, jetzt wusste ich es: nicht viel. Peters Galerie hatten kein wirkliches Konzept und er selbst von Kunst eigentlich keine Ahnung, stattdessen kaufte er, was ihm gefiel, was auch mal eine Dildoskulptur des Rammstein-Sängers Till Lindemann sein konnte. Entsprechend überschaubar waren der Publikumsverkehr und die Verkaufsabwicklung, es gab nämlich keine. Wirklich zu tun hatten wir eigentlich nur in den Tagen vor einer Vernissage, und auch da ging es hauptsächlich um Getränkebestellungen.

Wie fest verankert Alkohol in der Kunstwelt ist, beweist ein Porträt der *Welt am Sonntag*. »Ich hatte kurze Momente, wo ich dachte, jetzt könnte ich eine Sucht entwickeln. Da hab ich manchmal um zwölf Uhr das erste Glas Wein getrunken«, bemerkt Alicja Kwade am Steuer ihres Mini Cooper sitzend. »Alkohol ist schlimm. Seit ich dreizehn bin, beschäftigt mich das. Vor Eröffnungen ist da diese Aufgeregtheit. Und Weißwein kann man ja immer trinken. Das ist so akzeptiert.«[4] Die Wahlberlinerin gehört zu den hundert wichtigsten Künstlerinnen der Welt. Nach dem Interview trifft sie ihre New Yorker Galeristin, mit jeweils einer Flasche Weißwein und Champagner in der Tasche.

Mit New Yorker Art People hatte ich leider nichts zu tun. Stattdessen las ich an zwei Tagen die Woche für zwölf Euro die Stunde Unitexte, chattete auf Facebook oder telefonierte einem Therapieplatz hinterher. Seit einiger Zeit hatte sich meine Stimmung merklich verschlechtert, ich schlief schlecht und war geplagt von Sinnlosigkeitsgefühlen, nicht zuletzt seit mir jemand gesagt hatte, Frauen, die Kunstgeschichte studierten, planten im Grunde nur, Ehefrau zu werden. Überraschenderweise waren meine Leistungen an der Uni trotz der vielen nächtlichen Ablenkungen tadellos, die beruflichen

Aussichten hingegen weniger. Während meine Freunde zu Hause mit dem Häuserbauen anfingen, konnte ich mir nicht mal eine neue Matratze leisten. Zuletzt hatte ich ein Praktikum bei einem hyperintellektuellen Kunstmagazin absolviert, bei dem ich hauptsächlich das Archiv ordnete und für drei Monate Arbeit mit einem Foto des Kreuzberger Finanzamtes bezahlt wurde.

Das Fluide der Stadt, das mich bisher so fasziniert hatte, fühlte sich jetzt an wie ein Strudel der Unverbindlichkeit. Nichts drückte diesen Strudel so gut aus wie die unzähligen, mit wolkigen Berufsbezeichnungen versehenen Visitenkarten (Head of Development, Wort & Bild), die mir Männer bei Umtrunken in die Hand drückten, deren E-Mail-Adressen nie zu funktionieren schienen. Kunst interessierte mich nach wie vor, aber abgesehen davon hatte ich keinen Plan für meine Zukunft. Wer Kuratorin werden wollte, hatte das längst in die Wege geleitet, außerdem, hieß es, müsse man dafür promovieren oder einen Masterstudiengang an der Universität von Edinburgh absolvieren, was für mich beides nicht infrage kam, weil ich den Uniapparat als Zirkus empfand, den ich schnellstmöglich verlassen wollte. Die Illusion der Galeriemitarbeit als sinnstiftender Tätigkeit hatte sich in der Auguststraße in Luft aufgelöst.

Obwohl Sommer war, fühlte sich alles schwer an, tagsüber jedenfalls. Das änderte sich schlagartig, wenn Peter gegen achtzehn Uhr kam, um die Lage zu sondieren – keine Verkäufe, nur Laufkundschaft – und mit mir *Feierabend zu machen*. Manchmal war der erste Drink ein von der Vernissage übrig gebliebener Soave, manchmal ein Aperol Spritz vor einer Eckkneipe in der Tucholskystraße. Von da zogen wir weiter ins Lokal, ein Nachbarschaftsrestaurant mit reduzierten Tellern und hohen Preisen, oder einem Prenzlauer-Berg-Italiener mit köstlichem Tiramisu. Peter wählte den Wein aus, Peter bezahlte, mit diesem Deal konnte ich gut leben. Im Anschluss ließen wir den Abend in einer jener Bars ausklingen, die ich mir selbst nicht hätte leisten können, oder, wenn es besonders wild wurde, im King Size.

Peter war ein schwieriger Trinker. Seine latenten Besitzansprüche an uns als seine Galeriemitarbeiterinnen traten nach drei, vier Gläsern offen zutage. Es war nicht so, dass er uns anbaggerte, geschweige denn übergriffig wurde, eher hielt er andere Männer von uns fern, wie ein Vater, der seine Töchter beschützen will. Mitunter endete das dramatisch, einmal etwa, als er bei seiner eigenen Vernissage mit Champagnergläsern warf. Problematisch war natürlich auch, dass er selten einsehen wollte, dass es keine gute Idee war, nach unseren Trinkgelagen mit seinem Großraumtransporter quer durch die ganze Stadt zu fahren. Ich mochte ihn trotzdem, nicht nur der sich aus unserem Verhältnis offensichtlich ergebenden Vorteile wegen, sondern weil nicht nur seine Crocs, sondern auch sein Herz groß war. Ihm konnte ich problemlos meine Zukunftsängste anvertrauen, besonders dann, wenn sich die Abendsonne in unseren Aperol-Spritz-Gläsern spiegelte, er hörte zu, wusste manchmal Rat und sorgte dafür, dass mein Glas nie leer war. Einmal schenkte er mir eine Postkarte mit einem Bild von George Grosz mit dem Titel *Schwermütige Schöne*. Das war die Rolle, die ich damals bereitwillig spielte: eine junge, am Großstadtdasein verzweifelnde, in Therapeutenwarteschlangen feststeckende Frau.

Manchmal trank ich schon mittags. Immer mal wieder kamen mich Charlotte und Isa während meiner Schicht in der Galerie besuchen oder ich sie. Dann stellten wir einen kleinen Tisch vor die Tür, gossen uns große, aus der Galerieportokasse bezahlte Gläser Weißwein ein und fühlten uns wie an der Côte d'Azur. Einmal schickten wir mit latent schlechtem Gewissen eine Nachricht an Peter: »Haben eine Flasche Sekt aufgemacht.« Seine Antwort: »Macht zwei draus.«

Auch nach Einbruch der Dunkelheit war auf unser Trio Verlass, wenn es ums stilvolle Abstürzen ging. Unsere Stammbar war ein mit Kerzen und Lilien dekoriertes Ladenlokal in der Nähe des Görlitzer Parks. Hinter dem Tresen standen ausschließlich Männer, und natürlich kannten wir bald all deren Lebensgeschichten. Auf einen von ihnen, einen bis zum Hals tätowierten Amerikaner, hatte ich einen *crush*, aus dem leider nichts weiter wurde außer einer weiteren Rechtfertigung, mehrere Abende die Woche seinen Arbeitsplatz aufzusuchen. Meist trudelten wir gegen zehn ein und blieben sitzen bis zum Ende, manchmal, wenn die Tür bereits abgeschlossen war, sogar darüber hinaus. Unter den anderen Stammgästen war Benno, ein sanfter Zivilrechtsanwalt mit einer Schwäche für schwierige Männer und doppelte Gin Tonics, und Björn, Bartender in der angeblich besten Bar der Stadt, in der die Drinks noch mal drei Euro mehr kosteten als in unserem auch nicht gerade günstigen Stammladen. Dort landeten wir manchmal, wenn wir so gar nicht genug bekommen konnten.

Von uns dreien war Isa die mit den schwersten Gedanken. Niemand kannte sich besser aus in der Land Art der Sechziger, und trotzdem beendete sie kaum jemals ordnungsgemäß die Pflichtseminare. Auch ihre Männergeschichten übertrafen meine in der Regel in ihrer Tragödienhaftigkeit, gespickt mit Zwischenfällen wie vermeintlichen Schwangerschaften. Anders als bei Charlotte und mir war das Verhältnis zu ihren Eltern sehr unterkühlt. Isa lebte in einer mit Vintagemobiliar bestückten Wohnung in Kreuzkölln, mit der bestsortierten Hausbar, die ich je gesehen hatte. Ihr Interesse an Alkohol ging in eine professionelle Richtung, weswegen sie, zusätzlich zu ihren diversen Hiwitätigkeiten, anfing, als Bartenderin zu jobben. Praktisch für Charlotte und mich, denn so hatten wir eine weitere Anlaufstelle für Gratisgetränke, ganz abgesehen davon, dass Isa gut vernetzt war in der Berliner Barszene. Eine Zeitlang schien sie das Zuhören gänzlich verlernt zu haben, was unsere Gespräche wahnsinnig anstrengend machte. Sie war niemand, den ich morgens um vier angerufen hätte, wenn es mir schlecht ging, aber jemand, mit dem ich um dieselbe Zeit an einem Tresen sitzend wahnsinnig gern die Schlechtigkeit der Welt bemängelte.

Wenn ich heute an diese endlosen Kreuzberger Nächte zurückdenke, stellt sich sofort das entsprechende Gefühl ein. Etwas Dunkles, Molliges, Samtüberzogenes. Zigarettenrauch gemischt mit Lilienduft, Jazz vom Plattenspieler, Eiswürfelklackern. Ganz sicher waren wir ein schöner Anblick, die Beine elegant auf dem Barhocker übereinandergeschlagen, oft ganz in Schwarz gekleidet, mit Lippen, die rot waren von Lippenstift und Wein. Manchmal sprachen wir über unsere Zukunft. Würden wir Ehefrauen werden, wie es uns als Kunstgeschichtsstudentinnen vorbestimmt zu sein schien? Wenn schon, beschlossen wir, dann solche, die ihren mondänen, aber auch sehr einsamen Alltag in einer Valiumwolke durchwandelten. Manchmal gab uns Charlotte etwas von den Schlaftabletten ihrer Mutter ab.

In einer dieser Nächte lernte ich nicht nur meinen Freund, sondern auch meine wahre große Liebe kennen. Ein Negroni besteht je zu einem Drittel aus Campari, Gin und rotem Wermut, garniert mit einer Orangenzeste. Charlotte hatte ihn zuerst entdeckt, auf einer Studienfahrt nach Florenz. Benannt ist er nach dem gleichnamigen italienischen Grafen, der 1919 vom Bartender seines Vertrauens eine stärkere Variation des auch nicht gerade leichten Americano verlangte.* Mir gefiel seine dramatische Farbe, seine Mischung aus Bitternoten, kräutriger Süße und dem unmaskierten Geschmack hochprozentigen Alkohols und dass er schnell betrunken machte. Da es sich um einen Aperitif handelte, sprach nichts dagegen, ihn schon am frühen Nachmittag zu bestellen, vor allem im Sommer. Bald identifizierte ich mich so stark damit, dass mir Internetbekanntschaften manchmal Fotos aus dem Italienurlaub schickten: »Musste beim Negroni-Bestellen an dich denken.«

Der Negroni-Index war der logische nächste Schritt. Grundlage

---

* Ob sich Camillo Negroni an die Empfehlung seines Arztes hielt, nicht mehr als zwanzig Stück seines Lieblingsdrinks pro Tag zu trinken, ist nicht verbürgt. Wohl aber, dass er gegen Ende seines Lebens aus gesundheitlichen Gründen mit dem Trinken aufhörte. Siehe https://sz-magazin.sueddeutsche.de/essen-und-trinken/camillo-negroni-florenz-drink-87638.

war jener Big-Mac-Index, der verrät, wie viel man wo auf der Welt für den McDonald's-Klassiker zahlen muss. Bei mir funktionierte das so, dass ich sämtliche Ausgaben ins Verhältnis zu den Kosten meines Lieblingsdrinks setzte. Natürlich kostete er nicht überall gleich viel, sondern mal acht, mal sechzehn Euro, weswegen ich ihn auf zwölf festsetzte. Kinobesuch? Ein Negroni. Haare schneiden beim Nummernziehfriseur: zwei Negroni (mit Trinkgeld). Eine Bahnfahrt zu meiner Mama: sieben Negroni (wurde mir netterweise erstattet). Nächtliche Taxifahrt: ein bis zwei Negroni, was ich mir selten gönnte, obwohl ich fürs Bahnfahren eigentlich zu betrunken war, fürs Fahrradfahren sowieso. Eine Zeitlang dachte ich, alle rechneten ihre Ausgaben in ihre Lieblingsgetränke um, bis mich jemand freundlich, aber bestimmt darauf hinwies, dass dem nicht so ist.

Je länger ich in Berlin lebte, desto verwirrender wurde die ganze Sache. Wer war ich, und wo gehörte ich hin? Zu den Acne-Boots tragenden Galeriemitarbeiterinnen? In irgendein theaterwissenschaftliches Promotionscluster? Oder doch zu den Technoveteranen, die jedes Wochenende in den Krieg zogen, um sich die folgende halbe Woche über die Wunden zu lecken?* War ich die eloquente Zwei-Gläser-Wein-Stiljournalistin, die eskalationsentschlossene Shottrinkerin, die melodramatische Rotweintrinkerin, das glamouröse Champagnergirl? Oder doch einfach nur die nüchterne, trübsinnige Eva? Hatte ich zu viel oder zu wenig Gefühl? Der Alkohol hatte meine Persönlichkeit im wahrsten Sinn verwässert. Mein Nachttisch war die umgedrehte Weinkiste meines Südtiroler Lieblingsweinguts.

Eine Zeitlang machte ich mir einen Spaß daraus, an jedem verkaterten Morgen ein Foto vom Kleiderstapel neben meinem Bett zu machen. Nüchtern gehöre ich zu jener Sorte Mensch, die alles, was

---

* Fürs ernsthafte Feiern fehlte mir immer der Wille zur Abstinenz. Das mag komisch klingen, wahr ist allerdings, dass viele dieser Hardcore-Partygängerinnen überhaupt keinen Alkohol tranken, weil er müde macht und Mischkonsum selten eine gute Idee ist.

nicht in der Wäsche landet, penibel zusammenfaltet oder wenigstens über den eigens dafür erworbenen rosa Samtsessel hängt. Betrunken war mir das total egal. Am schlimmsten waren die Nächte, in denen ich mitsamt Stiefeln ins Bett fiel. Von da ausgehend gab es Abstufungen. Mal schaffte ich es, wenigstens Jacke, Schuhe und Socken auszuziehen, mal sogar, mich in den Schlafanzug zu manövrieren. Der vor meinem Bett liegende Klamottenhaufen – eventuell ergänzt um die Kleidung des Typen, neben dem ich verkatert aufwachte – gab also direkten Aufschluss über den Pegel der letzten Nacht. Wäre ich Kunststudentin gewesen, hätte ich daraus so Tracey-Emin-mäßig meine Abschlussarbeit gemacht.

Weil ich aber keine Kunststudentin war, ließ ich mir stattdessen mit vierundzwanzig eine Feder hinters Ohr tätowieren, die ich mit *Schreiben* und *Freisein* erklärte, dabei war ich doch viel eher: ein Federchen im Wind. Ein Jahr später kam ein meinen halben Oberarm einnehmender Fuchs hinzu, für den ich mir gar nicht mehr erst die Mühe machte, eine Erklärung zu finden. Stattdessen glaubte ich, mich in den Tätowierer verliebt zu haben, einen schmächtigen blonden Wiener. Er machte dann aber bloß ein Foto von meinem Arm, nicht von meinem Gesicht.

Ab und an hatte ich Blackouts. Manche dieser Abende begannen mit einem mir selbst aufgenötigten Glas Wein – laut meinem Tagebuch glaubte ich zuvor festgestellt zu haben, »dass ich keine Lust auf Alkohol hatte« – und endeten in der fünften oder sechsten Bar respektive meinem Bett, in das mich mir nahestehende Menschen gebracht hatten. Am schlimmsten war die Sache mit dem Oktoberfest: mein leerer Magen und ich, drei Maß Bier. Meine Erinnerung endet nachmittags im Festzelt auf einer Bierbank stehend und beginnt am nächsten Morgen auf dem Beifahrersitz hängend, kurz vor Berlin. Am Steuer saß ein guter Freund. Bei einem Erlebnis wie diesem war ich immer versucht zu sagen, »da hat mir wohl jemand was ins Glas getan«, tatsächlich war es aber immer nur ich selbst, und zwar Alkohol.

Mindestens so bedenklich waren allerdings die sogenannten Grayouts, lückenhafte Erinnerungen an eine Nacht, trüb und schleimig wie ein im Kühlschrank vergessenes Birchermüsli. Blackouts sind schrecklich, weil sie einen so hilflos machen. Das furchtbare, furchtbare Erwachen in völliger Irritation: Wo bin ich? Wo war ich? Wer bin ich? Seine kleine Schwester, der Grayout, ist aber auch eine Bitch, die von einem maximal beschwipsten Abend plappert. In Wahrheit konnte ich mich sehr oft an keinerlei Gesprächsdetails erinnern. Ich vergaß Gesichter, Versprechen und Verabredungen. Ging das allen so?

Auch meine Tage wurden grauer. Abgesehen von meiner grundsätzlich eher bedrückten Stimmung stellte sich eine gewisse Schusseligkeit ein, die nicht zu meinem strukturierten Charakter passte. Von Geburtstagen mit Ausnahmen meines eigenen wurde ich förmlich überrollt. Auch tagsüber passierte es mir, dass ich mich an manche Gespräche nur bedingt erinnern konnte. Welcher Artikel kam noch mal zu welchem Schluss? Wer hatte mir das noch mal erzählt, und was war die Pointe der Geschichte? So was in der Art. Im Prinzip hätte ich zu jedem Mann, den ich damals aufsammelte oder von dem ich mich aufsammeln ließ, das Ende des Films *Fight Club* zitieren können: »Du hast mich in einer schwierigen Phase meines Lebens kennengelernt.«

Manchmal war ich es einfach nur leid, mein eigenes Klischee zu sein, die durch den Berlinsumpf watende Schwäbin mit ihren 1A-allererste-Welt-Problemen. Dann wieder erinnerte ich mich daran, dass Selbstmitgefühl wichtig war. Leider verstand ich das Trinken als einen Teil davon. Rückblickend waren die Berliner Jahre jene, in denen etwas kippte. »Mein Lebensproblem in drei Sätzen: Essen macht dick. Alkohol macht betrunken. Männer verlassen einen.«

Wobei das mit dem Alkohol natürlich wesentlich komplexer war. Mit fünfundzwanzig notierte ich in mein Tagebuch, es gehe um »die fortlaufende Frage, ob ich für die Dauer der Therapie mit Alkoholtrinken aufhören soll. Kann ich mir nicht selbst beweisen, dass es geht? Nicht gegen, sondern für mich? Und für echte Emotionen?« Stattdessen brach ich nach einer durchsoffenen Nacht im Schlepptau eines fünf Jahre jüngeren Kellners in der Schlange vor einem Club in Tränen aus, weil ich nur in diesem Zustand meine Verletzlichkeit zeigen konnte. Er brachte mich dann ins Haus seiner Eltern, wo ich in *Power Rangers*-Bettwäsche erwachte.

Natürlich suchte ich die ganze Zeit nach einer Liebe, wie sie in den Romanen beschrieben war, die ich trotz meines chronisch betäubten Kopfes zu lesen imstande war: »Wir schliefen, wo auch immer es uns passte, und wunderten uns täglich in der Früh von Neuem, dass wir zu zweit aufwachten und dass es eine Zeit gab, in der es anders war. Wo sich dieses Wunder wiederholte, spielte keine Rolle.«[5] Ein Bartender, der mich nach seinem Feierabend mit dem Auto nach Hause brachte, ein Feierabend, zu dem ich regelrecht gezwungen hatte werden müssen, beschrieb einer dritten Person gegenüber meine Augen als »sehr, sehr bedürftig«. Ich weiß noch, dass er mir etwas von seiner schwangeren Freundin erzählte, und ich, ich konnte überhaupt nicht verstehen, warum diese Nacht schon zu Ende sein sollte.

Mein Trinken war selten kompulsiv, also zwanghaft, wie es der Neurowissenschaftler Marc Lewis als bezeichnend für eine fortschreitende Abhängigkeit beschreibt. Wenn ich von langer Hand eine zwei-, dreiwöchige Trinkpause plante, hielt ich die in der Regel durch. Zweifellos waren allerdings jene für Entscheidungen, Selbstkontrolle und Zielsetzung zuständigen Teile meines Gehirns beeinflusst. Obwohl ich mich immer als glückliche Trinkerin verstand, war das schlechte Gewissen mein ständiger Begleiter. All die an einen Kater verlorenen Vormittage, an denen ich nicht zum See gefahren, die Dielen abgeschliffen oder mir die Art Biesenthal angesehen hatte. Eine gedankliche Etage tiefer kreiste ich um die Frage, wer ich sein könnte ohne Alkohol. Wonach würde ich greifen ohne ein Glas in der Hand? Ich dachte an eine jüngere Kollegin aus jener Redaktion, in der ich kurzzeitig gearbeitet hatte, und ihre beeindruckende Karriere. Irgendwann meinte sie mal, dass sie den Effekt von Alkohol nicht mochte, was mich natürlich total umhaute. Insgeheim fragte ich mich, ob ich auch so hätte *durchstarten* können wie sie, wenn ich mein Potenzial voll genutzt hätte. Stattdessen fand ich es witzig, meinen WhatsApp-Status mit »Wasted German Youth« anzugeben, dabei wusste ich doch, dass Berufsjugendlichkeit nichts war, mit dem sich Geld verdienen ließe.

Warum mochte ich im Gegensatz zu meiner Ex-Kollegin den Effekt von Alkohol so gerne? Dazu noch mal Daniel Schreiber: »Medizinisch betrachtet kann unter bestimmten Umständen jeder von uns alkoholkrank werden, egal wie alt wir sind, woher wir kommen, welchem Geschlecht oder welcher sozialen Schicht wir angehören, wie viel Erfolg wir in unserem Leben haben.«[6] Ich denke, es kam vieles zusammen: dass ich so früh begonnen hatte, dass mein Dorf Alkohol so gerne mochte, dass er mir Gefühle verschaffte, nach denen ich mich sehnte – Geborgenheit ebenso wie Ekstase –, und dann die Stadt der Wegbiere, Vernissagesekte, Jutebeutelweinflaschen, in der erst recht alle tranken oder jedenfalls die, mit denen ich meine Zeit verbrachte.

Auch Benjamin von Stuckrad-Barre ist in Berlin verloren gegangen, er hat dazu das herrliche Buch *Panikherz* verfasst. Nachdem er, eher unfreiwillig, nüchtern wurde, beschreibt er in *Nüchtern am Weltnichtrauchertag*, was er am Trinken vermisst: »Mitunter deprimierend ist, dass man durch das Nichttrinken Abende ziemlich exakt planen, ja im Grunde sogar deren Verlauf detailliert vorhersagen kann. Zumindest glaubt man das, wohlwissend, dass in den Extremen bevorzugt die Dummheit nistet und gedeiht.«[7] Genau wie er liebte auch ich nichts mehr als das Gefühl am Beginn einer Nacht, das Versprechen des Alles-ist-möglich. Dabei wusste ich doch, wie oft diese Nächte nicht nur mit Dummheiten, sondern im Debakel endeten.

»Es hat sich gelohnt, wenn es brennt« notierte ich mit vierundzwanzig in mein Tagebuch, in jenem Sommer, in dem ich Menschen begegnete, die sich die chemische Formel von Ketamin auf den

Oberarm tätowieren ließen, und Krankenwagenfahrern, die mich zum Motorradfahren überreden wollten, und meinem Ex-Freund – dieser Sommer, in dem sich alles in der Zeit verrutscht anfühlte. Das Motto meiner Freundin Ella und mir: »Es eskaliert eh.« Ich war ein auf dem Herd vergessenes Espressokännchen kurz vor der Explosion. Die Pflichtlektüre eines einzigen zu rezensierenden Buches zog sich über Monate. Der Uni war es egal, ob ich da war oder nicht. Manchmal saß ich in Seminaren, in denen im Geist Thoreaus zu Widerstand gegen die Staatsgewalt aufgerufen wurde – ich war kurz davor, mir den Satz »Immer radikal, niemals konsequent« tätowieren zu lassen –, manchmal ganz allein sternhagelvoll im Club, mit quer übers Gesicht verschmiertem Lippenstift und umgeschnallten Engelsflügeln, die ich auf dem Boden gefunden hatte. Dann wieder schrie ich Easyjet-Touristen auf der Tanzfläche »I think this will never end!« ins Ohr, woraufhin diese entgegneten: »I think it will.« Vor nichts fürchtete ich mich so sehr wie vor dem Herbst. Meine Hausärztin stellte die Diagnose »Identitätskrise«.

Einen Monat im Jahr legte ich eine Trinkpause ein, vermutlich, weil ich das mal in der *Apotheken Umschau* gelesen hatte. Am Ende dieser Zeit fühlte ich mich jedes Mal frei und beschwingt, und eine leise Stimme fragte, warum ich wieder anfing. Dass Diäten einen Jo-Jo-Effekt mit sich bringen, war mir schon mit sechzehn klar, ich war jedoch blind dafür, dass dasselbe für Alkohol gilt. Dabei lief es immer gleich ab: Nach einer Pause tastete ich mich mit einem akribisch ausgearbeiteten Regelkatalog in mein altes Trinkerinnenleben zurück, hielt wenige Wochen durch, schmiss alles über Bord und trank mehr oder weniger maßloser als zuvor. In diesen Regelkatalog floss meine ganze Kreativität. Mal trank ich nur an zwei Abenden die Woche, mal nur im beruflichen Kontext. Mal nur mit gewissen Leuten, mal auf keinen Fall mit bestimmten Leuten. Mal nur Wein, mal nur Weißwein, mal höchstens eine Flasche Wein. Mal nur Wein zum Essen. Mal nur Cocktails zum Essen. Irgendwann zählte ich Einheiten mithilfe einer App der Bundeszentrale für gesundheitliche

Aufklärung und war kurzzeitig guter Dinge, die Lösung gefunden zu haben. Nach wenigen Wochen waren die wöchentlichen Einheiten an einem Dienstagabend schon aufgebraucht, und ich dachte: *Fuck it!* Dieses *fuck it!* war Teil der Magie. Ein Pippi-Langstrumpf-Moment, mach mir die Welt, widewide wie sie mir gefällt. Weg mit den Regeln, weg mit der Bürgerlichkeit. Es lebe das Lotterleben! Und wenn schon: Hatte ich nicht bewiesen, dass ich einen Monat Pause machen konnte, dass ich es hin und wieder schaffte, nur zwei Gläser Wein am Abend zu trinken? Hatte ich mich nicht erfolgreich auf qualitativ hochwertigen Alkohol verlegt, auf schwefelarmen Wein, bei dessen Abbau kein Acetaldehyd freigesetzt wurde (erstaunlich, wie sehr mich, die ehemalige Chemieniete, plötzlich chemische Prozesse interessierten)? Das war schließlich auch eine Form jener Selbstfürsorge, an die mich ein mit Lippenstift aufgemalter Satz auf meinem Spiegel erinnerte: »Souci de soi«, Sorge um sich selbst. Außerdem machte ich viel Sport, oft sogar verkatert.* Und irgendwann würde ich ja sowieso aufhören zu trinken. Nach Ende des Sommers vielleicht, denn: »Im Herbst fangen die Dinge an zu sterben, und im Winter sind sie tot.«

Da haben wir sie, die kognitive Dissonanz. Einerseits die Erkenntnis, dass es keine Alternative gab zur totalen Abstinenz. Und gleichzeitig die Tatsache, dass ich mehr trank als je zuvor, mit heftigeren Abstürzen und einer gruselig steigenden Toleranz. Verzweifelt suchte ich nach dem, was die New Yorker Autorin Amanda Eyre Ward »die dritte Tür«[8] nennt, den Weg zwischen Abstinenz und Abhängigkeit, die Fähigkeit, normal zu trinken. Konnte das denn so schwer sein? Oh ja, konnte es. So wie mir ging es auch Kristi Coulter, die in ihrem brillanten Essayband *Klar im Kopf. Warum ich aufgehört habe, mir das Leben schönzutrinken* das Dilemma der Problemtrinkerin wie

---

* Caroline Knapp zufolge »eine ziemlich verbreitete Strategie unter Alkoholikern – den Kater wegschwitzen«. Siehe Knapp, *Alkohol – meine gefährliche Liebe*, S. 21.

folgt beschreibt: »An vielen Abenden hatte ich versucht, erst zwanzig Minuten, nachdem ich Lust darauf bekommen hatte, ein Glas Wein zu trinken, und ich war fast immer gescheitert. Das also war mein Ausgangspunkt: Ich war eine erwachsene Frau mit mehreren Universitätsabschlüssen, ich wurde geliebt, hatte Geld, einen einflussreichen Posten, aber nicht die Kraft, ein Drittel einer Stunde zu warten, bevor ich Alkohol trank.«[9] Möglichkeit eins: am eigenen Anspruch, seinen Alkoholkonsum kontrollieren zu wollen, scheitern und sich dafür hassen. Möglichkeit zwei: gar nicht erst den Anspruch erheben – und sich natürlich trotzdem hassen. Möglichkeit drei: den Fakten ins Auge sehen und gar nichts mehr trinken. Aber dafür braucht es mindestens einen Master, wenn nicht sogar einen Doktor in Selbstdisziplin.

Dann war der Sommer wirklich zu Ende. In einer zum Art Space umfunktionierten Kirche sah ich mir die Ausstellung eines Künstlers an, der braune, abgefallene Blätter grün anmalte und zurück an die Bäume klebte. Sie hieß »Antiherbst«. In meinen fünfundzwanzigsten Geburtstag feierte ich in jener Weinbar hinein, die praktischerweise direkt unter meiner Wohnung lag. Beim Auspusten der Kerze wünschte ich mir nicht wie all die Jahre zuvor »Liebe«, sondern »Frieden mit mir selbst«. Hinaus feierte ich mischkonsumierend in einem ehemaligen, zum Technoclub umfunktionierten Hallenbad, mit einem Typen, in den ich unglücklich verliebt war. Seine Freundin und er probierten es gerade mit einer offenen Beziehung, obgleich diese seinem Kinderwunsch irgendwie im Weg zu stehen schien. An seiner Küchenwand – daran erinnere ich mich gut, denn natürlich stürzten wir mal in seiner Pärchenwohnung ab – hing ein Poster, auf dem stand: »If Britney survived 2007, you can make it through this year.«

Am ersten Tag meines sechsundzwanzigsten Lebensjahres kam das große Elend, seelisch wie körperlich. Ich kotzte sogar Wasser wieder aus. Auszug aus meinem Tagebuch: »Die folgende Woche ohne Alkohol. *Leider* enorme Verbesserung des seelischen und körperlichen Wohlbefindens.« Wenige Tage später setzte der Berliner Schlendrian wieder ein. Den Frieden mit mir selbst würde ich wohl um ein weiteres Jahr vertagen müssen.

Einmal nahm ich mit einem Freund an einem Running-Dinner teil, wo jeder Gang in einer anderen Wohnung serviert wurde. In einem Yogalehrerinnendomizil kam ich mit einem arbeitslosen Vater ins Gespräch, der meinte, seine Tochter habe ihn gerettet. »Früher«, sagte er zwischen zwei Gabeln Kichererbsenstampf, »war ich drei Tage feiern, heute höchstens drei Stunden.« Ich wollte auch gerettet werden. Dann gab es Glückskekse. In meinem stand:

»Werde schlechte Gewohnheiten von Mittwoch an los.«

Natürlich dachte ich zuallererst ans Trinken. Klar hätte ich *aufhören können*, endlich die Frau werden, die in mir steckte, mein volles Potenzial nutzen. Ich wollte bloß nicht. Ich hatte nämlich Angst, dass dann mein Geist verdursten würde.

Die
Arbeit

Es war nie selbstverständlich für mich, an einem mit Seeigelceviche und Königskrabbenkroketten gedeckten Tisch zu sitzen, mit Blick auf einen Strand im Sonnenuntergang oder ein Kopenhagener Fußballstadion oder einen thailändischen Hinterhof, in der Hand ein niemals leer werdendes Glas, und das Gefühl zu haben: In diesem Moment verdiene ich Geld. Ich versuchte demütig zu sein, vorteilhafte Fotos zu machen, nicht so viel am Telefon zu hängen und trotzdem akribisch die Zutaten der vor mir stehenden Gerichte mitzuschreiben. Vor allem versuchte ich, nicht zu betrunken zu werden. Letzteres war am schwierigsten.

Es fing damit an, dass ich gerne schrieb. Schon in der Grundschule war Deutsch mein Lieblingsfach, auf dem Gymnasium tobte ich mich bei der Analyse der *Räuber* und der *Entdeckung der Currywurst* genauso gerne aus wie bei Essays zum Thema »Was der *Spiegel* zur deutschen Medienlandschaft beiträgt«. Außerdem war ich Mitglied der Abizeitungsredaktion. Journalismus war eine vage Idee, die in den ersten Semestern meines Kunstgeschichtsstudiums aber wieder in den Hintergrund rückte, bis zu meinem ersten Praktikum, in dem ich nicht nicht wie bei den bisherigen mit Archivkopiererei beschäftigt war, sondern dem Verfassen von Kunstkritiken, bei einer Zweipersonenagentur, deren Finanzierung mir bis heute ein Rätsel ist. Nach zwei Monaten entließ mich die Chefin mit folgendem Ratschlag: »Behalten Sie unbedingt das Internet im Auge! Da passiert gerade ganz viel.«*

Mit zweiundzwanzig zog ich nach Hamburg, wegen einer Hospitanz im Feuilleton meiner liebsten Wochenzeitung. Ich war so wahnsinnig stolz damals, einen Fuß in die sogenannte Tür bekommen zu haben. Meinen ersten gedruckten Text, eine Theaterkritik zu einem Herbert-Fritsch-Stück, feierte ich allein in meinem Schanzenviertel-WG-Zimmer mit einer Flasche Sekt. Zwei Monate später war ich überzeugt, meinen Traumjob gefunden zu haben, Redakteurin für Kunst und Kultur. Als Nächstes landete ich in der Redaktion einer großen Sonntagszeitung. Im Gegensatz zum vorherigen Praktikum schrieb ich dort kaum etwas. Ich erinnere mich an die Idee für einen größeren Text, in dem es um die Renaissance der Barkultur gehen sollte, die der Ressortleiter in Grund und Boden stampfte. Meine dritte Hospitanz führte mich nach Wien, wo ich bereits ein Erasmus-Semester verbracht hatte. In der Redaktion einer in der noblen Herrengasse angesiedelten Tageszeitung lernte ich mit etwas Verspätung auch den Lokaljournalismus kennen, lieferte Ausstellungs-, TV- und Theaterkritiken am laufenden Band und freute mich, sie am nächsten Tag auf rosa Papier gedruckt in den Händen zu halten.

Schon damals schrieb ich regelmäßig Theaterkritiken für eine Onlineplattform. Deren Idee war, schon am Morgen nach der Premiere die Kritik zu veröffentlichen, nach dem Motto: »Sie schlafen, wir schreiben.« Für die Autorinnen und Autoren bedeutete das, sich die halbe Nacht um die Ohren zu schlagen. Nun gibt es bekanntlich Lerchen und Eulen, auch in Bezug auf den Schreibrhythmus. Als Lerche hasste ich dieses Procedere. Anstatt mir wie andere Besucherinnen in der Theaterpause ein Glas Sekt zu gönnen, dachte ich bereits an die bevorstehenden Stunden am Schreibtisch, zumal oft Wochenende war, was bedeutete, dass meine Freunde wäh-

---

* Klingt wie 1999, war aber 2011.

renddessen ausgingen. Am schlimmsten waren die nicht eineinhalb, sondern vier, fünf Stunden dauernden Stücke, bei denen ich erst weit nach Mitternacht nach Hause kam (einmal musste ich sogar im Theater übernachten, wortwörtlich, in einem Feldbettlager).

Bald kam ich dahinter, wie ich mir die Sache sehr viel netter gestalten konnte. Nachdem der Text sein Grundgerüst bekommen hatte, öffnete ich eine Flasche Rotwein. Das fühlte sich total stimmig an, schließlich prosteten mir im Geiste große Schreibende zu, von Hemingway über Hunter S. Thompson bis hin zu Stephen King.* Und der österreichische Autor David Schalko, der auf die Frage, in welchem Zustand er am besten schreibe, antwortete: »Müde und leicht verkatert. Da hat man eine gute Nähe zu sich selbst, und es stehen einem keine vernünftigen Gedanken im Weg.«[1] Niemals trank ich dabei mehr als eine halbe Flasche und ging anschließend in der Regel ins Bett. Eine liebevolle Marotte, die mir kein bisschen unangenehm war, schon weil ich wusste, dass auch manch andere Kollegin auf diese Art ihre Gedanken in Schwung brachte. Beweis dafür war das jährlich in der Vorweihnachtszeit an die Autorenschaft versendete *Nachtkritik*-Weinedition-Paket.

Abgesehen davon schrieb ich unterirdisch schlecht bezahlte, nie gegengelesene Texte für ein Magazin, dessen Chef kein Wort Deutsch sprach, und Weinbarkritiken für ein Stadtmagazin, obwohl ich von Wein keine Ahnung hatte, und einmal einen Text über das Kulturprekariat und warum ich nicht mal Geld für eine neue Matratze hatte, der sehr gut ankam. Und natürlich Tagebuch: »Das haben fünf Semester aus mir gemacht: eine einerseits notorisch unausgelastete Alibistudentin (wobei ich zugeben muss, dass es immer

---

* Wie so vielen ist auch ihm die Kontrolle entglitten. An den Schreibprozess von *Cujo* habe er keinerlei Erinnerung, weil er durchgehend betrunken gewesen sei, wie er in einem Interview gestand. In der Hochphase seiner Alkoholabhängigkeit brauchte er einen Kasten Bier, um überhaupt loslegen zu können. Seit 1987 ist er nüchtern. Siehe www.spiegel.de/fotostrecke/bestseller-autor-stephen-king-fotostrecke-110514.html.

gut ankommt, den eigenen Studiengang im Small Talk einzuwerfen) und andererseits eine notorisch gestresste, hysterische Perfektionistin, die in jedem Moment fürchtet, der Tag könnte zu Ende gehen, ohne etwas Sinnvolles geleistet zu haben.« Außerdem bloggte ich vor mich hin, beharrlich die immer wieder im Stadtbild auftauchenden Sticker ignorierend: »No one reads your fucking blog.«

Nur wenige Wochen nach Abschluss meines Studiums bewarb ich mich auf eine Redakteursstelle bei einem großen Onlinemedium. Als die Zusage kam, konnte ich mein Glück nicht fassen: mit fünfundzwanzig Jahren der absolute Traumjob. Ich war für den Magazinteil der Seite zuständig, und, da meine Kollegin zur Fraktion Currywurst- und Diet-Coke gehörte, hauptsächlich für das damals gerade zu trenden beginnende Thema Food. Plötzlich wurde ich zu Eröffnungen von veganen Delis und Ramen-Bars geschickt, führte Interviews mit Baristas und Wildkräuterzüchterinnen. Auf meinem Schreibtisch landeten Sauerteigbackbücher und Kostmuster von Mikroröstereien und immer öfter auch Weinkisten oder Cocktailpakete. Von Anfang an war mir die Ironie des Ganzen bewusst: als ein ehemaliges Salat-ohne-Dressing-Girl jetzt über die Textur eines Mandelcroissants zu schreiben.

Nach so vielen komplett neurotischen Jahren hatte sich mein Verhältnis zu Essen nur bedingt normalisiert. Mit vierundzwanzig hatte ich aufgehört, Fleisch zu essen, ansonsten gab es keinerlei verbotene Lebensmittel. Eher war der Rhythmus ein Problem. Seit meiner Essstörung war mein Stoffwechsel so durcheinander, dass ich oft nur einmal am Tag Hunger hatte. Manchmal frustrierte es mich, ohne jeglichen Appetit Lasagnerezepte redigieren zu müssen, meistens jedoch nahm ich es einfach hin. Nur selten begleitete ich jemanden in die Kantine, wenn, dann nur zum Kaffeetrinken. Vollwertige Mahlzeiten nahm ich eigentlich nur abends zu mir, was praktisch war, weil da immer die Pressetermine stattfanden und ich zugleich immer einen Anlass hatte, Alkohol zu trinken.

Leider schien mein Traumjob nicht zu mir zu passen. Es fing damit an, dass ich nicht mit der Großraumsituation zurechtkam, dem Trubel, dem ständigen Kommunizierenmüssen. Obwohl ich meine Kolleginnen und Kollegen mochte, hätte ich lieber alleine gearbeitet. Mich stressten die vielen parallel zu erledigenden Aufgaben, die Konferenzen und Themenplanungsrunden. Auch das Schreiben klappte nicht wirklich, ich war wie blockiert. Manchmal setzte ich mich dazu – hallo, Ironie – in die Küche. Mindestens so schlimm war das Gefühl, völlig unterqualifiziert zu sein. Mein Uniwissen interessierte niemanden, stattdessen verzweifelte ich an Excel-Tabellen und Bilddatenbanken. Außerdem fühlte ich mich grundlegend uninformiert. Jeden Morgen saß ich in der Neun-Uhr-Konferenz mit dem Gefühl, als Einzige im Raum keine Ahnung von der Welt jenseits der bodentiefen Fenster zu haben. Wann waren meine Kolleginnen aufgestanden, um bereits über die neuesten Entwicklungen der Krimannexion Bescheid zu wissen? Wochenlang lebte ich in Panik vor einer drohenden Websitekritik, bei der jemand minutenlang alle Artikel durchgehen musste. Es ging mir wie Sacha Z. Scoblic, die über ihre Zeit als Redakteurin schreibt: »Genau eine Hälfte von mir wollte die Leute in der *New Republic* mit Geschichten über meine Heldentaten begeistern und schockieren, denn ich war viel cooler und dunkler, als meine Fassade es vermuten ließ. Und die andere Hälfte von mir war sich sicher, dass man herausfinden würde, was ich wirklich war: nicht ganz auf der Höhe, stolz auf die falschen Dinge und ständig verängstigt.«[2] *Impostor Syndrome*, auf Deutsch Hochstaplersyndrom, bezeichnet die ständige Angst, jemand könnte die eigene Unzulänglichkeit entdecken. Dabei müsste es eigentlich Hochstaplerinnensyndrom heißen, weil nämlich wesentlich mehr Frauen als Männer betroffen sind.[3] Und womit lässt sich Versagensangst vermeintlich so wunderbar kurieren? Mit einem vollen Glas.

Ich erinnere mich genau, wie einer der Chefs im Vorstellungsgespräch betonte, wie wichtig es sei, sich am Wochenende zu erholen. Stattdessen ging ich feiern, es war nämlich Sommer und Berlin ein einziger Achtundvierzig-Stunden-Rave. Einmal sollte das ganze

Kollegium zur selben Zeit ein Foto aufnehmen, das dann zu einer Collage zusammengefügt wurde, Samstagfrüh um elf. Die Fotos der anderen zeigten Frühstückstische, ballspielende Kinder im Park, Katzen. Auf meinem war die Schlafzimmerdecke zu sehen, ich lag nämlich verkatert im Bett.

Nach vier Monaten hatte ich ein Feedbackgespräch. Wie wenig ich mir dabei dachte, beweist die Abendgestaltung davor. Ich war bei irgendeiner Restauranteröffnung mit Gratisgetränken gewesen und von da mit einem Pizzaladenbesitzer weitergezogen. Immerhin hatte ich mich nicht bequatschen lassen, ihn mit zu mir zu nehmen. Als ich am nächsten Morgen viel zu früh aufwachte, war ich noch betrunken, also so richtig. »Restalkohol is a powerful drug« stand in Neonschrift an der Wand meiner damaligen Lieblingsweinbar, und was soll ich sagen: Hätte ich an diesem Morgen andere Drogen zur Hand gehabt, ich hätte sie eingesetzt. Hatte ich aber nicht.

Mein Gespräch war für den späten Vormittag angesetzt, bis dahin hoffte ich, mich halbwegs regeneriert zu haben. Entgegen meiner Erwartung war es kein Plaudern darüber, ob ich mich gut eingelebt habe, sondern ein Warnschuss: Weil ich die Erwartungen nicht erfüllte, war meine Probezeit in Gefahr. Offenbar war ich nicht die Einzige mit Zweifeln an meiner Jobqualifikation. Mit pochenden Schläfen und allmählich einsetzendem Kater hörte ich den Ausführungen der beiden Chefinnen zu und wollte vor Scham sterben. Alle meine Ängste schienen Realität zu werden, das Gefühl des Nichtgenügens, des Hochstaplerinnentums, meiner sozialen Inkompatibilität. Einen Monat lang würde ich Zeit haben, eine Liste von Aufgaben zu erfüllen, darunter Redigaturen und die Entwicklung und Umsetzung einer Miniserie, dann würden wir uns erneut zusammensetzen. Beim Verlassen des Chefinnenbüros fühlten sich meine Beine an wie Plastikstrohhalme. Kurz darauf, in der täglichen Vierzehn-Uhr-Konferenz, gab es irgendetwas zu feiern, weswegen Sekt ausgeschenkt wurde. Dieser Sekt war mein rettender Strohhalm, denn immerhin linderte er den Kater.

Der folgende Monat fühlte sich an wie die letzten Minuten einer Prüfung, bei der man weiß, dass man unmöglich alles Erforderliche hinschreiben kann. Ein Teil in mir spürte, dass ich fehl am Platz war und möglicherweise allen geholfen wäre, wenn meine Probezeit nicht verlängert würde, der größere allerdings wehrte sich panisch gegen das Scheitern. Erschwerend hinzu kam eine Affäre mit einem Typ, der in unserem gemeinsamen Freundeskreis eigentlich als grundsolide galt. Wir trafen uns mehrmals die Woche, es fühlte sich wie eine beginnende Beziehung an, bis er einfach nicht mehr auf meine Anrufe und Nachrichten reagierte. Immerhin hatte das Phänomen jetzt einen Namen – Ghosting –, ich hatte sogar eine Kolumne darüber geschrieben.[4] Von Freunden erfuhr ich, dass er jetzt mit seiner besten Freundin zusammen war. Das passierte mir ständig: In der Vergangenheit und Zukunft erwiesen sich die Männer sehr wohl als beziehungstauglich, nur bei mir schienen sie ihre unverbindliche Seite auszuleben.

Schon vor dem zweiten Feedbackgespräch spürte ich, dass ich die an mich gestellten Anforderungen nicht erfüllt hatte. Es endete recht versöhnlich, mit einem Aufhebungsvertrag und der Aussicht auf freie Mitarbeit. Als ich anschließend spazieren ging, fühlte es sich gar nicht so bedrohlich an, wie ich geglaubt hatte. Vielleicht war ich einfach keine Redakteurin, sondern eine Autorin. Vielleicht hatte ich mich erst freischreiben müssen. Vielleicht brauchte ich die Unabhängigkeit. So traf ich eine Entscheidung: Ich würde nach Wien ziehen.

Die Zeit davor war bittersüß wie mein geliebter Negroni. Ich nahm Abschied von meinen Lieblingsorten, darunter all die Bars, in denen ich einen Großteil meines Studentinnenbudgets gelassen hatte. Wie es noch öfter der Fall sein sollte, nutzte ich den bevorstehenden Umzug dazu, meine Alkoholvorräte aufzubrauchen. Als jemand kam, um sich die Wohnung anzuschauen, erfand ich in einen Morgenmantel gehüllt eine Ausrede, warum das Schlafzimmer leider nicht zu besichtigen war. In Wahrheit schliefen zwei Freunde in meinem Bett ihren Rausch aus.

Wien war genauso liebenswert, wie ich es von meiner Erasmus-Zeit in Erinnerung hatte, mit seinen Punschtörtchenfassaden, den blitzblanken Bürgersteigen, dem in einer Jugendstilvilla mit hölzernem Aufzug untergebrachten H&M. Meine Mitbewohnerin war eine kluge Literaturwissenschaftlerin, die meist lieber las als auszugehen. Unsere Wohnung war riesig, mit dreieinhalb Meter hohen Decken und gebohnertem Parkett, und wenn ich mich weit genug aus dem Fenster lehnte, sah ich das Belvedere. Das Fensterbrett nannte ich meinen Prekariatsbalkon. Meine Texte verfasste ich vom Esszimmertisch aus, mit Blick auf den begrünten Innenhof, und wie in jeder WG dieser Welt stand auch auf diesem Esszimmertisch eine zum Kerzenständer umfunktionierte Weinflasche, von der das Wachs unzähliger Nächte dekorativ tropfte.

Mit der neu gewonnenen Selbstständigkeit änderte sich auch mein Selbstbild. Freie Autorin zu sein fühlte sich stimmig an und zugleich wie ein weiteres Zugeständnis an den Alkohol. Schreiben hatte für mich schon immer etwas Libertäres, die Vorstellung, tagelang in einem Kaffeehaus zu sitzen, wo man bereits gegen fünfzehn Uhr von der Mélange zum Achterl übergeht.

Abgesehen davon schien das Trinken in Wien Teil des Assimilierungsprozesses zu sein. Gegen die sommerliche Hitze empfahl der Bürgermeister Spritzertrinken, später sogar als Markenbotschafter für die Österreich Wein Marketing GmbH*, was mir die Stadt noch viel sympathischer machte, obwohl ich nie verstanden hatte, warum ich Wein mit Wasser mischen sollte. Ich trank ihn lieber pur, tagsüber am Donaukanal, mit jenen Freunden, die ich noch aus meiner Erasmus-Zeit kannte. Abends auf Vernissagen der Akademie für Angewandte Künste, auf Dachterrassen oder in verqualmten Beisln,

---

* Bekannt wurde Michael Häupl unter anderem für seinen nach einer Landtagswahl geäußerten Satz »Man bringe den Spritzwein«. Besagten Spritzwein nannte er einen »österreichischen Urlongdrink, unseren Identitätsstifter«. Siehe www.derstandard.at/story/2000084345872/ex-buergermeister-haeupl-jetzt-werbegesicht-fuer-spritzer.

dem Pendant der Berliner Eckkneipe. Theaterkritiken schrieb ich jetzt auch für andere Medien, und zwar nicht mehr nachts, sondern am nächsten Tag, weswegen ich endlich auch mal die Premierenpartys genießen konnte. Nervig bloß, dass viele Supermärkte so früh zumachten, was bedeutete, dass meine Clique und ich bis Freitagabend um achtzehn Uhr unseren Rausch durchkalkuliert haben mussten. Dieser massiven Grundrechteinschränkung begegnete ich auf meine Art: indem ich in der Ecke meines WG-Zimmers einen Weinkistenturm baute. Ich krönte mich selbst zur Weinkönigin. Am Wochenende machte ich Ausflüge zu Heurigen, jenen außerhalb der Stadt gelegenen Wirtschaften, die bekannt waren für ihre kalten Büfetts und Wein aus eigener Herstellung zu Schleuderpreisen. An einem Sonntag Anfang September öffneten die Weingüter des Wienerwalds ihre Türen. Viele davon boten einen herrlichen Ausblick auf die um diese Jahreszeit oft vor Hitze dampfende Stadt. Auf verschiedenen Routen pilgerte man von Stand zu Stand, überall gab es Würste und Krautfleckerl und natürlich viel Wein. In meinem ersten Jahr in Wien stiefelte ich zusammen mit einem Bekannten über den Nussberg, picknickte zwischen den Rebzeilen und füllte im Zehnminutentakt mein Glas auf. Gegen siebzehn Uhr war die Sache offiziell zu Ende, was mir gar nicht in den Kram passte. Stundenlang irrten wir anschließend durch irgendeinen Außenbezirk auf der Suche nach einem Ort zum Weitertrinken.

Es konnte kein Zufall sein, dass sich Wien und Wein nur durch einen Buchstabenverdreher unterscheiden. Zweieinhalb Flaschen trinken die Österreicher und Österreicherinnen im Schnitt pro Woche.[5] Zudem kennt ihre Landessprache Begriffe wie das »Fluchtachterl« – das letzte Glas vorm Aufbruch – oder »Reperaturseidl«, auf Hochdeutsch Konterbier. Wer im Heurigen ein Wasser bestellt, bekommt einen »Mitarbeitersekt«. Einen »Damenspitz« hat diejenige, die im vermeintlich genau richtigen Maß berauscht ist – gilt auch für Männer.

Ein Interview der Tageszeitung *Der Standard* öffnet mit folgender

Feststellung: »Wenn man frühmorgens im Café sitzt, ist man oft der Einzige, der keinen Alkohol trinkt.«[6] Der Psychiater Walter North findet dafür eine nüchterne Erklärung: 40 000 bis 70 000 Wienerinnen und Wiener seien alkoholabhängig, weitere 140 000 bis 170 000 tränken problematisch. Auf drei alkoholabhängige Männer komme eine Frau, Tendenz steigend. Wer besonders gefährdet sei, will der Journalist Manfred Rebhandl wissen. »Wir stellen bei fast allen Abhängigen eine psychische Instabilität wie eine Depression oder Angststörung fest.« Das klingt wie ein Freifahrtschein für alle, die weder ängstlich noch traurig sind, dabei ist erwiesen, dass Alkohol genau diese Symptome fördert. Die Henne-Ei-Problematik: Trinkt eine, weil sie depressiv ist, oder wird sie depressiv, weil sie trinkt? Die Wissenschaft spricht eindeutig für Letzteres. Mich wundert der weitere Verlauf des Interviews kein bisschen. Als Alarmsignale werden »heimliches und morgendliches Trinken« genannt, außerdem sei man von der totalen Abstinenzempfehlung »abgekommen«. Stattdessen gehe es um »Schadensbegrenzung«, notfalls mit die Sauflust senkenden Pillen. Deren Wirkung erklärt der Psychiater wie folgt: »Wenn ich weiß, dass ich am Abend zum Heurigen gehe, dann nehme ich am Nachmittag das Medikament. Am Abend sollte sich dann nach zwei, drei Spritzern nicht diese unkontrollierbare Gier nach mehr einstellen.« Okay, cool.*

Mehr noch als meine Landsleute scheinen die Österreicherinnen und Österreicher ihr Kulturgut – das 2021 rund 3,5 Milliarden Euro Umsatz generierte, Tendenz steigend[7] – aufs Schärfste zu verteidigen. Dafür sprechen die Zahlen: Der jährliche Pro-Kopf-Konsum reinen Alkohols liegt mit 11,6 Litern fast einen Liter über dem deut-

---

* So heißt der bekannteste Song des Cloudrappers Yung Hurn. Während der Wiener in Interviews freimütig über seinen Drogenkonsum spricht, scheint er mit Alkohol wenig am Hut zu haben: »Mein Lieblingsdrink ist Wasser, weil das das Gesündeste auf der Welt ist.« Siehe https://mitvergnuegen.com/2018/11-zitate-von-yung-hurn-die-dein-leben-bereichern/.

schen. Fünf Prozent sind alkoholabhängig, 14 Prozent betreiben einen problematischen Konsum.[8]

Einmal bekam ich von einer in einem Prachtbau am Naschmarkt residierenden Hautärztin ein Medikament gegen einen mysteriösen Pilz verschrieben, mit der dringenden Empfehlung, einige Wochen lang auf Alkohol zu verzichten. Das lag völlig außerhalb meiner Vorstellungskraft. Die Sprechstundenhilfe, der ich am Telefon mein Leid klagte, schien mit solcherlei Anliegen vertraut, als sie mich beruhigte: »Ach, ein Achterl geht sich schon aus.«

Zum Glück, denn sonst hätte ich meinen Beruf ja gar nicht ausüben können! Von Kulturthemen verlagerte sich mein Fokus nämlich zusehends auf Kulinarisches. Daraus ergab sich eine ganze Reihe Vorteile. Mit meinem Presseausweis verschaffte ich mir Zugang zu Weinmessen, von denen manche in der Hofburg stattfanden, unter kleinwagengroßen Kronleuchtern. Zu Beginn besuchte ich diese Messen am frühen Nachmittag, mit nüchternem Magen, ging jedoch aus Selbstschutz bald dazu über, maximal drei Stunden vor Ende zu kommen, damit ich nicht ganz so viel Zeit hatte. Oft gab es Hunderte Stände. Bei den ersten zehn, fünfzehn Stück spuckte ich den Wein seriös in die vorgesehenen Tonkrüge aus, danach in der Regel nicht mehr. Ich liebte das ziellose Schlendern, das Schäkern mit Winzern, das beschwipste Klackern über dreihundert Jahre altes Parkett, alles unter dem Deckmantel der Professionalität. Oft waren diese Veranstaltungen eine Art Vortrinken für den anschließenden Abend. Mit der Zeit kannte ich immer mehr Winzer, Journalistinnen, Gastronomen und PR-Agenturmitarbeiterinnen, von denen sich immer jemand bereit erklärte, anschließend mit mir in eine Weinbar weiterzuziehen. Kein Wunder, dass ich am liebsten mit Leuten aus der Gastronomie trank: Anders, als das sonst oft der Fall war, blieben mit ihnen Gläser nie leer, musste mir mein Trinktempo vor ihnen nicht unangenehm sein.

Einmal wurde ich nach Tirol geschickt. Ein ganzes Wochenende lang verkostete ich mit anderen Schreibenden, Sommeliers und

Händlerinnen Hunderte von Weinen, die ersten direkt nach dem Frühstück. Abends beim Essen standen die angebrochenen Flaschen zur freien Entnahme auf dem Tisch, das kam meiner Vorstellung vom Paradies recht nahe. Ein absolutes Highlight war auch die Vie Vinum, eine zweitägige Messe, zu der Leute aus der ganzen Welt anreisten. Ich erinnere mich genau, mit welchem Gefühl ich an diesem Morgen das Haus verließ: flirrende Ungeduld, die Vorfreude auf hemmungsloses Trinken in bester Gesellschaft. Überall in der Stadt fanden Verkostungen, Winzerdinner und Afterpartys statt, und ich schwirrte von einer zur anderen, ekstatisch zitternd wie ein Kolibri vorm Blütenkelch.

Manchmal war ich die einzige Frau, was mein Gefühl von Unbesiegbarkeit nur steigerte. Nicht wenigen Männern imponierte mein inzwischen recht vorzeigbares Weinwissen und wie viel ich vertrug. Schon allein deswegen wollte ich trinken: weil ich glaubte, mir so Respekt verschaffen zu können, weil ich stolz war, mich in einem männerdominierten Metier zu behaupten. In jedem anderen Bereich interessierte mich das natürlich nicht die Bohne, sonst hätte ich ja auch Biochemikerin werden können oder KFZ-Mechanikerin.

Immer öfter wurde ich jetzt auch zu Reisen eingeladen, die direkt oder indirekt etwas mit Alkohol zu tun hatten. Mal sollte ich ein Porträt über eine Südtiroler Schnapsbrennerei schreiben, mal etwas über ein mallorquinisches Garagenweingut. Mal ging es nach Slowenien, mal zum Glamping in die Toskana, wo ich mich am Chianti labte und in mein Tagebuch notierte: »Am Ende des Tages willst du zwar betrunken im Bett liegen und Musik hören, aber noch lieber den Regen auf das transparente Dach über deinem Glampingzelt prasseln hören.« Von Wien aus unternahm ich diverse Weinreisen, teilweise in kleinen Journalistengruppen, teilweise allein. Letzteres war mir wesentlich lieber, weil ich dann *mein Ding machen konnte*, was nicht zuletzt bedeutete, trinken, so viel ich wollte. Mit der für den Weintourismus eines Bundeslandes zuständigen Pressefrau verstand ich mich so gut, dass sie mir regelmäßig am Telefon von ihren Töchtern berichtete.

Einmal war ich mit einem befreundeten Winzer unterwegs, der sich netterweise zum Fahren bereit erklärt hatte. Über den Tag verteilt besuchten wir drei bis vier Weingüter, ließen uns Weinberge und Keller zeigen und verkosteten das komplette Sortiment. Auch da spuckte ich meistens spätestens nach der Hälfte nicht mehr aus. Abends waren wir in einem vom Gault-Millau hochgeschriebenen Restaurant eingeladen, in einem wunderschönen Landgut im Burgenland. Natürlich entschieden mein Winzerfreund und ich uns für die große Weinbegleitung. Kurz nach dem Dessert stand ich einfach vom Tisch auf und schlingerte, ohne mich zu verabschieden, auf die dem Restaurant gegenüberliegende Ferienwohnung zu, die man mir für die Nacht hergerichtet hatte. Dort fand mich mein Winzerfreund, die Tür sperrangelweit offen, alle Lichter angeschaltet, vollständig bekleidet, schlafend. Natürlich hatte auch das Personal mitbekommen, dass die Dame nicht wie erwartet zum Tisch zurückgekehrt war. Am nächsten Morgen war mir das so peinlich, dass ich das Frühstück auslassen wollte, bis mich der Oberkellner mit frischgebratenem Omelette aus der Ferienwohnung klingelte. Anschließend führte ich eine Art zwangloses Interview mit dem Chefkoch, die zitternden Hände ums Orangenglas geklammert. Eine seiner Formulierungen habe ich später in meinem Text zitiert: »Trinken bis zum Verlust der Muttersprache.«

Es ist schon auffällig, wie viele Autorinnen und Autoren mit Alkoholproblem in derselben Branche gearbeitet haben wie ich. Ruby Warrington? Redakteurin des Stilmagazins der *Sunday Times*, zu deren Job der Besuch von Produktlaunches und Ausstellungen gehörte, »alles fließt fröhlich einen dunklen, verführerischen kostenlosen Alkoholfluss hinunter«.[9] Sarah Hepola? Redakteurin beim *Austin Chronicle*, dann beim *New York Times Magazine*. Einmal wird sie nach Paris geschickt, um den Moderator der *Bachelor*-Show zu interviewen, mit tausend Dollar Spesen für zwei Tage. Von Daniel

Schreiber* stammt der Satz: »Auf manchen Pressereisen fließt der Champagner buchstäblich so lange, bis die ersten Journalisten am Boden liegen.«[10] Susanne Kaloff? Bekam Einladungen in »kilometerlange Champagnerkellereien« und führte Interviews mit Musikern, die es für eine gute Idee hielten, währenddessen mit Marillenbrand anzustoßen. Das Muster ist offensichtlich. Schreiben haftet per se etwas Verwegenes an, Kreativität plus Freiheit gleich Rotwein neben dem Computer. Wer sich dann auch noch mit Stilthemen beschäftigt, sitzt direkt an der Quelle. Man muss nicht mal unbedingt über Essen und Trinken schreiben. Auch so sind nicht wenige Aufmerksamkeiten für Journalistinnen und Journalisten alkoholischer Natur. Das Freibier auf der Rockkonzert-Backstageparty, der Front-Row-Champagner, der Kunstmessensekt.

Als Ausgleich zu meiner journalistischen Tätigkeit begann ich nebenbei in einem Weinladen zu arbeiten. Meine Chefin war eine launische, zeitweilig biestige Wienerin, der Stundenlohn angesichts meiner Qualifikation eine Beleidigung, aber ich versuchte, *die guten Seiten zu sehen*. Ab und an half ich abends bei Wein-Käse-Seminaren aus, indem ich den Unsinn der Teilnehmenden protokollierte und Wein nachschenkte, mir selbst besonders großzügig. Manchmal durfte ich, als Ausgleich zu meinem miserablen Lohn, die angebrochenen Flaschen mit nach Hause nehmen. Abgesehen davon sortierte ich an zwei Tagen die Woche die Verkostungsnotizen meiner Chefin, machte Weinkisten versandfertig und telefonierte mit Winzern, deren Dialekt ich kaum verstand. Irgendwann stieg ich in der Gunst meiner Chefin dahingehend auf, dass ich neu angelieferte Weine verkosten durfte. Für mich ein absoluter Traumjob. Für alle gut sichtbar neben der Eingangstür platziert, saß ich da vor meinem Laptop, um mich herum eine Ansammlung von fünf, sechs, sie-

---

* Nachdem er seine Alkoholsucht überwunden hatte, schrieb er eine Zeitlang für die taz die lesenswerte Kolumne *Nüchtern*. Siehe https://taz.de/Kolumne-Nuechtern/!5074722/.

ben Flaschen, trank, spuckte, trank, schluckte, und notierte etwas wie »Leder, gut eingebundene Tannine, Lagerfeuer« in mein Word-Dokument. Gar nicht mal so selten war ich am Ende eines solchen Arbeitstages zumindest angetrunken, zumal mein Mittagessen in der Regel aus zwei Cappuccino und einem Apfel bestand. Zu Hause kochte ich mir dann endlich einmal mit Appetit ein Abendessen, weintrinkend, denn irgendeine angebrochene Flasche stand eigentlich immer im oder auf dem Kühlschrank. Ich hatte es also geschafft: Aus einer schlechten Gewohnheit, einem, wie ich fand, liebenswerten Laster, war eine *déformation professionelle* geworden.

Irgendwie dachte ich, dass mich das bewusste Ausagieren meines *kleinen Problems*, wie ich es insgeheim nannte, vor Schlimmeren schützen würde. Heimliches Trinken konnte man mir jedenfalls nicht vorwerfen. Stattdessen postete ich bei Instagram Weinflaschen im Akkord und Facebook-Statusmeldungen, auf welchen Weingütern ich gerade unterwegs war, nach dem Motto: Liebe deine Laster. Ab und zu auch Fotos und Videos von mir, die gekonnt die Balance hielten zwischen beschwipst und besoffen. Für all diese Beweise meiner allmählich entgleitenden Kontrolle bekam ich immer viel digitalen Applaus. Oft natürlich aus der professionellen Ecke, von Winzerinnen und Weinjournalisten, aber auch von Leuten, mit denen ich früher zur Schule gegangen war.

Alkohol ist in den sozialen Netzwerken sehr oft eine Garantie für viele Likes. Nehmen wir das *Drunk Make-up Tutorial* von Jenna Marbles, einer von Amerikas bekanntesten YouTuberinnen, die im früheren Leben übrigens mal Bartenderin war.[11] Wie der Name schon sagt, erklärt sie darin, wie man trotz Schwips die an eine Frau gerichtete Forderung Nummer eins erfüllen kann: nämlich schön sein. Natürlich kann man das als Parodie auf das Tutorial-Genre lesen, wahrscheinlicher ist allerdings, dass Alkohol mit Fun gleichgesetzt wird.

2016 gelang es einer Mitte zwanzigjährigen Französin innerhalb weniger Wochen über 60 000 Followerinnen und Follower zu gewinnen. Louise Delage führte jenes Instagram-Leben, dessen Betrachtung erwiesenermaßen zu Depressionen führen kann, weil es das eigene Leben so nichtssagend erscheinen lässt. Sie schlenderte durch Berlin, brunchte in Pariser Cafés, seelenbaumelte in der Badewanne eines Fünfsternehotels. Was vielen gar nicht auffiel: Auf beinahe jedem Foto war ein alkoholisches Getränk zu sehen. Mal eine Champagnerflöte, mal ein Wegbier, mal ein *fancy* Cocktail. Sogar auf einem Foto ihrer Katze waren im Hintergrund leere Weinflaschen zu sehen. Zwei Monate nachdem der Account online ging, klärte dessen Betreiber, die französische Kreativagentur BETC, über seine wahre Bestimmung auf. Die allen Klischees der beneidenswerten Pariserin entsprechende Delage existierte gar nicht, sondern sollte im Rahmen der Kampagne Addict Aide für Alkoholabhängigkeit sensibilisieren.[12] Bekannt wurde dies in Form eines Videos mit dem Titel *Like my addiction*.

Natürlich gibt es genug reale Louise Delages da draußen, und ich kenne mindestens zwei davon. Eine polnische Foodjournalistin, der ich zum ersten Mal auf einem Trip nach Bangkok begegnete. In den folgenden Jahren trafen wir uns immer wieder an verschiedenen Orten der Welt, einem kroatischen Foodfestival, einem slowenischen Sternerestaurant und schließlich auf einer Weinmesse in Berlin. Da war sie mit ihrem Freund unterwegs, einem pöbelnden, delirierenden Lederjackentyp, und das will was heißen, denn betrunken waren wir alle. Als er gerade nicht hinhörte, erzählte sie mir von ihren bitterbösen Streitigkeiten und dass sie sich gerne trennen würde, es aber nicht könne. Wann immer mir diese Kollegin in den sozialen Medien begegnete, wollte ich sofort mit ihr tauschen. Während der Coronapandemie war sie unter anderem in Dubai und Mexiko unterwegs, stets in den angesagtesten Restaurants und luxuriösesten Hotels. Auf beinahe jedem Foto hatte sie ein Glas in der Hand, meistens Wein. Hätte ich es nicht besser gewusst, ich hätte gedacht, sie habe das perfekte Leben: auf Jachten chillend, zu jeder Jahreszeit braungebrannt, und immer, immer ist das Glas voll. Wahrscheinlich dachten Leute dasselbe von mir. Tatsächlich wusste ich es besser: Bei einem Kurztrip nach Kopenhagen ließ sie durchblicken, wie schlecht es ihr eigentlich gehe, wie gehetzt sie sei und wie einsam. Ja, sie habe sich von ihrem Freund getrennt, der, nebenbei bemerkt, Alkoholiker gewesen sei. Nein, das Trinken stehe mit ihrem Unglück in keinem Zusammenhang. Und dann war da noch eine Berliner Bekannte, deren Offenheit im Umgang mit ihren psychischen Problemen ich immer sehr bewunderte. Worüber ich allerdings stolperte, war das Foto ihres nach einem betrunkenen Fahrradunfall ausgeschlagenen Zahns und die Tatsache, dass sie neben ihrem Hauptaccount einen zweiten unterhielt, der sich nur um Wein drehte. Letzterer hatte doppelt so viele Follower.

Nicht nur Instagram, auch der Rest des Internets liebt Alkohol. Werfen wir einen Blick auf die fröhlich sprudelnde Quelle an Saufkalendersprüchen: »Wer die Wahrheit im Wein finden will, darf nicht gleich nach dem ersten Glas aufgeben«, »Schade, dass man Wein nicht streicheln kann«, »Wine is the answer, what was the question?«, »Man muss auch mal Wein sagen dürfen«, »Sport gibt dir das Gefühl, nackt besser auszusehen, Wein übrigens auch«, »Save water, drink wine«, »Zu Vino sag ich nie no«. Die Retroblechschilder »A good man can make you feel sexy, strong and able to take on the world ... Oh, sorry, that's wine«, mein Schlafshirt mit der Aufschrift »Wir müssen endlich aufhören, weniger zu trinken«. Jahrelang hatte ich als Profilbanner bei Facebook ein Foto des Berliner Künstlers Max Kersting. Eine Partykelleraufnahme aus den Siebzigerjahren, auf der eine Frau mit Dauerwelle sichtbar angeschickert ein Glas in die Kamera hält. Mit Buntstift hat Kersting darübergeschrieben: »Weil sie sowieso trank, trank sie auch einen auf dich.« Zeitweise hing das Bild sogar ausgedruckt an meiner Wand – in Sichtweite von Edvard Munchs *Der Tag danach* –, wie um zu zeigen: Das bin ich. Ironie macht vieles erträglicher, auch ein Alkoholproblem. *Like my addiction* – dieser Aufforderung kamen die Leute zuverlässig nach.

Leider gab mir nicht nur das Internet, sondern auch der Erfolg recht. Von meinem Schreiben konnte ich in Wien gut leben, zumal ich meinen Abnehmerkreis um österreichische Medien erweitert hatte. Mein Lebensmotto war eine Abwandlung des Harald-Juhnke-Bonmots: »Viele Termine und leicht einen sitzen.« Ich bekam meine eigene Cocktailkolumne. Trinktexte wurden von allen Seiten gerne genommen, sicher auch weil ich eine junge Frau war und somit eine schöne Abwechslung zum alten, weißen Welschrieslingtrinker. Unzählige Male hatte man mir geraten, aus Gründen der Geschmacksbildung viel zu trinken, eine Aufgabe, für die ich täglich Fleißsternchen bekommen hätte sollen. Außerdem las ich Grundlagenwerke über Naturwein und die Autobiografie der amerikanischen Weinkritikerin Alice Fehling, englischsprachige Weinmagazine und die Falstaff-Bewertungen des aktuellen Blaufränkischjahrgangs. Fast täglich landeten neue Fotos verkosteter Weinflaschen in meiner iPhone-Bibliothek. Gegen Ende meines Trinkens waren es über tausend Stück. Eine meiner gängigen Selbstbeschreibungen dieser Zeit lautete, ich könne mir keine Gesichter merken, dafür aber Weinetiketten.

Immerhin: Egal wie verkatert ich auch war, saß ich immer am Schreibtisch, wenn ich musste. Niemals verpasste ich eine Deadline. Somit ging es mir wie vielen Frauen, die Bücher über ihr Trinken verfassten, Caroline Knapp beispielsweise, die auch dann noch brillante Kolumnen über die Nöte einer Mittdreißigjährigen schrieb, als sie flaschenweise Cognac in der Garage ihres Freundes versteckte. Es dauert lange, bis der Thron der perfektionistischen Frau zu wanken beginnt.

So diszipliniert ich beim Schreiben auch war, entglitt mir doch gelegentlich auch in der Öffentlichkeit die Kontrolle. Im privaten Rahmen sowieso, wo ich mir ja schon zu Studienzeiten den Ruf einer stets zur Eskalation bereiten Partytante ersoffen hatte. Gelegentlich aber auch im beruflichen Kontext. Immer mal wieder kam es vor, dass ich halb betrunken Interviews führte. Nichts hasste ich so sehr, wie wenn Küchenchefs erst nach Ende eines Essens an den Tisch traten, um über ihre Arbeit zu sprechen, dann, wenn keiner mehr aufnahmefähig war (wobei: andere waren es schon).

Ein wiederkehrendes Problem war auch die lückenlose Rekonstruktion eines Menüs mit mehr als drei Gängen. Während ich zu Beginn noch alle Details fleißig mitschrieb, wurden daraus allmählich nur noch Stichpunkte, aus denen die Worterkennung meines Telefons dann so etwas wie »Seidenmilch mit Wärme und Liebe« machte. In besonders schlimmen Fällen vergaß ich sogar, Fotos zu machen, die mich sonst immer retteten. Wie oft es vorkam, dass ich mir am nächsten Tag erst diese Fotos anschauen musste, um mich an die von mir verzehrten Gerichte zu erinnern: *pics or it didn't happen.* Besonders bei einem Besuch im Kopenhagener Noma, das mehrmals zum besten Restaurant der Welt ausgezeichnet wurde, wo es zu jedem der neunzehn Seafood-Gänge ein Glas Wein gab. Offenbar wurde als Abschluss am Kamin getrocknete Kabeljauhaut mit karamellisierter weißer Schokolade gereicht, an die ich mich beim besten Willen nicht erinnere. Mein damaliger Freund und ich gingen danach in eine Bar. Mit ihm besuchte ich auch ein süddeutsches Zweisternerestaurant mit nur zwei weiteren Gästen außer uns, das ich bereits betrunken betrat. Wir kippten Aperitifs und Digestifs, dazu zwei Flaschen Wein, und ich habe so gut wie keine Erinnerung daran, was wir gegessen haben. Diese Story wurde zum Running Gag: Ich glaube, es war toll, ich weiß es bloß nicht mehr. Zum Glück konnte ich mein Interview mit dem Chefkoch nachträglich telefonisch führen.

Natürlich hätte alles viel schlimmer sein können. Ich schlief nie irgendwo am Tisch ein, pöbelte nicht rum, und wenn ich mich übergab, dann auf der Toilette. Dafür bespritzte ich mal einen bekannten Weinkritiker beim Mittagessen im Toni-Mörwald-Restaurant mit Weißwein. Während seine Frau mitfühlend mit Servietten aushalf, stellte er alter-weißer-Mann-mäßig fest: »Das ist peinlich.«

Nicht peinlich, sondern grenzwertig war die Nacht in einem der besten Restaurants Bangkoks. Die Idee, im Vorfeld nichts zu essen, erwies sich als großer Fehler. Die meisten der über zwanzig Gerichte bestanden nur aus zwei, drei Bissen, Kunstwerke zweifellos, aber kein Ausgleich für den mehr als großzügig ausgeschenkten Wein. Als ich mir nichts sehnlicher wünschte als eine Schale Reis, wurde das Geschirr abgetragen. Zum Nachtisch gab es Schokolade mit psychedelischen Pilzen. Während viele in der Runde dankend ablehnten, war ich natürlich mit von der Partie. Es wurde eine extreme, kräftezehrende Nacht, in der ich den Sommelier wiederholt in den Weinkeller begleitete, wo wir österreichische Naturweine aussuchten, deren Einfuhrzölle ein Vermögen gekostet haben mussten. In der Morgendämmerung, als der Trip endlich, endlich abklang, kaufte ich mir an einem Straßenstand frittiertes Hähnchen, dabei war ich doch eigentlich Vegetarierin. Stunden später erwachte ich mit dem Kater meines Lebens. Dagegen half selbst die vom Veranstalter gesponserte Thaimassage nichts, deren Masseurin ich immer wieder bat, fester zu drücken, *fester*. Ich wollte mich spüren, egal wie.

So extrem war es zum Glück selten, aber das gemeinsam gepflegte Eskalieren gehörte bei vielen Pressereisen dazu. Wem das Bei-Tisch-Trinken nicht reichte – so wie mir –, den erwartete in seinem luxuriösen Hotelzimmer stets eine gut sortierte Minibar beziehungsweise eine Flasche Hauswein, den man dann stilvoll in der Badewanne liegend genießen konnte, nicht ohne das Ganze in einer Instagram-Story festzuhalten, Hashtag #wirnennenesarbeit. Tatsächlich wurde mir auf solchen Reisen manchmal unangenehm bewusst, dass zwar niemand *nicht* trank, aber viele eben doch sehr viel weniger als ich. Da war zum Beispiel ein Trip nach Stockholm, mit Fahrradtouren und Zimtschneckenbackkurs und bedenklich wenig Trinkmöglichkeiten. Vor dem gemeinsamen Abendessen war ich deshalb in der Hotelbar anzutreffen, vor mir einen Zwanzig-Euro-Negroni. Später im Restaurant, daran erinnere ich mich genau, wurden zwei Flaschen Wein für zehn Leute geordert. Hej, hej, dachte ich, soll das ein Witz sein?

In Erinnerung blieb mir auch das Gespräch mit einem in der Schweiz lebenden Weinkritiker während der Autofahrt zu einem sechstägigen Verkostungsmarathon in Niederösterreich (wohlweislich hatte ich mich nur für zwei Tage angemeldet). Er habe, so der Mann, bis Mitte zwanzig überhaupt keinen Alkohol getrunken, sondern Leistungssport betrieben. Bei Verkostungen spucke er immer aus, *natürlich*, und am Ende eines solchen Tages belasse er es bei einem Glas Wein zum Essen. Überhaupt habe er noch nie im Leben mehr als eine halbe Flasche Wein auf einmal getrunken.

Schon länger hatte ich den Verdacht, dass es auch und gerade im professionellen Kontext zwei Sorten Trinkende gab. Jene, die es wirklich als Arbeit sahen, die maßhalten konnten und sich ihrem Gegenstand so unemotional annäherten wie jemand, der über, sagen wir, die Gemeinderatswahl schrieb, und jene, die bei aller gebotenen Seriösität schon auch einfach gerne betrunken waren. Da war die gleichaltrige Whiskeyexpertin, die bei einem Besuch in meiner Lieblingsweinbar einen ganz und gar integren Eindruck auf mich machte. Da war die Journalistin, aufgewachsen auf dem elterlichen Weingut, die nicht nur über Wein schreiben, sondern ihn auch herstellen konnte und die ich kein einziges Mal betrunken gesehen habe, oder der Typ mit dem Alpenkräuterschnaps, der so gut wie gar nicht trank. Auch Reinhard Pohorec, Bartender in der Wiener Tür 7, gestand der *Süddeutschen Zeitung*, sich mit Alkohol sehr zurückzuhalten, weil er nicht gern die Kontrolle verliere und er nun mal zur Generation derjenigen gehöre, denen Leistung und ein gesunder Körper wichtig seien. »Ich persönlich brauche Alkohol nicht als soziales Schmiermittel, ich bin ein sehr begeisterter, positiver Mensch. (...) Der Moment, in dem ich denke, ich schieße mich freitagabends mal aus dem Leben, weil ich die Festplatte löschen mag, der fehlt mir.«[13] Da dachte ich: wow. Meine Festplatte will einfach immer gelöscht werden.

Damit war ich in guter Gesellschaft. In Form des Winzers, für den das beim Weinbergfrühstück ausgeschenkte Achterl obligatorisch war, um durch den Arbeitstag zu kommen. Des Weinbloggers, der bei einem kreolischen Dinner burgunderglasschwenkend berichtete, er habe früher jeden Sommer eine zweiwöchige Trinkpause eingelegt, aber seit drei, vier Jahren gelinge ihm das einfach nicht mehr. Des fränkischen Bartenders, der bei einem Senchatee über seine Schlaflosigkeit, seine Nervosität und die Alkoholexzesse klagte. Der Lokalzeitungsjournalistin, die zum ersten Mal in der Schwangerschaft mehr als ein paar Tage lang auf Alkohol verzichtete, wodurch ihre vermeintliche Migräne plötzlich verschwand. Eine Bartenderin erzählte mir, sie habe großen Respekt vor ihrem eigenen Suchtpotenzial, ein Weinhändler, dass er praktisch nicht trinke, aus Selbstschutz. Die angehende Psychologin, die während jener zwei Jahre, die sie in Berlin hauptberuflich Cocktails mixte, am eigenen Leib erfahren habe, wie das Trinken zu etwas Alltäglichem wurde: »Natürlich trinkt man während der Schicht, schon weil man probieren muss. Und anschließend geht man zusammen feiern. Ich bin froh, dass mein Leben heute so viel langweiliger ist.« Oder der Bartender, der jahrelang Selbsthilfegruppen besuchte, auch solche für kontrolliertes Trinken, und sich doch nicht vom Alkohol lösen konnte. Nach offiziellen Anlässen trank er sich in zwielichtigen Clubs auf der Kurfürstenstraße in den Blackout. Der Barbetreiber und Ethnologe Stefan Gabányi findet: »Genusstrinken gibt es wenig.« Ein ehemaliger Bartender formuliert es in der Dokumentation *Alkohol, der globale Rausch* so: »Wir sind legale Drogendealer der am meisten süchtig machenden Drogen der Welt.«[14]

Eine ähnlich gefährdete Berufsgruppe sind meiner Erfahrung nach Köchinnen und Köche. Mir fallen auf Anhieb mindestens fünf im gehobenen Segment ein, die ihre Achtzigstundenwochen unübersehbar – der gehetzte Blick, die geplatzten Äderchen – mit Pastis und Kochwein kompensieren, manchmal darüber hinaus mit Stoffen, die sich andere Leute nur auf der Clubtoilette durch die Nase ziehen. Die Wette hätte ich immer gewonnen: dass mindestens einer am Pressetisch selbst eine Geschichte erzählen kann über den Tanz auf dem Vulkan, dem das professionelle Trinken gleicht.

Und dann verließ ich Wien. Zurück in Berlin machte ich da weiter, wo ich aufgehört hatte, als freie Autorin mit einer Vorliebe für

Sauerteigbutterbrot und Naturwein. Es war, als habe die Stadt auf mich gewartet. Noch mehr Pressedinner und Weinmessen, Champagnerlunchs, Sake-Tastings und Eierlikör-Releasepartys. Einmal, an einem über dreißig Grad heißen Sommertag, wurden wir mit einem Sammeltaxi in fünf verschiedene, quer über die Stadt verteilte Restaurants gekarrt und freuten uns unseres Lebens und dass der Holundergimlet und zwanzig Jahre alte Sake so schön reinknallten. Ein anderes Mal wurde mir ein Cocktail auf Basis meines Lieblingsparfums kreiert, naturgemäß war er stark. Im Oktober fand die Bar Convent statt, eine der größten Spirituosenmessen der Welt. Meine beruflichen Meetings bestanden dort darin, mich zusammen mit PR-Mitarbeiterinnen mit skandinavischen Craftschnäpsen zu betrinken.

All diese Events waren von einer ganz bestimmten Stimmung beherrscht, eine beschwipste Komplizenschaft von Leuten, die es sich erlauben können, an jedem Tag der Woche, gerne auch schon tagsüber, auf Kosten anderer zu saufen. Ich nehme das niemandem übel, schon gar nicht denjenigen Restaurants oder PR-Agenturen, die diese Veranstaltungen organisierten, schließlich hätte ich Nein sagen können. Stattdessen sagte ich einfach immer Ja.

Einen Sommer lang lernte ich das professionelle Saufen dann noch mal von einer ganz anderen Seite kennen. Über Bekannte meldete ich mich zur Weinlese an der Loire. Bevor es Ende August losging, groovte ich mich ein Wochenende lang mit einem Freund in Paris ein, mit Negronis zu Meeresfrüchten und unzähligen Flaschen Wein in Bars, die Buvette und La Cave hießen. Als ich spätabends auf dem Weingut ankam, saßen einige der Helfenden mit dem Winzer bei der letzten Flasche Wein des Tages zusammen. Zwei davon halfen mir, im Dunkeln mein Zelt aufzubauen. Eigentlich hatte ich mir nach zehn Festivalsommern geschworen, nie wieder in einem Zelt zu übernachten, und schon in der ersten Nacht wusste ich, warum. Es war entsetzlich kalt, weder mein angeblich für Minusgrade konzipierter Schlafsack noch sämtliche aus meinem Rucksack gezogenen Jacken und Pullover konnten dem entgegenwirken. Mit klappernden Zähnen wartete ich auf den Morgen. Nach dem Frühstück ging es gegen acht mit einer Autokolonne in den Weinberg. Die folgende Tätigkeit war so simpel wie kräftezehrend: Weinreben abknipsen, in den Eimer geben, bis er voll ist, ausleeren und das Ganze wieder von vorn. Um zehn Uhr gab es eine Kleinigkeit zu essen, dazu zwei Flaschen Wein. Zum Mittagessen fuhren wir zurück aufs Weingut, natürlich gab es dazu Wein. Nach einer weiteren Weinrebenknipsschicht mussten wir die Trauben in die Bottiche hieven und manchmal mit bloßen Füßen zerstampfen (die entsprechenden Instagram-Videos sorgten für reichlich Begeisterung). Nie schmeckte der anschließende After-Work-Drink besser, der in der Regel aus dem hauseigenen Wein bestand. Nach einem mehr oder weniger ausufernden Abend kroch ich mehr oder weniger betrunken in mein Zelt, wo mich eine weitere bitterkalte Nacht auf meiner viel zu dünnen Yogamatte erwartete. Ich fand die Chose trotzdem wahnsinnig cool.

An der harten Arbeit lag das natürlich nicht, auch nicht an der geradezu obszön schlechten Bezahlung – für zehn Tage Arbeit bekam ich in etwa so viel wie für einen einzigen Text. Es lag nicht an den französischen Volksliedern oder den von einer Gitarre begleiteten Pink-Floyd-Hits, mit denen wir uns die Arbeit im Weinberg versüßten. Auch nicht an der Eingeschworenheit unseres kleinen Teams, an den Abenden am Lagerfeuer, dem gemeinsamen Nacktbaden im Fluss oder daran, wie solidarisch wir Seite an Seite unsere vor Dreck strotzenden Kleider im Waschzuber schrubbten. Nicht an der Möglichkeit, mein eingerostetes Französisch aufzufrischen, und auch nicht am köstlichen vegetarischen Essen eines eigens dafür engagierten Kochs. Es lag, *bien sûr*, an der Allgegenwart des Alkohols, denn schließlich saßen wir im wahrsten Sinn des Wortes an der Quelle. Täglich wuchs der Flaschenberg im hinter der Scheune gelegenen Metallcontainer. Wobei ich selten genug bekam, und das hätte mir damals mehr Sorgen bereiten sollen, als es tat. Es fing mit den lächerlichen zwei Flaschen für fünfzehn Leute beim Weinbergsfrühstück an und ging damit weiter, dass der Winzer die Karaffen beim Mittagessen manchmal nicht nachfüllte. Nach dem Abendessen holte er jede Flasche *einzeln* aus dem Schuppen, was mich halb wahnsinnig machte, schließlich saßen mindestens fünf Leute mit leeren Gläsern am Tisch. Manchmal gab es ab einundzwanzig Uhr gar keinen Wein mehr, und offenbar war ich die Einzige, die sich daran störte. Hätte ich die Möglichkeit gehabt, allein im Zelt weiterzutrinken, hätte ich sie ergriffen.

Beinahe hätte ich eine sehr viel bleibendere Erinnerung an diese eineinhalb Wochen in der französischen Pampa mitgenommen als den mit einem Spruch bedruckten Korken, auf dem auf Deutsch in etwa stand: »Glücklich sind diejenigen, die spät schlafen gehen.« Einmal waren wir abends bei einem anderen Winzerteam eingeladen, viel Essen, viel Wein, das Übliche. Einer im Team war Tätowierer und bot seine Dienste bereitwillig an. Ich war wirklich nur eine Schnapsglaslänge davon entfernt, mir ein Weinglas aufs Handgelenk tätowieren zu lassen. Nicht dass ich nicht bereits drei Tätowierungen gehabt hätte, die mir allesamt unangenehm bis peinlich waren. Ein Weinglas hätte den Vogel abgeschossen. Glücklicherweise ging ich rechtzeitig schlafen, bevor diese Idee in die Tat hätte umgesetzt werden können.

Nachdem ich sogar meinen Geburtstag bei der Weinlese gefeiert hatte – morgens hatte jemand einen Strauß Blumen vors tropfnasse Zelt gestellt, und abends ließ ich mir betrunken von einer Teamkollegin Tarotkarten legen, mit der Hohepriesterin als Leitkarte und dem Ergebnis, eine schmerzhafte Erkenntnis stehe bevor –, kehrte ich beseelt nach Berlin zurück, nur um praktisch am selben Abend von meinem damaligen Freund verlassen zu werden. Das Muster, es wiederholte sich. Dass ich mich in den vergangenen Wochen kaum bei ihm gemeldet hatte, obwohl es ihm schlecht ging, dass ich, wenn wir mal telefonierten, eigentlich immer betrunken war, das sah ich damals nicht. Ich sah nur: eine Frau, die es nicht recht machen kann. Und weil ich sowieso trank, trank ich auch einen auf mich.

Die
Liebe

Als meine Eltern noch zusammen waren, schauten wir jeden Samstagabend, nachdem ich in der Badewanne gewesen war, *Geld oder Liebe* mit dem Hawaiihemd tragenden Jürgen von der Lippe. Die erste Folge dieser vom WDR produzierten Liveshow wurde wenige Tage nach meiner Geburt ausgestrahlt, am 28. September 1989, die letzte 2001. Drei männliche und drei weibliche Singles kamen sich durch seltsame Partyspiele näher – einmal sollten die Männer ihre Wickelqualität an Kinderpuppen demonstrieren –, außerdem mussten sie herausfinden, welche Berufe oder ungewöhnlichen Hobbys sie hatten, Schnelldichter oder Stuntman zum Beispiel.* Am Ende stimmten die Zuschauerinnen und Zuschauer per Telefon über das Traumpaar ab.** Zuvor mussten die Teilnehmenden sich für den vage gefassten Begriff Liebe entscheiden – der nur Sinn ergab, wenn sie zum Traumpaar gewählt wurden – oder das bei den Spielen gewonnene Geld. Jürgen von der Lippes derbe Morgenlattenwitze kapierte ich meistens nicht. Im Gegensatz dazu war die Message der

---

* Funfact: Der berühmteste Teilnehmer war Eckart von Hirschhausen als Hobbyzauberer.
** Um Verwirrungen vorzubeugen, bat der Moderator drei Leute im Publikum, die Zahlenkombinationen der Hotline zu wiederholen. Wer das schaffte, bekam ein Glas Sekt.

Sendung klar: Begrifferaten kann aus Fremden Liebespaare machen, und nur Unholde nehmen am Ende der Show das Geld.

Mindestens so prägend war *Herzblatt*, eine von 1987 bis 2005 ausgestrahlte Datingshow mit dem aus Wien stammenden Rainhard Fendrich als Moderator, die wohl den Grundstein legte für mein Österreichfaible. Das Prinzip orientierte sich am US-Vorbild *Dating Game*: Vier Singles saßen durch eine Wand voneinander getrennt auf der Bühne. Der Picker beziehungsweise die Pickerin stellte Fragen, die anderen drei antworteten, wobei ihre Texte von einer erotischen Stimme namens Susi eingelesen wurden. Nachdem der Picker sich für eine oder einen entschieden hatte, öffnete sich die Trennwand. Direkt im Anschluss an die Show fuhr das Paar sozusagen in die Flitterwochen.* Anders als das bei jedem Hollywoodfilm der Fall ist**, war nach dem Happy End beziehungsweise Ende der Sendung nicht Schluss, stattdessen wurde das jeweilige Paar in der nächsten Folge getrennt zu seinen Liebesurlauberfahrungen befragt.

Meistens sah ich die Show zusammen mit meinem Papa, während wir uns eine große Schüssel Butternudeln teilten. Auch diese Botschaft habe ich verinnerlicht: Es zählen die inneren Werte, und wenn Susi einem erst mal bei der Auswahl seines Herzblatts geholfen hat, wartet vor dem Fernsehstudio schon der Helikopter.

Unzählbar, wie oft ich glaubte, der Liebe begegnet zu sein. In gewisser Weise war ich in das Gefühl selbst verliebt. Jemanden zu haben, an den ich denken konnte, und zugleich jemanden, durch den sich mein Wert definierte. Je unerreichbarer diese Person war, desto besser, denn mindestens so sehr wie in die Liebe – oder das, was ich dafür hielt – war ich in die Sehnsucht verliebt. In meinen Zwanzigern trug ich jahrelang einen selbst bemalten Jutebeutel durch Berlin, auf dem stand: »I hope everything I love dies in my arms.«

---

* Von 926 *Herzblatt*-Paaren haben immerhin zwei geheiratet.
** Sehenswerte Ausnahmen gibt es, *Marriage Story* mit Scarlett Johansson und Adam Sandler in der Rolle eines mitten in der Scheidung steckenden Paares beispielsweise.

Mit meiner Liebessucht war ich nicht allein, schließlich basiert unsere ganze Gesellschaft darauf. Interessanterweise ist die romantische Zweierbeziehung eine Erfindung des Bürgertums. Die alten Griechen unterschieden zwischen Eros, Agape und Philia, der leidenschaftlichen, göttlichen und freundschaftlichen Liebe. Im Mittelalter diente die Ehe, neben dem Aspekt der Fortpflanzung, vor allem der Besitzwahrung. Erst im 19. Jahrhundert bekam die Verbindung zwischen zwei Menschen – lange Zeit natürlich ausschließlich in Form von Mann und Frau – das Gewicht, das sie heute hat. Plötzlich ging es darum, den Seelenpartner zu finden, das verloren gegangene Gegenstück, um in der Einheit des aristotelischen Kugelmenschen zu leben. Und wenn sie nicht gestorben sind: Noch heute hat die wahre Liebe gefälligst bis ans Lebensende zu halten, wobei sie nicht nur ewiges Begehren und wahnsinnig guten Sex, sondern auch *deep talks*, Kameradentum und übereinstimmende Vorstellungen der Haushaltsführung umfasst. Nicht nur Disney, sondern praktisch jeder Film und jeder Song vermitteln uns dieses unrealistische Bild. Liebe, so meinen wir, sei eine Naturgewalt und das wichtigste Ziel im Leben, für Frauen noch viel mehr als für Männer.

Ich war immer schon ein Fan von Theorien und davon, mich einer komplizierten Sache durch Lesen anzunähern, bei der Liebe war das nicht anders. Eifrig las ich alle möglichen Standardwerke, als würde ich mich auf eine Prüfung vorbereiten. Wenn es wieder mal in der Praxis nicht klappte, schob ich es auf das große Ganze, den Kapitalismus, das Patriarchat, Tinder, Berlin. Dann wieder darauf, dass ich ein Scheidungskind war oder meine Vaterbeziehung nicht brav genug aufgearbeitet oder ich einfach zu viel gelesen hatte. Auf den Alkohol schob ich es nie.

So oft glaubte ich die Liebe gefunden zu haben. Auf einem Technofestival in Gestalt eines Glitzerfellweste tragenden Typen, der in der einen Hand eine Flasche Jägermeister hielt und in der anderen einen Joint und dessen erster an mich gerichteter Halbsatz »am liebsten alles gleichzeitig« war. Unsere Beziehung hielt sieben Monate, von denen ich fünf als Erasmus-Studentin in Wien verbrachte. Kein einziges Mal kam er mich besuchen. Ich schämte mich vor meinen Freunden und vor mir selbst, dass ich, statt wütend zu sein, vom WG-Zimmer-Schreibtisch aus die Schneeflocken anweinte. Bei einem meiner Heimatbesuche – der Berliner Himmel hatte die Farbe eines Kartoffeleintopfes – hatte sein Vater Geburtstag. Gefeiert wurde in einem grün gestrichenen Eckitaliener, keiner hatte daran gedacht, mich einzuladen. Stundenlang stampfte ich durch den Schneematsch mit Hunger im Bauch und eiskalten Zehen, bis mein Telefon klingelte. »Bitte komm«, das war der Freund. Ich verneinte aus Stolz, obwohl ich mir nichts so sehr gewünscht hatte. »Bitte komm«, das war der Vater des Freundes im Hintergrund. Als ich ankam, war das Dessert schon abgeräumt. Ich trank mehrere Gläser Wein in meinen knurrenden Magen hinein und ging zwischendrin vor der Tür rauchen. So fremd hatte ich mich lange nirgendwo gefühlt.

Einige Wochen später lag ich neben ihm im Bett, unsere Hände berührten sich, und ich war die einsamste Frau der Welt. Ein anderes Mal, in der Silvesternacht, legte er mich in das Bett seines Mitbewohners – sein eigenes war von irgendwelchen Partygästen belegt – und ging einen ganzen Tag lang in der Berliner Tagclubszene verloren. Als ich aufwachte, war mein Magen verknotet wie die Bondagefrauen auf den Fotos von Nobuyoshi Araki – Verlassenwordensein. Als er endlich wiederkam, war ich mindestens so müde wie er. Wir stritten uns, dann fuhr ich zurück nach Wien. Zwei Wochen nach Ende meines Erasmus-Semesters, nach meiner Rückkehr nach Berlin – für ihn, für uns! –, trennte er sich bei einem Spaziergang.

Auch in Prag glaubte ich die Liebe gefunden zu haben, wo ich ein wirres Wochenende mit einem Physiotherapeuten verbrachte, der sehr gut massieren, aber sehr schlecht auf sich aufpassen konnte. Während er die Nachwirkungen seines Pilztrips ausschlief, betrank ich mich in irgendwelchen Naturweinbars. In Wien in Gestalt eines Wein-&-Co-Kellners, den ich bei einer *after hour* kennengelernt hatte, in der Wohnung eines Sportlehrers, der an die Gäste großzügig LSD verteilte. Der Kellner brachte mich zu sich nach Hause, wo ich auf dem Weg vom Bett zur Toilette ohnmächtig wurde, wie eine liebeshungrige Dame in ihrem zu engen Korsett. Dann war da der seine Antidepressiva mit Spritzwein mischende Kunststudent, mit dem ich Lesungen mit dem Titel »Traurige Freiheit« besuchte, stundenlang angezogen in der Badewanne lag und die Nächte in Beisln versoff wie in einem Wanda-Lied. Von ihm musste ich mir anhören, dass er keine Lust mehr auf Frauen wie mich habe und ich ein Opfer unserer Gesellschaft sei. Wir trafen uns trotzdem noch monatelang. Dann glaubte ich natürlich viele, viele Male in Berlin, wo ich seit meinem neunzehnten Lebensjahr lebte, der Liebe begegnet zu sein. Da war der arbeitslose Schauspieler I, aus dessen Mund Liebesschwüre wie Shakespeare klangen (ich hatte schließlich Theaterwissenschaft studiert) und der an Weihnachten per Telefon Schluss machte. Da war der arbeitslose Schauspieler II, der sich zeitweise aufgrund mangelnder Gage von Instant-Ramen ernährte oder zum Spinatnudelauflaufessen zu mir kam. Wie sich herausstellte, gab es noch vier weitere Gastgeberinnen, die alle nichts voneinander wussten. Plötzlich war er verschwunden, der Kiez munkelte, er sei jetzt Callboy in der Schweiz. Es gab auch jenen nichtarbeitslosen Schauspieler, in den ich mich im Rahmen eines Mitmachtheaters »verliebte«. Alles an diesem Abend hatte Anführungszeichen. Nachdem er, Jogginghose und Fuchspelz tragend, mir das »Wettbüro« und das »Sonnenstudio« gezeigt hatte, tranken wir Gin Tonics in seiner »Stammkneipe« und landeten in einem »Hotelzimmer«, wo wir uns sehr lange einfach nur in die Augen schauten. Als ich sagte: »Uns gibt es doch gar nicht, das ist doch Theater«, legte er meine Hand auf sein Herz: »Ist das nicht echt?« In gewisser Weise war es das ehrlichste Date, das ich je hatte.

Viel, viel ehrlicher jedenfalls als die Sache mit dem Privatier, den ich nur dreimal gesehen hatte – unnötig zu erwähnen, dass ich davon zweimal sehr betrunken war –, bevor ich mit ihm zwei

Wochen im Haus seines Vaters auf Bali verbrachte, wo ein vermeintlich tollwütiger Hund meinen Clemens-Meyer-Kurzgeschichtenband anknabberte. Der Privatier war mehr damit beschäftigt, am Strand Businesspläne zu entwerfen oder einen »Hausangestellten des Monats« zu wählen, als mit mir. Von seinen vielen ungeheuerlichen Sätzen war dieser vielleicht der ungeheuerlichste: »Eva, bist du eigentlich nur ein kleines, unsicheres Mädchen?« Einmal besichtigten wir das von seinem Vater mitfinanzierte Priesterseminar, und ich fühlte die kolonialistische Schande auf mir brennen wie meinen Oberschenkelsonnenbrand. Ein anderes Mal waren wir mit dem Motorroller unterwegs, als mir mitten auf dem Highway die Handtasche vom Leib geschnitten wurde, mitsamt Telefon, Kreditkarte, meinem Leben. Dafür konnte er natürlich nichts, aber dass ich danach vollends abhängig von ihm war, selbst wenn es um den Kauf eines Avocadoshakes ging, machte die Sache natürlich nicht besser. »Was«, fragte er am letzten Tag, »wirst du deinen Freundinnen über diesen Urlaub erzählen?« »Was«, antwortete ich, »werde ich meiner Therapeutin über diesen Urlaub erzählen?« Auf dem Heimflug – er ließ sich noch ein wenig länger vom Hausangestellten des Monats Kokosnüsse vom Baum holen – betrank ich mich mit Economy-Class-Champagner und weinte über den Film *Wild*, in dem die Heroin und Männer konsumierende Reese Witherspoon allein 1600 Kilometer durch Kalifornien wandert. Nach seiner Rückkehr machte der Privatier beim ersten Wiedersehen mit mir Schluss. Obwohl alle Zeichen auf Alarm gestanden hatten, war ich am Boden zerstört. Auszug aus meinem Tagebuch: »Wo ist sie denn, die Liebe?« Daneben klebte ich seitenweise Ausschnitte aus einer *Zeitmagazin*-Titelgeschichte, das Geheimnis eines siebzig Jahre verheirateten Paares (ich schaffte ja nicht mal siebzig Wochen), die Geschichte eines Schönheitschirurgen, der seine siebzehnjährige Blinddarmpatientin geheiratet hatte, die Aperçus alter weißer Männer (»Will er, will sie nicht; will sie, will er nicht. Kein Wunder, dass es so viele glückliche Paare gibt.«) und diesen Satz:

»Man merkt genau, wenn sie da ist. Wenn man nicht sicher ist, ist sie nicht da.«

Ähnlich hart traf mich die Sache mit dem schönen Römer, dessen ausrasierter Nacken dem Goldenen Schnitt entsprach. Wir begegneten uns auf den Treppen zur S-Bahn, ich hatte Nina Powers Buch *Die eindimensionale Frau* in der Hand. Er nannte sich selbst einen Romantiker und mich »meine kleine Dramaqueen« und fertigte, weil er Architekt war, Skizzen meines sogenannten Venusgrübchens an, von dem ich nie zuvor gehört hatte. Bei jedem Treffen fürchtete ich, es könnte das letzte sein, bis es irgendwann so war.

In Verzweiflung stürzte mich auch der Typ, der bei Getränke Hoffmann jobbte und es liebte, sich mit mir sinnlos im Monbijoupark zu betrinken oder mit erfundenen Namensschildern auf Weinmessen zu mogeln, was mit seiner schwangeren Freundin nicht so gut ging. Der Techno-DJ-Booker, der behauptete, nicht reif für eine Beziehung zu sein, und kurz darauf mit einer Frau zusammenkam, die ein Babytragetaschen-Start-up gegründet hatte, gleich wie der Erneuerbare-Energien-Student, der ebenso behauptete, nicht reif für eine Beziehung zu sein, und dann mit seiner besten Freundin zusammenkam. Mit Ökostrom war ich dann erst mal durch.

Wann immer ich die Liebe oder das, was ich dafür hielt, wieder verloren hatte, machte ich es wie Dinosaur Jr., deren Lied »Feel the pain« mit einem Flaschenploppen beginnt und dann etwas vom Schmerz erzählt: »I feel the pain of everyone / Then I feel nothing.«

Auf wundersame Weise hatten Männer grenzenlose Macht über meinen Selbstwert. Wann immer etwas in die Brüche ging, wie kurz und unbedeutend es auch gewesen sein mochte, verfiel ich in Selbsthass, Selbstmitleid, Selbstvorwürfe. Immer glaubte ich, nicht zu genügen. Nicht aufregend, charmant, klug, dünn, eloquent genug zu sein, nicht genug Liebe zu geben oder zu wenig, mich nicht rar genug zu machen oder, als schöne Abwechslung, zu verfügbar zu sein. Immer trank ich gegen meine Zweifel an. Oder wie es die Journalistin Susanne Kaloff formuliert: »Männerdramen und Alkohol gehen immer Hand in Hand, eigentlich bei jeder Frau, die mir jemals begegnete.«[1]

Ich war die Regisseurin meines eigenen Films, wie eine Sophia Loren oder Romy Schneider am Tresen einer Hotelbar sitzend oder auf einer sizilianischen Piazza. Immer spielte ich eine Rolle: Ich wollte die Frau sein, die nach einer wilden Nacht die Rotweinreste aus Kristallgläsern schlürft, direkt vom Bett aus. Die Frau, mit der man sich auf dem Weg zum Technofestival einen Flachmann teilt, oder diejenige, die alten weißen Männern erklärt, wie das so läuft mit dem Wein. Vor allem wollte ich gesehen werden von den Männern, so wie früher von den Jungs in meinem Dorf, dabei hätte ich schon damals wissen müssen, dass ein ins Lagerfeuer kotzendes Mädchen vielleicht lustig ist, aber keines, das man seinen Eltern vorstellt.

Je älter ich wurde, desto öfter geriet ich an professionelle Trinker, an Bartender, Weinhändler, Sommeliers. Manche davon waren gar nicht mein Typ, eher war es die magnetische Kraft Alkohol, die mich zu ihnen zog. Einen davon lernte ich am Tresen meiner Stammbar kennen, in jenem rasenden Sommer kurz vor meinem vierundzwanzigsten Geburtstag. Unser erstes Gespräch drehte sich darum, warum man Menschen aus der Gastronomie daran erkennt, dass sie in die Armbeuge husten statt in die Hand. Wir tranken Negronis und Wodkashots und gingen, nachdem ich mich dezent auf der Damentoilette übergeben hatte, in einem jener Clubs feiern, wo jeder Dienstag ein kleiner Samstag ist. Mein Lippenstift hieß Ruby Tuesday.

Sein Job war es, Leuten den passenden Wein zum Essen zu empfehlen, was mich natürlich schwer begeisterte. Zu Beginn unserer Beziehung schenkte er mir eine Postkarte mit zwei Franzosen, die, offenbar betrunken, versuchten, eine Weinflasche zu entkorken. Darunter stand: »Es dauert lange, bis man ein echter Weinkenner wird, aber es ist eine schöne Zeit.« Zweifellos habe ich viel gelernt in dieser Zeit, das meine ich völlig unironisch. Ein Großteil meines

Weinwissens, von dem ich später beruflich profitieren sollte, stammt von ihm. Wie alle Gastrominnen und Gastronomen war er großzügig, nicht nur bei Restaurantbesuchen, und teilte gerne. Oft holte ich ihn nach der Arbeit ab, wartete bei einem Glas Champagner darauf, dass er mit dem Reinigen der Kaffeemaschine fertig war, bevor wir die Runde durch Bars und Restaurants machten. Überall gab es Austern und Butterbrote für uns und Beaujolais und Rieslinge von der Mosel. Ich liebte diese Nächte mit offenem Ende, obwohl sie, genau genommen, doch immer gleich endeten, mit Taxinickerchen und Pancake-Katerfrühstück am nächsten Morgen. An manchen dieser Morgen war ich wie gelähmt, bis mich der Freund unter die kalte Dusche stellte. Was war bloß mit mir los?

Einmal fuhren wir kurz vor Weihnachten zusammen nach Paris. Wir wohnten erst bei entfernten Bekannten, dann in einem schäbigen Hotel, in dessen Lobby ein trübes Aquarium stand und eine Schildkröte in einem halb leeren Bassin dahinsiechte. Das so gesparte Geld investierten wir in die sogenannten leiblichen Freuden. Als mein Vater hinterher die Fotos sah, fragte er, aufrichtig erstaunt: »Habt ihr noch was anderes getan außer gegessen und getrunken?« Hatten wir nicht. Der Tag begann mit Austern-und-Champagner-Frühstück in einer von der *Elle* empfohlenen Bar, von der wir direkt zum von reichlich Bordeaux begleiteten Mittagessen aufbrachen und anschließend Weinflaschen mit nackten Pin-up-Girls shoppten. Im Centre Pompidou sahen wir uns eine Ausstellung an, bei der ein abgemagerter Windhund durch die Räume schlich, und auch ich hatte schrecklichen Hunger, weil bei all dem Saufen irgendwie das Essen zu kurz kam. Von da ging es zu einer Weinverkostung und weiter zum Aperitif, an den sich ein stundenlanges, von unzähligen brüderlich-schwesterlich geteilten Weinflaschen begleitetes Abendessen anschloss und Cocktails in einer Bar. Dann: Komaschlaf im Hotel mit der sterbenden Schildkröte. *Mon dieu*, wie fantastisch ein am Vormittag genossenes alkoholisches Getränk gegen einen Kater half, vor allem, wenn auf dem Etikett »Matin Calme« stand, ruhiger

Morgen. Allzu weit reichte mein Französisch nicht, aber für diesen Satz schon: »Pourriez-vous s'il vous plait remplir le verre?« Könnten Sie freundlicherweise mein Glas auffüllen?

Vielleicht machte ich damals zum ersten Mal die Bekanntschaft mit dem Phänomen des Nicht-mehr-betrunken-Werdens. Wenn ich mehrere Tage am Stück große Mengen trank, verschwand einerseits der Kater, andererseits wurde der Rausch mit jedem Mal dumpfer und leichter zu steuern, als wäre ich dessen Kapitänin, die nach vielen Flugstunden endlich die Kontrolle hat. In der letzten Phase meines Trinkens setzte ich diesen Umstand ganz bewusst ein. Wenn ich wusste, dass harte Tage anstanden – hart schloss natürlich eine große Vorfreude mit ein –, eine Weinreise beispielsweise oder eine mehrtägige Messe, betrank ich mich am ersten Tag so exzessiv wie möglich, um alle weiteren auf professionelle Art über die Bühne zu bringen.

Der vielen im Weinkühler servierten Rosés zum Trotz war Paris damals mit Mitte zwanzig für mich nicht die Stadt der Liebe. Sex empfanden wir meistens als viel zu anstrengend. Stattdessen stritten wir, worüber, weiß ich nicht mehr, aber immer waren wir betrunken. Meine Gedanken dazu notierte ich in einem postkartengroßen Heft mit schwarzem Trauerrand: »Manchmal verstehe ich die Welt nicht, manchmal mich selbst nicht. Mehrere Ausfälle unerklärlicher Natur.« Einmal brach ich im Taxi in Tränen aus, ein anderes Mal rannte ich einfach aus einem Bistro, als gerade die in Knoblauch gekochten Schnecken aufgetragen wurden. Am schlimmsten war der Abend im Le Verre Volé, zu Deutsch »Das sich drehende Glas«, einer angesagten Naturweinbar, in der der Freund entgegen aller Wahrscheinlichkeit einen Tisch bekommen hatte. Wir kamen schon betrunken an und leerten noch vor dem ersten Gang eine Flasche Champagner. Dann wurde mir plötzlich schrecklich übel. Ich rannte zur Damentoilette, der Freund hinterher, und so hing ich da, und nicht das Glas drehte sich, sondern die ganze Welt. Der Freund hielt mir beim Kotzen netterweise die Haare aus dem Gesicht. Als wir wieder an unserem Platz saßen, fragte eine Frau am Nebentisch, ob sie mir helfen könne, sie sei Ärztin.

Nach unserer Rückkehr notierte ich folgende Dezembervorsätze: »Ein, besser zwei alkoholfreie Tage die Woche. Öfter früh (9 Uhr!) aufstehen. Ausstellungen sehen. Den Bücherstapel ablesen. Nicht dreimal die Woche total betrunken sein.«

Das Ende kam wie immer in Gestalt des großen Dramas. Ich war wegen einer Dramaturgiehospitanz ans Hamburger Schauspielhaus gegangen. Das zu inszenierende Molière-Stück drehte sich um die Frage, ob Frauen der Hang zur Untreue aberzogen werden könne. An einem meiner ersten Abende stürzte ich mit einem Anfang zwanzigjährigen Kellner ab, auf dessen Nachttisch Richard David Prechts *Liebe. Ein unordentliches Gefühl* lag. Obwohl er ganz offensichtlich nur dazu diente, aus meiner von Bindungsangst bestimmten Beziehung zu kommen, glaubte ich am nächsten Morgen, mich verliebt zu haben – als Indizien reichten das Precht-Buch und sein Plan, sich einen Fuchs tätowieren zu lassen –, was ein doppeltes Drama nach sich zog. Einerseits die Trennung von meinem dreihundert Kilometer entfernten Freund, andererseits die kurze, rasende Affäre mit dessen vermeintlichem Nachfolger, sein Blut auf meinem Kleid, nachdem er betrunken hingefallen war. *Bonjour, tristesse royal.*

Kurzzeitig hatte ich wieder mit dem Rauchen angefangen, weil es mir *so schlecht* ging. Die in den folgenden Jahren immer drängender werdenden Schlafstörungen nahmen damals ihren Anfang. Bis zum Morgengrauen lag ich in meinem Zwischenmietenhimmelbett und grübelte, warum mein Leben eine solche Katastrophe war. Von außen betrachtet war es das natürlich nicht. Ich hatte einen großen Freundeskreis, der immer ein offenes Ohr hatte für mein uferloses Selbstmitleid. Meine Eltern finanzierten mir das Studium eines sogenannten Orchideenfachs, die obskuren Nebenjobs waren nur als Taschengeld für die Zehn-Euro-Negronis gedacht. Ich war jung, dynamisch und nicht mal arbeitslos, auch wenn die Hospitanz natürlich eine unbezahlte war.

In manchen dieser Nächte dachte ich an den Tod. Nicht dass ich mir was angetan hätte, es war mehr eine rationale Annäherung, die ich mit der größtmöglichen Distanz so umschrieben hätte: Ich kann verstehen, dass sich manche Menschen das Leben nehmen. Dabei hörte ich nächtliche SWR-Features zum Thema »Hilft Schreiben beim Sterben?« oder Musik von Die Nerven: »Wir folgen einer Linie bis in den Tod. Morgen ist es so weit.« Gegen die Schlaflosigkeit nahm ich Zopiclon. Am nächsten Tag schleppte ich mich dann völlig übermüdet und nicht selten verkatert auf die Probebühne oder in das Dramaturgenbüro, wo ich klischeehaft Texte über die Stellung der Frau im 17. Jahrhundert zusammenkopierte.

Dann kam mich meine Freundin Isa besuchen: Es war Weltfrauentag. Wir starteten den Abend in einem französischen Bistro, wo wir uns nichts zu essen leisten konnten außer der Käseplatte, und zogen von dort in eine jener Bars, wo man klingeln muss und die Bartender Anzug und Fliege tragen. Neben uns am Tresen saß ein Typ mit maßgeschneidertem Hemd und italienischen Rahmenschuhen, den Isa mit wenig Aufwand dazu brachte, uns den kompletten Abend lang auszuhalten. Was soll ich sagen: Unabhängigkeit war mir damals angeblich schon wichtig, nicht jedoch in finanziellen Angelegenheiten. Wenn ich mich recht erinnere, sprach Jochen schon am Tresen davon, auf der Suche nach einer Ehefrau zu sein, mit der er den Winter in seinem Chalet in St. Moritz verbringen könnte und den Sommer auf Sylt. Ob wir beide Ski fuhren?

Wir trafen uns einige Wochen lang, jedes Mal zum Essen in Restaurants, bei deren Preisen meine Mutter in Ohnmacht gefallen wäre, in einer Phase meines Lebens, in der ich beim Bezahlen an der Bioladenkasse immer an etwas Schönes dachte, um mich von meinem bedenklich niedrigen Kontostand abzulenken. Einmal ackerten wir uns durch ein Dreißig-Gänge-Menü, zu dem uns sein Fahrer brachte, einmal tischte er bei sich zu Hause Jakobsmuscheln aus der Feinkostabteilung des KaDeWe auf und schneeköniginkalten Champagner. Den Grundriss seines Penthouse – begehbarer Kleiderschrank, Pool auf der Dachterrasse – hatte er mir schon beim zweiten Treffen auf dem iPhone gezeigt. Jochen war charmant, klug, weltgewandt, gar nicht mal *so* viel älter als ich, aber eben auch: übergewichtig und überhaupt nicht mein Typ. Jedes Mal, wenn ich auf eine seiner Nachrichten antwortete, wand sich ein Teil von mir, weil es falsch war. Wir hatten es mit einem klassischen Tauschgeschäft zu tun: jugendliche Attraktivität gegen Geld. Natürlich war es kein Zufall, dass mir das ausgerechnet in einer Zeit *passierte*, die von Selbstzweifeln und Selbsthass geprägt war. »Das mag ich an dir«, sagte Jochen, und meinte damit das, was ich meinem Tagebuch gegenüber als Lost-Sein bezeichnete.

Einer der wenigen Menschen, die von der Sache wussten, war Isa, und deren Meinung war eindeutig: Nutze deinen Vorteil, andere Frauen tun das auch. Unnötig zu erwähnen, dass Alkohol dabei wieder eine zentrale Rolle spielte. Einerseits war er Zahlungsmittel in Form von French 75s, die ich mir von meiner unbezahlten Hospitanz nie hätte leisten können, andererseits machte er mich willenlos und brachte alles zum Glänzen. Nüchtern hätte ich es wohl keine Sekunde mit einem Typ ausgehalten, der Skifahren in St. Moritz für ein gelungenes Leben hielt.

Bei unserem vierten oder fünften Date, auf dem Weg von irgendeiner Klingelbar nach Hause, versuchte er mich, nachdem ich aus einem kurzzeitigen Negroni-Schlaf erwachte, im Taxi zu küssen (sein Fahrer hatte wohl frei). Ich war in dieser Situation ablehnender, als es meine Signale vorher vielleicht hätten vermuten lassen, und nach einem weiteren Treffen, bei dem er mich mit der Hand auf meinem Knie ruhend überzeugen wollte, mit ihm auf Sommerfrische nach Sylt zu fahren, schaffte ich es endlich, ihm in schriftlicher Form mitzuteilen, dass unsere Treffen nirgendwohin führten, es tue mir leid, ich sei mir gerade selbst eine Last. Er reagierte ziemlich verständnisvoll. Einige Zeit später verriet mir Facebook, dass er verheiratet war.

Auch Caroline Knapp tut sich schwer mit ihren eigenen Grenzen beziehungsweise damit, diese Männern aufzuzeigen:

»*Nein* ist ein außerordentlich kompliziertes Wort, wenn man betrunken ist. Das liegt nicht nur daran, dass Alkohol das Urteilsvermögen in bestimmten Situationen, wie auf Partys oder bei Verabredungen, beeinträchtigt (was durchaus der Fall sein kann), sondern auch daran, dass Alkohol den größeren, undurchsichtigeren Prozess der Identitätsfindung beeinträchtigt, bei dem es darum geht, sich selbst als stark, fähig und bewusst zu erleben. Dies ist für alle Menschen eine schwierige Aufgabe, aber für Frauen ist sie besonders schwierig und für Frauen, die trinken, fast unmöglich.«[2]

Wochenlang lässt sie sich von ihrem Collegeprofessor in teure Restaurants ausführen und sich hinterher in seinem Wagen befummeln, weil sie glaubt, nichts stoppen zu können, das sie selbst doch auf seltsame Weise in Gang gebracht hat. Ich weiß genau, was sie meint. Jochen mag ein Extrembeispiel gewesen sein, aber auch von ihm abgesehen gab es immer wieder Männergeschichten, bei denen mein Bauchgefühl Nein sagte. Der Alkohol war die Flut, die meine Sandburg der Entschlossenheit zum Einstürzen brachte, und zugleich der Sand, der sie überhaupt erst aufgebaut hatte.

Ich habe die Liebe dann doch noch gefunden. Es war so, wie ich es mir immer vorgestellt hatte, leicht und geborgen, das, was meine Therapeutin »bei jemandem zu Hause sein« nannte. Auch ihn lernte ich in halb komatösem Zustand kennen, auf einer Party mit dem Motto »Postfaktisch«, die völlig aus dem Ruder lief. Schuld war eine pinke Bowle mit durchsichtigen Herzen und mein zur Zerstörung entschlossenes eigenes. Ein Freund bat einen Freund bei seinem Aufbruch, auf mich aufzupassen, woraufhin der Bleibende entgegnete: »Das ist doch der Normalzustand.« Seltsamerweise erinnere ich mich an meinen eigenen Anblick im Badezimmerspiegel: der klatschmohnrote Lippenstift übers halbe Kinn verschmiert, wie Batmans Joker. »Er machte sich Sorgen um mich, fand mich aber interessant«[3], so beschreibt Amy Liptrot die erste Begegnung mit ihrer großen Liebe, und das passt auf meine auch ziemlich gut. Nach einem kurzzeitigen Blackout erwachte ich neben ihm liegend in einem etwas weniger tumultartigen Zimmer der Party. Wir streichelten uns, sonst nichts.

Es war nicht das erste Mal, dass ein Mann mich in ein Taxi bugsierte, aber für ihn war ich kein Auslaufmodell, das man im Schlussverkauf billig ersteht, sondern etwas Geliehenes, Zerbrechliches. Alles, was er in dieser Nacht tat, war, mich zuzudecken. Schon am nächsten Morgen war es anders als sonst. Als ich irgendwann meinte, jetzt gehen zu müssen, fragte er: »Gehst du für immer?«, und da wusste ich: nein. Wir gingen für meine Verhältnisse eine ziemlich lange Zeit miteinander, reisten gemeinsam mit dem Rucksack durch Asien, teilten sogar eine Wohnung. Wegen ihm zog ich von Wien zurück nach Berlin, in meinem Gepäck ein Handtuch, auf dem »Rette mich« stand. Wir sprachen über Kinder, über Hunde.

Er hatte es überhaupt nicht mit dem Trinken, während es für mich natürlich auch in dieser Zeit immer eine Rolle spielte. Und zwar anders oder noch auf einer anderen Ebene, als ich es damals erfassen konnte. Etwas in mir war nämlich nicht in der Lage, dieses Zuhausesein zuzulassen. »Etwas ist stärker«, notierte ich damals, Böses ahnend, in mein Tagebuch. Dieses Etwas tat Dinge, die ich mir selbst nicht erklären konnte. Als der Freund im ersten Jahr unserer Beziehung Geburtstag hatte, betrank ich mich so sehr, dass ich den halben Abend lang auf der Wiese jenes Parks lag, in dem er mir zum ersten Mal seine eigens dafür angereisten Freunde vorstellen wollte. Am nächsten Tag machten wir einen Bootsausflug und gingen anschließend feiern, und irgendwann unterhielt ich mich, so hieß es, delirierend mit einem Kasten Bier. An seinem nächsten Geburtstag kam ich Stunden später als zur verabredeten Zeit, und zwar betrunken von einer Grillparty. Auf ähnliche Art sabotierte ich Familienwochenenden und Sonntagspicknicks ebenso wie gemeinsam geplante Freitagabende, an denen mir plötzlich einfiel, dass ich einen Foodblogger in einer Naturweinbar treffen musste. Oft genug kam ich später als er nach Hause, betrunken und auf Krawall gebürstet, ohne dass es einen Grund dafür gegeben hätte. Natürlich war mir in gewisser Weise klar, dass ich so die erste Beziehung meines Lebens zerstörte, die mir wirklich etwas bedeutete; ich konnte nur nicht anders.

So wie mir ging es vielen trinkenden Frauen. Laura McKowen erzählt in *We are the Luckiest* von ihrer siebenjährigen Ehe, der ersten wirklichen Beziehung, seit sie die Highschool verlassen hat:

> »Mein Trinken war für uns beide eine Überraschung. Während wir zusammen tranken und mit unseren Freunden Spaß hatten, baute sich in mir ein dunkler Unterton auf. Zu Beginn, als die schlimmen Nächte sich häuften, bat er mich noch höflich darum, ein bisschen runterzufahren, später schrie er mich an, hör verdammt noch mal auf, als klar war, wie sehr ich mir und unserer Beziehung damit schadete. Wenn ich ein bisschen trank, schmiedete ich Pläne für die Zukunft, trank ich viel, zettelte ich Streit an und verlangte die Scheidung. Manchmal war ich grausam und chaotisch und sprunghaft. Dann wieder mehr das Mädchen, das er von früher kannte. Keiner von uns wusste, welcher er glauben sollte.«[4]

Obwohl sie eine gemeinsame Tochter haben, trennt sich das Paar. Ich kann das sehr gut nachvollziehen, und zwar sowohl die Pläne schmiedende als auch die grausame Seite. Wie McKowen wurde auch ich von meinen Launen hin- und hergeworfen, vor allem in Anwesenheit meines Freundes. Einmal blieb ich mitten auf der Straße stehen und hämmerte heulend auf mein Fahrrad ein, weil wir zu spät zu einer Weinmesse kamen, dabei war in aller Regel ich diejenige, die nicht von zu Hause loskam, ja gelegentlich passiv-aggressiv den Aufbruch extralange hinauszögerte. Ein anderes Mal kam ich bei einem illegalen Open Air am Rand von Neukölln, das wir gemeinsam mit einigen Freunden besuchten, einfach nicht wieder vom Pinkeln zurück. Stundenlang irrte ich cidretrinkend allein durch die Stadt, reagierte weder auf Anrufe noch Nachrichten, kaufte schließlich beim Späti eine Flasche billigen Weißwein und kehrte damit zur Party zurück, als sei nichts gewesen. Dass sich alle, allen voran mein Freund, große Sorgen gemacht hatten, nahm ich mit einem Schulterzucken hin. Es war, als hätte ich Wundbrand, der sich von meinem Körper aus auf den meines Freundes übertragen sollte. Ich bereute, wieder nach Berlin gekommen zu sein, ich hasste das Gefühl, zu wenig Zeit für mich zu haben, dabei ließ mir der Freund alle Zeit der Welt. Am meisten hasste ich mich natürlich selbst.

Auf seine Initiative hin mieteten wir eine Parzelle in einem Biobauerngarten an der Havel. Obwohl wir das nie so formuliert hatten, war es auch der Versuch, unsere einst so starke Bindung zu verfestigen, das gemeinsame Wühlen in der Erde, die Überlegung, wann was zu ernten und zu säen sei, sich gemeinsam an den Erfolgen freuen. Die Saison begann am 1. Mai mit einem Gartenfest, das wir ausließen, weil wir es für ertragreicher hielten, uns auf dem Kreuzberger Myfest zu betrinken, *fair enough*. Von da an versuchten wir wenigstens einmal die Woche die einstündige Fahrt durch den Berufsverkehr auf uns zu nehmen, was uns nicht immer gelang. Meist war ich schon runter mit den Nerven, bevor wir überhaupt ankamen. Lustlos harkte ich dann durch die Kartoffelbeete und fragte mich, wann wir endlich den fürs Picknick mitgebrachten sizilianischen Grillo öffnen würden. Obwohl sich unser Arbeitseifer in Grenzen hielt, war die Beute ziemlich fett. Jedes Mal kamen wir mit Ikea-Tüten voller Bohnen, Tomaten, Radieschen und Kopfsalat nach Hause. Aus dem schönen Plan, daraus ein Abendessen zu kochen, wurde meistens nichts, stattdessen gammelte das Zeug in der Spüle vor sich hin und landete dann im Biomüll. Es gab Wochen, in denen wir uns auf keinen einzigen Termin einigen konnten, oft lag es daran, dass ich auf Reisen war, dann mussten wir hoffen, dass jemand unsere Parzelle bewässerte. Es war ein heißer Sommer. Je öfter Mangoldblätter den Hitzetod starben und die Wühlmaus sich an den Kartoffeln verging – im Biogarten hinderte sie niemand daran –, je mehr Kohlköpfe im Müll landeten, desto eher sah ich dieses

Projekt als Sinnbild unserer Beziehung. Ich wusste ja, dass sie nicht von selbst Wurzeln schlagen würde, und war doch unfähig, etwas zu tun. Es war, als stünde ich mit einer leeren Gießkanne daneben. Oder einer voll Wein.

Die wenigsten Protagonistinnen der *sober literature* führen harmonische Beziehungen. Caroline Knapp betrügt ihre erste große Liebe mit ihrem Dozenten, für den sie rein gar nichts empfindet, und ihre zweite große Liebe mit einem Mann, der sie in Kleider zwängen will, in der ihr buchstäblich die Luft zum Atmen fehlt. Amy Liptrot wird von ihrer großen Liebe verlassen, obwohl sie ihm schon zu Beginn der Beziehung von ihrer Angst erzählt, der Alkohol könne sich zwischen sie drängen. Und auch Leslie Jamison gelingt es nicht, ihren Realitätsmüll für den Mann ihrer Träume beiseitezuschieben. Während einer Südamerikareise geht sie fremd, mit einem dahergelaufenen Iren. »Es war nicht so, dass ich Peter nicht betrogen hätte, wenn ich nicht betrunken gewesen wäre. Es ging eher darum, dass ich mich betrank, um ihn betrügen zu können.«[5] Ein typisches Phänomen bei Leuten mit Alkoholproblem: Sie können die für eine gesunde Beziehung nötige Empathie nicht aufbringen, weil sie zwar Meister des Selbstmitleids sind, aber ohne jedes Selbstmitgefühl.

Wie hätte ich jemanden ernsthaft lieben können, wenn ich mich selbst hasste? Auf grausame Weise übertrug sich dieser Hass auf meinen Freund, und das Trinken war im wahrsten Sinn des Wortes der Spiritus. Außerdem trank ich gegen meine Ängste an, vorm Nichtgenügen, vorm Verlassenwerden, dem Autonomieverlust. Dass Unabhängigkeit nicht heißt, für immer Single zu sein, sondern aus einer unabhängigen Position heraus eine Liebesbeziehung mit jemandem einzugehen, weil nur so echte Intimität entstehen kann, Hingabe ohne Selbstaufgabe, verstand ich nicht, so lange ich trank.

Im zweiten Sommer unserer Beziehung kam es zur Eskalation, erst zur Trennung, dann zur Versöhnung, und schließlich verließ er mich wirklich. Schon die vorangegangene temporäre Trennung hatte ich hauptsächlich mit Alkohol kompensiert, jetzt hatte ich natürlich erst recht allen Grund dazu. Ich weiß sogar noch, was ich als Erstes trank, eine Flasche burgenländischen Blaufränkisch der dieselbe Farbe hatte wie das Blut, das mir durch die Adern floss, die ich mir am liebsten aufgeschnitten hätte. Freunde versicherten, dass es nicht nur meine Schuld gewesen sei, dass ich mich oftmals klein und unfrei gemacht habe, meine Therapeutin registrierte ein »Kippen in Selbstbeschuldigung«.

Wenige Wochen nach der Trennung gewann ich bei einem Preisausschreiben ein Buch über starke Frauen, dabei gewann ich sonst nie etwas. Dann kaufte ich bei Rewe eine Topfpflanze, weil ich die Idee meines grünen Daumens noch nicht endgültig begraben wollte. Auf der Verpackung stand: »Love her but leave her wild.« Beides, das Buch und die Pflanze, stimmten mich kurzzeitig positiv. Abgesehen davon sah ich die meiste Zeit rot, blutrot, blaufränkischrot. Das Muster wiederholte sich, der Kreis schloss sich.

Natürlich ging das Leben nach der Trennung von meinem Freund weiter, das geht es immer. Ich hörte auf zu essen und nannte es Heilfasten. Abgesehen davon, dass ich ständig fror, kam ich erstaunlich gut damit zurecht. Etwa fünf Wochen lang trank ich keinen Alkohol. Meine Präsenz entsprach jener neben meinem Schreibtisch stehenden Tageslichtlampe, klar und zehntausend Lux hell. Für eine große Wochenzeitung schrieb ich einen Text darüber, wie gut sich das anfühlte, den jeder mit ein wenig Ahnung als Geständnis einer Abhängigen erkennt. Seine Überschrift: »Alkohol, meine große Liebe?« Ich schrieb:

> »In der ersten Woche des neuen Jahres regnete es durch. Im Winter setzt Berlin, dieser preußische Offizier, seine Pistole auf deine Brust und schreit: ›Trink!‹ Dieses Jahr war es anders. Die Feindseligkeit eines verkaterten Tages war verschwunden, ich watete nicht mehr als Trümmerfrau durch die Scherben einer vergessenen Nacht. Jeder Morgen war klar konturiert wie die Stimmen der Radiomoderatoren im Deutschlandfunk.«[6]

Anfang Februar flog ich mit dem Fahrrad über die Friedrichstraße, während ich einer Freundin durch die iPod-Kopfhörer hindurch erklärte, wie toll es war, nicht zu trinken, »ich weiß gar nicht, warum ich wieder anfangen sollte.« Zwei Tage später soff ich mich bei einer Käseverkostung mit einem befreundeten Paar halb ins Delirium und heulte den ganzen Nachhauseweg.

Einige Monate später reiste ich im Rahmen einer Pressereise allein mit dem Auto durch Kalifornien. Ein Auftragstext drehte sich über einen Schnapswanderweg, auf dem mir ein sternhagelvoller Whiskeybrenner den Satz diktierte: »We are a drinking community with a country problem.« Eines Abends durfte ich in einem Dreisternerestaurant essen und anschließend im dazugehörigen siebenhundert-Dollar-Zimmer übernachten. Daran erinnere ich mich gut: wie ich erst in der Badewanne liegend eine Flasche Rotwein trank und mich infolgedessen den Großteil der Nacht schwitzend und mit klopfendem Herzen auf dem sogenannten Kissenmenü hin und her wälzte. Mehr als einmal setzte ich mich angetrunken ans Steuer des Mietwagens. Das Alleinetrinken hatte ich ja immer schon geliebt, am Strand von Santa Monica oder in einem Flamingoschwimmreifen bei einer Poolparty in Palm Beach machte es natürlich gleich viel mehr Spaß als in der Heimat, auch wenn in meinem Vertrag mit der Agentur explizit stand, die Kosten für Alkohol würden nicht übernommen.

Kurz vor meiner Reise hatte ich in Berlin einen Bartender kennengelernt, den ich für ein Onlinemagazin interviewt hatte. Unser erstes Date fiel in eine meiner versuchsweisen Phasen des kontrollierten Trinkens, dieses Mal griff die Regel »kein Alkohol zwischen Sonntag und Mittwoch«. Es war ein Dienstagabend, ich holte ihn von seiner Arbeit ab, und es dauerte keine fünf Sekunden, bis ich mich selbst überzeugte, dass ein von meinem Date eigenhändig gemixter Negroni auf jeden Fall in Ordnung ginge. Anschließend gingen wir zum Italiener, wo er Lasagne aß und ich Rotwein trank, und von dort in eine Kinovorstellung von *Der goldene Handschuh*, einem

Film über lauter verkrachte Saufexistenzen auf St. Pauli. Noch ein Absacker in der geschlossenen Bar, zu der er natürlich den Schlüssel hatte. Aus dem Absacker wurden zwei oder drei und dann eine Flasche meines Lieblingsrosés. Natürlich machten wir rum, was schön war, allerdings war ich mindestens so sehr auf die Flasche fixiert wie auf ihn. Im Morgengrauen schliefen wir betrunken auf der Bank neben dem Tresen ein.

In den kommenden Monaten hatten wir das typische nichtexklusive Berlinding, wobei ich ihm zugutehalte, dass er in seiner Nichtfestgelegtheit immerhin sehr klar war. Meistens tranken wir, wenn wir uns sahen, oft in ähnlichem Stil, wie ich es mit meinem Ex-Freund, dem Sommelier, getan hatte, von einer High-End-Bar zur nächsten marodierend. Überall gab es Wermut-Tastings und Champagner aufs Haus, und es störte mich kein bisschen, die »Freundin von« zu sein, weil ich ja nicht mal seine Freundin war. Was nicht hieß, dass ich gewisse Annehmlichkeiten des Freundinnenstatus nicht doch beanspruchte, so wie in jener Julinacht, in der ich ihn aus dem Bett klingelte, in dem er gerade seine Sommergrippe auskurierte. Zuvor war ich auf der Releaseparty eines Weinmagazins gewesen und von dort schwer betrunken durch einen mir unbekannten Teil der Stadt geirrt, bis ich es endlich, nach Stunden, zu seinem Haus geschafft hatte. Er muss mich gehasst haben, ich jedenfalls hätte es. Am nächsten Tag war sein Geburtstag, den wir beide ähnlich lädiert durchlitten, er fiebrig, ich alkoholschweißschwitzend. Damals kam mein nächtlicher Überfall mir kein bisschen unverschämt vor, ebenso wenig wie ich bemerkte, dass mein Trinken schon wieder dazu geführt hatte, einer Person, die ich mochte, ihren Ehrentag zu versauen.

Entgegen der Annahme entschied meistens ich die Frage, ob ein Abend nüchtern verbracht werden sollte: nein. Es war der Sommer, in dem ich den halb ernsten Vorsatz fasste, dem Alkohol an meinem dreißigsten Geburtstag endgültig abzuschwören, ein Vorhaben, das ich gerne allen möglichen Leuten erzählte, so auch meiner Affäre. »Super Idee«, befand der Bartender und meinte es wirklich so.

Der Gedanke, von ihm verlassen zu werden, machte mir keine Angst, weil ich mein Herz ja gar nicht erst als Wetteinsatz vergeben hatte. Ganz anders war die Sache mit dem Alkohol. Im Prinzip war *er* meine große Liebe, die einzige Beziehung, die über die Jahre gehalten hatte, egal wie toxisch sie war. Mit ihm hatte ich all meine Freunde betrogen, blieb mein sonst immer schwankendes Begehren stabil. Jetzt, da immer klarer wurde, dass ich mich trennen musste, für immer, bekam ich es natürlich mit der Angst zu tun. Über Frauen, die sich von einer Beziehung in die nächste stürzten, hatte ich immer mitleidig den Kopf geschüttelt. Allein sein konnte ich, hatten das nicht meine vielen Singlejahre bewiesen? Die Abende allein in der Badewanne, allein im Kino, allein am Herd, auf dem ich mir meine Lieblingsgerichte zubereitete, nur für mich? Meist jedoch war ich in Gesellschaft meines Geliebten gewesen. »Drinking a lot of wine alone is not lonely, it's romantic« stand auf einer an meinen Kühlschrank gepinnten Postkarte.

Der Titel *Alkohol – meine gefährliche Liebe* verrät es schon: Auch für Caroline Knapp ist Alkohol die Liebe ihres Lebens. »Ja: Dies ist eine Liebesgeschichte. Es geht um Leidenschaft, sinnliches Vergnügen, tiefe Züge, Lust, Ängste, sehnsüchtiges Verlangen. Es geht um Bedürfnisse, die so stark sind, dass sie lähmend wirken. Es geht darum, sich von etwas zu verabschieden, ohne das man sich ein Leben nicht vorstellen kann.«[7] Wie sie stillte auch ich mit dem Trinken eine Sehnsucht nach Zugehörigkeit und Zuneigung. Erst waren es Jungs, die mir meine Wünsche verwehrten, dann Männer. Alkohol war der Lückenbüßer, mein Partner in Crime. Als ich mich das erste Mal von ihm trennte, war es, als würde ich meiner buchstäblich verflossenen Liebe ständig begegnen, online wie offline. Als hätte sie ständig Spaß mit anderen Frauen, während ich über den Rand meines Wasserglases hinweg weinend zusah.

Einmal schrieb mir meine Mutter einen Brief, offenbar als Reaktion auf meine mal wieder aussichtslose, die Männerwelt betreffende Lage. »Tja, du kennst meine Meinung. Mach dich nicht abhängig, lebe dein Leben, alles andere kommt dann von alleine. Nun muss ich meinen Geburtstag vorbereiten, habe Leberkäse u. Kartoffelsalat vorbestellt, backe 2 Kuchen, das reicht!« Nach all den schwierigen Jahren hatte sich mein Hass auf sie in Stolz und Liebe verkehrt, Stolz auf sie als alleinerziehende Mutter, Liebe in einer Form, die keine Angst vorm Verlassenwerden kennt. Auch die Beziehung zu meinem Vater brauchte erst das Fundament der Nüchternheit, um von einer aus Schmerz, Trotz und Abhängigkeit gezimmerten Bruchbude zu einem Haus zu werden, in dem ich mich gerne aufhielt. Manchmal reichte die Art, wie er bei meinem Besuch mein Bett vorbereitet hatte, um das Gefühl jener Geborgenheit auszulösen, die ich damals hatte, mit einer Schüssel Butternudeln auf seinem Schoß sitzend.

Denn das Verrückte war: Die Liebe war ja die ganze Zeit da. Nicht nur in Gestalt meiner Eltern, sondern auch meiner Freundinnen und Freunde. Wenn ich mit ihnen zusammen war, ging es nicht um Bestätigung und auch nicht um die Angst, verlassen zu werden. Ihnen gegenüber hatte ich jenes Urvertrauen, das die Voraussetzung ist für jede gelungene Beziehung. Nie fürchtete ich, sie könnten nicht wiederkommen, wenn sie die Tür hinter sich zuzogen. Nie den Tag, an dem sie einfach so entschieden, dass ich nicht mehr spannend genug für sie wäre. Sie waren einfach da.

Als ich trank, nahm ich all das für selbstverständlich. Auch wenn ich – glaube ich, hoffe ich – nie eine schlechte Freundin war, war ich doch nicht immer die beste. Einige Monate nachdem ich nüchtern geworden war, spazierte ich mit einem guten Freund durch das nächtliche Wien, vorbei am Ludwig-Wittgenstein-Haus, auf der Suche nach einer noch geöffneten Eisdiele. »Du bist so viel präsenter geworden«, sagte der Freund. Ich denke, das lag daran, dass mehr Platz war in meinem Herzen, jetzt, da ich die eine große Liebe daraus verbannt hatte.

Die
Wunde

Die sichtbarste Wunde, die ich dem Trinken zu verdanken hatte, war ein quer über mein Gesicht verlaufender Kratzer, ein Souvenir eines Kurztrips an die Ostsee. Angehörige des Kulturprekariats hatten ein ehemaliges Naziferienlager zum Technofestival umfunktioniert, mit Bühnen zwischen Dünen, Strand und einer Ruine, die perfekt gewesen wäre als Kulisse eines Zombiefilms. Es schien, als würde der Bass den Putz von der Fassade herunterbröckeln. Ich war mit jenen Berliner Freunden angereist, mit denen es zuverlässig eskalierte. Die Historie des Geländes war uns natürlich völlig egal, wir wollten uns einfach ein Wochenende lang wegballern: Tanzen macht frei. Bei Anlässen dieser Art war Daytime-Drinking obligatorisch. Abgesehen von mehreren Tuben Glitzer hatte ich auch einen Flachmann in meinen Jutebeutel gepackt, gefüllt mit sehr viel Gin und ein wenig Tonic. Tagsüber war die Stimmung eher Ponyhof, mit Seifenblasen und selbst gebastelten Schildern, auf denen »Tanzen ist auch Sport« stand. Mit Einbruch der Dunkelheit legte sich etwas Drängendes über die Feiernden, die Musik wurden reduzierter, alles irgendwie *dark*.

Als der Ostseewind immer stärker blies, flüchteten wir in eines der Partyzelte. Auf dem Weg zu einer neuen Runde Gin Tonics – mein Flachmann war natürlich längst leer – lernte ich an der Bar einen Schweizer kennen, in den ich mich an Ort und Stelle verliebte. Worüber wir redeten, weiß ich nicht mehr. Die folgenden Stunden glichen dem Versuch, die Scherben einer Vase zusammenzusetzen, deren ursprüngliches Muster ich nicht kannte. Wie sah dieser Typ überhaupt aus? Ich wusste, dass ich meine Freunde verloren hatte und ziemlich lange alleine umhergeirrt war. Ich wusste, dass ich irgendwann durch Gestrüpp gegangen, hingefallen und eine ganze Weile liegen geblieben war. Wie viele Gin Tonics waren es gewesen? Hatte mich der Schweizer auf diese Weise gefunden oder erst nachdem ich von selbst wieder hochgekommen war? Fest steht, dass er mich zum Sanitätszelt gebracht hatte, auf eine schweizerisch höfliche Art über meinen desaströsen Zustand hinwegsehend. Als Nächstes setzt die Erinnerung im Bulli meiner Freunde ein, alles schmerzte, alles klaffte. Der Schreck beim Blick in den Seitenspiegel angesichts des zehn Zentimeter langen Kratzers, im selben Farbton wie mein Lippenstift. Kurz darauf fand ich in meinem Jutebeutel einen Zettel mit der Adresse meines helvetischen Retters. Wochenlang schrieb ich alles mit ss statt ß, fantasierte mich in eine transnationale Romanze hinein – her mit der schönen Liebe! – und verfasste schließlich einen zweiseitigen Brief. Es kam nie eine Antwort. Wenn mich jemand auf den Kratzer in meinem Gesicht ansprach, nuschelte ich irgendwas von Katzen.

Irgendeine Art Wunde trug ich aus allen nächtlichen Schlachten davon. Sehr oft in Gestalt eines Verlusts. Schon als Kind neigte ich dazu, Dinge zu verlegen, Tupperdosen in Turnhallen, Regenmäntel in Regionalzügen, meinen Stoffhusky, den ich vom Fahrradsitz aus einfach fallen ließ. In Verbindung mit Alkohol kehrte diese Marotte zurück. Mein Leben lässt sich anhand verlorener Gegenstände nacherzählen. Handys, Kosmetikbeutel, deren Inhalt ein halbes Vermögen wert war, Lieblingsjacken, Ketten, Ringe, Cardigans, Personalausweise, Führerscheine, überhaupt jeden denkbaren Inhalt meines Portemonnaies, und natürlich das Portemonnaie selbst. War ich nicht mit fünfzig Euro mehr aus dem Haus gegangen? Manchmal die komplette Handtasche. Überraschend oft bekam ich die Sachen wieder, manchmal aus der Lost-and-found-Box eines Nachtclubs*, manchmal von netten Nachbarinnen, die meinen Handtascheninhalt im Flur fanden. Irgendwann ging ich dazu über, nur noch das Allernötigste mitzunehmen, Bargeld, Telefon, Schlüssel, Lippenstift.

Immer galt mein erster oder zweiter Gedanke am Morgen nach einer Trinknacht meinen Habseligkeiten. Mit einem Elan, der nicht zum zerschlagenen Zustand passte, sprang ich aus dem Bett und überprüfte den Inhalt meiner Tasche und die Garderobensituation. Wenn ich schon mal aufrecht stand, konnte ich mir auch gleich ein Aspirin auflösen. Zurück im Bett ging das Telefonding los. Was hatte ich in den Stunden vor dem Komaschlaf damit angestellt? Bei Facebook einen Artikel über den Immunsystemboosteffekt von Naturwein verlinkt? Bei Instagram eine Story hochgeladen, auf der ich eindeutig betrunken war? Und, ganz wichtig: Wem hatte ich was geschrieben?

Wie so viele meinte ich unter Alkoholeinfluss Zugang zu meinen wahren Gefühlen zu bekommen. Leider konnte ich sie selten für mich behalten. Freunden schickte ich Texte von Bon-Iver-Songs oder nostalgische Fotos, manchmal Kurzessays zu drängenden Fragen der Gegenwart: »Was sagt es über mich aus, dass meine Mama alle meine Passwörter auf ihrem Stehkalender notiert hat?« Meistens jedoch waren die Adressaten meiner nächtlichen Ergüsse Männer. Aktuelle Flirts, Typen, die noch gar nicht wussten, dass ich scharf auf sie war, längst in neuen Beziehungen steckende Ex-Freunde. Manchmal hatte ich Glück, und sie lasen die Nachrichten erst später oder gar nicht, manchmal aber auch sofort. Wenigstens verschickte ich nie Nacktfotos.

Es gab eine Phase in meinem Leben, in der es mehr Wochentage mit als ohne Kater gab. Nicht immer begleitet von Kopfschmerzen

---

* Dass dieses Phänomen ein weitverbreitetes ist, beweisen eigens dafür eingerichtete E-Mail-Adressen.

und Übelkeit, aber immer von einer dezent niedergeschlagenen Stimmung, als würde der Tag an den Rändern auseinanderlaufen wie ein Jackson-Pollock-Gemälde. Oft war ich über die Maßen sensibel, dann brachte mich ein im Bett geschauter Film zum Weinen oder, wenn ich es schaffte zu lesen, ein Buch, das ich noch am Tag zuvor banal gefunden hatte.

Leider musste ich oft arbeiten. Dann saß ich mit wummernden Schläfen am Schreibtisch und brachte gefühlt keinen geraden Satz zustande. Sehr oft versuchte ich dem mit Überanstrengung beizukommen, ein gar nicht so untypisches Verhalten bei routiniert Trinkenden, dabei kann Sport nach übermäßigem Alkoholkonsum sogar gefährlich sein. Hätte man mir das damals gesagt, wäre ich trotzdem meine sieben, acht Kilometer laufen gegangen, weil es mir anschließend besser ging. Für eine Trinkerin ist Self-Care ein dehnbarer Begriff.

Manchmal waren die Kater so schlimm, dass ich mir kurzzeitig wie ein Teenager schwor, nie wieder zu trinken. Wasser kotzte ich dann genauso aus wie diverse Schmerztabletten, hinzu kam eine migränetypische Lichtsensibilität. Dieser Zustand hielt meist bis zum späten Nachtmittag an, bis ich mich in der Lage fühlte, meine Expertise in Sachen Katerbekämpfung zur Anwendung zu bringen. Zitronenwasser, Misosuppe, Bananen und Cashewnüsse für die Elektrolyte. Zucker in jeder Form, dann zwei Portionen irgendeines Cheat-Day-Foods, Cacio e Pepe etwa oder Käsespätzle. Gar nicht so selten hatte ich danach wieder Lust auf einen Drink.

Wenn ich etwas verteufelte, dann war es der gelegentliche Drogenkonsum und dessen Nachwirkungen. Allein diesem, da war ich sicher, hatte ich den *manic monday* und die *tuesday tristesse* zu verdanken. Ich war eine Mutter und Alkohol mein Lieblingskind, dem ich alles durchgehen ließ.

Sehr lange Zeit passierte nichts wirklich Schlimmes. Wenn ich daran denke, wie oft ich wer weiß wo orientierungslos unterwegs war, grenzt es an ein Wunder, dass ich immer wieder den Weg nach

Hause fand. Da war zum Beispiel jener Urlaub auf Kuba, den mein Vater und meine Stiefmutter mir zum Masterabschluss geschenkt hatten. Was nach Abenteuer klang, stellte sich als dreiwöchiger All-inclusive-Horror heraus, in einem Hotel, das meinen versnobten Ansprüchen nicht genügte. Ich fühlte mich wie der Kreuzfahrtschiffmärtyrer David Foster Wallace in *Schrecklich amüsant, aber in Zukunft ohne mich*, wohlwissend, dass dieser durch Selbstmord aus dem Leben geschieden war. Zwei Wochen zuvor war ich von einem Typen verlassen worden, den ich mal wieder für meine große Liebe gehalten hatte. Ich heulte sehr oft sehr laut in meinem Einzelzimmer, trat randalierend gegen die Wand und biss in die zu Schwänen gefalteten Handtücher. Auszug aus meinem Reisetagebuch: »Die Idee, sich mit der Nagelschere zu schneiden, wird glücklicherweise nicht umgesetzt.« Erschwerend kam hinzu, dass ich demnächst aus meiner Wohnung ausziehen musste und mir mitten im Urlaub per E-Mail dann meine sehr bequeme halbe Redaktionsstelle gekündigt wurde. Bezeichnenderweise hatte ich den *Ratgeber für Selbstständige* zu Hause vergessen.

Höhepunkt des Tages war der am Pool eingenommene erste Aperitif. Nicht nur das Essen, sondern auch die alkoholischen Getränke waren nämlich im Preis inbegriffen, was dazu führte, dass ich den frühen Nachtmittag mit Margaritas einläutete, später zu White Ladys überging (natürlich hätte es Black Lady heißen müssen) und noch später den Bartendern mit Händen und Füßen zu erklären versuchte, wie man mein Überlebenselixier mixte, Beefeater-Gin, Bitters und Dubonnet, die All-inclusive-Version eines Negronis. Außerdem kam ich auf den Geschmack von Cuba Libre, weil der verwendete Rum hervorragend und der darauffolgende Rausch ein faszinierend energetischer war.

Eines Tages gelang es mir, mich auf das Gelände des nebenan gelegenen Luxushotels zu mogeln. Im Gegensatz zu unserem Hotel war Negroni dort kein Fremdwort. Noch heute sehe ich mich im bodenlagen Sommerkleid an der Bar sitzen und dem Bartender meine erfundene Geschichte der allein reisenden wohlhabenden Frau auftischen.

Dann beschloss ich, *einfach mal zu machen*, im achthundert Kilometer entfernten Havanna. Für meine Eltern muss das furchtbar gewesen sein, zumal es praktisch kein Internet gab, ich auch sonst kaum erreichbar war und irgendwie *vergaß*, mich zu melden. Noch dazu fiel mein Trip mit dem Geburtstag meiner Stiefmutter zusammen. Es war die Art kopflose Aktion, die typisch ist für Trinkende. Eine Mischung aus Aufgekratztheit, Empathielosigkeit und Lust auf Krawall. Ein selbstgerechter Zorn, vom Cuba Libre befeuert: *The Rum Diary*. Ich fuhr also mit dem Bus zehn Stunden in die Hauptstadt, mietete mich dort in einem Casa Particulares ein, wie die in Privathäusern untergebrachten Zimmer hießen, und machte mir die Stadt auf meine Art zu eigen, indem ich von Bar zu Bar zog. Auf der Straße vor dem El Floridita, Hemingways Stammbar, quatschte mich ein Einheimischer an. Idiotischerweise hielt ich Johnnys iWatch für ein Zeichen von Vertrauenswürdigkeit. Ihm habe ich das Foto zu verdanken, auf dem ich braungebrannt und angeschickert neben der Bronzeskulptur eines Sexisten sitze, der mit dem Satz zitiert wird: »Kein Mann trinkt zu seinem Vergnügen.« Nachdem Johnny versucht hatte, mir Salsa beizubringen, leerten wir eine ganze Flasche Rum, die kaum teurer war als Wasser, und knutschten am Malecon. Nicht dass ich ihn sonderlich attraktiv gefunden hätte, eher machte der Zuckerrohrschnaps meine Glieder und Gedanken so angenehm schwer, dass Widerstand anstrengender gewesen wäre, als es einfach geschehen zu lassen. Keine Ahnung, wie ich Johnny überzeugen konnte, mich danach alleine in meine Unterkunft gehen zu lassen, da er mir doch, wie ich staunend meinem Reisetagebuch entnehme, mindestens drei Orgasmen versprach.

Am nächsten Tag wiederholte sich das Ganze mit einem gewissen Jaynier, der mich bei einer Art Voodoozeremonie aufgesammelt hatte und mich Stunden später in seinen elterlichen Verschlag führte, um mir das Landesgericht aufzutischen, Hühnchen, Reis, Kochbananen (ich versuchte gar nicht erst zu erklären, dass ich Vegetarierin war, denn Jaynier sprach kein Englisch), während seine Mutter den Tisch mit Plastikblumen dekorierte. Auch diese Sache ging gut aus, insofern, als dass ich ihn nach dem anschließenden kilometerlangen Spaziergang irgendwie abschütteln konnte, weil er leider so schlecht küsste, wie er fantastisch Salsa tanzte.

Es passierten noch mehr kuriose Dinge in Havanna, so fand ich mich in einem fensterlosen Wohnzimmer wieder, wo eine Großfamilie vor dem Fernseher sitzend Limetten in Zucker tunkte, zwischen Socken-in-Sandalen-Deutschen im Rummuseum, betrunken auf der Dachterrasse des Hotel Ambassador Christian Kracht lesend und auf einer in einem tropischen Garten stattfindenden Matinee mit einem marxistischen *Neue Welt*-Journalisten und Fidel Castros offiziellem Dolmetscher, vor uns auf dem Tisch flaschenweise zwanzig Jahre alter Rum. An meine Eltern dachte ich in diesen wirren Tagen so gut wie nicht.

Ständig schwankte ich auf dieser Reise zwischen Manie und Depression, der Angst, das falsche Essen zu bestellen, und jener, eine Narzisstin zu sein, garniert mit Selbstmitleid, grenzenlos wie der Malecon. Auszug aus meinem Reisetagebuch: »Vielleicht geht es ja darum: Gefühle zulassen, und zwar nicht nur die angenehmen. Gefühle, vor allem Wut, nach außen richten statt nach innen. In ein Handtuch beißen ist besser, als sich weh zu tun.« Dem hätte wohl auch Germaine Greer zugestimmt. In einem Radiointerview stellte die australische Feministin resigniert fest: »Wir haben Jahre damit zugebracht, den Frauen zu erzählen, dass sie in Kontakt mit ihrer Wut treten sollen, aber ich glaube, ich bin zu dem Schluss gekommen, dass einfach nicht genug Wut da ist. Frauen werden nicht zornig genug. Sie werden traurig.«[1] Trauer – berechtigt insofern, als dass ich ja wirklich Mann, Job und Wohnung verloren hatte –, Wut – auf eben diesen Mann und seinen uneleganten Abgang, auf Vorgesetzte, die einem im Urlaub per Mail kündigen –, Zukunftsangst, Sehnsucht nach Aufgehobensein: Nichts davon konnte ich wirklich zuordnen beziehungsweise anerkennen und von dort aus nach Lösungen suchen. Stattdessen betäubte ich all diese Gefühle mit Cuba Libre, als ob ich dadurch frei würde.

In dem ironisch betitelten Essay *Große Universaltheorie über den weiblichen Schmerz* umkreist Leslie Jamison ein vermeintlich auserzähltes Thema. Sein Ursprung liegt im 19. Jahrhundert, als Krankheit bei Frauen als vornehm galt, deren damit einhergehende Sensibilität man sich leisten können musste. Belohnung war eine auf Männer anziehend wirkende Hilflosigkeit: »Wunden versprechen Authentizität und Tiefe, Schönheit und Einzigartigkeit, Begehrtheit. Sie erzwingen Mitleid. Sie bluten so viel Licht aus, dass man in ihm schreiben kann.«[2] Heute leiden Frauen Jamison zufolge auf eine abgeklärte Art, in vorauseilendem Gehorsam, um bloß kein Klischee zu erfüllen. Ein Beispiel sei Lena Dunhams bereits erwähnte Serie *Girls*, deren Thema – vier junge Frauen am Rand des Existenzminimums, in allen Lebensbereichen mit Unsicherheit konfrontiert – eigentlich Mitgefühl auslösen sollte, stattdessen aber die Zuschauerinnen zum Lachen anrege und die Figuren zu Sarkasmus. Für deren Haltung findet Jamison den genialen Begriff »postverwundet«, eine selbstironische bis zynische Abgeklärtheit im Umgang mit den eigenen Gefühlen, die von der Fiktion längst in die Realität übergegangen sei:

> »Diesen Frauen ist bewusst, dass Verletztheit übertrieben und überbewertet wird. Sie misstrauen dem Melodrama, ziehen es vor, empfindungslos oder schlau zu sein. Postverwundete Frauen machen Witze über ihre eigene Verletztheit und werden ungeduldig mit Frauen, die allzu sehr leiden. (...) Postverwundete Frauen wissen, dass Schmerzposen beschränkten, überkommenen Konzepten von Weiblichkeit in die Hände spielen. Ihr Schmerz hat eine neue Muttersprache, die verschiedene Dialekte kennt: sarkastisch, apathisch, undurchschaubar; cool und clever. Diese Frauen hüten sich vor Momenten, in denen Rührung oder Selbstmitleid ihren sorgsam

zusammengenähten Saum der Intellektualität aufplatzen lässt. (...) Wir haben uns zugenäht.«[3]

Durch schwarzen Humor und einen der Welt entgegengestreckten manikürten Mittelfinger wird das eigene Leid erträglich gemacht, ohne dem Patriarchat auf die Füße zu treten. Jenem Patriarchat, das für Frauen allzu oft ausbeuterische, im Vergleich zu männlichen Kollegen schlechter bezahlte Jobs vorsieht (ganz abgesehen vom Vollzeitjob perfekter Körper), in dessen Dating Game mit zunehmendem Alter die Regeln der Männer gelten, das Frauen untereinander eher zu Stutenbissigkeit als zu Solidarität ermuntert. Eiskalt ist es in diesem Patriarchat, aber anstatt die Temperatur hochzuschalten – wütend zu werden! Uns mit anderen Frauen zusammenzutun! –, feiern wir unsere eigene Coolness. Dramaqueen allerdings geht als ironische Selbstzuschreibung in Ordnung.

Oft genug ist dieses Drama eines der halb leeren Weinflaschen. Paradox: Alkohol betäubt und beraubt uns unserer natürlichen Gefühle und verstärkt zugleich andere Emotionen, allen voran Angst und Depression. Wir trinken, um unangenehme Gefühle zu vergessen, gleichzeitig aber auch, um überhaupt etwas zu spüren. Es gab Zeiten, in denen ich nur weinen konnte, wenn ich betrunken war. Im Rausch gestattete ich mir die hollywoodesken Gefühle, die meine Ratio im Alltag verhinderte. Verkatert schämte ich mich, das Klischee der leidenden Frau so musterschülerinnenhaft erfüllt zu haben. Ich nahm es mit Humor und einem sarkastischen Facebook-Post. Jamison hingegen empfiehlt:

>»Wir sollten nicht jede Wunde ins Lächerliche ziehen. Wir sollten nicht witzig sein, wir sollten nicht zurückrudern oder uns im Nachhinein anzweifeln müssen, wenn wir sagen: Das hat wehgetan. Wir sollten uns nicht verleugnen müssen (...), um gegen die alte Litanei der Vorwürfe – theatralisch, bemitleidenswert, jämmerlich, selbstmitleidig, mitleidheischend – gewappnet zu sein.«[4]

Sie plädiert dafür, Geschichten vom weiblichen Schmerz zu erzählen, auch auf die Gefahr hin, dass sie auserzählt wirken. Nicht nur als therapeutische Maßnahme, sondern auch als Verweis auf etwas Allgemeingültiges, Menschliches (und somit auch Männliches). Sie will, dass »unsere Herzen offen sind« und deren Wunden sichtbar. Ich musste an die japanische Handwerkskunst Kintsugi denken, bei der zerbrochene Keramik gekittet und die Risse mit goldener Farbe aufgefüllt werden. Schimmernde Narben, deren Geschichten es wert sind, erzählt zu werden.

Ein paar Narben habe ich dem Berliner Asphalt zu verdanken. Leider hielt ich es oft für eine gute Idee, am Ende einer langen Nacht aufs Fahrrad zu steigen. Einmal zum Beispiel nach einer jener Weinmessen, bei denen ich immer unter Hochdruck stand wie ein minutenlang geschüttelter Champagner. Es war Sommer, die Bürgersteige mit wackligen Tischen vollgestellt, von den Weinkühlern perlte Schmelzwasser. Schon seit dem frühen Mittag schwirrte ich durch die Kreuzberger Markthalle, dann zur Hausmesse meines Lieblingsweinladens, dann zu einer Pop-up-Bar, an Spucken war nicht zu denken. Plötzlich war es dunkel genug fürs Fahrradlicht, und so machte ich mich Schlangenlinien fahrend zu jenem Bistro auf, in dem mein Ex-Freund arbeitete, mit dem ich mich inzwischen gut verstand. Bei meiner Ankunft war die After-Messen-Party schon in vollem Gange, ich tanzte und verschüttete Dinge und hielt mein halb volles Glas jedem entgegen, der mit einer Flasche Wein die aufbrausende Menge teilte wie Moses das Meer. Unter den vielen halb bekannten Gesichtern waren auch die zwei österreichischen Winzer, mit denen ich die weiteren Stunden – oder waren es nur Minuten? – verbrachte, bis irgendein Rest von Selbstfürsorge entschied, dass es besser wäre, nach Hause zu gehen. Gerade laufen war absolut unmöglich, schon das Aufrechtstehen ein Kraftakt. Bis ich mein Fahrradschloss aufbekam, verging eine Ewigkeit. Keine Ahnung, wie ich es die gut sieben Kilometer nach Hause schaffte, schlingernd vom Straßenrand in die Mitte und wieder zurück. Am nächsten Tag rief mich mein Ex-Freund an. Mit Entsetzen habe er die Winzerhände auf meinem Körper beobachtet, was mir überhaupt nicht aufgefallen war. Der Anblick habe ihn traurig gemacht und ratlos. Dann sagte er noch den Satz: »Ich will dich nie wieder so sehen.« Es war das erste und einzige Mal, dass jemand mein Trinken so klar verurteilte. Ich erinnere mich genau an den Moment des Anrufs. Es war früher Abend und ich auf dem Weg zum Geburtstag eines guten Freundes, in meiner Tasche das Gastgeschenk in Form einer Flasche Wein, die ich hauptsächlich selbst trinken würde. Meinem Ex-Freund am Telefon versprach ich, dass er mich auf keinen Fall noch mal so sehen würde. Wir sahen uns sowieso nicht besonders oft.

»Bella, du bist cool. Hör auf mit den Drogen.« Von den vielen tollen Sätzen in *I may destroy you* ist mir dieser besonders in Erinnerung geblieben. In dieser Serie verarbeitet Michaela Coel ihre eigene Vergewaltigung, und zwar als Autorin, Produzentin und Hauptdarstellerin. Arabella lebt und schreibt in London, eine um die Dreißigjährige zwischen Onlinedating und Twittersucht. Eines Nachts wird sie von K.-o.-Tropfen benebelt vom Bekannten eines Freundes auf einer Clubtoilette vergewaltigt. Zwölf Folgen lang macht sich Arabella auf die Suche nach ihrer verlorenen Erinnerung und dem Typen, der schuld ist daran, dass ihr Leben auseinanderfällt. Wie viele Kritikerinnen hat auch mich die von HBO und BBC produzierte Serie umgehauen, vor allem, weil ich mich so sehr in deren Hauptdarstellerin wiedererkannt habe. Bella ist viel zu tough, um wegen eines ihr nachts entgegenkommenden Mannes die Straßenseite zu wechseln. So frei wie mit ihrer Sexualität ist sie auch im Umgang mit Drogen. Beim Schreiben hilft Kiffen, beim Tanzen Ecstasy, getrunken wird in der Serie sowieso die ganze Zeit. Kritik an Bellas Lifestyle kommt ausgerechnet von jenem Dealer, an den sie ihr Herz verloren hat. Biaggio ist nüchtern, weil seine Mutter und Schwester an einer Überdosis starben. Dass sie cool ist, hört die Protagonistin gerne, dass sie das mit den Drogen sein lassen soll, nicht so sehr.

Wie Bella auf einer Clubtoilette vergewaltigt werden? *Worst case.*

Solch ein Erlebnis lag außerhalb meiner Vorstellungskraft. Erst in den letzten zwei Jahren meines Trinkens häuften sich die *wirklich* unguten Ereignisse. Im Zusammenhang mit Sucht fällt oft der Begriff *rock bottom*, der Moment, der zum Umdenken zwingt, und zwar nicht im Sinn der routinierten Katerreue oder jener Vorsätze, die spätestens am nächsten Tag wieder vergessen sind, sondern einer echten Umkehr. Bei Laura McCowen, Autorin von *We are the Luckiest*, wäre es beinahe der Tag gewesen, an dem nach einer Nacht mit einem Unbekannten ihre Tochter verloren ging. Bei Caroline Knapp beinahe jener Tag, an dem sie betrunken stürzte, die beiden Töchter einer Freundin auf dem Arm, und sich dabei eine Kniewunde zuzog, »so tief, dass die Krankenschwestern meine Kniescheibe sehen konnten«.[5] Die Kinder blieben unverletzt. Bei Charlotte Roche wäre es beinahe jener Heiligabend gewesen, an dem sie betrunken die Treppe zur Wohnungstür hinabstürzte und im anschließenden Familienskiurlaub nichts tun konnte außer rumsitzen. Beinahe, weil in allen drei Fällen das Trinken noch ein bisschen weiterging, Wochen, Monate oder sogar Jahre. Der Moment, in dem man, frei übersetzt, auf dem Boden aufschlägt, ist so individuell wie der dorthin führende Weg und kann nur rückblickend definiert werden. Manche verursachen Autounfälle oder verlieren den Führerschein*, manche landen mit einer Alkoholvergiftung in der Notaufnahme, brechen sich das Schlüsselbein oder werden ungewollt schwanger. Wieder andere landen im Gefängnis oder sind sogar schuld am Tod eines Mitmenschen. Möglicherweise ist das Ereignis aber auch sehr viel undramatischer, das einmal zu oft verlorene Telefon, ein Streit mit dem Partner, die Sorgen einer guten Freundin.

Mir fallen mehrere *rock bottom*-taugliche Momente ein, die leider

---

* Dieses Erlebnis diente Peter Richter als Aufhänger für sein Buch *Über das Trinken*, wobei er nach Wiedererhalt seines Führerscheins genauso weitertrank wie zuvor.

nicht mehr blieben als Warnschüsse. Einmal hatte ich für einen Freund irgendein aufwendiges Pastagericht gekocht, dazu tranken wir mehrere Flaschen eines Weins namens Theodora. Wie es sich für eine gute Gastgeberin gehört, bot ich an, nach dem Erdbeertiramisu Negronis zu mixen. Weil sich die Zutaten auf dem Küchenschrank befanden, kletterte ich mithilfe eines Stuhls hinauf, verlor das Gleichgewicht und fiel in den Backofen, und zwar so, dass sich dessen Griff in mein Steißbein bohrte. Mit vom Alkohol getrübten Schmerzempfinden fixierte ich den nun nicht mehr zu schließenden Ofen mit Paketband und kümmerte mich anschließend um unsere Drinks. Die Wunde verheilte erstaunlich schnell.

Dann war da die Hochzeit eines befreundeten Paares mitten im Brandenburger Nichts. Ich kannte den Ort von diversen Festivals. Mit ähnlich viel Liebe zum Detail hatten die beiden Holzbuden gezimmert, Schaukeln und Lampions in Bäume gehängt und eine Art Leuchtturm gebaut, mit Blick auf einen der zahlreichen Dancefloors. Im Prinzip handelte es sich um ein privates Minitechnofestival, mit dem erfreulichen Unterschied, dass ich fast alle Anwesenden kannte und die Getränke umsonst waren. An einem eigens dafür aufgebauten Stand ließ ich mich mit Glitzer schminken und mir eine Pfauenfeder ins Haar stecken, dann tanzte, schaukelte, freute ich mich. Gegen Abend kippte die Stimmung in Richtung Exzess, bei mir jedenfalls. An den offiziellen Teil, der mit seinen Festreden und Brautpaarspielen gar nicht so anders war als die Spießerhochzeiten, über die wir uns immer lustig gemacht hatten, erinnere ich mich nur noch schemenhaft, auch an das folgende Essen, bei dem ich wie so oft mehr Wein trank als alle anderen. Irgendwann standen wir vor einem DJ-Pult, um uns herum Glitzer und Konfetti, und dann war alles schwarz. Ich erwachte im grellen Licht eines Sommertags auf dem Bretterboden des sogenannten Western Saloons. Allein, mit Pfauenfeder im Haar, ohne die Spur einer Erinnerung. Wieder mal hatte ich wahnsinnig viel Glück gehabt: dass ich nur von Freunden und Freundesfreunden umgeben war, dass niemand meine Situation ausgenutzt, mich bestohlen oder angefasst oder wer weiß was getan hatte.

2018 schrieb ich einen Text über MeToo. Keinen ablehnenden, aber einen kritischen. Zweifellos sah ich mich als Feministin, fand allerdings Teile der Debatte überhitzt, weil sich in den sozialen Netzwerken so viele Erlebnisse unterschiedlichster Gewichtung mischten. Ich selbst postete nichts, einerseits weil ich mein Facebook-Profil als den falschen Ort dafür empfand, andererseits weil mir nichts einfiel. Zum Glück! Sicher war die eine oder andere Knutscherei unnötig gewesen, hatte ich vielleicht nicht immer mein vollständiges Einverständnis zu einer Hand auf meinem Knie gegeben, aber ich hätte ja auch Nein sagen können, und sowieso waren so viele Erinnerungen hinter einem Nebel aus Zeit und Biermischgetränken verschwunden ...

Natürlich fängt hier das Problem bereits an. Ein Mann wird niemals das Gefühl nachvollziehen können, das eine unbegleitete Frau bei Einbruch der Dunkelheit hat. Das kurze Zögern beim Einstieg ins Taxi. Das zwanghafte Wegsehen gegenüber dem U-Bahn-Glotzer. Die Ratlosigkeit, wenn die Länge ihres Minirocks kommentiert wird. Die Überlegung, ob ein knallroter Lippenstift wirklich so eine gute Idee ist, weil ihn manche als Einladung missverstehen könnten. Früher habe ich solche Fragen selten zu Ende gedacht. Ich mag nun mal knallroten Lippenstift!

Und doch: In den Monaten, nachdem bekannt wurde, dass der Hollywoodproduzent Harvey Weinstein mehrere Frauen bedrängt, benutzt und vergewaltigt hatte, habe ich mich mehr und mehr radikalisiert. Sicher lag das daran, wie intensiv ich mich mit feministischen Fragen auseinandersetzte, hauptsächlich in Form von Büchern unter anderem von Margarete Stokowski, Katja Lewina und Pauline Harmange, deren *Ich hasse Männer* in Frankreich schon allein deswegen für viel Aufruhr sorgte, weil der Gleichstellungsbeauftragte es verbieten wollte.[6] Viele ihrer Thesen gingen mir zu weit, was ich hingegen mochte, war die Haltung »Ich gebe mich nicht mehr mit mittelmäßigen Männern ab« und dass sie nur noch künstlerische Werke von Frauen konsumiere. Interessanterweise bekam ich auf meine eigene Rezension[7] viel negatives Feedback, wobei viele wohl nicht kapierten, dass es sich um eine Besprechung handelte, beziehungsweise sich nicht die Mühe machten, den Text durchzulesen – willkommen im Zeitalter des Headline-Journalismus. Kein Wunder, dass die französische Autorin zeitweilig untertauchen musste, aus Angst um ihr Leben. Das Internet ist nämlich ein alter weißer Mann und müsste *Ich hasse Feministinnen* heißen.

Mehr noch als die ganze Leserei veränderten mich zwei Erlebnisse. Auch nach meinem Rückzug nach Berlin war ich mehrmals im Jahr in Wien. Es war der vorletzte Sommer meines Trinkens. Am Abend zuvor war ich auf Kosten einer großen Zeitung in einem der besten Restaurants der Stadt allein essen gewesen. Der Sommelier war stark auf die Bedürfnisse einer Solotrinkerin eingegangen, weswegen ich am Ende so betrunken war, dass ich ewig brauchte, um den richtigen Nachtbus zur Wohnung meiner Freundin zu finden. Entsprechend verkatert war ich am Tag danach, da traf es sich gut, dass schon am frühen Nachmittag die Naturweinmesse begann, auf die ich mich schon so lange gefreut hatte. Eigentlich hätte ich die immer gleiche Aufführung leid sein müssen, deren Zuschauerin ich nun schon so lange war: wie ich erst jeden zweiten Schluck ausspuckte, dann gar keinen mehr, mir nachschenken ließ von Weinen, zu denen ich mir bereits Notizen gemacht hatte, der Tag zu rauschen begann wie mein österreichischer Lieblingsradiosender im Ausland. Am Ende der Messe wurde ein Menü serviert und alle von der Messe übrig gebliebenen Flaschen auf einem Tisch aufgetürmt, zur freien Entnahme. Es gibt ein Foto von mir im schwarzen Leinenkleid, mit leicht verwischtem Lippenstift, wie ich lächelnd auf die rund vierzig verschiedenen Weinflaschen blicke. Ich postete das Foto bei Instagram, zusammen mit der Überschrift »Das Kind im Spielzeugladen«; es bekam ziemlich viele Likes.

Nach dem Essen schloss ich mich einer Gruppe Winzer an, wohl wissend, dass solche Konstellationen meine Vorliebe für exzessives Trinken bedienten. Ziel war eine Bar in einer ehemaligen Kirche, mit einer unter einem Tonnengewölbe gelegenen Tanzfläche, deren Säulen, je nach Berauschtheitsgrad, komplizierte Hindernisse waren. Links neben der Eingangstür hing ein Manner-Schnitt-o-Mat. Wir tranken Gin Tonics und billigen Weißwein und wohl auch Schnaps, jedenfalls wurde mir plötzlich schrecklich übel. Szenenwechsel: ich, wie ich mich in einem Hinterhof im Schutz der Mülltonnen übergebe – wie habe ich mir dorthin Zutritt verschafft? –, allein, immerhin im Besitz meiner Handtasche.* Dann Rückkehr zur Bar, wo die Anwesenden einstimmig beschlossen, dass es besser wäre, mich jetzt nach Hause zu bringen, und da zu Hause sehr weit weg war, bot sich einer der Winzer, Typ Waldschrat, an, mich in die nahe gelegene Wohnung eines Freundes zu bringen. *Walk of shame*: wir zwei, wie ein altes Trinkerehepaar untergehakt den blitzblanken Bürgersteig entlangtaumelnd, oder war nur ich nicht mehr Herrin meiner Sinne? Szenenwechsel: Als Nächstes erwache ich in einem viel zu kurzen Bett, mit dem Licht der Straßenlaterne auf meinem verquollenen Gesicht. Der Waldschrat hatte sich zu mir gelegt, löffelte mich von hinten an, der Waldschratbart kratzte an meinem Hals. Selbst in meinem halb komatösen Zustand war mir klar, dass sich aus dieser Situation ein Problem ergeben könnte, ja streng genommen bereits ergeben hatte. Alles, was ich tun konnte, war, ihn zu bitten, *es nicht zu tun*. Das tat ich. Wortlos stand er auf und ging aus dem Zimmer. Meine Erleichterung darüber, dass es ein Zimmer war, dass ich offenbar nicht auf der Straße lag, sondern in einem Kinderbett, war fast so groß wie die Feststellung, dass er wirklich ging. Am nächsten Morgen wurde ich von einem etwa siebenjährigen Mädchen geweckt mit den Worten: »Mama, Mama, der Onkel hat

---

* Dazu ein Zitat von Stephen King: »Wir sehen alle ziemlich gleich aus, wenn wir in die Gosse kotzen.« Siehe www.vice.com/de/article/gqy9pq/stars-trinken-und-koennen-sich-deswegen-nicht-mehr-an-die-erschaffung-ihrer-wichtigsten-werke-erinnern.

lange Haare bekommen!« Ein böser Traum? Leider nein. Wie es sich herausstellte, war ich in der weitläufigen Flügeltüraltbauwohnung einer vierköpfigen Familie gelandet. Man bestand darauf, dass ich am Frühstückstisch, der wie aus einer Nutella-Werbung daherkam (dreieckig geschnittenes Toastbrot, frischer Orangensaft und Kakao aus Schnabeltassen für die Kinder), wenigstens einen Kaffee zu mir nahm. Es war einer der schamhaftesten Momente meines Lebens: zitternde Hände (gebt mir doch einfach die Schnabeltasse), zerlaufenes Make-up, Naturweinodeur, der Ultrakontrast zu den zwei hübsch frisierten Mädchen im Kampf um die zweite Scheibe Nutella-Toast. Und mir gegenüber jener Typ, der einige Stunden zuvor seine Fürsorgepflicht so grob verletzt hatte und jetzt mit dem Gastgeber über den aktuellen Weinjahrgang plauderte, als wäre nichts gewesen. Der lustige Burgenlandonkel mit dem langen Bart. Einen verbalen Molotowcocktail hätte ich werfen sollen in die lilalustige Kleinfamilienwelt. Etwas wie: »Oh, der Onkel hat letzte Nacht übrigens überprüft, ob mir schon Brüste wachsen. Kann ich noch ein Glas Orangensaft haben?« Ich tat es nicht. Die Scham hielt nicht mal bis zum Abend, weil noch am selben Tag die nächste Weinmesse auf dem Programm stand. Ich trank dann einfach weiter.

Alkohol und Gewalt sind ein gutes Paar. Man muss sich nur mal anschauen, wie englische Hooligans ein Fußballstadion zerlegen oder das Berliner Myfest Jahr für Jahr aus dem Ruder läuft, parallel zum wachsenden Pfandflaschenberg. Der vom Deutschen Krebsforschungszentrum herausgegebene *Alkoholatlas Deutschland* nennt als direkte Folgen eines erhöhten Alkoholkonsums: Gewaltkriminalität, Widerstand gegen die Staatsgewalt, sexuelle Gewalt, körperliche Misshandlung, Körperverletzung, Verletzung mit Todesfolge und verbale Gewalt. Kinder aus Familien mit Alkoholproblemen erleben nicht nur selbst häufiger Gewalt, sondern neigen im späteren Leben auch selbst mit höherer Wahrscheinlichkeit dazu.[8] Bei Gewalt in der Partnerschaft standen 27 Prozent der Männer und 23 Prozent der Frauen unter Alkoholeinfluss. Noch drastischer sind die Zahlen der vom Blauen Kreuz Deutschland und der Deutschen Hauptstelle für Suchtfragen initiierten Aktionswoche Alkohol: Dort heißt es, mehr als jeder zweite gegenüber seiner Partnerin gewalttätige Mann trinke zu viel Alkohol, in Fällen von sexueller und sehr schwerer körperlicher Gewalt sind es sogar zwei Drittel.[9] Eine andere Zahl gilt ebenfalls als gesichert: Jede dritte Frau in Deutschland wird mindestens einmal in ihrem Leben Opfer physischer oder sexualisierter Gewalt, jede vierte durch ihren Partner oder Ex-Partner, und zwar quer durch alle Schichten.[10] Jeden Tag versucht ein Mann, seine Frau zu töten, jeden dritten Tag gelingt es.[11] Oft ist von »Beziehungstaten« oder »Mord aus Leidenschaft« die Rede, dabei lautet der korrekte Begriff Femizid.

Männer, die an Männer Hand anlegen, sind das eine. Mich interessiert vor allem, welche Rolle Alkohol bei der Gewalt zwischen den Geschlechtern spielt. Hoher Alkoholkonsum – auch wenn er nur periodisch auftritt – ist der Risikofaktor Nummer eins für partnerschaftliche Gewalt.[12] Ist der Täter alkoholisiert, ist die Wahrscheinlichkeit sehr viel höher, dass seine Taten für die Frau lebensbedrohlich sind.

Eine amerikanische Studie fragte, ob für einen betrunkenen Vergewaltiger mildernde Umstände gelten sollten. Sowohl die Männer- als auch die Frauengruppe stimmten dem zu. Ebenso verhielt es sich bei der Frage, ob mildernde Umstände gelten sollten, wenn das weibliche Opfer bei der Tat betrunken war.[13] Ein schönes Beispiel von Doppelmoral: Männer unter Alkoholeinfluss sind weniger verantwortlich als ohne, Frauen mehr. Das hat auch mit dem noch immer weitverbreiteten Bild einer extrovertierten Männlichkeit zu tun, die sich ab und an halt auch in Gewalt äußert. Frauen wiederum wird oft Passivität unterstellt, auch hier wirkt der Alkohol also lediglich verstärkend. Frauen leiden, Männer schlagen, treten, schubsen, prügeln – oder sehen zu.

Oder sie nehmen sich das, was ihnen vermeintlich qua Geburtsrecht zusteht. *Date rape* lautet der englische Begriff für eine Vergewaltigung, bei der Täter und Opfer sich zumindest kurzzeitig kennen. Also kein Überfall in einer dunklen Unterführung, sondern die Fortsetzung eines Candle-Light-Dinners: nichteinvernehmlicher Sex. Auch durch mein schwäbisches Dorf ging das K.-o.-Tropfen-Gespenst. Noch heute habe ich die warnende Stimme meiner Mama im Ohr: »Pass auf, dass dir niemand was ins Glas tut!« 2021 führte die Drogeriekette dm ein Armband im Sortiment, das einen nicht nur daran erinnert, »achtsam zu sein«, sondern auch Getränke auf K.-o.-Tropfen testet.[14] Der einzige Ort, an dem mir diese gefürchteten Tropfen jemals begegnet sind, war das Berghain, und zwar in Form der beliebten Partydroge G, die ich dankend ablehnte. Die jedenfalls ihrer Häufigkeit nach viel gefährlicheren K.-o.-Tropfen heißen Scharfer Hüpfer oder Kleiner Feigling. Alkohol ist nämlich die *date rape*-Droge Nummer eins.[15]

In *Nichts, was uns passiert* greift Bettina Wilpert das Phänomen literarisch auf. Anna und Jonas lernen sich beim Public Viewing kennen, haben ein paar eher ungelenke Dates, schlafen miteinander ohne Beziehungsabsicht, beenden »die Sache« und landen schließlich nach einer Gartenparty doch noch mal im Bett. Jonas sagt: betrunken, aber einvernehmlich, schließlich mit Kondom! Anna sagt: gegen meinen Willen.

Nein heißt Nein: Das Sexualstrafrecht in Deutschland wurde Ende 2016 überarbeitet, bestraft wird seither, »wer gegen den erkennbaren Willen einer anderen Person sexuelle Handlungen an dieser Person vornimmt«. Hat Anna Nein gesagt, gelallt, und, wenn ja, hat Jonas es nicht gehört, oder wollte er es nicht hören? Hat er blaue Flecken auf ihrem Handgelenk hinterlassen, die, als es zwei Monate später zur Anzeige kommt, längst verheilt sind? Lügt Anna, um sich wegen Jonas' Ablehnung zu rächen? Oder ist dieser eben doch nicht der brave Frauenversteher, für den ihn alle halten? Auch hier spielt Alkohol eine Rolle bei der Beurteilung dessen, was passiert ist. Anna jobbt in einer Bar und wird von ihrem Mitbewohner als eine Frau beschrieben, die viel verträgt.

»Hannes dachte laut darüber nach, wie viel Alkohol Anna in den letzten Jahren konsumiert hat: viel, fast jeden Tag. In der Zeit, als sie noch zusammenwohnten, hat er es bemerkt – aber auch sonst. Sie sahen sich oft in der Bibliothek und sprachen darüber, was sie am Abend vorher gemacht haben, und bei Anna kam fast immer Alkohol in ihren Geschichten vor. Auch wenn sie sich verabredeten, tranken sie. Er konnte sich an kein Mal erinnern, bei dem es nicht so war.«[16]

Gekonnt spielt Wilpert mit den Vorurteilen der Lesenden. Wird Anna für weniger voll genommen, weil sie zu viel trinkt? Schmälert das ihre Glaubwürdigkeit, macht sie sich damit selbst zum Opfer? Und was passierte in der Nacht der vermeintlichen Vergewaltigung?

»Jonas sagte, dass er nicht darauf achtete, wie viel Anna an dem Abend getrunken hat, und dass er selbst viel gesoffen hat. Offensichtlich hat sie viel getrunken, sagte Anna, vielleicht wäre der Abend sonst nicht so verlaufen. Sie hasste sich dafür, die Kontrolle verloren zu haben. Das passierte ihr sonst nie. Auch nicht unter Alkoholeinfluss.«[17]

In ihrem Roman lässt Wilpert bis zum Schluss offen, ob es sich um eine Vergewaltigung handelt oder nicht. Die Realität sieht so aus: Bei über einem Viertel aller Vergewaltigungen und sexuellen Nötigungen steht der Täter unter Alkoholeinfluss.[18]

Um einen Eindruck des Problems zu bekommen, kann man statt Literatur auch einfach die Nachrichten lesen. Da war beispielsweise die Kölner Silvesternacht 2015, in der über sechshundert Personen Anzeige erstatteten, rund die Hälfte wegen eines Sexualdelikts. Zwei Frauen gaben an, vergewaltigt worden zu sein. Rund tausend Menschen befanden sich auf dem Vorplatz des Hauptbahnhofs, »nach Aussagen der Polizei hauptsächlich junge Männer. Viele seien vom Alkohol enthemmt gewesen und hätten unkontrolliert Feuerwerkskörper abgebrannt. Die Stimmung sei aggressiv gewesen. Aus dieser Menschenmenge heraus seien Frauen umzingelt, angefasst und bestohlen worden.«[19] Es ging damals hauptsächlich um die Frage der Herkunft der Täter, als Abgesang auf Merkels Willkommenskultur. Dabei waren auch solche mit deutschem Pass darunter. Warum wurde nicht genauer hingesehen, welche Rolle Alkohol spielte?

Fünf Jahre später wütete eine weltweite Pandemie. Im ersten Lockdown lachte das Internet über die deutsche Klopapierknappheit, à la »In Frankreich hamstern sie Rotwein und Kondome, wir denken daran, womit wir uns den Hintern abwischen.« Von wegen Rotwein: In Frankreich ging der Alkoholabsatz im März 2020 um 16 Prozent zurück, während er in Deutschland im selben Zeitraum um etwa ein Drittel stieg.[20] Überraschend ist das nicht: Das, was sonst über Kneipentresen und Restaurantbars ging, wurde jetzt eben in der eigenen Küche entkorkt. Noch besorgniserregender war der Anstieg häuslicher Gewalt. Sechs Prozent mehr Anzeigen gab es 2020 im Vergleich zum Vorjahr, zwei Drittel der Opfer waren Frauen.[21] Die Dunkelziffer dürfte sehr viel höher sein, schließlich hatten Frauen im Lockdown kaum eine Möglichkeit, Hilfe zu suchen – schlimmstenfalls waren sie rund um die Uhr mit ihrem Peiniger in der gemeinsamen Wohnung eingesperrt. Die Coronakrise verstärkte bestehende Muster. Wer zuvor schon Probleme mit Trinken kompensierte, tat das angesichts von Existenzsorgen und Verlust aller Alltagsstrukturen in verstärktem Maße. Wer bereits zuvor zu Gewalt neigte, schlug dann erst recht zu.

Nicht jeder, der trinkt, wird aggressiv, eher verstärkt Alkohol ein bestehendes Gewaltpotenzial. Und zwar mehr als jede andere psychotrope, also die biochemischen Prozesse und das Bewusstsein verändernde Substanz. Besonders gefährdet sind dem Geschäftsführer der Weinheimer Suchtberatungsstelle Paul Jöst zufolge diejenigen mit erhöhter Impulsivität und verminderter Stresstoleranz, »Menschen, denen Belohnungsaufschub schwerfällt, die über keine Bewältigungsstrategien verfügen oder die Probleme haben, unangenehme Gefühlszustände auszuhalten«.[22] Ein klarer Fall von toxischer Männlichkeit. Viele Jungen wachsen in dem Glauben auf, Gefühle seien Mädchenkram. Kein Wunder, dass Unsicherheit, Trauer und Scham so oft in Aggression umschlagen.

Meine Vermutung: Je traditioneller das Männerbild einer Gesellschaft, desto höher das alkoholbedingte Gewaltpotenzial gegen Frauen. Ein trauriges Beispiel ist Südafrika, wo der Coronakrise mit einem zweimonatigen Alkoholverkaufsverbot begegnet wurde. Nach dessen Aufhebung stieg die Gewalt gegen Frauen und Kinder rapide an, innerhalb weniger Wochen wurden mindestens 21 Morde und 70 Prozent mehr Gewaltdelikte verzeichnet. Präsident Cyril Ramaphosa sprach von einer »zweiten Epidemie«, und das in einem Land, in dem Rauschtrinken schon vor der Krise äußerst populär war.[23] Auch die Kölner Silvesternacht untermauert dieses Beispiel: Viele der Verurteilten stammen aus Ländern, in denen Alkohol verboten oder zumindest geächtet ist und Frauen alles andere als gleichgestellt sind. Eine latente Misogynie, die sich im Rausch Bahn bricht – und deutsche Polizisten und Passanten schauen zu.

Mein schlimmstes Erlebnis ereignete sich nicht in Deutschland, sondern in Österreich, ausgerechnet in jener Stadt, die bis dahin immer gut zu mir gewesen war. Ein Tag Ende Oktober, präzises Licht, der Duft nach Laub und Maroni. Dieses Mal wohnte ich bei einer anderen Freundin, die vollauf mit ihrer Psychologiemasterarbeit beschäftigt und ganz froh war über mein wie immer straffes Programm. Die ersten Stunden des Tages: wie ich das Haus verließ, in Lederjacke und halbhohen Stiefelchen, auf halbem Weg umdrehte, weil ich den Schlüssel vergessen hatte, dann weiterhastete in den fünfzehnten Bezirk, um mir eine Wohnung anzusehen. Zu diesem Zeitpunkt war ich Berlin schon wieder leid, zumal ich ja hauptsächlich wegen meiner in die Brüche gegangenen Beziehung zurückgekehrt war. Über einen Freund war ich auf eine möblierte Dachgeschosswohnung gestoßen, deren Besitzerpaar ich an diesem Vormittag kennenlernen sollte. Am Abend zuvor war ich trinken gewesen und fragte mich, wie immer in solchen Situationen, ob mein Gegenüber das bemerkte. Das Paar war sehr nett, die Wohnung günstig und meinen Vorstellungen entsprechend, ich versprach, mir nicht länger als zwei Wochen Zeit zu lassen mit der Entscheidung. Dann fuhr ich mit der Straßenbahn in eine Hotelbar, wo ich mit einer Bekannten zum frühen Aperitif verabredet war. Ich trank drei Negroni-Variationen, ohne zuvor etwas gegessen zu haben. Anschließend traf ich andere Freunde in einem italienischen Restaurant, das bekannt war für seine Trüffelgerichte. Weitere Aperitifs, dann flaschenweise Wein, zum Tiramisu Schnäpse aufs Haus. Und nun? Gar nicht so leicht, in Wien an einem Donnerstag um zweiundzwanzig Uhr noch eine Möglichkeit zum Saufen zu finden. Unsere Wahl fiel auf ein skandinavisch möbliertes Naturweinbistro. An den dortigen Aufenthalt habe ich nur schemenhafte Erinnerungen, irgendwas mit Champagner. Kurz vor Mitternacht bestellten sich die anderen ein Taxi, während ich darauf bestand, den Nachtbus zu nehmen.

Im nun wirklich nicht verrufenen Wien gilt der Schwedenplatz als eine der wenigen unguten Ecken. Beiname Bermudadreieck, weil man leicht verloren gehen kann im Strudel aus Studentenkneipen und All-you-can-drink-Etablissements. Andererseits ist die dazugehörige Haltestelle belebt und hell erleuchtet. Ich setzte mich in das Wartehäuschen und hörte Musik. Ein Mann setzte sich neben mich. Etwa mein Alter, kastenförmige schwarze Brille, an mehr erinnere ich mich nicht. Er verwickelte mich in ein Gespräch, auf Englisch, nicht von hier. Weder weiß ich, worüber wir sprachen, noch wie lange dieses Gespräch dauerte, bis zum Moment, in dem er meine Hose aufknöpfte und mich mit dem Finger penetrierte. Anstatt mich zu wehren, ging ich auf ironische Distanz zu mir selbst. Als würde ich innerlich mit den Augen rollend feststellen: *Das jetzt auch noch.* Im nüchternen Zustand hätte ich ihn weggetreten, geschrien, geschlagen, zweifellos. So betrunken, wie ich war, war es mir schlichtweg zu anstrengend. Saßen wir da zehn Minuten oder zwei Stunden?

Mein Zeitgefühl strudelte. Irgendwann kam der Bus, der sich dann aber als der falsche erwies. Offenbar stand da schon fest, dass der Mann mich nach Hause begleiten würde – hatte ich Ja gesagt oder einfach nur nicht Nein? Er bugsierte mich in ein Taxi, nannte die – wann? Wieso? – von mir angegebene Adresse und setzte sich neben mich auf die Rückbank. Das Haus meiner Freundin. Ich schloss die Tür auf. Machte Lärm. Weckte meine Freundin. Sie fragte, was hier los sei. Der Mann flüchtete auf die Toilette. Ich muss einen weggetretenen Eindruck gemacht haben, aber keinen allzu bedrohten. Der Mann verließ die Wohnung. Meine Freundin ging wieder ins Bett und ich in meins. Allein – zum Glück. Am nächsten Morgen erwachte ich mit der Sorte Kater, die jede Nervenfaser durchdringt. Mein Mund trocken wie Schmirgelpapier, meine Augen verklebt, weil ich die Kontaktlinsen nicht entfernt hatte, Schwindel selbst im Liegen, Übelkeit, pochender Schläfenschmerz. Nach ein, zwei Sekunden kegelte die Erinnerung an die vorherige Nacht alle neune weg. Einen Wimpernschlag lang glaubte ich, die Entscheidung zu haben. Entweder ich würde mich dem Schmerz hingeben oder mich dem Schmerz verweigern. Entweder ich würde zulassen, dass etwas in mir kaputt ging – war es das nicht schon längst? –, oder das Geschehene in die hinterste Kammer meines Bewusstseins sperren, Tür zu, Schlüssel im Vorgarten vergraben. Meine Entscheidung war gefallen, noch ehe meine Freundin wach wurde. Ich stand auf, zog mich an, ging kilometerweit laufen. Ich duschte und aß ein Mandelcroissant. Dann ging ich zur Polizei. Die Uniform tragende Beamtin wollte alles genau wissen. Wann ich wo mit wem gewesen war. Wie der Mann ausgesehen, wie er gesprochen hatte. Was ich getrunken hatte. Ich weiß, dass sie diese Frage stellen musste. Ich antwortete wahrheitsgemäß. Sie gab mir nicht das Gefühl, komplett schuldig zu sein, aber ein winzig kleines bisschen schon. Könnte man nicht versuchen, den Nachtbusfahrer ausfindig zu machen, schließlich hatte er uns zusammen gesehen? Den Taxifahrer? War der Schwedenplatz nicht voller Kameras? Man würde sich kümmern. Anschließend fuhr ich zu einem Abendessen bei Freunden. Mit der Distanz von einer, die davon in den überall in Wien ausliegenden Gratisboulevardzeitungen gelesen hat, berichtete ich, was geschehen war. »Es geht mir gut«, sagte ich und glaubte daran. An diesem Abend trank ich keinen Schluck Alkohol.

Der nächste Tag war mein letzter in Wien. Zum Dank für ihre Gastfreundschaft lud ich meine Freundin zu Negronis in einer hippen Bar ein, danach zum Japaner. Ich trug pinken Lippenstift. Ich trank die Flasche Wein fast allein.

Zwei Wochen später sagte ich die Dachgeschosswohnung ab. Mich hatte gestört, dass die Terrasse von einem riesigen Betonklotz versperrt wurde. Wer baut denn so was, empörte ich mich Freunden gegenüber. Warum bringt sich jemand freiwillig um diese fantastische Aussicht, sicher bis zum Schloss Schönbrunn? Dabei hatte ich meinen eigenen Betonklotz gerade erst mit Mörtel versiegelt. Jetzt sah und fühlte ich gar nichts mehr.

Die
Hilfe

Mit neunzehn saß ich in einem Theaterfundussamtsessel und dachte über Systemtheorien nach. Durch nachlässig geputzte Scheiben fiel Westberliner Sonnenlicht. Mir gegenüber hatte ein Typ Platz genommen, der aussah wie Anthony Hopkins in *Rendezvous mit Joe Black*. Mein Anliegen war Folgendes: War es schlimm, an jedem Tag der Woche zwei Gläser Wein zu trinken? Ich war in meinem zweiten Semester und gerade in die WG mit der lila gestrichenen Küche gezogen. Sobald dort mehr als eine Person anwesend war, wurde getrunken. Während meiner Zeit auf dem Dorf war Alkohol größtenteils mit dem Wochenende verknüpft gewesen. Alle paar Wochen ein Absturzdonnerstag in der Großraumdisco, meist jedoch nur Freitag, Samstag Druckbetankung, Sonntagabend zwei Viertele Trollinger beim Abendessen mit Oma, dann doppelt so viele alkoholfreie Tage, wie die WHO empfiehlt. Plötzlich, in Berlin, war alles außer Rand und Band geraten. Statt Trollinger beim Dorfgriechen gab es Dornfelder in der Kickerkneipe, für zwei Euro das Glas. Ich war nicht jeden Abend betrunken, oft nicht mal beschwipst, deswegen waren die zwei Gläser Wein vielleicht gar kein richtiges Problem, oder? Der Unipsychologe legte beim Zuhören die Zeigefinger aneinander, wie Anthony Hopkins, der übers Sterben nachdenkt. Als ich fertig war, holte er zu einer philosophischen Rundumbetrachtung aus. Es ging um ein System, das der Alkohol und ich bildeten, mit der Zwei als unauflöslicher Konstante und einer relativen Abhängigkeit. Oder so. Er entließ mich mit den besten Wünschen, einem fotokopierten Text von Daniel Schreiber[1] und einer weiteren Lektüreempfehlung, Gregory Batesons *Kybernetik des Selbst*, der ich damals nicht nachkam. Heute schon: In diesem 1971 erschienenen Aufsatz vertritt Bateson die These, kontrolliertes Trinken sei eine Illusion und der einzige Umgang mit einer Alkoholabhängigkeit das Eingeständnis von Machtlosigkeit, genau das also, was die Anonymen Alkoholiker litaneien. Ihm zufolge bilden Alkoholiker und Alkohol ein untrennbares System, in dem es keinen Gewinner geben kann.[2] »Phantasma der Selbstkontrolle« lauteten die Worte des Unipsychologen, die ich mir damals eifrig auf den fotokopierten Schreiber-Text notierte. Dann verschwand er in irgendeiner Krimskramskiste. Mein Weg war jedenfalls ein anderer.

Immer schon hatte ich einen Hang zur Selbstbeobachtung und allem, was mit Psychologie zu tun hat. Auf dem Gymnasium nahm ich regelmäßig die Dienste der Schulpsychologin Frau Moosberger in Anspruch, teilweise, weil ich dann im Matheunterricht entschuldigt war, teilweise aus Interesse an ihrer Sicht auf meine verqueren Jungsgeschichten. Meine erste Therapie machte ich mit vierzehn, als Gegenmaßnahme zu meiner im Babyalter erworbenen Knallphobie. Der Verhaltenstherapeut war ein Mitte Dreißigjähriger – also uralt –, der meinem Blockflötenlehrer ähnelte, vielleicht sahen aber auch alle alten Männer mit kurzen Haaren damals für mich gleich aus. Einige Stunden lang redeten wir nur, dann entwickelten wir Strategien für den Ernstfall, wenn beispielsweise die Jungs aus meinem Dorf morgens am Bahnhof Chinaböller zündeten, ein Grund, weshalb ich zeitweise nicht zur Schule gehen wollte. Irgendwann zielte er mit einer Spielzeugpistole auf mich, man nennt das Konfrontationstherapie. Mein Magen fuhr Schiffschaukel, die Hände zitterten, es knallte, dann war es vorbei. Dieses Procedere wiederholten wir einige Male. Dann ging es darum, den Chinaböllern gegenüberzutreten, wie eine Soldatin dem Kanonendonner in der Schlacht.* Die Angst kam, ich hielt sie aus, dann war sie weg. Innerhalb kürzester Zeit war geschehen, was ich nie für möglich gehalten hätte: Knallgeräusche führten nicht mehr zum Kollaps. Ich war frei.

Spätestens da war mein Vertrauen in jede Form von Therapie grenzenlos. Ums Trinken ging es lange Zeit erst mal nur am Rande. Mit vierundzwanzig machte ich eine Gesprächstherapie wegen depressiver Verstimmung, während meiner Zeit in Wien eine Psychoanalyse, was sich anfühlte wie ein Abhaken der Things to do before you die-Liste. In Fünfzig-Minuten-Einheiten, die ich stilecht im Liegen auf einer mit einem Perserteppich bedeckten Couch verbrachte, ging es um Träume von unbewohnten Häusern und meinen Vater, um Alkohol hingegen nie, dabei war das die Zeit, in der die Dinge allmählich aus dem Ruder zu laufen begannen.

Einem Berliner Therapeuten zufolge war schon drei Jahre vorher allerhöchste Eisenbahn gewesen. Es war die Zeit, in der ich als dekoratives Galerieobjekt in der Auguststraße die Zeit totschlug, ohne Lebensplan, aber im Besitz einer Krankenkassenmitgliedskarte. Nach unzähligen unbeantworteten Anrufbeantwortermonologen meldeten sich zwei Therapeuten zurück. Einer davon residierte in einem Altbau am Paul-Lincke-Ufer, ein attraktiver Lockenkopf, der mir nach fünf Probestunden höflich mitteilte, mich nicht als Patientin annehmen zu wollen, nicht ohne mich über meinen uneingestandenen Schwangerschaftswunsch zu informieren. Auch der zweite Anrufer hatte es sich recht hübsch gemacht in seiner Berlin-Mitte-Praxis, mit Spitzensteuersatzparkett und zeitgenössischer Malerei an den Wänden. Wie üblich hielten wir eine erste Probestunde ab, in der ich meine Problematik skizzierte und er sich gelegentlich nickend Notizen auf einem Klemmbrett machte. Als ich fertig war

---

* Eine andere Kinderpsychologin hat meine Knallphobie mal damit begründet, dass ich in meinem früheren Leben als Soldat im Dreißigjährigen Krieg gefallen war. Kein Scherz, sondern eine Kassenleistung.

mit Erzählen, schlug er therapeutenbrillenrückend folgenden Deal vor: Erst solle ich einen stationären Alkoholentzug machen, dann könne ich gerne wieder vorstellig werden. Unter Tränen bat ich ihn, mich nicht wieder wegzuschicken. Gütiger Therapeut: Nach einer einmonatigen Trinkpause würden wir weitersehen. Es klappte fantastisch, bis ich zu einem Barbecueevent auf dem Dach des Bikini-Hauses eingeladen war. Ende der Psychoanalyse. Ich war wahnsinnig wütend. Was bildete sich dieser Typ ein? Schließlich ging es hier doch um Minderwertigkeitsgefühle und Existenzsorgen, darum, dass ich ständig von meinen großen Lieben verlassen wurde, meinetwegen auch um meine Vaterbeziehung, aber doch nicht um die zwei Gläser Wein am Ende eines sinnlosen Galeriearbeitstages. Oder drei.

In einer Suchtberatungsstelle für Frauen attestierte man mir kurz darauf, mich irgendwo zwischen Missbrauch und Abhängigkeit zu befinden, zusammen mit dem furchteinflößenden Satz: »Ein Leben ohne Alkohol ist denkbar.« Am selben Abend sah ich mir das Theaterstück *Ende einer Liebe* an, in dem Jens Harzer eine Stunde lang seine Partnerin beschimpft. Ich beschloss, es sei mal wieder Zeit für eine einmonatige Trinkpause. In einer nüchternen Nacht tanzte ich im Leopardenkleid zwischen lauter Betrunkenen und stellte hinterher schreibend fest: »Heute war ich die Frau, die ich sein will.« In derselben Nacht lernte ich einen ehemaligen Bulimiker kennen, der Sätze in die Welt entließ wie »Hallo Eva, ich habe zwei Speisen vorbereitet, die kalt gegessen werden« und bei sich selbst ein allgemeines »Nichtklarkommen« diagnostizierte. Wir schwirrten einige Wochen durch den Berliner WM-Sommer, dann sagte er, dass er nicht bereit sei für etwas Neues. Elfmeter aus der besten Position verschossen. Wieder mit dem Trinken begonnen.

Weil ich Zeit hatte und motiviert war, bequatschte ich weitere zehn, zwanzig Anrufbeantworter, bis ich zu einer Probesitzung bei einer Therapeutin in Lichterfelde-West kam. Zusammengerechnet betrug der Hin-und Rückweg zweieinhalb Stunden, aber wenn ich etwas hatte, dann war es ja wohl Zeit. Mit dieser neuen Therapeutin kam ich von Anfang an hervorragend zurecht, nicht zuletzt weil sie mich an meine Lateinlehrerin aus der Mittelstufe erinnerte. Alles an ihr war groß, ihre Nase, ihr Körper (sicherlich 1,85 Meter), ihr Herz. Meist trug sie bunt gemusterte Kleider über Leggins. Im Vorzimmer wasserrauschte ein CD-Player. Gelegentlich saßen wir uns gegenüber, meist jedoch lag ich auf der perserteppichlosen Couch, nach welchem System, erschloss sich mir nicht. Es war eine Mischung aus Tiefenpsychologie und Analyse, ich sprach über meine Träume genauso wie über Alltägliches, und anders, als eine klassische Analytikerin das tun würde, kommentierte sie das Erzählte, auch wenn sie selten Ratschläge gab. Immer mal wieder erschien ich verkatert zur Stunde, vereinzelt sogar restalkoholisiert. Kommentiert hat sie das nie, nur einmal festgestellt, dass ich tränke, um mich lebendig zu fühlen. Dagegen war nichts einzuwenden.

Etwa ein Jahr lang fuhr ich also jede Woche mit der S-Bahn tief in den Berliner Westen, manchmal ohne Plan, worüber ich reden sollte, manchmal mit dem Gefühl, nach dem einzigen Rettungsanker in meinem Leben zu greifen, das einem Meer bei Windstärke vierzig glich. In meinem Tagebuch stellte ich meinen ganz persönlichen Diagnosenkatalog auf, von »Abwertung durch (ältere) Männer« über »gerettet werden wollen« bis hin zu »krankhaftem Perfektionismus«. Einmal notierte ich: »Im Rausch fordert die schwache Eva ihr Recht auf den notwendigen Kontrollverlust ein, aber das ist doch bei allen so.« Einmal entdeckte ich in einem Café einen Abreißzettel mit dem Satz: »Nimm, was du brauchst«. Ich griff zu Frieden und Vertrauen.

Dann zog ich nach Wien, mit den besten Wünschen meiner Therapeutin: »Üben Sie zu fühlen. Und passen Sie auf sich auf.« Als ich dann zwei Jahre später nach Berlin zurückkehrte, nahm ich schon bald wieder Stunden bei ihr. Oft ging es um die gescheiterte Beziehung mit dem Mann, den ich nicht erst nachträglich als große Liebe bezeichnete, um Träume von Dornenwäldern und meinen Vater. Eines Vormittags fragte ich auf der Couch liegend, ob sie glaube, meine Probleme könnten etwas mit Alkohol zu tun haben. »Ja«, sagte sie, »das glaube ich.«

Das deckte sich mit jener schon seit Jahren immer mal wieder zaghaft ans Oberstübchen anklopfenden Stimme: Hallo, haben wir nicht doch eventuell ein im Entstehen begriffenes Alkoholproblem? Schon als Jugendliche hatte ich mich gefragt, warum manche Mädchen es schafften, nach dem zweiten Glas Rotkäppchen-Rosé auf Robby Bubble* umzusteigen. Obwohl ich Saufen in den ersten Berliner Jahren hauptsächlich mit Freiheit und Selbstbestimmtheit assoziierte, war ich mir dennoch der Schattenseiten bewusst. Die routinierten Abstürze, die quartalsweisen Blackouts, die Unmöglichkeit, ein Leben ohne Alkohol zu akzeptieren, nicht mal zehn Tage lang. So lange dauerte der Türkeiurlaub mit drei Freundinnen, ich muss Anfang zwanzig gewesen sein. Viele Istanbuler Restaurants und Bars hatten keine Alkohollizenz. Während sich die anderen kein bisschen daran störten, verdarb mir das den halben Urlaub. In einer T-Shirt-Ärmel-kurzen Sommernacht saß ich auf einer Dachterrasse, es lief türkischer Hip-Hop, neben mir meine liebsten Freundinnen, und alles, woran ich denken konnte, war das abwesende Glas Wein. Meinetwegen auch Raki. Am Ende der Reise schwor ich mir, nirgends mehr hinzufahren, wo ich nicht entspannt an Alkohol herankäme.

Dann erinnere ich mich an einen Besuch in Norwegen. Schockierend, dass man für jede lächerliche Flasche Wein, die so viel kostete wie zu Hause eine ganze Kiste, einen staatlich betriebenen Vinmonopolet-Laden betreten musste. Hier leben, nein danke. Am letzten Abend meines Besuchs ging dann plötzlich bei meinen Gastgebern der Rotwein aus. Nachschub holen unmöglich, aus die Maus, Schicht im Schacht. Wieder war offenbar ich die Einzige, die darin ein Problem sah.

---

* Als Kindersekt wurde dieser »beliebte Partyknaller« früher mal vermarktet, dabei handelt es sich genau genommen nur um ein mit Kohlensäure aufgespritztes Fruchtsaftkonzentrat.

Die Idee einer zeitweiligen Abstinenz hatten auch andere schon. Bereits 1942 rief das vom Krieg gegen die Sowjetunion gebeutelte Finnland seine Bürgerinnen und Bürger zur Mäßigung auf. Erst 2014 jedoch ließ sich die britische Gesundheitsorganisation Alcohol Change den Begriff *Dry January* patentieren, fünf Jahre später kamen dem vier Millionen Einwohnerinnen und Einwohner Großbritanniens nach.[3] Wer zu Jahresbeginn nicht motiviert genug ist, versucht es mit dem *Sober October*, dem *Dry July* oder dem *Mindful March* – oder, so wie ich, eine möglichst große Lücke im weinreise- und schnapsmessenvollen Kalender zu finden. Immer taten mir diese alkoholfreien Wochen wahnsinnig gut, innerlich wie äußerlich. Fremde Frauen fragten, welches Kosmetikprodukt mir zu diesem fantastischen Glow verholfen habe. Die Welt, stellte ich katerfrei vor meinem Morgenkaffee sitzend fest, hatte gar nichts gegen mich.

In einem dieser abstinenten Monate stolperte ich über die Weiße-T-Shirt-Theorie. Moritz von Uslar schrieb im Feuilleton der *Zeit* über das Phänomen, dass Berliner Fashion People sich eine neue Uniform zugelegt hätten, Jeans und ein weißes Baumwollshirt.[4] Und zwar nicht nur aus Stylegründen, sondern auch aus Sehnsucht nach Freiheit. Wer sich einmal für das »denkbar einfachste aller Kleidungsstücke« entschieden habe, könne endlich wieder Kunst machen wie Thomas Demand oder »mit tollen Frauen durchs Berliner Nachtleben ziehen«. Das fand ich genial. Verhielt es sich mit dem Trinken nicht ebenso? Eine Entscheidung dagegen, und ich wäre von sämtlichen Gedankenschlaufen befreit, wann trinken, wann nicht, was, wie viel, mit wem. Mein Kopf, ein Perwoll-weißes Blatt Papier, das nur darauf wartet, mit Gedanken beschrieben zu werden, die nichts mit Alkohol zu tun haben. Vier Wochen später war die Entscheidung zugunsten des, wie ich fand, doch sehr viel aufregenderen Lebens gefallen. Ich wollte Rotweinflecken auf meinem weißen Shirt oder, noch besser, eines im Batiklook, nach allen Richtungen hin auslaufend, denn darum ging es doch mit Mitte zwanzig in Berlin. Im Gespräch mit einer meiner engsten Freundinnen fiel der Satz: »Ich bin so froh, dass ich wieder trinke.«

An sie gerichtet sprach ich auch meine schrecklichste Befürchtung überhaupt aus: »Wahrscheinlich werde ich irgendwann aufhören müssen zu trinken.« Solange diese Bestandsaufnahme diffus am Horizont der Lebensplanung hing, ging keine allzu große Gefahr von ihr aus. Dann wurde ich neunundzwanzig. Vielleicht lag es an den vielen Hochzeiten, die ich minus eins durchstand, oder daran, wie oft ich mit Gespenstern bedruckte Schnabeltassen verschenkte, weil alle plötzlich Babys bekamen. Vielleicht war es die Trauer über Dinge, die ich hätte erreichen können, oder Beziehungen, die ich hätte führen können, oder einfach mein zunehmend erschöpftes Gesicht. Das Gesicht: Dort zeigten sich die Trinkspuren inzwischen, wie ich fand, gnadenlos. Es gab kein Foto von mir, anhand dessen ich nicht hätte sagen können, ob es in einer Trink- oder Abstinenzphase entstanden war. Früher reichten wenige Tage zur Regeneration, dann Wochen, und schließlich brauchte es einen ganzen Monat. Auch die ganze, bisweilen manische Sportlerei half nur noch bedingt, ebenso wenig das morgendliche Zitronenwasser, die Vitamin-D-Komplex-Tabletten, der Verzicht auf Fleisch. Obwohl ich wenig aß und viel schwitzte, empfand ich meinen Körper nicht als Tempel, sondern als Flughafen Tegel, eine in die Jahre gekommene Bausünde mit Abrissplänen. Ich suchte dort Hilfe, wo ich immer fündig geworden war. Ich begann zu lesen.

Als Erstes Daniel Schreibers *Nüchtern*, zum zweiten Mal. Dann *Die Klarheit* von Leslie Jamison, Benjamin von Stuckrad-Barres *Panikherz* und *Nüchtern am Weltnichtrauchertag*. Als Nächstes *Über das Trinken*, in dem der SZ-Journalist Peter Richter ausgehend von seiner Einladung zum sogenannten Idiotentest über seinen Alkoholkonsum und den der ganzen Welt sinniert, dann Allen Carrs *Endlich ohne Alkohol*, dessen Cover an das in die elterliche Bibliothek einsortierte *Sorge dich nicht, lebe* erinnerte. Dann diverse Autobiografien von Trinkerinnen, von Catherine Grays *Vom unerwarteten Vergnügen, nüchtern zu sein* über Sarah Hepolas *Blackout*, Clare Pooleys *Chianti zum Frühstück*, Ruby Warringtons *Sober Curious*, Susanne Kaloffs *Nüchtern betrachtet war's betrunken nicht so berauschend*, Andrea Noacks *Die Bestie schläft* und Holly Whitakers *Quit like a Woman*, Mary Karrs *Lit* und Caroline Knapps *Alkohol – meine gefährliche Liebe*. Ich bestellte bei Amazon alle »Bücher, die Ihnen gefallen könnten«. Jedes davon ließ mich mit dem Gefühl von Gleichgesinntheit zurück. Gleichzeitig führte ich seit längerer Zeit wieder eine Art Tagebuch. An meinem Konsumverhalten änderte sich vorläufig nichts.

Abhängig oder nicht? Meulenbelt, Wevers und van der Ven, Autorinnen des Buchs *Frauen und Alkohol*, arbeiten mit einem Sechs-Stufen-Modell:[5]

1. kein Konsum
2. Kennenlernen: experimentieren
3. Gewohnheitstrinken: nur positive Effekte von Alkohol, die Dosis bleibt konstant
4. exzessives Trinken: erhöhte Toleranz, hastig trinken, Gedächtnisverlust, Blackouts und andere körperliche und psychische Begleitsymptome, Reduzieren ohne Nebenwirkungen möglich
5. kritische Phase: Kontrollverlust, heimliches Trinken, Trinken wird rationalisiert, beim Aufhören Entzugserscheinungen, aber keine bleibenden Schäden
6. chronische Phase oder Sucht: Alkoholismus ist ein verselbstständigter Prozess geworden, verminderte Toleranz, Dauerschäden, Aufhören ohne medizinische Hilfe ist schwierig.

In diesem System hätte ich mich auf Stufe vier verortet, dem exzessiven Trinken. Meines Erachtens nach sind die niederländischen Autorinnen in ihrer Definition von Abhängigkeit eher großzügig. So betrachten sie kontrolliertes Trinken als reale Therapiemöglichkeit, was hierzulande von den meisten Suchtexpertinnen und -experten abgelehnt wird.*

Die Definition von Sucht unterscheidet zwischen körperlicher und psychischer Abhängigkeit. Bei Ersterer besteht ein ständiges körperliches Verlangen, wird dem nicht nachgegangen, treten Entzugserscheinungen auf, von epileptischen Anfällen bis zu Halluzinationen. Die Leber ist stark geschädigt, entweder in Form einer Fettleber oder einer Leberzirrhose. Häufig kommt es zum Delirium tremens, das mit starkem Zittern, Bewusstseinsstörung und Orientierungslosigkeit einhergeht sowie mit Halluzinationen, den sprichwörtlichen weißen Mäusen. Beim Korsakow-Syndrom kommt es zum Verlust des Kurzzeitgedächtnisses, zu Verwirrung und Desorientiertheit und dem Absterben ganzer Hirnregionen. Bei einer Polyneuropathie wiederum fühlen Betroffene Kribbeln oder Taubheit in Händen und Füßen, möglich ist Muskelschwäche und -schwund, beides aufgrund einer Schädigung der Nervenbahnen.

Wesentlich unklarer sind die psychischen Symptome einer Abhängigkeit. Man denkt ständig an Alkohol, plant sein Leben darum, wann und wo getrunken werden kann, die Toleranz erhöht sich, der Gedanke, nicht trinken zu können, löst Panik aus, bei Nichtkonsum kommt es zu Gereiztheit, Depressivität, Langeweile. Außerdem tut man Dinge, die man nicht tun will: trinken. Einmal postete ich bei Facebook die humoristische Illustration eines Glases mit dem Satz: »Today I will only have one glass of wine.« Das haute nämlich nie hin, und das wusste ich schon vor dem ersten Schluck. Die Psychologie spricht hier von kognitiver Dissonanz.

Wer sein Trinken hinterfragt, landet vielleicht beim CAGE-Test[6]:

---

* Ein besonders trauriges Beispiel ist Audrey Kishline. Sieben Jahre nach der Gründung ihres Selbsthilfeprogramms Moderation Management, das Frauen neun Drinks pro Woche zugesteht, verursachte sie einen Autounfall mit zwei Todesopfern – mit 2,6 Promille im Blut und einer halb leeren Wodkaflasche auf dem Beifahrersitz. Siehe Schreiber, S. 53 und www.latimes.com/archives/la-xpm-2000-aug-13-me-3525-story.html.

- Haben Sie jemals daran gedacht, weniger zu trinken?
- Haben Sie sich schon einmal darüber geärgert, dass Sie von anderen wegen Ihres Alkoholkonsums kritisiert wurden?
- Haben Sie sich jemals wegen Ihres Trinkens schuldig gefühlt?
- Haben Sie jemals morgens als Erstes Alkohol getrunken, um sich nervlich zu stabilisieren oder einen Kater loszuwerden?

Wer viermal mit Ja antwortet, hat ziemlich sicher ein Problem. Schon bei einem Ja lohnt sich ein zweiter Blick.

Aus insgesamt einunddreißig Fragen besteht der Münchner Alkoholismustest (MALT-Test)[7], wobei sieben vom Arzt oder der Ärztin auszufüllen sind, der Rest von den Betroffenen, darunter diese:

- Haben Sie es schon mal mit einem Trinksystem versucht (z. B. nicht vor bestimmten Zeiten zu trinken)?
- Hätten Sie ohne Alkohol weniger Probleme?
- Wollen Sie mal mit dem Trinken aufhören und mal nicht?

Abgesehen davon kursieren unzählige andere Selbsttests im Netz. Perfekt für eine, die schon als Jugendliche die Tests in der *Bravo Girl* liebte. Jetzt beantwortete ich eben Fragen wie diese:

Wenn ich in Gesellschaft trinke, merke ich, dass …
    a) die anderen ungefähr genauso schnell trinken wie ich oder
    b) schneller trinken als ich
    c) manche langsamer trinken als ich
    d) die meisten langsamer trinken als ich.
    (Wenn es nicht gerade Winzer sind: d)

Bevor ich irgendwohin gehe, wo ich andere Leute treffe …
    a) trinke ich nie
    b) trinke ich selten

c) nehme ich meistens einen kleinen Drink.
(Nach achtzehn Uhr: c)

Wenn ich beschließe, irgendwohin zu gehen ...
a) ist es mir egal, ob es dort etwas zu trinken gibt
b) ist es mir lieber, wenn es dort etwas zu trinken gibt
c) habe ich wenig Lust, wenn es dort nichts zu trinken gibt
d) gehe ich nur hin, wenn es dort etwas zu trinken gibt.
(c oder d, außer ich muss fahren, Moment mal: Ich muss nie fahren!)

Noch mehr als diese Tests beunruhigten mich im Endspurt meiner Zwanziger andere Dinge. Stabil war mein Schlaf noch nie gewesen. Neuerdings jedoch lag ich, mit vor Müdigkeit zerschlagenen Gliedern, oft zwei oder drei Stunden Podcasts hörend wach, bis ich überhaupt einschlief, nur um mich mitten in der Nacht erneut ruhelos herumzuwälzen. Diese von Schuldgefühlen und Selbsthass geprägte Stunde, das wusste ich aus einigen Büchern, war ein typisches Trinkerinnenphänomen. Ich versuchte es mit Lavendelöl und Rückenyoga, Baldriantees und jedem frei verkäuflichen Schlafmittel – einmal wurde ich richtig aggressiv gegenüber einer Apothekerin, die meinte, es handle sich möglicherweise um ein tieferliegendes Problem –, ab und an auch mit den Trimipramin-neuraxpharm-Tropfen meiner Mutter, deren Überdosis der Packungsbeilage zufolge zum Tod führen. Abgesehen davon hatte ich in den frühen Morgenstunden manchmal einen Knoten im Bauch, die Vorahnung, dass bald etwas Schlimmes passieren würde. Der anschließende Tagesanbruch hatte trotz nächtlichen Yogas nichts von *morning glory*, sondern glich einem trüben Sumpf, in dem ich mühsam vom Bett an den Schreibtisch watete. Einmal sagte ich Espresso kochend zu meiner Mitbewohnerin den Satz: »Ich verstehe, warum jemand morgens schon Alkohol trinkt.« Wenn ich trank – niemals vor dem frühen Nachmittag, immerhin –, fehlten mir immer öfter wichtige

Details, manchmal konnte ich mich am Ende eines langen Abends an keinen einzigen Gesprächsinhalt erinnern, obwohl ich gefühlt nicht mal angetrunken gewesen war.

Meine Großer-Körper-großes-Herz-Therapeutin, zu der ich nach wie vor ging, befand, dass sie mir kaum noch weiterhelfen konnte. Streng genommen mache sie sich sogar strafbar, wenn sie in ihrem Therapiebericht mein Alkoholproblem ausließe, und wenn sie es nicht ausließe, würde die Krankenkasse nicht für die Kosten aufkommen, weil die Voraussetzung für alles, was in Richtung Analyse gehe, ein suchtmittelfreies Leben sei. Ich suchte also nach Alternativen.

Berlin-Friedrichshain war, wie sich herausstellte, bestens aufgestellt: dreiundvierzig Selbsthilfegruppen allein zum Thema Alkohol. Ein einziges Mal nahm ich an einer von ihnen teil. Ich war die Einzige unter sechzig und die Einzige, die nicht berlinerte. Auch die Einzige mit Nike Airs und einem Tausend-Euro-Telefon, das ich beschämt auf den Boden legte. Statt um Alkohol ging es um die Beantragung von Schwerstbehindertenausweisen, die Berliner Popup-Radwege oder darum, dass der Hausarzt, »dieser Hund«, nach zweiundzwanzig Jahren noch immer nicht die Sache mit dem alkoholhaltigen Hustensaft kapiert habe. Erst wollte ich gar nichts sagen, dann strömte es aus mir heraus wie ein offener Zapfhahn, und hinterher war ich beinahe ein bisschen high und dachte daran, wie sich Tyler und Marla in *Fight Club* die Selbsthilfegruppen untereinander aufteilen. Nach dem Treffen ging ich mit dem Gruppenleiter Kaffee trinken. Er riet mir, bei einem Rückfall – »denn die gehören nun mal zu unserer Krankheit dazu« – nicht zu verzweifeln und mich am besten gleich selbst ins Krankenhaus einzuliefern, weil das mit der Entgiftung ganz schön gefährlich sein könne, bei ihm seien bei seinem letzten Mal viereinhalb Promille zusammengekommen. Ich schluckte den Kaffeekettencappuccino hinunter und fühlte mich wie im falschen Film.

Als Nächstes machte ich Termine bei zwei verschiedenen Suchtberatungsstellen. In der ersten empfing mich eine Ostberliner Mutti, die orakelte, ich würde es ohne eine stationäre Therapie auf gar keinen Fall schaffen, wobei sie einen Zeitraum von fünfzehn Monaten empfahl. Die zweite war eine Cuvée aus Schullandheim und Bürgeramt, mit Wänden in *motivierendem* Orange und einer Einrichtung, die nicht retro war, sondern einfach nur oll. Mein sogenannter Betreuer war ein mir auf Anhieb unsympathischer Typ mit Pferdeschwanz und Karohemd (nicht das, was Hipster tragen). Noch bevor die Jacobs Krönung durch die Maschine gelaufen war, war für ihn die Sache klar: »Ihnen bleiben vielleicht noch fünf, höchstens zehn gute Jahre.«

Würde ich dann so werden wie Mary, die tragische Heldin in *Another year*? In diesem 2010 erschienenen Film zeigt Mike Leigh die beneidenswert harmonische Ehe von Tom und Gerri und jene Freunde, die das Paar in seinem Londoner Vorstadthäuschen empfängt. Eine davon ist Mary, eine Ende vierzigjährige Sachbearbeiterin mit mustergültigem Männer- und Trinkproblem. Der *Guardian* nennt sie eine »Halbalkoholikerin im Verdrängungsmodus«[8]. Jeder Besuch bei Tom und Gerri endet mit tränenüberströmten Erinnerungen an den Ex-Mann und die Unmöglichkeit, einen Nachfolger zu finden – dabei hat sie ein Auge auf den rund zwanzig Jahre jüngeren Sohn ihrer Gastgeber geworfen –, und das gerade gekaufte Auto hat auch schon wieder den Geist aufgegeben. Ihr männliches Pendant ist der adipöse, T-Shirts mit der Aufschrift »Less thinking, more drinking«-tragende Ken, der wiederum an Mary interessiert ist. Lebensleidend sind beide, aber nur Mary auf diese sehr weibliche Art: Eine nach der Arbeit im Pub *gekillte* Flasche Rosé bringt kurzzeitigen Glanz ins Grau der Singlefrau, sie dreht auf, fühlt sich sexy, schenkt nach, wird melancholisch, schenkt nach, fühlt sich alt, schenkt nach, bestellt eine zweite Flasche. Lesley Manville spielt das grandios, eine in die Jahre gekommene Bridget Jones. So wollte ich natürlich auf keinen Fall werden.

Wäre es nach dem Pferdeschwanzmann gegangen, hätte ich mich

umgehend in einen stationären Entzug begeben, drei Monate Gruppen- und Einzeltherapie und irgendwas mit Handarbeit. Das kam mir doch etwas übertrieben vor. Meine Idee, es mit kontrolliertem Trinken zu versuchen, wischte er mit einer Handbewegung beiseite wie verschüttetes Bier. Insgeheim gab ich ihm recht: Es hatte nicht funktioniert, es würde nicht funktionieren. Und doch war ich wütend. In seiner Mischung aus Mansplaining und mangelnder Empathie erinnerte er mich stark an jenen Analytiker, der schon fünf Jahre vorher einen ähnlichen Plan für mich vorgesehen hatte. Trotzdem vereinbarte ich einen zweiten Termin, weil ich nicht wusste, was ich sonst hätte tun sollen.

Dann wusste ich es doch: An meinem dreißigsten Geburtstag würde ich aufhören zu trinken. Dass ich darauf nicht früher gekommen war! Gut organisiert, wie ich war, hatte ich schon ein Dreivierteljahr vorher ein Ferienhaus in Mecklenburg-Vorpommern gebucht, für meine acht engsten Freundinnen, Freunde und mich. Ein Wochenende mit gutem Essen, holzbetriebener Sauna und jeder Menge Alkohol. Was für ein wunderbarer Anlass, all jene Weinflaschen zu entkorken, die sich in den vergangenen Jahren angesammelt hatten, insgesamt sicher fünfunddreißig Stück, macht eineinviertel für jeden pro Tag, also ziemlich genau mein Pensum. Dazu Negronis! Für meine Gäste klang das so: Wir fahren in ein Haus an der Ostsee und saufen Evas Weinvorräte leer.

Mein Geburtstag ist im September, den Entschluss fasste ich irgendwann im Frühsommer. Gut gelaunt weihte ich alle möglichen Leute ein. Ironischerweise war ich für Liebhaber des Exzesses in dieser Zeit die ideale Begleitung. Wenn ich mich mit Freunden zum Kochen traf, leerten wir zu dritt sieben Flaschen Wein. Wenn sich auch nur die entfernteste Gelegenheit des Daytime-Drinkings ergab, ergriff ich sie, Sonntagnachmittag in meinem Lieblingscafé beispielsweise, dessen Bring-your-own-Booze-Politik es so wohl auch nur in Berlin gibt. Meine Brunchlokale wählte ich hauptsächlich anhand ihres Naturweinsortiments aus. Als meine Affäre seinen

Geburtstag in jener Bar feierte, in der er arbeitete, schmiss ich mit Getränkemarken nur so um mich und landete montagmorgens delirierend vor dem glücklicherweise geschlossenen Berghain. Die Kater kamen mir sehr viel weniger dramatisch vor, weil ich wusste: Bald wäre es vorbei.

Im Gegensatz zum Beginn meines Vorsatzes erinnere ich mich an sein Ende sehr genau. Anfang September fuhr ich wegen einer Pressereise nach Schweden. Das abwechslungsreiche Programm – Bootsfahrten, der beste Apfelkuchen meines Lebens – wurde überschattet vom Gefühl, nicht genug trinken zu können. Am letzten Abend aßen wir Steinbutt in einem New-Nordic-Cuisine-Bistro. Abgesehen von einem grantigen Typ, der im Selbstverlag ein Reisemagazin herausbrachte, das *Genussreisen* oder so ähnlich hieß, legte niemand ein ähnliches Trinktempo wie ich an den Tag. Meiner Expertise vertrauend, durfte ich eine *besondere* Flasche Wein aussuchen, eine für den ganzen Tisch wohlgemerkt. Die Karte war viele Seiten lang und auf meine geliebten Naturweine fokussiert, weswegen ich zusehends in Panik geriet. Entscheidungen waren noch nie meine Stärke, aber diese war ausnahmsweise wirklich mal endgültig. In weniger als zwei Wochen würde es zu Ende gehen mit mir und dem Wein. Niemals würde ich die vor mir aufgelisteten Exemplare kosten können. Das war der Moment, in dem ich beschloss, mich an meinem dreißigsten Geburtstag doch nicht selbst trockenzulegen. Karte zugeklappt, den teuersten Wein bestellt und mich auf Berlin gefreut, wo endlich wieder mehr als eine Flasche für neun Personen auf dem Tisch stehen würde.

Man kann sich vielleicht denken, wie mein Geburtstagswochenende verlief. Bereits auf der Hinfahrt war ich verkatert vom Vorabend; dass ich einen gemieteten Transporter zu lenken hatte, machte die Sache nicht besser. Das Erste, was ich nach der Ankunft tat, war, mir ein Glas Wein einzuschenken und dann noch eines und noch eines, und so kam es, dass ich am Tag meines dreißigsten Geburtstages noch vor Mitternacht als Erste komatös ins Bett fiel, gar nicht so unähnlich, wie zwölf Jahre zuvor meine Volljährigkeit begonnen hatte. Auch der Samstagabend endete auf ähnliche Art. Bezeichnenderweise hatten wir uns zuvor von unserem Gastgeber in dessen morbidem Herrenhaus bekochen lassen, einem rotwangigen Typ namens Kurt, dessen Alkoholproblem so unübersehbar war wie seine mir bis zur Taille reichende Dogge namens Triglav. Am frühen Sonntagmorgen lag ich mit Angstknoten* im Magen in meinem AirBnb-Bett und fragte mich, wie sehr sich ein Mensch selbst belügen kann.

Wenigstens an diesem Tag, so schwor ich mir, würde ich nicht trinken. Auf gar keinen Fall würde ich zu jener Weinmagazin-Releaseparty gehen, deren Einladung ich schon vor Wochen abgesagt hatte. Als ich nach unserer Rückkehr das Gepäck zu Hause abgeladen hatte, brachte ich den Mietwagen zurück, ohne mich vorher umzuziehen. Schon auf halbem Weg nach Hause machte ich auf dem Absatz meiner Autofahrerschuhe kehrt und kreuzte verschwitzt und ungeschminkt bei der Party auf, wo ein Bekannter mit Blick auf meine Leggins bemerkte: »Aha, neuer Style.« An diesem Abend trank ich nicht bis zum völligen Exzess, aber ich trank zu viel und prostete Leuten zu, die meine Saufstorys bei Instagram goutierten, und führte eine halbstündige Unterhaltung mit einer Frau, die mir restlos entfallen ist. Back to Business, würde ich sagen.

In der Woche darauf kritzelte ich für den Pferdeschwanzmann in winzig kleiner Schrift meine komplette Lebensgeschichte auf zwei DIN-A4-Bögen. Auf deren Basis erstellte er einen Antrag für eine von der Rentenversicherung finanzierte Entwöhnungstherapie, die sich recht simpel als eine wöchentliche Stunde Einzel- und neunzig Minuten Gruppentherapie herausstellte.

---

* Umgangssprachlich ist von *hangxiety* die Rede, einem Kofferwort aus *hangover* (Kater) und *anxiety* (Angst). Dem Global Drug Survey 2020 zufolge sind Menschen in deutschsprachigen Ländern davon am wenigsten betroffen. Siehe www.globaldrug-survey.com/wp-content/uploads/2021/01/GDS2020-Executive-Summary.pdf.

Dass ich einwilligte, lag weniger an meinem gescheiterten Vorhaben, die dreißig als nüchterne Frau zu beginnen, als vielmehr an meiner wunderbaren Hausärztin. Schon seit einigen Monaten war ich bei ihr wegen Schlafstörungen in Behandlung. Nach erfolgloser Lektüre des Buchs *Endlich gut schlafen!* fokussierte sie sich auf die Trinkerei. Und zwar auf eine so empathische, nichtanklagende Art, wie es eigentlich selbstverständlich sein sollte, leider aber nicht ist. Diese Hausärztin versorgte mich mit Broschüren und ging mit mir gemeinsam die verschiedenen Therapiewebsites durch. Ich dürfe ruhig meinem Gefühl vertrauen: Wenn es gegen eine stationäre Therapie spräche, solle ich auch keine machen.

Eine so gute medizinische Betreuung ist leider nicht selbstverständlich. So weisen etwa die Autorinnen von *Frauen und Alkohol* darauf hin, dass viele Hausärztinnen und -ärzte entweder gar nicht nach dem Alkoholkonsum ihrer Patientinnen fragten oder diesen kleinredeten, nicht zuletzt, weil viele selbst zu viel tränken. Vor allem Frauen kämen mit Schlafstörungen, Stimmungsschwankungen oder Angstzuständen in die Praxis und gingen mit einem Rezept für Beruhigungsmittel wieder hinaus.[9] Alles, um die Diagnose Alkoholikerin auch vonseiten der Ärzte zu vermeiden.*

Mein Gefühl war eindeutig: Dieser Begriff passte nicht zu mir. Ginge es nach Holly Whitaker, würde er gleich ganz abgeschafft, weil er zur Stigmatisierung einiger weniger führe, während er die große Mehrheit jener, die vielleicht doch ein kleines Problem mit Alkohol haben, in Sicherheit wiege.[10]

Ich bin fest davon überzeugt, dass man nicht als Alkoholikerin geboren wird, dass es sich nicht um eine Krankheit handelt, sondern eine Gewohnheit. In seinem Buch *The Biology of Desire. Why Addiction is not a Disease* erklärt der Neurowissenschaftler Mike Lewis Ab-

---

* Stattdessen schlagen die Autorinnen diesen Satz vor: »Ich untersuche jetzt, wie ich mein Trinkverhalten durch selbst gewählte Schritte verändern kann«; siehe Meulenbelt, Wevers, van der Ven, S. 184.

hängigkeit als natürliche Reaktion auf eine wiederholte Stimulation durch Alkohol. Unser Gehirn ist an Erfahrungen interessiert, die entweder Lust erzeugen oder Schmerz verhindern. Beides ist bei Alkohol der Fall.[11] Die großartige Nachricht: Dieses erlernte Verhalten ist umkehrbar. Man kann sich das Gehirn als ein Straßensystem vorstellen. Die häufig befahrenen Wege gleichen Autobahnen, schnurgerade und ohne Hindernisse. Wer jahrelang trinkt, ist auf einer solchen Autobahn unterwegs. Abstinente schlagen einen neuen Weg ein. Jede erstmals nüchtern durchlebte Situation – die Autorin Ruby Warrington spricht von *sober firsts*[12] – hilft dabei, diesen Weg von einem Trampelpfad in eine Autobahn zu verwandeln. Und irgendwann ist der Trinker-Highway dank fehlender Nutzung zugewachsen.

In der Suchttherapie spricht man in diesem Zusammenhang von einem kognitiven Verhaltensmodell.* Es mag nicht für körperlich abhängige Menschen gelten, mir hingegen half es sehr. Ich hatte immer ein Problem mit der Diskussion über Schnapspralinen und alkoholfreies Bier. Ein Extrembeispiel ist der mit *An Ex-Drinker's Search for a Sober Buzz* (Die Suche eines ehemaligen Trinkers nach einem nüchternen Rausch) betitelte Erfahrungsbericht eines *New Yorker*-Journalisten, der nach fünfjähriger Abstinenz eine auffällige Vorliebe für alkoholfreie IPAs entwickelte, bis er sie sogar beim Autofahren trank und zu Hause im selben Ausmaß hortete wie früher Hochprozentiges.[13] Der durch das alkoholische Ritual einsetzende Placeboeffekt hatte sich verselbstständigt, was John Seabrook rechtzeitig bemerkte, bevor er rückfällig wurde, das heißt, echten Alkohol konsumierte. Dazu fällt mir der letzte Satz aus Benjamin von Stuckrad-Barres *Panikherz* ein: »Man muss aufpassen.«[14]

Ich passe auf. Und doch bereite ich mein Risotto mit einem Glas Weißwein zu und trinke Kombucha, der in unpasteurisierter Form

---

* Im Prinzip basiert auch Allen Carrs Modell darauf.

einen minimalen Alkoholgehalt aufweisen kann. Auch finde ich, dass ein alkoholfreies IPA super zur Sichuanküche passt. Ganz abgesehen von all den alkoholfreien Destillaten, die mir das Nüchternsein sehr erleichtern. Ich werde von einem No-Gin-Tonic nicht derart getriggert, dass ich mir den nächsten mit Alkohol bestelle. Auch das Mon-Chéri-Syndrom – eine Schnapspraline führt zum Rückfall –, betrifft mich nicht. Die eine oder andere Suchttherapeutin mag hier von Selbstbetrug sprechen, aber mittlerweile vertraue ich meinem Gefühl und meiner Erfahrung. Ich habe nicht vor, jemals wieder Alkohol zu trinken, schlage aber keinen Alarm bei einem mit einem Teelöffel Bourbon verfeinerten Pecan Pie.

Vielleicht habe ich auch deswegen ein Problem mit dem Konzept der Anonymen Alkoholiker. Grundlage ist ein binäres Weltbild, die Einteilung der Menschheit in Trinker und Nichttrinker. Pech, wer zur ersten Gruppe gehört, Glück, wenn man es so früh wie möglich rausfindet. Von diesem Moment an geht es darum, einen Weg zu finden, mit der unheilbaren Krankheit leben zu können. Und zwar in Form des Zwölf-Schritte-Programms, das unter anderem radikale Demut vorsieht und die Bitte um Entschuldigung bei allen Leuten, denen man jemals Unrecht getan hat. Idealerweise sollen Betroffene ihr Leben lang an AA-Meetings teilnehmen. Auch einige der Autorinnen, deren Bücher ich mit so viel Begeisterung gelesen habe, setzen darauf, Laura McKowen oder Leslie Jamison zum Beispiel, deren *Die Klarheit* sogar in seiner Kapitelstruktur an das Zwölf-Schritte-Programm angelehnt ist.

Für viele mag das passen, für mich passt es nicht.* Das fängt

---

* Eine Sache jedoch spricht für die Anonymen Alkoholiker: Sie fangen all jene auf, die anderweitig keine medizinische Versorgung erhalten, insbesondere in den USA. Zwar werden seit dem Mental Health Parity and Addiction Equity Act 2008 die Kosten einer Therapie von den Krankenkassen übernommen, aber viele Betroffene sind nicht versichert, zudem fehlen Therapieplätze. 90 Prozent aller Suchtkranken bleiben ohne Behandlung. Siehe www.deutschlandfunk.de/drogensuchtbekaempfung-in-den-usa-schmerz-stigma-schweigen-100.html.

beim diffus religiösen Charakter des Ganzen an. Von einer höheren Macht ist da die Rede, der man sich ergeben solle. Es müsse nicht zwangsläufig Gott sein, theoretisch kann es auch eine Göttin sein oder die eigene Seele. Oft ist es aber halt doch *dieser eine Gott*, in dessen Namen einige der schlimmsten Verbrechen der Menschheit begangen wurden, von Kreuzzügen bis hin zu Hexenverbrennungen. Dafür spricht, dass viele AA-Meetings in Kirchen stattfinden – diesen Aspekt auszuklammern finde ich recht scheinheilig.

Noch problematischer ist, dass das System der AA kein menschliches, sondern ein männliches ist. Erfunden wurde es von zwei weißen Amerikanern, dem Börsenmakler Bill Wilson und dem Proktologen Bob Smith. Ersterer überwand sein Alkoholproblem mithilfe der evangelischen Organisation Oxford Group, deren Sechs-Schritte-Programm und der Einnahme von Tollkirschen, die dazu führte, dass er Gott begegnete.[15] Dann lernte er Smith kennen und half ihm bei dessen eigenem Alkoholproblem. Am ersten Tag von Dr. Smiths Nüchternheit, dem 10. Juni 1935, gründeten die beiden die Anonymen Alkoholiker mit dem in zwölf Schritten formulierten Pfad zur Nüchternheit:[16]

1. Wir gaben zu, dass wir dem Alkohol gegenüber machtlos sind – und unser Leben nicht mehr meistern konnten.
2. Wir kamen zu dem Glauben, dass eine Macht, größer als wir selbst, uns unsere geistige Gesundheit wiedergeben kann.
3. Wir fassten den Entschluss, unseren Willen und unser Leben der Sorge Gottes – wie wir Ihn verstanden – anzuvertrauen.
4. Wir machten eine gründliche und furchtlose Inventur in unserem Inneren.
5. Wir gaben Gott, uns selbst und einem anderen Menschen gegenüber unverhüllt unsere Fehler zu.
6. Wir waren völlig bereit, all diese Charakterfehler von Gott beseitigen zu lassen.

7. Demütig baten wir Ihn, unsere Mängel von uns zu nehmen.
8. Wir machten eine Liste aller Personen, denen wir Schaden zugefügt hatten, und wurden willig, ihn bei allen wiedergutzumachen.
9. Wir machten bei diesen Menschen alles wieder gut – wo immer es möglich war –, es sei denn, wir hätten dadurch sie oder andere verletzt.
10. Wir setzten die Inventur bei uns fort, und wenn wir Unrecht hatten, gaben wir es sofort zu.
11. Wir suchten durch Gebet und Besinnung die bewusste Verbindung zu Gott – wie wir Ihn verstanden – zu vertiefen. Wir baten Ihn nur, uns Seinen Willen erkennbar werden zu lassen und uns die Kraft zu geben, ihn auszuführen.
12. Nachdem wir durch diese Schritte ein spirituelles Erwachen erlebt hatten, versuchten wir diese Botschaft an Alkoholiker weiterzugeben und unser tägliches Leben nach diesen Grundsätzen auszurichten.

Frauen waren zu Beginn ebenso wenig Teilhabende wie Schwarze oder andere Minderheiten, wie Holly Whitaker in ihrer umfangreichen Kritik bemerkt. Wenn überhaupt, litten Frauen an der Seite ihrer Männer unter Alkohol, als Ehefrau nämlich. Mehr noch als das kritisiert sie das sich an ein übergroßes männliches Ego richtende Grundprinzip der AA, nämlich das Eingeständnis der eigenen Schwäche. Ihr zufolge muss eine Frau nicht erst gebrochen werden, um zur Heilung zu gelangen, weil sie es bereits ist. Frauen hätten viele Probleme, ein zu großes Ego gehöre in der Regel nicht dazu. Alles, was die AA forderten – Demut, Reue, seinen eigenen Empfindungen zu misstrauen –, gehöre zur weiblichen Grundausstattung:

»Vermutlich kommt Ihre Selbsteinschätzung meinem Erleben gleich, das die Aufforderung, sich nicht in den Vordergrund zu stellen, überflüssig macht, da von Kindesbeinen an das Bestreben besteht, sich nach Möglichkeit unsichtbar zu machen. Der Aufruf, nach den eigenen Charakterschwächen zu forschen, wie es im vierten Schritt des Zwölf-Punkte-Programms der Anonymen Alkoholiker vorgegeben ist (»Wir machen eine gründliche und furchtlose Inventur in unserem Inneren«), ist ebenfalls unnötig, da wir permanent damit beschäftigt sind, uns unsere Fehler einzugestehen (unsere Tagebücher, unsere Mütter, unsere Ex-Freunde, unsere Chefs, unsere Therapeuten, unsere Freunde und unsere Katzen können dies bezeugen). Die Aufgabe, Gott zu ersuchen, unsere Mängel von uns zu nehmen (Schritt sieben des Zwölf-Punkte-Programms), haben wir ebenfalls bereits erledigt. Da wir kritisiert werden, seit wir fünf (oder zwei oder drei) Jahre alt sind, bitten wir jeden Tag inständig darum, ein anderer Mensch zu werden und perfekt zu sein. Man muss uns nicht vor übertriebenem Selbstvertrauen warnen, denn wir haben gelernt, unseren Fähigkeiten zu misstrauen. Wir brauchen die Aufforderung nicht, für unsere Fehler um Verzeihung zu bitten, denn wir entschuldigen uns permanent bei allen und jedem. Wir treten nicht stolz und großspurig auf, wir sind zaghaft und unterwürfig. Mit anderen Worten: Das Zwölf-Punkte-Programm der Anonymen Alkoholiker eröffnet uns keine neue Perspektive, es beschreibt unseren Alltag.«[17]

Beim Lesen dieser Worte bekomme ich eine Gänsehaut. Whitaker hat so recht: Wir sollten uns kein weiteres Mal kleinmachen lassen, schon gar nicht von einer männlichen Instanz, die uns sagt, wir seien zu groß und zu hochmütig, und die jede Widerrede gegen uns selbst wendet nach dem Motto: Wenn du das ablehnst, *bist du halt noch nicht so weit*. Ganz abgesehen davon, dass diese Instanz auf Heimlichkeit ausgelegt ist. Wie der Name schon sagt, steht Anonymität an erster Stelle. Niemand überwacht die einzelnen Gruppen, was Vergehen – Diskriminierung beispielsweise oder sexuelle Gewalt – sehr viel wahrscheinlicher macht. Über allem schwebt bibelgleich *The Big Book*, das *Blaue Buch*, wie das Grundlagenwerk der AA heißt.

Noch ein Problem habe ich mit den Anonymen Alkoholikern. Auch nach jahrzehntelanger Abstinenz ist der Rückfall immer nur einen Schluck entfernt. Man hangelt sich von einem Tag zum nächsten, entlang dem Satz »Nur für heute«. Ich finde das ziemlich frustrierend. Wenn einem lange genug gesagt wird, dass man immer trinken werden wolle, dann will man das vielleicht auch. Im Prinzip ist sogar die Abwesenheit des Trinkwunsches Beweis dafür, dass der Rückfall vor der Tür steht. Einmal Trinkerin, immer Trinkerin. *Deal with it!*

Noch mal: Für manche kann die Krankheitsdiagnose eine Erleichterung sein, weil sie einen von der persönlichen Schuld entlastet. Alkoholismus hat nichts mit Willensschwäche zu tun. Und doch schafft sie eine neue Form von Abhängigkeit, vom Label Alkoholikerin. Was aber, wenn ich gar nicht trinken will?

Das empfiehlt schließlich auch Allen Carr. Bei einer Abstinenz sei Willensstärke – und darauf fußt das Prinzip der Anonymen Alkoholiker – der falsche Weg, weil diese nun mal endlich sei. Es solle also nicht heißen »Ich darf nicht«, sondern »Ich will nicht«. Wer an den Punkt gelange, an dem er nur noch die Nachteile des Alkoholtrinkens sehe, sei frei.

Hätte man mir das vor einigen Jahren gesagt, hätte ich Rotwein verschüttend abgewinkt: »Ich *liebe* Alkohol, daran wird sich nie etwas ändern.« Dabei hätte mich doch schon die Erfahrung mit dem Rauchen eines Besseren belehren sollen und in gewisser Weise auch meine Tätowierungen, bei deren Erwerb ich mir so sicher war, dass sie mir ein Leben lang gefallen würden. Soll heißen: Menschen ändern sich.

Was sehr half auf meinem Weg zum »Ich will nicht«, war das angelesene Wissen. Netterweise stellt Holly Whitaker noch mal die *hard facts*[18] zusammen:

- Alkohol beeinträchtigt den Schlaf enorm. Zwar kann er beim Einschlafen helfen, allerdings ist der Schlaf wesentlich unruhiger, weil die sogenannten Alphawellen aktiv sind. Von normalerweise sieben REM-Phasen bleiben nur etwa zwei übrig. Auf Dauer führt das zu einem Anstieg von Stress, Ängsten, depressiven Verstimmungen und Gedächtnisproblemen. Weil der Körper drei bis vier Tage braucht, um Alkohol vollständig abzubauen, kommt jemand, der mehrmals die Woche trinkt, nie in den Genuss wirklich erholsamen Schlafs.

- In Zeiten, in denen ich besonders viel trank, hatte ich frühmorgens den bereits erwähnten seltsamen Knoten im Magen. Nichts Ungewöhnliches: Alkohol verstärkt Angstzustände, indem er den Körper mit den Stresshormonen Cortisol und Adrenalin flutet. Ihre Wirkung überdauert jene des Alkohols.

- *Die Leber wächst mit ihren Aufgaben* lautet ein Buchtitel des Arztes und Berufskomikers Eckart von Hirschhausen. Die Leber ist das zentrale Entgiftungsorgan unseres Körpers. Alkohol gehört zu den toxischsten Substanzen überhaupt, was dazu führt, dass sie viele andere Aufgaben vernachlässigt. Was nicht abgebaut werden kann, wird als Fett eingelagert, daher die alkoholbedingte Fettleber, die im Extremfall zu einer tödlichen Leberzirrhose führt. Auch vorher schon beeinflussen die in Fett verwandelten Gifte die Gedächtnisfunktionen und das zentrale Nervensystem, verstärken Angst und depressive Zustände und beschleunigen den Alterungsprozess. Alkohol spült einen Großteil der über die Nahrung aufgenommenen Nährstoffe aus dem Körper, macht also sämtliche Detoxversuche nutzlos, eine besonders schlechte Nachricht für Kaltsaftpresserinnen wie mich. Eine gestörte Leberfunktion kann sich auf vielfache Art äußern: stärkere PMS-Syndrome, Akne, gelbliche Haut, schlechter Atem,

Blähungen, Verstopfung, unangenehmer Körpergeruch.
Die gute Nachricht: Solange keine Leberzirrhose vorliegt,
kann sich das Organ im Fall einer Abstinenz vollständig erholen. Geschädigte Leberzellen werden durch neue ersetzt,
Fetteinlagerungen abgebaut.

- Alkohol führt zu Gewichtszunahme. Er enthält verhältnis-
mäßig viele »leere« Kalorien, treibt den Insulinspiegel in
die Höhe, fördert Heißhungerattacken und stört das Sät-
tigungsgefühl. Jede, die schon mal morgens um drei eine
Falafel-Halloumi-Makali mit extra Erdnusssauce verdrückt
hat, weiß, was gemeint ist. Zudem lässt er das Gesicht auf-
gedunsen und teigig wirken. Auch das kann ich bestätigen:
Ich sehe jedem Foto von mir an, wie viel ich in dieser Zeit
getrunken habe. Mir ging es nie darum, durch Abstinenz abzunehmen. Dass mein Appetit natürlicher und mein Körper
definierter wurde, obwohl ich mehr esse als in all den Jahren
zuvor, ist natürlich trotzdem ein netter Nebeneffekt.

- Einige der sogenannten Zivilisationskrankheiten wie Bluthochdruck, Herzrhythmusstörungen sowie -erkrankungen
stehen in direktem Zusammenhang mit regelmäßigem Alkoholkonsum. Ganz abgesehen vom Todesfaktor Nummer
eins, dem Krebs. Just saying.

- In den letzten Monaten meines Trinkens erlebte ich es
selbst: eine immer häufiger auftretende Reizung der Ma-
genschleimhaut, die Gefahr läuft, zur Gastritis zu werden.
Manchmal machte ich deswegen ein paar Tage Pause,
manchmal trank ich mithilfe von Heilerde, Buscopan oder
Kaiser-Natron aber auch einfach weiter. Eine Magenschleimhautentzündung kann chronisch werden. Abgesehen davon
stört Alkohol auch die Funktion der für die Verdauung zu-

ständigen Bauchspeicheldrüse. Eine entsprechende Entzündung ist nicht nur äußerst schmerzhaft, sondern kann auch dazu führen, dass fette Speisen nicht mehr verdaut werden können.

- Was umgangssprachlich Säufernase genannt wird, erklärt sich biologisch so: Alkohol wird zunächst in Acetaldehyd umgewandelt, und zwar durch das Enzym Dehydrogenase. Manchen Menschen – vielen mit asiatischen Wurzeln – fehlt dieses Enzym, sie vertragen Alkohol also schlechter. Bei ihnen passiert dasselbe wie bei allen, die schneller trinken, als das hochgiftige Acetaldehyd abgebaut werden kann: Der Körper versucht es über die Haut loszuwerden, die Folge sind Rötungen und geweitete Gefäße, die bei erhöhtem Konsum dauerhaft sichtbar bleiben. Der Großteil jedoch bleibt in der Leber.

- Alkohol beeinflusst jeden Teil des Gehirns. Jeden. Die Hirnmasse schrumpft, Gedächtnisleistung und Konzentrationsvermögen nehmen ab. Zudem verschlechtert sich das Urteilsvermögen. Letzteres kann ich bestätigen: Seit ich nicht mehr trinke, fallen mir Entscheidungen sehr viel leichter.

- Alkohol verändert die Persönlichkeit. Eine kleine Auswahl: Unzuverlässigkeit, Reizbarkeit, Unruhe, übertriebene Eifersucht, vielfältige Ängste, Depressionen bis hin zu Selbstmordgedanken. Die Diagnose »psychische und Verhaltensstörungen durch Alkohol« war 2017 der zweithäufigste Behandlungsgrund in deutschen Krankenhäusern.[19] Alkohol stört auch hormonelle Funktionen wie den Sexualtrieb, den weiblichen Zyklus – indem er das Östrogenlevel erhöht und das Testosteronlevel senkt – und unser allgemeines Befinden. Klingt nach PMS *forever*. Außerdem hat er Auswirkungen auf die Fruchtbarkeit, und zwar bei beiden Geschlechtern. Durch den gesenkten Testosteronspiegel kann er bei Männern für Erektionsstörungen bis hin zu Impotenz verantwortlich sein.

- Ein mir bekanntes Phänomen am Morgen nach zu vielen Negronis: Die Hände zittern so sehr, dass sogar Kaffeemachen unmöglich scheint. Schuld ist die alkoholbedingte Schädigung des peripheren Nervensystems. Bei fortschreitendem Konsum kann das Zittern chronisch werden.

- Noch mal: Alkohol fördert – auch bei moderatem Konsum – Krebs. Betroffen sind vor allem die direkt damit in Berührung kommenden Körperregionen wie Rachen, Kehlkopf, Speiseröhre, Magen. Frauen sind besonders in Form von Brustkrebs betroffen. Drei alkoholische Getränke pro Woche fördern das Risiko um 15 Prozent. Mit jedem weiteren täglichen Drink steigt es um weitere zehn Prozent.

- Im Leben einer jeden Frau kommt der Moment, in dem sie sich freut, jünger geschätzt zu werden. Alkohol macht dem einen Strich durch die Rechnung. Er führt zum Verlust von hautstraffendem Collagen, jenen Mineralien, die freie Radikale binden, sowie Vitamin A und Zink, beide essenziell für das Zellwachstum.

- Darm mit Charme? Alkohol fördert Entzündungen im Verdauungstrakt und zerstört jene Mikrobiome, deren Einfluss auf den Körper kaum hoch genug eingeschätzt werden kann. Das beeinflusst unsere Stimmung, weil im Darm ein Großteil der Serotoninproduktion stattfindet. Auch das Immunsystem nimmt Schaden. Eine Tatsache, die mir besonders während der Coronapandemie auffiel: Überall war von

Immunboostern die Rede, von gemüsebasierter Ernährung und täglichen Spaziergängen und ausreichend Schlaf, aber darüber, dass man eventuell den Alkohol reduzieren oder gar weglassen könnte, las ich nie etwas.

Ziemlich beeindruckende Liste, oder? Und doch hätte sie mein früheres Ich nicht vom Trinken abgehalten. An irgendwas stirbt der Mensch, hätte ich dann gesagt, leben muss man doch!

Was ist passiert? Vielleicht lag es an einer weltweiten Pandemie mit Hunderttausenden Toten oder einigen tragischen Krankheitsdiagnosen im nahen Umfeld oder schlichtweg daran, dass ich dreißig wurde – plötzlich jedenfalls schien mir Gesundheit doch eine ziemlich feine Sache zu sein. Zumal ich die Auswirkungen des Trinkens ja wirklich spürte, am akutesten in Form der Magenschleimhautreizung und natürlich der ständigen Kater, die mit ihren Symptomen von Übelkeit, Brechreiz, Kopfschmerzen, Licht- und Lärmempfindlichkeit, emotionaler Instabilität und Konzentrationsstörungen im Prinzip eine Minialkoholvergiftung sind. Im Umkehrschluss erlebte ich während der alkoholfreien Phasen jedes Mal ein ganz neues Körpergefühl. Die naheliegende Frage war also dieselbe wie in jeder toxischen Beziehung: Was nehme ich für meine große Liebe in Kauf?

Irgendwann hatte ich meine Unschuld in Bezug auf das Trinken verloren. Das, würde ich sagen, ist ein guter Indikator des Problems: Dass man seinen eigenen Konsum überdenkt. Nicht umsonst taucht die vermeintlich harmlose Frage »Hatten Sie schon mal das Gefühl, Sie trinken zu viel?« in so vielen Selbsttests auf. Jede erinnerungslose Nacht, jeder kaputte Morgen war ein weiterer Baustein dessen, was einmal meine Abstinenz werden sollte. Ganz wichtig waren auch die Erfahrungen meiner trinkfreien Wochen und Monate, wie gut ich schlief, arbeitete, wie zufrieden ich war. Hätte ich die ganze Zeit über den Zettel »Alkoholikerin« auf der Stirn kleben gehabt, auch nur für mich im Spiegel sichtbar, hätte sich das alles ziemlich aussichtslos angefühlt. Stattdessen spürte ich, hin und wieder wenigstens, dass ein Leben ohne Alkohol machbar sein könnte, ja vielleicht sogar lohnenswert.

Ich trete gerne mit Menschen in Verbindung, höre mir deren Geschichten an, erzähle meine eigene. Bloß, dass ich keine Lust habe, dabei im muffigen Vorraum einer Kirche zu sitzen und Pappbecherkaffee zu trinken. Vor allem möchte ich mir nicht sagen lassen, dass ich immer nur einen Tag vom nächsten Drink entfernt bin. Und zwar von einem männergemachten System.

Gut gefiel mir die Haltung von Amy Liptrot. Nach zehn Jahren Londoner Partyleben, das mich sehr an meine Berlinzeit erinnerte, machte sie eine dreimonatige ambulante Therapie. Zu Beginn bekam sie gegen Entzugssymptome ein Medikament namens Librium verschrieben, ein Zeichen dafür, dass sie bereits körperlich abhängig war. Angesichts dieser Tatsache fand ich es erstaunlich, wie locker die öffentlichen Stellen das Problem handhabten. Ihr Wunsch nach einer stationären Entzugseinrichtung wurde abgelehnt, weil man sie »irgendwo zwischen Alkoholmissbrauch und Alkoholabhängigkeit« einstufte. Nach Ablauf der Therapie beschloss Liptrot, auf unbestimmte Zeit in ihre Heimat zurückzukehren. Zunächst auf den elterlichen Hof, wo sie Trockenmauern instand setzte und den Schafen beim Ablammen half. Außerdem verpflichtete sie sich zu einem Job als Vogelbeobachterin, auf der Suche nach dem vom Aussterben bedrohten Wachtelkönig.* Anstatt wie geplant nach London zurückzukehren, verbrachte sie den folgenden Winter auf einer noch zivilisationsferneren Insel namens Papay, in einem zugigen, rosa gestrichenen Häuschen. Neben Brotbacken und dem Internet gehörte Himmelskunde zu ihren Lieblingsbeschäftigungen: »Eines Abends besuchte ich, statt zu einem AA-Treffen zu gehen, die allererste Zusammenkunft der Astronomischen Gesellschaft von Orkney.

---

* Vögel beobachten scheint eine Superstrategie im Umgang mit Problemen aller Art zu sein. Ich musste an Jenny Odell denken, die in *Nichtstun. Die Kunst, sich der Aufmerksamkeitsökonomie zu entziehen* darin ein Werkzeug gegen die digitale Versklavung sieht.

Ich hatte mit dem Trinken aufgehört, um etwas zu unternehmen, nicht, um über das Trinken zu reden.«[20] Sie unterzog sich ihrer, wie sie sagt, »eigenen Form von Therapie, durch lange Wanderungen, Schwimmen in kaltem Wasser und indem ich systematisch alte Fachzeitschriften lese. Ich lerne, Freiheiten zu erkennen und zu schätzen: räumliche Ungebundenheit, frei zu sein von schädlichen Zwängen. Ich fülle die Leere mit neuem Wissen und Momenten der Schönheit.«[21] Auffallend oft waren diese Momente an ein Naturerlebnis geknüpft. Brütende Papageientaucher, an den Strand geschwemmte rosafarbene Kaurimuscheln, winterliche Trümmerwolken. Liptrots Naturbeschreibungen sind magisch, man spürt, dass sie wirklich etwas gefunden hat, das ihrem Leben einen neuen Sinn verleiht. Einmal schreibt sie über *merry dancers*, wie Nordlichter im schottischen Dialekt genannt werden:

»Ich werde das Außenlicht ausschalten, die Taschenlampe wegwerfen und nach Norden in das Leuchten hineinspazieren. Vielleicht wird alles gar nicht so schlimm. Ich habe Discolichter gegen Himmelslichter eingetauscht, aber ich bin immer noch von Tänzern umgeben. Ich werde von siebenundsechzig Monden umkreist.«[22]

Was waren meine *merry dancers*? Dinge, die mich in meinem Entschluss, nüchtern zu werden, bestärkten? Es waren meine Freundinnen und Freunde, die mich gut genug kannten, um eine Verbindung herzustellen zwischen dem Trinken und meinem mal lodernden, mal glimmenden Unglück. Diejenigen, die sich selbst schon mal gefragt hatten, ob sich ihr Konsum noch im Bereich des Normalen bewegte, ebenso wie diejenigen (und es waren gar nicht so wenige), die kaum oder nie tranken. Es waren meine Eltern, obwohl sie die schlimmsten Entgleisungen nicht mal mitbekommen hatten. Abgesehen davon die Erkenntnis: Ich könnte mein Leben in so viele Richtungen drehen, wenn ich nur endlich frei wäre vom Allesverdreher Alkohol. Ganz oben auf meiner Wunschliste stand ein Hund, immer schon, immer noch. Wie viel besser ich mich um einen solchen kümmern könnte, wenn ich nicht jede zweite Nacht an Bartresen begraben würde und am nächsten Tag zu verkatert zum Gassigehen wäre.

Merry dancers waren auch die vielen Bücher und Erfahrungsberichte, die mich bereits ein gutes Jahr vorher begleiteten. Dazu gehört Gay Alcorns im *Guardian* erschienener Text »I was only going to give up alcohol for a month but I wasn't prepared for the impact it had (Ich wollte nur einen Monat lang auf Alkohol verzichten, aber ich war nicht auf die Auswirkungen vorbereitet, die das hatte)«[23]. Die Australierin beschreibt darin ihren jahrelangen unauffälligen, aber dennoch problematischen Alkoholkonsum und dessen Folgen, so zum Beispiel: »Sich morgens langsam oder ein wenig traurig zu fühlen, war so normal, dass ich es kaum bemerkte.« Und wie es ihr während eines alkoholfreien Monats erging. Ihre Erzählungen deckten sich mit meinen Erfahrungen:

> »Es ist ein Erfolgserlebnis, etwas zu tun, von dem man nicht wusste, ob man es schaffen würde, selbst etwas so Bescheidenes wie einen Monat lang auf Alkohol zu verzichten. Aber ich hatte nicht mit dem Ausmaß und der Tragweite der Auswirkungen gerechnet. (…) Ich war geistig verfügbarer für Freunde und Familie, eine bessere Zuhörerin, weniger leicht zu verurteilen. Ich war produktiver, und der Ehrgeiz kehrte zurück. Ich aß besser, trieb mehr Sport. Ich schlief wie ein Baby und wachte nicht mehr wie benebelt auf. Ich war ein glücklicherer Mensch.«[24]

Im Juni 2020 hatte der Text über sechshundert Leserinnenkommentare, überwiegend zustimmender Natur. Normalerweise schenke ich mir diese Lektüre, in diesem Fall las ich den Großteil davon und war erstaunt, bei wie vielen offenbar ein Glöckchen klingelte. Besonders im Gedächtnis blieb mir jener Kommentar eines Lesers, der meinte, regelmäßiges Trinken gebe einem das Gefühl, jeden Morgen ein bisschen krank zu werden. Ja, dachte ich, genau so ist es.

Ich wusste es und war doch nicht bereit, meine Konsequenzen daraus zu ziehen, noch nicht. »Um ehrlich zu sein, bin ich immer nur einen Eiswürfel vom nächsten Negroni entfernt«, notierte ich damals in mein Tagebuch. Mir fehlte die Klarheit. Ich wollte nicht mehr zurück an diesen dunklen, traurigen Ort, zu den schlaflosen, immer kurz vorm Verdursten stehenden Nächten, nicht zurück zu den mehr oder weniger verkaterten Morgen, mal ohne Erinnerung, mal ohne Energie. Und doch: Nach einer monatelangen Pause fing ich wieder mit dem Trinken an.

Das Ende

Bevor ich jedoch aufhörte zu trinken, um dann wieder anzufangen, um dann wieder aufzuhören, passierte etwas anderes. Passierte mir jemand anderer.

Genau genommen gab es nämlich zwei Momente, in denen ich meine Entscheidung, an meinem dreißigsten Geburtstag mit dem Trinken aufzuhören, über Bord warf. Den einen über die Weinliste des Stockholmer Restaurants gebeugt, den anderen frierend auf einer Bierbank sitzend, als mir gegenüber ein Mann Platz nahm und eine Flasche Wein auf den Tisch stellte. Wir befanden uns in einem eigens für diesen Anlass aufgestellten Festzelt auf einem vom Regen halb weggespülten Bauernhof, irgendwo in Brandenburg. Der Anlass war eine Konferenz zum Thema nachhaltige Ernährung, an der Käseexpertinnen und Sterneköche ebenso teilnahmen wie ein Typ, der männliche Küken zu Gourmetgockeln wachsen ließ. Ich war mit meiner Affäre, dem Bartender, da, irgendwie also allein. Als Tageshighlight kochten zwei Berliner Köche Kartoffelsuppe. Mindestens so sehr wie darüber freute ich mich über die Viehtröge voller Weinflaschen, über die ein mir bekannter Sommelier wachte mit den strengen Worten: »Nur zwei Gläser pro Person.« Es war einer dieser Tage, an denen ich mir erst vorgenommen hatte, gar nicht zu trinken, dann beim Feierabendsekt eingeknickt war und anschließend meine Mitfahrgelegenheit sausen hatte lassen, ohne Plan, wie ich stattdessen nach Hause kommen sollte. Jetzt saß ich da, vor mir eine Zwei-Gläser-pro-Person-Flasche und mir gegenüber ein Mann, der mein Interesse geweckt hatte. »Weißer Rioja«, das war mein erster an ihn gerichteter Halbsatz. Wie sich herausstellte, war er im Weinbusiness tätig. Wir tranken mehr oder weniger allein die beiden von uns ausgewählten Flaschen und unterhielten uns über Dinge, die mir entfallen sind. Die folgenden Stunden liegen im Nebel, lediglich von kurzen Blitzen erleuchtet: ich im Gespräch mit den beiden Köchen, ein Glas in der Hand. Ich auf der Suche nach meinem Schirm. Ich, wie ich auf dem Beifahrersitz eines Autos am Radio herumspiele. Ich, wie ich an irgendeinem Waldrand ins Gebüsch pinkle. Und dann wir, der Mann und ich, vor meiner Wohnungstür, knutschend. So fing es an.

Rückblickend ergibt das alles Sinn. Dass ich in dem Jahr, in dem ich mich lesend an die Abstinenz herantastete, erst ein Techtelmechtel mit jemandem anfing, der als Bartender Schnaps aus Kornelkirschen machte, und mich dann in jemanden verliebte, der von Berufs wegen mit dem Auswendiglernen von Weinanbaugebieten beschäftigt war und genauso gerne trank wie ich. Caroline Knapp schreibt über das Phänomen, wenn zwei Trinkende gemeinsam ertrinken, Folgendes: »Das Wasser sucht sich sein eigenes Niveau; viele von uns suchen sich Menschen, die uns ertränken wollen. An sich geht es bei dem Sprung wohl um das Ertrinken, um den Wunsch zu ertrinken, um das Bedürfnis nach einer perfekten Ausrede, um das Rettungsboot loszulassen.«[1]

Der Mann mit dem weißen Rioja lebte nicht in meiner Stadt, was uns nicht davon abhielt, uns immer dann zu treffen, wenn er beruflich in meiner zu tun hatte. An die ersten paar Dates habe ich so gut wie keine Erinnerung, außer an das Setting: eine Bar in Neukölln, mit den besten und stärksten Drinks, die man sich vorstellen kann. Irgendwann nach Mitternacht ratterten die elektrischen Rollläden herunter, und ein Türsteher sortierte Gäste aus. Wir waren immer drin. All die scheuen ersten Gesprächsfäden, aus denen sich allmählich eine warme Decke spinnt, die Beziehung zu einem geliebten Menschen, sind mir völlig entglitten. Von Anfang an war da etwas Scharfkantiges zwischen uns, eine Glasscherbe, an der man sich schneidet, egal wie sehr man achtgibt. Nach acht, neun Stunden in der Bar mit den elektrischen Rollläden wachten wir jedes Mal völlig zerschlagen in meinem Bett auf, und ich war dankbar, endlich jemanden gefunden zu haben, der dafür sorgte, dass ich mir nach solchen Exzessen ein Taxi bestellte. Auf seinem Rücken hatte der Mann eine Tätowierung, auf der stand: »Don't stop drinking.«

Die ersten, auch im nüchternen Zustand rauschhaften Wochen einer neuen Liebe durchlebte ich wie eine Zuschauerin meines eigenen Stücks, das sich nicht zwischen Romanze und Drama entscheiden kann. Ständig hatte ich Herpes, nichts half dagegen. Ich wollte ihn küssen, aber ein Teil von mir offenbar auch nicht. Dieser protestierte gegen jede Form von Zugeständnis, das aus einem dieser typischen Berlindinger etwas mit Bestand machte. Der weitaus größere Teil jedoch jauchzte vor Vergnügen auf dieser Achterbahnfahrt, wie ein Kind, das sich von seiner strengen Mutter losgerissen hat. Einmal landeten wir am Ende einer zweitägigen Weinmesse halb besinnungslos und Gläser zerstörend – jedenfalls ich – ausgerechnet im Bistro meines Ex-Freundes, dem ich doch das Versprechen gegeben hatte, er werde mich *nie wieder so sehen*. Ein anderes Mal, da besuchte ich den Mann zum ersten Mal in seiner Stadt, wurde ich nach einer Trinknacht, die bereits an einem Campari-verklebten Mittag begonnen hatte, frühmorgens davon wach, dass er das Haus verließ. Vom Bett aus fiel mein Blick auf eine Sammlung exquisiter, leer getrunkener, vor dem Fenster aufgereihter Flaschen. Im Hintergrund surrte der Weinkühlschrank. Etwa eine Stunde lang mischte sich in die allzu bekannte Angst vor dem Verlassenwerden eine Hoffnung genau darauf, denn was wir hier taten, war doch nicht recht. Natürlich kam er zurück, natürlich blieb ich bei ihm. Das, was ich so oft im Alkohol gesucht hatte – Gefühle bis zum Anschlag, mein Innerstes als überschäumende Champagnerflasche –, bekam ich nun doppelt, durch den Drink und den Mann. Ab und an sprachen wir sogar über die Gefahren von Alkohol und ob wir wohl Suchttypen seien und man da eventuell ein bisschen wachsam sein müsse. Leider waren wir jedes Mal so betrunken, dass ich seine Antworten am Morgen danach vergessen hatte.

Seine Stadt, in der ich zuletzt als Kind gewesen war, erlebte ich praktisch nur im Rausch. Aperol Spritz beim Fußgängeritaliener, Rosé-Moët in der Karstadt-Feinkostabteilung. An die angeblich beste Bar der Stadt kann ich mich nur erinnern, weil ich die Rechnung aufgehoben habe. Woran ich mich erinnere, ist das aufregende Leuchten, das Versprechen von unendlichem Spaß, elegantem Exzess, ausgelassenen Taxifahrten, Kater, die gar nicht schlimm waren, wenn man kurz nach dem Aufstehen einfach weitertrank.

Einmal sahen wir uns zusammen *Shining* an.* Ich mochte den Soundtrack, das Wes-Anderson-hafte Hotel und den Überbiss der Hauptdarstellerin. Ich sah, dass sie die komplette Care-Arbeit übernimmt. Vor allem sah ich einen Alkoholiker, der in der freiwilligen Selbstisolation durchdreht. Unfassbar, wie Jack Nicholson als Jack Torrance an der leeren Hotelbar sitzt und sich einen Bartender zusammenspinnt, der ihm auf Kosten des Hauses Whiskey aus der Flasche kredenzt. Später der auf seinem Jackett landende Eierlikör … Stephen King distanzierte sich aus verschiedenen Gründen von diesem Film. Unter anderem, weil das Thema Alkoholabhängigkeit *nicht drastisch genug* dargestellt worden sei. Mehr als dreißig Jahre später schrieb er einen Fortsetzungsroman, der von Jack Torrance' inzwischen selbst alkoholabhängigem Sohn handelt und dessen Weg in die Nüchternheit, *Doctor Sleep*.[2] Über all das wollte ich mit dem Freund sprechen, aber der gruselte sich hauptsächlich vor der Szene, als Blut aus dem Aufzug schießt.

---

* Zur Erinnerung: Dessen Autor Stephen King konnte zeitweise nur schreiben, nachdem er einen Kasten Bier getrunken hatte.

Und dann hörte ich einfach auf. Nein, natürlich hörte ich nicht einfach auf. Erst mal hörte ich Charlotte Roche und Martin Keß-Roche zu, wie sie über ihre Abhängigkeit sprechen. Als sich die beiden kennenlernten, tranken sie viel. Keß-Roche: »Waren wir eigentlich die ganze Zeit besoffen?« – Seine Frau: »Ja.«[3] Auf Anraten seines Arztes legte Keß-Roche eine Pause ein, was seine Partnerin als indirekten Kommentar zu ihrem eigenen Trinken auffasste. Im Podcast sagt sie den mutigen Satz: »Hätte ich mich damals entscheiden müssen, ich hätte nicht dich, sondern den Alkohol gewählt.« An einem Heiligabend führte ein Kochmesser nach zu viel Vormittagssekt zum Krankenhausaufenthalt, an einem anderen fiel sie betrunken die Treppe hinunter. Ihr lapidarer Kommentar: »Feiertage wie Weihnachten sind für Trinker ein willkommener Anlass, schon morgens mit dem Saufen anzufangen.« Anschließend las die *Feuchtgebiete*-Autorin Allen Carrs *Endlich ohne Alkohol*, wurde nüchtern, fing noch mal kurz mit dem Trinken an und ist inzwischen ebenso wie ihr Partner seit vielen Jahren abstinent. Schon als Teeniegirl war Roche mein Idol, logisch also, dass ich mir sofort jenes Buch besorgte, das ihr so gut geholfen hatte.

Dessen Versprechen: Wer es bis zum Ende liest, wird quasi automatisch aufhören zu trinken. Carr macht das ziemlich geschickt, indem er einem im wahrsten Sinn des Wortes den Geschmack verdirbt und mit der Illusion der »glücklichen Trinker« aufräumt. »Hören Sie auf zu denken: ›Ich darf niemals, niemals mehr etwas trinken!‹ Beginnen Sie lieber sich vorzustellen, wie schön es sein wird, wenn sie sich endlich nicht mehr selbst vergiften müssen.«[4] König Alkohol muss runter von seinem Thron. Allerdings erst nach der Lektüre von *Endlich ohne Alkohol!* Schon zu Beginn stellt der Autor der Lesenden ein letztes Glas in Aussicht. Damit soll es enden.

Ein Schelm, wer das Buch also extra langsam liest, um dieses letzte Glas so lange wie möglich hinauszuschieben. Ich habe mir ungefähr zwei Monate Zeit gelassen (entspricht nicht meinem gewöhnlichen Lesetempo) und viel darüber nachgedacht, was dieses letzte Glas sein soll. Meine Wahl fiel auf einen burgenländischen Chardonnay, kredenzt im Vierzig-Euro-Weinglas.

Als ich ungefähr mit der Hälfte des Buchs durch war, kam Weihnachten. Am 23. Dezember verteidigte ich meinem besorgten Vater gegenüber gewohnt pampig meine zwei Negroni auf nüchternen Magen (»Man nennt das *Aperitif*«) und betrank mich anschließend in der Kleinstadtweinbar. An Heiligabend stand ich verkatert im Nachmittagsgottesdienst und wünschte, ich hätte schon davor was getrunken. Silvester feierten der Mann und ich in unserer Lieblingsweinbar, einen Abend, den ich als sehr gemäßigt in Erinnerung habe, dabei bezeichnete mich eine besorgte Freundin hinterher als »kaum noch ansprechbar«. Anfang Januar entzündeten wir eine Feuerzangenbowle, eine schrullige Tradition, die ich von meiner Mutter übernommen hatte. Während die anderen gegen Mitternacht in ein Zuckerhutrumkoma fielen und wochenlang klagten, sie seien noch nie so betrunken gewesen, zogen der Mann und ich weiter in die Bar mit den Rollläden. Es war einfach nie genug.

All die Zeit über flößte ich mir Carrs Mantras ein, wie kleine Schlucke von etwas sehr Heißem. Erzählt habe ich niemandem davon, schon gar nicht dem Mann. Stattdessen reiste ich mit ihm nach Barcelona, wo immer einer von uns in genau dem Maße weniger betrunken war, um nicht in der fremden Stadt verloren zu gehen. Die Frage lautete eigentlich immer nur, ob wir den Tag bereits mit einer Bloody Mary starten oder anstandshalber bis zur ersten Flasche Wein beim Mittagessen warten sollten. Die Stadt flimmerte, die Stadt bebte, und wir mit ihr. Die horrenden Preise störten uns nicht, wir bestellten immer, worauf wir Lust hatten, und schmissen mit exorbitanten Trinkgeldern um uns*, und für beides liebte ich ihn (schon auch lustig, dass es *Trink*geld heißt, oder?).

---

* Ein Phänomen, das auch Caroline Knapp beschreibt: »Am Ende habe ich ein unverschämtes Trinkgeld gegeben, etwa 60 Prozent, weil ich Angst hatte, zu wenig zu geben. Klassische betrunkene Logik.« Siehe *Alkohol – meine gefährliche Liebe*, S. 157.

Entsprechend unvorstellbar erschien die Vorstellung des letzten Glases im Geiste Allen Carrs, jedenfalls, solange ich mit ihm zusammen war. Wahrscheinlich müsste ich es allein durchziehen, aber konnte, wollte ich das? Auf der Suche nach Antworten starrte ich auf den Playa de La Barceloneta und in die vielen Gläser teuer importierten Naturweins. Nichts war klar. Nachdem wir Barcelona vier Tage lang aus den Angeln gehoben hatten, reiste ich direkt weiter zur Pressereise nach Südtirol, vergrübelte Nächte allein im Doppelzimmer, und wie Christian Kracht richtig bemerkte, gibt es nichts Traurigeres als ein nur einseitig bezogenes Doppelbett. Auf dem Rückweg machte ich noch mal in der Stadt des Mannes halt, verbrachte einen durchtrunkenen Tag in dem Restaurant, in dem er arbeitete, und hörte seine Chefin angesichts meines leeren Champagnerglases den universal gültigen Satz sagen: »Perla hat leer.« Perla, das war mein selbst gewähltes Internet-Alter-Ego, Überbleibsel aus einer Zeit, als man bei Facebook nicht mit Klarnamen in Erscheinung treten wollte. Ein seltsam klarer Moment: Perla hat immer leer.

Ende Januar fuhr ich wieder auf Pressereise. In Zürich erwartete mich unter anderem eine Rikschafonduefahrt in Begleitung einer Pressedame mit glasigen Augen und Trinkerinnenäderchen. Das, dachte ich mir in eine Decke gehüllt am Riesling-Silvaner mit Fuchsetikett nippend, könnte ich sein. Am letzten Tag führte ich morgens ein Interview mit einem Rumbarbesitzer, einem etwas teigigen Typ Ende vierzig, der sich nach der Begrüßung erst mal zitternd einen Espresso brühte, auch ihm sah ich sein Dilemma an. Trinkerinnen haben dafür ein feines Gespür. Das, dachte ich, aus Recherchegründen am Rumcocktail nippend, könnte ich sein. Es folgte die Ortsbegehung einer Wermutbar inklusive Verkostung und dann eine dreistündige Tour durchs akkurat gentrifizierte Zürich-West, die für meinen Geschmack viel zu wenige alkoholische Zwischenstopps bereithielt.

Immerhin konnte ich meinen Tourguide zu einem anschließenden Apéro in der Kronenbar überreden, wo ich auf Kosten von Zürich Tourismus einen neunzehn-Euro-Negroni in mich hineinschüttete. Zum anschließenden Käsefondue bestellte ich einen praktisch untrinkbaren Grünen Veltliner. Die ganze Zeit über dachte ich an die Flasche Chardonnay in meinem Berliner Kühlschrank, die ich mir für die Rückkehr kühlgestellt hatte, die letzte Flasche, ähm, das letzte Glas, meine ich.

Am nächsten Morgen klingelte mein Wecker früher als sonst, weil ich den Hotelgästevorteil nutzen wollte, den Sonnenaufgang vom auf dem Dach gelegenen Thermalwasserpool zu beobachten. Schwerelos glitt ich durchs körperwarme Wasser, umgeben von aufsteigendem Dampf. Eine Zeitlang war ich ganz allein dort oben. Plötzlich fiel es mir ein: Das letzte Glas hatte ich bereits getrunken. Es durfte natürlich *nicht* mein Lieblingswein sein, sondern etwas Abscheuliches wie der billige Fonduewein vom Abend zuvor. Bei meiner Rückkehr würde ich *nicht* in meinem WG-Zimmer eine Flasche öffnen, gefolgt von einem weiteren benommenen Tag. *Dieses eine Glas* würde ich nicht trinken. Der Moment, in dem ich diesen Entschluss fasste, war perfekt, wie eine Wiedergeburt im Züricher Heilquellenwasser, über mir die rosa Wolken eines milden Wintermorgens.

Pink cloud, so nennt man die ersten euphorischen Wochen und Monate einer Abstinenz. Nicht jede Problemtrinkerin erlebt sie, aber ich würde sagen, alle, die einen so gravierenden Unterschied merken, wie es bei mir der Fall war, haben wahrscheinlich ein Problem. Es war, als hätte jemand einen jener Instagram-Filter über mein Leben gelegt, der jedes noch so verkorkste Foto zu einem vorzeigbaren macht. Mit jeder Woche wurde mein Schlaf stabiler, bis schließlich das Unglaubliche passierte: Ich schlief ein, ich wachte auf, und da lag der Tag vor mir, ein strahlend schöner Morgen.*

---

* Im gleichnamigen L.A.-Roman von James Frey geht es unter anderem um einen Trinker namens Old Man Joe. Ich habe das Buch von meinem Freund Martin geschenkt bekommen.

Anders als in den vielen Jahren zuvor konnte mir der Berliner Winter gar nichts. Oft stand ich im Dunkeln auf, kochte Kaffee und begann zu arbeiten, weil mir eingefallen war, wie gerne ich am Schreibtisch sitzend den Sonnenaufgang beobachtete. Ich ging laufen, ich machte Yoga und staunte darüber, was mein Körper konnte. Dieser schöne, starke Körper. Freunde traf ich nicht nachts in verrauchten Bars, um zum Vergessen bestimmte Gespräche zu führen, sondern nachmittags, bei Carrot Cake und Filterkaffee, Herz und Ohren offen wie das Netzwerk der Hipstercafés. Ich las die letzten Seiten Carr, belustigt feststellend, dass das von ihm beschworene letzte Getränk tatsächlich etwas Abstoßendes sein sollte, nicht der von mir so sorgfältig ausgewählte Lieblingstropfen. Eines Morgens sah ich in den Spiegel und stellte fest, dass über Nacht die Trinkspuren aus meinem Gesicht gewichen waren. Es war, als blickte mich meine verloren geglaubte Zwillingsschwester an, die in Wahrheit einfach nur sehr, sehr lange Urlaub gemacht hatte, in einem Haus am Meer.

In diesen ersten nüchternen Wochen fehlte mir der Alkohol selten. Wenn er mir fehlte, dann allerdings in Form eines schneidenden Verlangens, und zwar immer dann, wenn ich mit dem Mann zusammen war. Offiziell machte ich eine Pause von unbestimmter Dauer, gegen die er nichts Konkretes einzuwenden hatte. Von seiner behaupteten Rücksichtnahme merkte ich allerdings nicht viel. Unsere samstäglichen KaDeWe-Ausflüge begoss er genau wie früher mit Rieslingsekt an der Austernbar, anschließend ließ er sich beim Nachbarschaftsitaliener ausführlich die Maischestandzeit der offenen Weine erklären, manchmal bestellte er sogar eine ganze Flasche. Am schlimmsten waren die Besuche bei seiner Familie, bei denen ich mit Kloß im Hals zusah, wie Flasche um Flasche entkorkt wurde. Am Ende eines solchen Abends bestand der Bruder darauf, seinen Hobbyweinkeller vorzuführen, und so fand ich mich wieder auf einer beheizbaren Kirchenbank, um mich herum all die Flaschen, die ich nie würde trinken können, neben mir der Mann, der stolz auf jene Ecke des Raumes zeigte, in dem seine eigene Sammlung reifte.

Ich wollte diesen ganzen verdammten Keller aussaufen, mich auf der Kirchenbank schlafen legen und nie wieder aufwachen. Oder, wie es Thomas Melle mal formulierte: »Aber weg sein wollte ich sehr.«[5]

Meistens fragte der Freund vor dem ersten Getränk, ob es okay sei, wenn er etwas trinke, woraufhin ich jedes Mal Ja sagte, obwohl alles in mir Nein schrie. Nicht selten endeten die Abende damit, dass ich weinte oder wütend wurde und er vorschlug, ich könne doch zum Beispiel ausschließlich in seiner Gesellschaft trinken und vor allem endlich mal dieses Detoxding enden lassen, denn hatte ich mir nicht bewiesen, dass ich es konnte? Immer wenn ich dann entweder zurück in Berlin oder er von dort weg war, kam die Leichtigkeit zurück, die Gewissheit, dass ich das Richtige tat.

Dann passierte die Sache mit Isa. Über die Jahre hatten wir uns etwas aus den Augen verloren. Vorbei die glamourös versoffenen Nächte, in denen wir planten, unsere Tagebücher an RTL zu verkaufen, in denen uns, wenn wir mal wieder erkältet waren, unser StammBartender die Wodkashots mit frischem Orangensaft mixte. Offenbar waren wir erwachsen geworden. Charlotte war zurück in ihre Heimatstadt gezogen und mit ihrer Jugendliebe liiert. Isa hatte ihr Studium mehr oder weniger abgebrochen und arbeitete als Bartenderin und Markenbotschafterin für Spirituosenfirmen. Bei einem unserer seltenen Treffen, die grundsätzlich in Bars stattfanden – wenigstens da blieben wir uns treu –, berichtete sie, wie sie auf dem Nachhauseweg von ihrer Barschicht überfallen und ausgeraubt worden war. Sexuelle Belästigung aller Art war für eine Alkohol ausschenkende Frau an der Tages- beziehungsweise Nachtordnung, das allerdings war etwas anderes gewesen. Seither hatte sie mit Angststörungen zu kämpfen. Bei unserem nächsten Treffen in der Weinbar meines Ex-Freundes hatte sie bessere Neuigkeiten. Sie hatte sich verliebt, in einen Mitte zwanzigjährigen Amerikaner, der nach wenigen Wochen bei ihr eingezogen war. Stolz zeigte sie ihren Verlobungsring. Mir kam das komisch vor, zumal er ein Kind mit einer anderen Frau hatte und irgendwie durch den Wind zu sein schien. Wieder verging einige Zeit.

Im Februar postete sie bei Facebook eine Art Nachruf, *rest in peace*, Fotos von sich und einem Mann – ihrem Verlobten. Was war geschehen? Joe hatte nicht nur seine Akustikgitarre nach Berlin importiert, sondern auch einen Überseekoffer voller Probleme. Die inoffizielle Diagnose lautete Borderlinestörung mit stark depressivem Anteil. Wobei das Manische auch nicht zu kurz kam. Routiniert zog Joe durch die Bars der Stadt, nahm *pick up artist*-gleich irgendwelche Frauen mit nach Hause, genau genommen in Isas Wohnung, während diese bei der Arbeit war. Einmal suchte sie ihn tagelang, bevor sie feststellte, dass er sich unter ihrem Bett versteckt hatte. Mehrfach hatte er gedroht, sich das Leben zu nehmen. Nach einem besonders schlimmen Streit – immer hatte Alkohol dabei eine Rolle gespielt – legte sich Isa erschöpft ins Bett. Joe, ihr Verlobter, der Mann, auf den sie ihr Leben lang gewartet zu haben schien, erdrosselte sich im Nebenraum mit einem Gürtel an der Türklinke. Ich war fassungslos. Was konnte ich tun? Isa bat mich, zur Trauerfeier zu kommen.

Bis dahin hatte ich nur kirchliche Beerdigungen gekannt, und die letzte lag viele Jahre zurück. Dieser Abschied hingegen fand frei von jedem religiösen Überbau in einem verwinkelten Kreuzberger Ladenlokal mit Plattenspieler und üppigen Blumenarrangements statt. Viele Nächte lang hatte ich dort zu Johnny-Cash-Songs roten Rioja getrunken. Es war auch die Bar, in der ich, heftig mit dem Russen knutschend, gebeten worden war zu gehen. Beim Betreten schlug mir noch immer der beinahe obszöne Duft von leicht welken Lilien entgegen, nur dass er dieses Mal Sinn ergab: *Lilium candidum*, die Grabpflanze. Isa wirkte wie ein gebrochener Hollywoodstar, kettenrauchend, zitternd, in einem vorteilhaften, schwarzen Kleid. Sie trank Rotwein mit hastigen Schlucken, das hätte ich an ihrer Stelle auch getan und natürlich auch an meiner, wenn ich nicht kurze Zeit vorher mit dem Trinken aufgehört hätte. Abgesehen von Isa schaute ich nur in unbekannte Gesichter, viele davon reibeisenhaft wie

Johnny Cashs Stimme. Eine Ausnahme war ein etwa siebenjähriges Mädchen, das eine Puppe an sich gedrückt hielt: Joes Tochter. Außer ihr und mir tranken alle, Bierflaschen und Gin Tonics und Whiskey on the Rocks gingen eiswürfelklirrend über die Theke. Dann trat ein in seiner Verlebtheit altersloser Mann nach vorn: Joes Vater. Das Zittern in seinem Körper griff auf Stimme und Hände gleichermaßen über, während er mit einem undefinierbaren US-Akzent von rufenden Sternen sprach und der Gewissheit, dass der Verstorbene auf uns alle herabschaue, und dann von seinem letzten Entzug. Dann bat er die Anwesenden, ihre Gläser zu erheben – »Cheers to you, my beloved son!« –, in seinem eigenen glomm der Whiskey. Ich fand das alles schwer erträglich, zumal die Sache zweifellos in einem wüsten Besäufnis enden würde, und verabschiedete mich bald. Isa versprach, sich zu melden, wenn sie Hilfe bräuchte.

Einmal noch sah ich sie, in einem Kreuzberger Hinterhofcafé, wo wir unsere vom Februar durchgefrorenen Hände am 5-Euro-Matcha-Latte wärmten. Es gehe ihr ganz okay, sie mache eine Traumatherapie und schaue sich nach einem Job um, bei dem sie nicht hinter dem Tresen stehen müsse. Dann gratulierte sie mir zu meinem Vorhaben, mit dem Trinken aufzuhören.

Anfang Mai leuchtete Charlottes Nummer auf meinem Display auf. Wir hatten länger keinen Kontakt gehabt, im Prinzip ahnte ich es schon. Isa hatte sich, einen Monat später und um die exakt gleiche Uhrzeit wie ihr Verlobter, in ihrer Wohnung das Leben genommen. Charlotte erzählte, sie habe unsere Freundin zuletzt immer nur betrunken erlebt, Treffen am frühen Nachmittag habe sie in die Vierundzwanzig-Stunden-Kneipe Schlawinchen verlegt, sich auch überall sonst statt Kaffee Rotwein oder einen Drink bestellt. Bei ihren letzten Treffen habe sie trotzdem gefasst gewirkt, die Fortschritte ihrer Therapie gelobt. Jetzt war sie tot.

Man sollte sich mit dreißig nicht am Grab einer Freundin treffen müssen, schon gar nicht, wenn ein mit Schleifen verzierter, kurz vorm Vertrocknen stehender Baum auf dem Tempelhofer Feld zu deren Gedenken das Grab ersetzen muss. Die Beerdigung blieb dem engsten Familienkreis vorbehalten. Während ich hörte, was in Isas letzten Monaten passiert war, dachte ich über das Talent zum Unglück nach: ob es Menschen gibt, die einfach am Leben leiden, *weil sie leben*. Mir war klar, dass die Probleme meiner Studienfreundin tiefer gereicht hatten, bis in das stumm-sture Elternhaus hinein, mit einem Vater, der sich nur öffnen konnte, wenn er getrunken hatte, und einer Mutter, die nie an die Fähigkeiten ihrer Tochter glaubte. Und doch kam ich nicht umhin, den Alkohol als Mitschuldigen zu sehen. Für den Tag nach ihrem Tod hatte sich Isa zum Grillen verabredet, erzählte Charlotte mir auf dem Tempelhofer Feld sitzend. Wir wussten nicht, was in ihren letzten Stunden passiert war, aber sehr wahrscheinlich war sie dabei betrunken gewesen. Irgendwo hatte ich mal von einer Frau gelesen, die sich ihren Selbstmord ausmalte: im Schlauchboot übers Meer schippernd, dabei eine Flasche Rum trinkend, schließlich bewusstlos ins Wasser rutschend und ertrinkend. Keine Ahnung, wie Isa es getan hatte, ihre Eltern ließen die Bekanntgabe von Details nicht zu. Aber wie einsam sie gewesen sein musste, trotz griffbereiten Smartphones mit der Essensverabredung für den kommenden Tag, das konnten wir Sonnensitzerinnen uns gar nicht vorstellen.

Nachdem wir einige Zeit schweigend auf den Schleifenbaum geblickt hatten, erzählte mir Charlotte, die ich seit eineinhalb Jahren nicht gesehen hatte, von ihren eigenen Erfahrungen. Sie hatte sich in einen alten Freund verliebt, hatte im Jahr zuvor eine Fehlgeburt erlebt, ernährte sich vegan und hatte seit unserem letzten Treffen keinen Alkohol mehr getrunken. Ausgerechnet Charlotte, die den Negroni aus Florenz mitgebracht und sich nach einem anstrengenden Tag gerne mal einen After-Work-Whiskey genehmigt hatte. Schau, sagte ich im Stillen zu mir selbst, schau, was aus uns geworden ist. Früher versanken wir nächtelang in Selbstmitleid, vor Drinks, die zu stark und zu teuer für uns waren, fürchteten uns vorm Heimweg und vor der Zukunft, hassten die Bologna-Reform genauso leidenschaftlich wie den italienischen Bartender, der nach dem Sex nicht mehr anrief. Zehn Jahre später war eine von uns tot, die anderen beiden abstinent. Wir fragten uns, wer sich um das Gedenkbäumchen kümmern würde und wie lange es hier, in der prallen Sonne stehend, überleben würde. Dann gingen wir spazieren.

Wann fing es wieder an – an einem weiteren Abend beim Nachbarschaftsitaliener, als ich es satthatte, dem Mann beim Durststillen zuzusehen (Allen Carrs Regel Nr. 1: »Beneiden Sie niemals Menschen, die Alkohol trinken.«)? An jenem Morgen, als der Mann nach einem sechzehnstündigen Barbesuch zu meiner Tür hereinwankte, während ich gerade Kopfstand übte und mir das Yogagedöns wie ein totales Klischee vorkam (Allen Carrs Regel Nr. 2: »Denken Sie positiv!«)? An jenem Nachmittag auf der Terrasse seines Bruders, als wir unsere gemeinsame Italienreise planten, weil Italien ohne Negroni einfach *niente* Sinn ergab (Allen Carrs Regel Nr. 3: »Zweifeln Sie niemals an Ihrer Entscheidung!«)? Dass ich wieder zu trinken anfing, war keine Kurzschlussreaktion, sondern ein wochenlang gärender Entschluss. Auf eine beunruhigend konkrete Weise dachte ich ständig darüber nach. Eines Vormittags las ich sämtliche Folgen einer neuen Onlineweinkolumne, eine Art *binge reading*, die ich bis dahin immer schnell weggeklickt hatte. Anders als in den Wochen zuvor wehrte ich mich nicht mehr aktiv gegen Lokale, in denen der Fokus auf Alkohol lag – Dessertrestaurants mit Cocktailbegleitung, Sauerteigpizzerien mit *starkem Naturwein-Game* –, weil ich nicht wusste, ob bei meinem nächsten Besuch nicht vielleicht eine Zeitenwende angebrochen sein würde.

Oft wünschte ich mir, niemals mit dem Trinken aufgehört zu haben, um jetzt nicht den Zeitpunkt des Wiedereinstiegs wählen zu müssen, der zwangsläufig irre symbolisch aufgeladen sein würde. Welches Getränk, wann, mit wem, an welchem Ort? In gewisser Weise war es das Gegenteil von dem, was die Anonymen Alkoholiker predigten (»Nur nicht heute«), nämlich: heute nicht, aber vielleicht nächstes Wochenende? Außerdem hatte ich Angst vor der körperlichen Reaktion. Bestimmt wäre ich nach einem Achtel stockbesoffen.

Mit all diesen Gedanken war ich so gut wie allein. Einzig und allein jener Leiter der ersten und einzigen von mir besuchten Selbsthilfegruppe sprach mir in rührenden E-Mails Trost zu. Nicht zuletzt seinen Satz »Rückfälle gehören nun mal dazu« nutzte ich schließlich schamlos als Rechtfertigung vor mir selbst: schon okay, noch mal für eine natürlich begrenzte Zeit mit dem Trinken anzufangen.

Meinem Hang zur Inszenierung entsprechend, plante ich den Wiedereinstieg mit großem Eifer. Es sollte der dreißigste Geburtstag meines Freundes sein, ein ganzes Wochenende voller Trinkspaß. Am Vorvorabend seines Geburtstages lud sein Bruder in ein Restaurant an der Spree. Die Stadt war frühsommerlich aufgeheizt, ich schwebte auf meinen Blockabsatzstiefeletten die S-Bahntreppen zur Friedrichstraße hinunter, unter meiner Haut brodelte die freudige Erwartung auf das erste Glas Wein nach über fünf Monaten und gleichzeitig die beschämende Erkenntnis, dass ich es nicht geschafft hatte. Als ich den wartenden Freund von Weitem sah, ging ich nicht nur auf ihn zu, sondern auch auf mein altes Ich. Nachdem wir am Familientisch Platz genommen hatten, wurde eingeschenkt. Mit zitternden Händen führte ich das Glas an meine pink geschminkten Lippen. Der erste Schluck schmeckte flach und vertraut, wie eine Strecke, die man schon zu viele Male gegangen ist. Der zweite ging dann schon wieder ziemlich gut runter. Meine Hummerpasta kostete achtzig Euro, der Spaß an diesem Ort bestand darin, das Geld schneller auszugeben, als der Champagner schal wurde. Bei allem trank ich mit, voller Erstaunen, dass einundzwanzig Wochen Abstinenz offenbar nicht gereicht hatten, meine Toleranz zu senken. Dann wechselten wir in unsere Lieblingsweinbar, wo ich mich wieder sofort wie zu Hause fühlte, und soffen weiter, und ich wurde einfach nicht betrunken. An diesem ersten Abend im alten Leben nicht, und auch nicht am Tag danach, der eigentlichen Geburtstagsfeier, bei der ich in gewohnter Manier schon am frühen Nachmittag mit Aperol Spritz anfing. Ich trank und trank und trank, dann war es Mitternacht, und der von Glückwünschenden umringte Freund kam mir so fremd vor wie niemand sonst auf der Welt. Als wir uns küssten, fühlte ich mich wie an einem Filmset, eine Fehlbesetzung vor laufender Kamera. Am Ende war ich es, die, praktisch nüchtern, den völlig verrutschten Freund mitsamt seinen Geschenken ins Taxi hievte. Wir tranken dann noch zwei Tage weiter, stritten uns fürchterlich, die Rede war von Trennung, was ich nicht gelten lassen wollte, schließlich hatte ich doch ihm zuliebe wieder mit dem Trinken angefangen, oder etwa nicht?

Die kommenden Wochen waren bestimmt von einem Fehlton. Wieder hatten manche Tage an Farbe verloren, während andere regelrecht blendeten. Alles, was ich gehen gelassen hatte, war zurückgekommen, das Getriebensein, die an den Rändern der Tage nagende Unzufriedenheit, der Selbsthass. Auch wenn ich nicht jeden Tag verkatert war, so doch zumindest angeschlagen. *Jeden Morgen ein bisschen krank werden.* Ich arbeitete, traf Leute auf einen Kaffee, machte Sport, bereitete mir appetitlos Mahlzeiten zu, und letztlich lief jeder Tag nur auf den Moment des ersten Drinks hinaus. Halbherzig verfolgte ich die Schlagzeilen zum mittlerweile weltweit wütenden Coronavirus. Ob ich es bekam oder nicht, schien keine Rolle zu spielen. Mein Körper, den ich noch kurze Zeit zuvor für seine Stärke bewundert hatte, war mir vollkommen gleichgültig geworden. Leben, sterben, krank sein oder gesund, dachte ich in gewohnt dramatischer Übertreibung, war mir egal, egal, egal. Alles, was ich wollte, waren zwei Dinge: aufhören zu trinken. Und trinken.

Eines Freitagabends fuhr ich mit dem Fahrrad zum Geburtstag eines Bekannten, wurde auf dem Weg dorthin von zwei Neuköllner Smartfahrern grundlos als Schlampe bezeichnet und trank mich anschließend halb ins Delirium. Auf dem Rückweg fiel ich mitten auf der Straße einfach um, halb unter meinem Rennrad begraben. Niemand half mir beim Aufstehen. Zu Hause hatte ich, im Bett liegend, das abgefahrene Gefühl, mein Zimmer sei spiegelverkehrt, als existiere eine Parallelwelt mit einer nüchtern schlafenden Eva darin. Nur einen Wimpernschlag später klingelte mein Wecker. Ich hatte mich mit einer Freundin auf der Hunderennbahn verabredet, wo ich eine Züchterin kennenlernen wollte. Seit ich denken konnte, wünschte ich mir einen Hund. In den vergangenen Monaten hatten sich meine Pläne konkretisiert, hatte ich viel Zeit in Windhundeforen verbracht, nach Welpenschulen in meiner Nähe gesucht und schließlich eine Whippetzüchterin im Norden Berlins ausfindig gemacht. Wochenlang hatte ich mich auf diesen Samstag gefreut, und jetzt das: Nicht nur war mir hundeelend, sondern ich auch definitiv noch betrunken. Schon im Regionalzug überrollten mich, eingezwängt zwischen Fahrradausflüglern, Wellen der Übelkeit. Als wir endlich bei der Hunderennbahn ankamen, war ich nicht nur von Schweiß, sondern auch von Selbsthass durchtränkt und definitiv die allerschlechteste Version meiner selbst. Ganz sicher bemerkte das die Züchterin. Da saß ich, mit zitternden Händen zerbrechliche Hundedamen streichelnd, die ich mir selbst unter gar keinen Umständen anvertraut hätte. So sah es wohl auch die Züchterin, die sich mit einer vagen Zukunftsprognose verabschiedete – ich hörte nie wieder von ihr. Natürlich nicht, ich selbst hätte mir auch keinen Welpen verkauft.

Wieder einmal hatte sich das Trinken vor alles Gute geschoben, wie eine Sonnenfinsternis, deren Intensität einen trotz Vorahnung umhaut. Auf dem langen Weg zurück in die Stadt hätte ich mich beinahe in der Tram übergeben, es war heiß, ich schwitzte, es war die Hölle. Dann, mit einem Mal, war der Kater verschwunden und ich bereit für das erste Glas Wein. Was soll's, sagte ich mir, der Freund mochte sowieso keine Hunde.

Leider war das Weltgeschehen kaum geeignet, um von meinem eigenen Elend abzulenken. Corona, Klimawandel, verkohlte Koalas: Die Zeichen standen auf Apokalypse. Was, fragte ich mich, würde ich tun, wenn die Welt in, sagen wir, zwei Wochen unterginge? Sicherlich keinen Apfelbaum pflanzen. Ich würde trinken. Ich würde mich verschanzen und ganze Weinkeller leersaufen, und mein Körper wäre eine pulsierende Wunde, die sich niemals wieder zu schließen brauchte.

Wann fing es an? Das Gefühl, dass mein Inneres zu viel war für meine Körperhülle, die Haut ein unbewachter Grenzübergang, den es zu übertreten galt? An Weihnachten schon, auf einer kalten Kirchenbank sitzend, nichts sehnlicher wünschend als ein rentiernasenrotes Glas Wein? Einige Wochen später, auf einer beheizten Kirchenbank sitzend, umgeben von Raritätenjahrgängen und einer Familie, die nicht meine war und doch so ähnlich in ihren Begierden? Oder später erst, als das Trinken allein nicht mehr half, weil es nie geholfen hatte?

Fest steht: In diesem Sommer, in dem ich erst mit dem Trinken aufgehört und dann wieder angefangen hatte, grub ich mit einer Nagelschere Schnitte in meinen Bauch, etwas, was mir zuvor nie in den Sinn gekommen war. Nicht besonders tief – was dazu führte, dass die innere Beobachterin hämisch lachte, weil sie die Geste einerseits reichlich dramatisch fand und andererseits gerne drastischere Ergebnisse gesehen hätte –, aber doch tief genug, dass sich die Wunden mehrfach entzündeten und ich aussah wie nach einem Kratzangriff (Katzen hatte ich noch nie gemocht). Insgesamt *passierte* es vielleicht vier-, fünfmal, immer abends allein zu Hause, wenn ich mir vorgenommen hatte, nicht zu trinken. Der Schmerz war wie ein Kurzurlaub, einmal abschalten vom Irrsinn, der mein Leben geworden war. Ich wusste, dass es falsch war, aber es fühlte sich genauso richtig an, wie es der Griff zur Flasche getan hätte. Endlich hatte der Druck in meinem Inneren ein Ventil gefunden. Die Grenzen waren offen, das Elend konnte passieren. »Das Ritzen war Suche und Antwort zugleich«, schreibt Leslie Jamison in ihrem bereits erwähnten Essay über weiblichen Schmerz:

> »Ich ritzte, weil sich mein Unglücklichsein nebulös anfühlte, weil ich es nicht zu fassen bekam und weil ich dachte, es könnte vielleicht

die Form einer über meinen Knöchel verlaufenden Linie annehmen. Ich ritzte, weil ich neugierig war, wie es sich anfühlen würde zu ritzen. Ich ritzte, weil das Gebäude meines Selbst so wacklig war und weil mir verkörpertes Unglück wie eine gute architektonische Idee erschien.«[6]

Bei näherer Betrachtung ähnelten die Motive jenen meiner jugendlichen Essstörung. Auch der Schmerz des Hungers schafft Klarheit im Kopf und ein Gefühl für den eigenen Körper, so verdreht diese Logik auch wirken mag. Zudem findet der Schmerz einen sichtbaren Ausdruck: ein Gebirge herausstechender Knochen, so wie die Schnitte roten Flussverläufen ähneln. Ein stummer Hilfeschrei? Vielleicht. Ein leiser Trotz, Herrin im eigenen Haus zu sein? Sicher auch. Die Scham am nächsten Morgen beim Anblick meines Werks – ich musste bei dm extragroße Wundverbände kaufen – ähnelte der nach einer exzessiven Trinknacht. Wobei ich Letzteres für die bessere Problembewältigungsstrategie hielt.

Im Hochsommer fuhren der Freund und ich mit einem Mietwagen, dessen schwarze Farbe zu meiner Stimmung passte, nach Italien. Einerseits war ich froh, wieder zu trinken, weil ich dieses Land ohne Negronis ja bereits abgeschrieben hatte. Andererseits hasste ich mich dafür. Es waren entrückte Tage, die ich oft aus einer Beobachterinnenposition erlebte, staunend über so viel Selbstverleugnung. Bella Italia mit seiner flexibel beginnenden Aperitivo-Kultur kam uns sehr entgegen. Unsere Tage begannen mit einem unabgesprochenen Spiel: Wer würde den Startschuss für den ersten Drink geben? Mal war es ein Plastikbecher-Negroni am asphaltierten Badestrand, mal ein Aperol Spritz bei Eataly, mal eine Karaffe Hauswein beim Geheimtippwinzer. Mit jedem weiteren Getränk hob sich unsere Stimmung, überboten wir uns gegenseitig im Erstellen lustiger Instagram-Storys, *dolce far niente*, und überlegten, wohin wir zum Mittagessen wollten. Meist kippte die Stimmung am frühen Abend, manchmal schon früher, wir gerieten uns in die Haare wegen Banalitäten, an die ich mich hinterher nicht mehr erinnern konnte. Wir versöhnten uns gläserklingend beim Abendessen, wobei ich immer öfter das Gefühl hatte, nicht genug zu bekommen, obwohl mein Körper eindeutig andere Signale sendete.

Betrunken wurde ich praktisch überhaupt nicht mehr. Stattdessen bekam ich heftige Magenschmerzen. Manchmal wurde mir aus heiterem Himmel in der mediterranen Mittagshitze speiübel, dann aß ich ein Stück Brot und spülte es mit dem nächsten Negroni hinunter. Außerdem schluckte ich auf Anraten des Freundes Kaiser-Natron-Tabletten mit derselben Selbstverständlichkeit wie die zum Aperitivo gereichten Oliven. Kaiser-Natron hatte ich bisher nur vom Backen gekannt.

So marodierten wir durch Bologna, so wie einige Monate zuvor durch Barcelona, bloß dass wir dieses Mal ein Auto hatten. Natürlich hatte ich ständig das Wanda-Lied im Kopf: »Wenn jemand fragt, wohin du gehst, sag nach Bologna / Wenn jemand fragt, wofür du stehst, sag für Amore, Amore.« Bei jeder zu schnell genommenen Küstenstraßenkurve fand ich, das Leben könnte eigentlich auch so zu Ende gehen. Trinken, essen, trinken, streiten, trinken, ein kurzer, klarer Moment im Meer, ein reinigendes Gewitter, dann weitertrinken, schlafen, vergessen. Ein einziges Buch hatte ich in den Koffer gepackt, dabei gehörte Lesen im Urlaub zu meinen liebsten Beschäftigungen. Es hieß *Vielleicht sollten Sie mal mit jemandem darüber reden* und handelte vom Alltag einer amerikanischen Psychotherapeutin. Zehn, fünfzehn Seiten schaffte ich, bis der erste Aperol Spritz des Tages meine ganz Aufmerksamkeit forderte. Lektüre abgebrochen.

Der letzte Teil der Reise führte uns in ein Hotel in Tirol, das bekannt war für seine exzentrischen Gäste und die von unserer Berliner Lieblingsweinbar kuratierte Weinliste. Am ersten Abend stritten wir uns wegen Geld, am zweiten Abend wegen etwas, das ich vergessen habe. Das war der Abend, an dem wir unsere unausgesprochene Regel brachen und eine dritte Flasche Wein zum Essen bestellten. Als sie geöffnet wurde, saß ich allerdings schon weinend auf der Zimmerterrasse. Zitternd vor Selbstmitleid dachte ich an meine Eltern. Wie traurig sie mein Anblick machen würde. Dabei hatte ich den oft gehörten Satz meines Vaters im Ohr: »Ich will nur, dass du glücklich bist.« Ich weinte, weil ich alles andere war als glücklich, vielmehr eine, die bei Küstenstraßenkurven ans Sterben denkt und Kaiser-Natron frühstückt und sich an jedem Urlaubsabend mit ihrem Freund wegen des Preises der zweiten Flasche Wein in die Haare kriegt und anschließend wie die Karikatur der leidenden Frau mit Blick auf die Berge in ihr halb volles Glas heult, das in Wahrheit natürlich ein halb leeres ist. Ich wollte gerettet werden, von einem Prinzen auf seiner weißen Vespa (gegen Pferde war ich leider allergisch), daran hatte sich in den letzten fünfzehn Jahren nichts geändert, dabei wusste ich, dass ich mich, wie jede weinende Frau auf dieser Welt, nur selbst retten konnte.

Dann kam der Freund, und wir setzten unseren Streit in der von einem lokalen Künstler gestalteten Suite fort, und ich wünschte mir, es wäre endlich vorbei, das Trinken, die Beziehung, ich. In unserer Künstlersuite lag ein Bildband eines österreichischen Fotografen, in dem ich auf ein Foto von Lara Stone stieß. Das millionenschwere Model, das auf nichts so stolz war wie ihre Nüchternheit. Ich wollte so sein wie sie.

Am nächsten Morgen sprachen der Freund und ich beim Egg Benedict kein Wort miteinander, versöhnten uns dann aber wieder am Badesteg. Während er mich im Arm hielt, nahm ich Blickkontakt mit einem Mops auf, dessen Besitzerin gerade im See schwimmen war. Ihm fehlte ein Auge, und mir, dachte ich, während mir schon wieder die Tränen kamen, mir fehlten zwei.

Als ich das nächste Mal den Freund in seiner Stadt besuchen kam, hätten wir uns beinahe auf dem Bahnsteig getrennt. Am Tag darauf gingen wir wandern und stritten uns anschließend im Garten eines Landgasthofs bei einer Flasche Grüner Veltliner darüber, wer von uns sich wohl zuerst trennen würde. Auf dem Nachhauseweg schrie mich der am Steuer des Autos sitzende Freund so sehr an, dass ich mich im Beifahrersitz vor Angst krümmte wie ein Semikolon, dann schrie er weiter, und zu Hause versöhnten wir uns. Dieses Mal aber war es anders. Obwohl offiziell die Wogen geglättet waren, weinte ich beim Abschied am nächsten Tag, weil ich spürte, dass es nicht nur der möglicherweise endgültige zwischen uns wäre, sondern auch der vom Alkohol. Die folgende Berlinwoche glitt mir durch die Finger, verloren zwischen halbtägigen Katern, krampfhaft gut gelauntem Daytime-Drinking und in Yogaposen durchwachten Nächten. Müdigkeit, so viel Müdigkeit.

An einem Donnerstag im September, wenige Tage vor meinem einunddreißigsten Geburtstag, löste der Gedanke, nie wieder trinken zu können, um die Mittagszeit herum einen heftigen Weinkrampf aus. Als ich mich ein wenig beruhigt hatte, packte ich eine jener unbedingt noch zu trinkenden Flaschen – die Sammlung war seit meinem letzten Geburtstag natürlich stetig weitergewachsen – in meinen Rucksack und ging Eis essen. Vor der Eisdiele, umringt von Quengelkindern und ihren Lastenfahrradeltern, führten zwei recht verlebt aussehende Typen ein Gespräch über problematische Trinkgewohnheiten, wobei der Redeführer, um dessen Konsum es offenbar ging, ein Bier in der Hand hielt. Beinahe hätte ich mich in ihr Gespräch eingeklinkt. Ihn gefragt, ob auch er sich jeden Tag ein bisschen krank fühle. Ob auch er manchmal beim Gedanken an seine Eltern weine. Warum das Bier in seiner Hand nicht das Letzte sein könne. Anschließend fuhr ich zu einem meiner engsten Freunde, befand den Cidre in meinem Rucksack für nicht trinkbar, soff stattdessen etwas aus seiner Sammlung und fuhr dann Schlangenlinien schlingernd mit dem Fahrrad nach Hause. Im Bett liegend leerte ich zwei weitere halb volle Flaschen, weinte, hörte Musik. Als nur noch ein paar wenige Schlucke im Glas waren, rief der Freund an. Worüber wir sprachen, weiß ich nicht mehr, nur dass ich beim Sprechen weinte und wir uns stritten und ich irgendwann das Glas austrank und das Gespräch beendete. Übrig blieb das leere Glas. So war es gewesen.

Der
Anfang

Am ersten Tag meines neuen Lebens wurde ich mit einem Pulk Journalisten zu einem Tagesausflug an die Ostsee gekarrt. Nicht nur mir kam das dezent dekadent vor, allerdings nur so lange, bis mir jenes Winzerpaar einfiel, das gelegentlich zum Mittagessen nach Kopenhagen flog. Ziel unserer Reise war ein an der Strandpromenade von Heiligendamm gelegener Edelitaliener, mit weißbehandschuhten Kellnern und Trüffelpasta für vierzig Euro. Für Anfang September war es ungewöhnlich warm, als würde der Sommer seinen Absacker so lange wie möglich hinauszögern. Die Fahrt hatte etwas von einem Schulausflug, mit der PR-Frau des Restaurants als äußerst nachsichtiger Klassenlehrerin. Schon beim ersten Tankstopp besorgte sie Bier, das alle außer mir dankbar annahmen, am dankbarsten der bei einem großen Gourmetmagazin tätige Kollege, über den ich schon die wildesten Geschichten gehört hatte, wobei eine sicherlich stimmte: dass er zu viel trank. Drei Stunden später wehte uns die Meeresbrise die Sommerkleider um die Waden. Ein Weinblogger und eine Berliner Gesellschaftsjournalistin, offenbar in einer halb offiziellen Liaison, waren schon früher angereist und hatten bereits zwei Flaschen Vorsprung. Auf der Terrasse wurde Franciacorta ausgeschenkt, meiner Ablehnung mit professioneller Irritation begegnet. Das Essen war köstlich, Pulpo mit Artischockenmousse, Spaghetti mit Rotgarnelentatar und Burrata, Hummerrisotto. Zur Steinpilzpasta, so hieß es, passe der *rassige Sizilianer* hervorragend.

Unfreiwillig, und so würde es mir in der folgenden Zeit oft ergehen, war ich eine Blaupause für das Trinkverhalten der anderen. Etwas, was man mit einer Mischung aus Skepsis und Neugier in die Hand nimmt, dann aber kopfschüttelnd wieder in seine Schachtel zurücklegt: nichts für mich. Zu diesem Zeitpunkt beließ ich es bei dem Satz »Ich trinke gerade nicht«, mit dem sich allerdings selten jemand zufriedengab. Insbesondere die Gastrojournaille schien einen unstillbaren Appetit nach Abstinenzgeschichten zu haben, wobei die Reaktion von Zuspruch über Entsetzen bis hin zu offener Feindseligkeit reichte. So auch an diesem Tag. Der Typ mir schräg gegenüber, ein trotz seiner Verlebtheit gutaussehender Fiftysomething mit Huskyaugen, fiel fast vom Stuhl, als ich mir nichts vom Franciacorta eingießen lassen wollte. Es folgte die eineinhalb Gänge lange Einsicht in seine wilden Berliner Neunzigerjahre, als das Koks zum kaputten Dach des besetzten Hauses hereinschneite. Heute, als zweifacher Vater, belasse er es, zwinker, zwinker, gläserklimper, bei hochwertigem Wein.

Am späten Nachmittag machten wir uns auf den Rückweg, wieder ohne das Blogger-Klatschreporterin-Pärchen, weil er, unübersehbar taumelnd, darauf bestand, mit dem eigenen Auto zurückzufahren. Ich glaube, es ging gut aus. Unsere gut organisierte PR-Frau hatte mehrere Flaschen Sekt aus dem Restaurant mitgenommen, die jetzt in Plastikbechern ausgeschenkt wurden. Als ich wiederholt dankend ablehnte, staunte mein Gegenüber: »Wie hältst du das bloß aus?« Ich zuckte mit den Schultern und dachte daran, wie schön dieser Tag, nüchtern betrachtet, gewesen war, was für ein Privileg, und warum man ihn sich dann trotzdem schöntrinken musste – aber natürlich hatte die PR-Frau recht. Kurz darauf setzte sich der Huskyaugentyp neben mich. Anfangs hatte ich ihn für alt, aber sexy gehalten, jetzt kam er mir vor wie jemand, der nach der letzten Runde einfach sitzen geblieben ist, ohne Gespür für einen würdevollen Abgang. Seine

Absichten waren jetzt offensichtlich. Während er mir die Raumaufteilung seines Kreuzberger Lofts darlegte, lag seine Hand auf meinem Oberschenkel. Es war so lächerlich, dass ich lachen musste. Als ich mich in Berlin züchtig verabschiedete, dachte ich darüber nach, wie es früher gewesen wäre. Zweifellos wäre ich, berauscht vom Daytime-Drinking, mit ihm noch was trinken gegangen. Möglicherweise wäre ich in einem satinbezogenen Kingsizebett aufgewacht. So ging ich nach Hause und schlief zum ersten Mal seit langer Zeit vollkommen nüchtern ein. Ich war so, so froh, es dieses Mal anders gemacht zu haben.

Dann, am Vorabend meines einunddreißigsten Geburtstages, trennte ich mich von meinem Freund. Und zwar auf die denkbar erwachsenste Art, ohne Drama oder Lügen, sondern mit dem Satz: »Ich trenne mich von dir.« Zu diesem Zeitpunkt befand er sich auf einem Weingut in der Steiermark, um dort eine Art Praktikum zu absolvieren, was im Klartext natürlich hieß, sehr viele der hauseigenen Produkte zu verkosten. FaceTime war nicht das Kommunikationsmittel meiner Wahl, ich entschuldigte es damit, dass ich nicht imstande sei, für ein Trennungsgespräch sechshundert Kilometer zurückzulegen. Nachdem sein Video von meinem Bildschirm verschwunden war, erfüllte mich die Klarheit wie ein randvolles Wasserglas.

Der folgende Tag war der erste Geburtstag seit, wie ich staunend rechnend feststellte, sechzehn Jahren, an dem ich weder verkatert noch betrunken war. Die Sweet-Morning-Yoga-Lehrerin erzählte etwas vom anstehenden Jupitereinfluss, was mich hoffnungsvoll stimmte und zu passen schien. Nachmittags besuchten mich eine Handvoll Freunde, es gab Buttercremetorte und Mohnkuchen und Fruchtsecco. Anschließend bestellten wir in einem Neuköllner Nachbarschaftsrestaurant die ganze Karte, vom Adlerfischcarpaccio mit Himbeeren und Sauerampfer bis hin zum Kardamomsoufflé. Leider war das Restaurant bekannt für seine sorgfältig kuratierte Naturweinkarte. Es wäre gelogen zu sagen, dass mein Blick nicht wiederholt zum Nachbartisch wanderte, an dem sich ein Paar eine Flasche Chenin Blanc teilte. *Trinkneid*, dachte ich mit der größtmöglichen Distanz. Das Essen war köstlich, aber ich aß ohne Hunger und hätte die damit verbundenen Bedenken gerne mit Alkohol hinuntergespült und natürlich gerne auf meinen Geburtstag angestoßen, aber es war okay. Vor allem war mit exakt einem Jahr Verzögerung eingetreten, was ich mir so fest vorgenommen hatte: Ich hatte an meinem Geburtstag zu trinken aufgehört.

Die folgenden Monate umfingen mich erneut in Form einer rosaroten Wolke. Staunend beobachtete ich, wie der Hitzeherbst zur Vernunft kam, die ersten Eintöpfe und Kürbisgerichte auf den Mittagstischen landeten, die Wolldecken auf den Caféstühlen bereitlagen. Da ich wieder zu meiner bevorzugten Aufstehzeit zurückgekehrt war, fiel mein morgendlicher Blick aus dem Fenster auf Raureif und Bremsen prüfende Fahrradfahrer. Auf meinen ziellosen Spaziergängen durch die geisterhafte Stadt – es war die Zeit der Coronapandemie – war die Luft so, so klar. Ein Gefühl, wie wenn man vom Bett aus nach der auf dem Nachttisch liegenden Brille greift: Alles Formlose erhält Kontur.

Anders als in den Jahren zuvor drückte der zu Recht gefürchtete Berliner Herbst, Berliner Winter kaum auf meine Stimmung. Ich nahm ihn einfach an. Tagsüber schrieb ich, las Bücher über Frauen und das Nichttrinken, telefonierte mit schwangeren Freundinnen und aus den Augen verlorenen Bekannten. Ich sagte sämtliche Online-Wein-Tastings und Winzertalks ab, ebenso Quarantini-Mixsessions bei Zoom. Unaufgefordert zugeschickte Champagnerflaschen verschenkte ich direkt weiter. Als ich der Absenderin, der ich blöderweise einen Trinktrip zugesagt hatte, von meinen Abstinenzplänen erzählte, reagierte sie in ihrer E-Mail professionell irritiert. Coronabedingt fand die Reise dann sowieso nicht mehr statt.

Eines meiner vielen Pandemieprojekte war, *das mit dem Essen* endlich in den Griff zu bekommen. Zunächst ging ich das Frühstücken an, mit selbst geröstetem Granola und spatzengroßen Portionen *slow cooked* Porridge. Auch das Mittagessen wollte ich mir angewöhnen, und nach einigen frustrierenden Wochen, in denen ich motivationslos in meinem Teller herumstocherte, kehrte der Appetit zurück wie ein verlorener Sohn. Auf Außenstehende hätte das gewiss bizarr gewirkt, schließlich beschäftigte ich mich den lieben langen Tag mit nachhaltiger Fischzucht und Rezepten für veganes Tiramisu. Neues aus der beliebten Rubrik *Das Leben schreibt die besten Geschichten*: Eine Foodjournalistin fängt an zu essen. Am Telefon erzählte ich meiner Mutter davon: »Alles schmeckt so gut.« Natürlich fürchtete sich ein Teil von mir vor einer möglichen Gewichtszunahme, schließlich hatte ich meine Kalorienzufuhr innerhalb kürzester Zeit um schätzungsweise ein Drittel erhöht. Stattdessen wurde ich von Tag zu Tag energiegeladener, als wüsste mein Stoffwechsel gar nicht, wohin mit all den Nährstoffen: Körper im Glück. Nach einer phasenweisen Erschöpfung, die mich kurz hatte skeptisch werden lassen – wie konnte es sein, dass ich an verkaterten Tagen müheloser joggen konnte als nach wochenlanger Abstinenz? –, rannte ich zäh gegen Herbstregen und den ersten Schneefall an, manchmal dreizehn, vierzehn Kilometer, weit wie noch nie.

So auch am letzten Tag des Jahres. Beim Laufen durch die Rummelsburger Bucht ließ ich vergangene Jahreswechsel Revue passieren. Nicht wenige endeten in komatösem Zustand, manchmal war ich schon vor Mitternacht ausgeknockt. Ähnlich wie mein drei Monate zurückliegender Geburtstag würde auch dieses Silvester ein Moment historischen Ausmaßes sein: nüchtern rein- und nüchtern rausfeiern. Wir waren zu sechst, vier Frauen, zwei Männer, mit Origamikranichen und veganem Büfett. Mitternacht kam in Form eines alkoholfreien Sekts. Einige Stunden später fand ich mich in einer Diskussion über Ehegattensplitting wieder, die ich normalerweise um diese Zeit niemals hätte führen können, und war stolz auf die klugen Frauen in meinem Leben und auch auf mich. Der erste Januar hatte nichts Bedrohliches an sich, keine Reue die vergangene Nacht betreffend. Ich ging spazieren und aß einen Rest Maronitorte, und dann freute ich mich auf alles, was kommen würde.

Wenn ich mich frage, wie es angefangen hat mit dem Aufhören, fällt mir kein einzelner Moment ein, sondern viele. Zum Beispiel, als ich eines Sonntagnachmittags an der Berghain-Garderobe anstand. Das war schon ein paarmal vorher vorgekommen, allerdings in vollkommen anderem Zustand. Neben mir hielt eine Frau ihr Neugeborenes im Arm. Nicht nur sie, das Baby und ich, auch alle um uns herum wirkten klar. Der Anlass unseres Besuchs war nicht, unseren Verstand auszuschalten, sondern ihn zu erweitern, in Form einer Kunstausstellung. Hinter der »härtesten Tür der Welt« wartete die Videoinstallation eines brennenden Brunnens und eine Szene aus Pieter Bruegels *Schlaraffenland*, die der französische Künstler Cyprien Gaillard in eine jener Unisextoiletten hatte ritzen lassen, in die sich Konsumierende gerne mal zu fünft hineinquetschten.

Obwohl ich rein aus Gewohnheit aufgeregt war und wahrscheinlich wieder mal vergessen würde, in welche Tasche ich das silberne Garderobenmärkchen gesteckt hatte, wusste ich in diesem Moment, dass ich, anders als sonst, später sicher den Weg nach Hause finden würde. Trotzdem war es seltsam, dort an der Garderobe zu stehen, unter mir den klebrigen Steinfußboden, wenige Schritte von den Ohnmachtsgefühle auslösenden Treppen entfernt, weil die Decke so hoch war oder man selbst so breit. Jetzt schwang dort eine überdimensionale Boje, deren Bewegungen mittels eines Senders auf die Wellen an der Atlantikküste abgestimmt waren.

Das Berghain war nicht zwangsläufig für die Nacht, aber für den Rausch gemacht. Dass jetzt, im Herbst dieses seltsamen Pandemiejahres, daraus eine Galerie für zeitgenössische Kunst geworden war, flashte vermutlich auch die anderen Besucherinnen und Besucher. Mich allerdings in doppelter Form, weil es ein Ende bedeutete und zugleich einen Anfang. Nie wieder wollte ich panisch nach meinem Garderobenmärkchen suchen, mich fragen, ob mir jemand etwas ins Glas getan hatte oder ich mir selbst einfach mal wieder zu viel.

Als ich zwei Stunden später in die feuchtkalte Novemberluft trat, hatte sich der Himmel rosa verfärbt.

Derweil bemerkten auch andere eine Veränderung. Obwohl meine Nüchternheit erst wenige Wochen alt war, hatte sie mich im Gegensatz zur letzten abstinenten Phase vollständig durchdrungen. Bei einem Telefonat irgendwann im Februar wies mein Vater auf meine neu erworbene Ausgeglichenheit hin. Ich sei nicht mehr so reizbar wie früher, »dabei dachte ich, das seist einfach du«. Da ging es ihm wie mir. All die Jahre hatte ich mich für einen schwierigen Charakter gehalten. Grundoptimistischen Leuten war ich mit einer Mischung aus Neid und Skepsis begegnet, schließlich resignierend: Meine Jahreszeit war nun mal der Winter. Jetzt glich mein Alltag einem Frühsommertag. Nicht alles war gut, aber nichts wirklich schlimm und die Temperaturen warm genug fürs Lieblingskleid.

An einem windigen Sonntagnachmittag – ich war zur Abwechslung in Wien gelandet, und in Wien windete es eigentlich immer – stand ich längere Zeit in der Albertina vor einem Gemälde von Paul Signac. Zwei Schiffe mit kräftig gebeulten Segeln, offenbar windete es auch in Venedig. Das größere hatte zwei Masten, wobei an einem die italienische Flagge wehte, und ein grün-blaues Segel. Links davon schien eine Gondel auf Schiffbrüchige zu warten. Im Hintergrund weitere Boote, der Kampanile, der Markusdom. Das Schönste an diesem Gemälde waren die Farben. Pastellig wie Eissorbet, von Zuckerwatte bis Zabaione. Die Maltechnik hieß Pointillismus, weil sie aus lauter Punkten bestand, erst mit ein wenig Abstand ergab sich das Motiv. Schon während meines Studiums hatte ich eine Schwäche für die französischen Impressionisten gehabt, auch wenn viele sie total *dekorativ* fanden. Es ging ums Sehen selbst, das Wunder der Wahrnehmung. An diesem Gemälde – es hieß *Venedig und die rosa Wolke* – blieb ich vor allem wegen seines Titels hängen. Obwohl ich nun schon monatelang nicht mehr getrunken hatte, veränderte sich nichts an meinem Zustand. An den meisten Tagen glich meine Welt Paul Signacs heiterem Seestück. Dessertfarbene Schönwetterwolken, leichter Wellengang, und drüben am Hafen gibt es Spaghetti Vongole. *The Future is pink.*

Was nicht hieß, dass sich die Wolken nicht auch mal dunkel verfärbten. Ich ärgerte mich über die Deutsche Post und meine Krankenversicherung, ich machte mir Sorgen um meine Zukunft als freie Journalistin und die Smartphoneabhängigkeit meiner Mitmenschen, ich war entsetzt über geschredderte Küken und an Bäumen aufgeknüpfte spanische Windhunde. Manchmal aß ich zu viel, dann wieder hatte ich tagelang keinen Appetit, und sofort klopfte das alte Muster an. Ab und zu fand ich mich schön, gelegentlich sehnte ich mich nach dem Gefühl herausstechender Hüftknochen, meist war es einfach okay. Immer wieder sagte ich mir, wie stolz ich sein konnte, einen so gesunden Körper zu haben. Ich vermisste meine Freundinnen und Freunde, ich hatte Angst, mich nie wieder zu verlieben, ich war einsam. Und ich sehnte mich nach dem Gefühl, beim Aufbruch in die Nacht nicht zu wissen, was mich erwartete, obwohl ich doch wusste, dass am Ende meistens nichts Gutes dabei herauskam. Ich fürchtete mich vor der Langeweile. Ich weinte. Und doch waren all diese Gefühle aushaltbar, weil ich auf eine neu gewonnene Ressource zurückgreifen konnte, das Vertrauen in mich selbst, geduldig schaukelnd wie die Gondel auf dem Signac-Gemälde.

Obwohl es mir also ziemlich gut ging, entschloss ich mich, doch noch mal eine Therapie zu machen. Der dringenden Empfehlung des Pferdeschwanztypen folgend, vereinbarte ich ein Erstgespräch in einem nur wenige Straßen von meiner Berliner Wohnung entfernten Suchtzentrum. Keine aperolorangenen Wände, sondern lichtdurchflutete Räume mit Blick auf einen berlinnachlässig begrünten Innenhof. Die mir zugeteilte Therapeutin war eine auf sympathische Art alterslose Querstreifenshirtträgerin. Als sie mir von ihrer Pferdeliebe erzählte, sah ich sie sofort als junges Mädchen vor mir, *Bibi und Tina auf dem Reiterhof.* Sie beglückwünschte mich zu meiner Entscheidung und erklärte mir die Rahmenbedingungen, eine Stunde Einzel-, eine Stunde Gruppentherapie pro Woche, strikte Abstinenz. Oft fragte sie mich nach meinen Gefühlen, eine Frage, die ich mir erstaunlich selten stellte.

Auf die Frage, welcher Aspekt des Trinkens mir am meisten fehle, antwortete ich: »Allein im Bett liegen, gerade betrunken genug, um nicht wegzudämmern, und mich dann durch meine mehrere Tausend Titel umfassende Musikbibliothek zu shuffeln.« Tatsächlich kam ich irgendwann darauf, dass das mein allerliebstes alkoholisches Hobby gewesen war, mehr als das Traumatrinken mit Charlotte und Isa, mehr als die Sieben-Flaschen-für-drei-Kochabende, mehr als die bisweilen furchtbar anstrengenden Technoraves. Oft freute ich mich mitten am Abend schon auf sein Ende, meine ganze private *silent Disco*, ein richtiges Teenagerhobby. Vor allem eines, das rein gar nichts mit Trinken zu tun haben muss. Je länger ich darüber nachdachte, desto absurder kam es mir vor.

Der amerikanische Schriftsteller Augusten Burroughs schreibt in seinem Ratgeber *This is How* über den Weg aus seiner Abhängigkeit: »Für mich hat funktioniert, dass ich etwas fand, was ich mir mehr wünschte als den Alkohol, und das war keine Kleinigkeit … Wenn du aufhören willst zu trinken, musst du das Nüchternsein mehr lieben.«[1] Ein Ziel der Suchttherapie ist, Alternativen für das zu finden, was Alkohol einem vermeintlich gegeben hat. Etwas, was einen im Gegensatz dazu wahrhaftig erfüllt. Ich jedenfalls kann mich kaum an Momente erinnern, in denen ich dachte: »Superpegel, reicht genau«, und selbst wenn, hielt der Zustand nur kurze Zeit an. Das Gefühl nach einer mit Appetit verzehrten Mahlzeit beispielsweise, diese tiefe Zufriedenheit, die stellt sich beim Trinken nicht ein. Wie bereits erwähnt: Zum Sattsein gibt es nicht umsonst kein sprachliches Äquivalent.

Für manche ist diese Alternative Sport, etwas Ganzheitliches wie Yoga oder eine Extremsportart wie Fallschirmspringen. Kein Wunder, denn Studien deuten darauf hin, dass Sport durch Alkohol verursachte Gehirnschäden reparieren kann und hilft, neue Neuronen zu bilden.[2] Sowohl Sacha Z. Scoblic als auch Kristi Coulter trainieren in ihrer Abstinenz für einen Marathon, und der Dramaturgie ihrer Bücher entsprechend bewältigen sie ihn auch. Andere entdecken das Tanzen für sich, nüchtern wohlgemerkt, weil der Satz »Dance like nobody's watching« leider besonders gut funktioniert, wenn man selbst nicht mehr geradeaus schauen kann. Von wegen Tanzen ohne Rausch: Ein Problem mit Scham hatte ich nie, viel eher war es nie dazu gekommen, weil eine Party ohne Alkohol außerhalb meines Vorstellungsvermögens lag. Jetzt wirbelte ich manchmal durch mein Schlafzimmer, und dass mich dabei kein Typ anbaggerte, war ein netter Nebeneffekt.

Ich denke, das trifft ziemlich gut, was Ruby Warrington mit »getting high on your own supply« meint, auf Deutsch in etwa high werden auf eigene Kosten. Bekannt wurde die Londonerin durch den Begriff *sober curious*, neugierig aufs Nüchternsein, der alles von bewusstem Konsum bis zu totaler Abstinenz beinhalten kann, immer entlang der Frage: »Wäre mein Leben besser ohne Alkohol?« Statt sich als Alkoholikerin zu bezeichnen, spricht Warrington lieber von »tief verwurzelten Trinkmustern«.[3] Sobald sie das erkannte, fing sie an, nach Alternativen zu suchen, von Handarbeit und Kreuzworträtsel bis hin zu Karaoke und Offlinesein. Zudem schließt sie sich der Empfehlung vieler anderer an: meditieren, oder in ihren Worten: »Replace spirits with spirit«, also Spirituosen durch Spiritualität ersetzen.[4] Es sei genau genommen das exakte Gegenteil von Sucht, weil es einen dazu zwinge, stillzuhalten und den Moment anzunehmen, wie er ist. Sogar Eckhart Tolle, den ich bisher immer als den etwas schrägen Typ, der zeit seines Lebens in freiwilliger Obdachlosigkeit verbrachte, abgespeichert hatte, kommt bei Warrington zu Wort: »Wenn das Gewahrsein, die Präsenz, in dir ankommt ... ist es, als würdest du die Rolltreppe hinauffahren, und das Trinken wird dich gleich wieder hinunterstoßen. In dem Moment, in dem du den ersten Drink zu dir nimmst, verringert sich das Bewusstsein. Beim zweiten Getränk nimmt es noch mehr ab. Mit dem dritten Drink ist es ganz weg.«[5]

Ich selbst habe meine Hardcore-Meditationspraxis schon hinter mir. Mit Mitte zwanzig meldete ich mich zu einem Vipassana-Seminar im österreichischen Waldviertel an, einer aus Myanmar stammenden Meditationspraxis inklusive weltanschaulichem Überbau. Ein Einführungskurs dauert zehn Tage, in denen jeweils zehn Stunden am Tag meditiert wird, außerdem herrscht ein Schweigegebot, und sowohl Telefone als auch Bücher sind verboten. Das Schweigen machte mir damals überhaupt nichts aus, das viele bewegungslose Sitzen schon eher. Belohnt wurde ich mit einer verführerischen Klarheit, die immerhin ein paar Wochen anhielt und sicher auch damit zu tun hatte, dass ich während des Seminars nur ungesüßten Früchtetee trank. Mir war klar, dass die tägliche zweistündige Vipassana-Praxis schwer in den Alltag zu integrieren sein würde. Hier war und bin ich ausnahmsweise keine Perfektionistin. Fünfzehn Minuten sind auch schon was und zehn Minuten besser als nichts.

Amy Liptrot hingegen kann der Vorstellung des stundenlangen bewegungslosen Sitzens wenig abgewinnen. »Die Anonymen Alkoholiker empfehlen den Menschen zu meditieren – was mir schwerfällt, weil ich abschweife oder traurig werde oder einschlafe –, also praktiziere ich meine eigene Form der inneren Sammlung, indem ich über den Hügel wandere und meine Umgebung in mich aufnehme. In Bewegung zu sein beruhigt mich.«[6] Lieber widmet sie sich der Vogelbeobachtung, dem Muschelsammeln, den Sternbildern. Jene Natur, mit der sie aufgewachsen ist, die windgepeitschten Klippen schottischer Inseln, umfängt sie wie ein Kokon eine Raupe. Abgesehen davon geht sie jeden Samstag wetterunabhängig in der Nordsee schwimmen und stellt fest: »Das Kältebad hat Suchtpotenzial.«[7] Den Winter verbringt sie auf einer noch abgelegeneren Insel in ihrem rosafarbenen Cottage – ihre ganz persönliche rosa Wolke – allein, wie eine alte Frau mit der Wolldecke auf den Knien, wie sie einmal ironisch bemerkt. »Ich besuche Orte im Norden, von denen einer abgelegener ist als der andere, und folge der Landkarte bis an den Rand. Es ist die Geschichte darüber, was passiert, wenn man mit dem Trinken aufhört. Es ist die Freiheit der Abstinenz.«[8]

Auch ich folgte gerne der Landkarte bis an den Rand, genau genommen meiner Google Maps. Weil ich gerne an meine Grenzen ging, ging ich jetzt an die Grenzen der Welt. Nirgends war ich lieber als in den Bergen. Der kräftezehrende Aufstieg, das Gefühl, mit jedem Höhenmeter weiter von dem entfernt zu sein, was einen am Boden hält, der Blick vom Gipfel aus. Meinen ersten Zweitausender hatte ich mit Ende zwanzig noch schwer verkatert bestiegen. Jetzt freute ich mich über die Klarheit und meinen gesunden Appetit beim anschließenden Kaiserschmarren. Einen Teil der Coronapandemie verbrachte ich in einer Ferienwohnung im Berchtesgadener Land, ganz allein. Morgens schrieb ich, mittags ging ich spazieren oder wandern. Auf dem Gipfel des Rauhen Kopfes (sic) verband sich eine fast schmerzhafte alpine Schönheit mit Respekt für meinen eigenen Körper, der mich dort hinaufgetragen hatte.

Ähnlich erging es Caroline Knapp. Sie entdeckte das Rudern für sich, einen sowohl kraft- als auch konzentrationsfördernden Sport, den sie bevorzugt auf dem Charles River ihrer Heimatstadt Boston ausübte. Das stille Durchs-Wasser-Gleiten hob die so lange praktizierte Trennung zwischen Leib und Seele auf: »Und langsam – es dauerte mehrere Jahre, bis es so weit war – begann ich etwas zu empfinden, was ich als Frau so vielleicht noch nie empfunden hatte: Ich fühlte mich vollständig, stark und ganz, ich empfand den Körper als wie aus einem Stück, als etwas, das reagierte und mit dem Kopf verbunden war. Ich empfand den Körper als einen würdigen Ort zum Leben. (...) dies war vielleicht meine erste wirklich radikalisierende Erfahrung, möglicherweise sogar eine feministische.«[9]

Mein Rudern war das Laufen. Ich lief auf Nordseedeichen und bayerischen Almen, durch die Wälder meiner schwäbischen Heimat, durch den Prater und an der Donau entlang. Manchmal war es verdammt anstrengend, beim nächsten Mal wieder flog ich regelrecht dahin, im Takt der Musik, die alles sein konnte, House, Techno,

Tina Turner oder meine liebste Radioshow bei FM4. Bis ich eines Tages den Plan fasste, einen Marathon zu absolvieren, so wie ich es auch bei anderen Frauen gelesen hatte, die nüchtern geworden waren. Dass es mir völlig unvorstellbar schien, war ein guter Ausgangspunkt, weil ich wusste: Wenn ich es geschafft hatte, mich vom Alkohol zu lösen, konnte ich alles schaffen.

An den Tagen, an denen ich nicht laufen ging, machte ich Yoga. Es war schön zu sehen, wie viel geschmeidiger mein Körper durch die Positionen floss. Beides, das Yoga und das Laufen, führten dazu, dass ich meinen Körper viel mehr *bewohnte*, als ich das früher getan hatte. Er war nicht mehr bloß eine funktionierende Hülle, sondern ein starker und gleichzeitig zarter Ort, mein Ort.

Gegen ein Zuviel an innerer Ruhe – denn die sich nach Aufregung sehnende Eva war ja nicht verschwunden – half das Reisen. In dieser Hinsicht hatte ich den besten Job der Welt. Allein unterwegs zu sein bereitete mir genauso viel Freude wie in angenehmer Gesellschaft, nur dass ich jetzt eben nicht mehr halbe Nachmittage in portugiesischen Straßencafés versoff oder ganze Nächte auf kubanischen Hoteldächern. Reisen war Input und Inspiration, Aufregung und Fokussierung zugleich. Nüchtern konnte ich es auf eine nachhaltigere Art genießen und sicher sein, den Weg ins Hotelbett zu finden.

Was natürlich auch immer half, war das Schreiben. Ich erinnerte mich an jenes SWR-Feature zum Thema »Hilft Schreiben beim Sterben?«, das ich in meinen schlaflosen Hamburger Nächten gehört hatte. Beim Leben half Schreiben definitiv.

Sport, Schreiben, Meditation – was kann sonst noch helfen, Frauen vor einem problematischen Alkoholkonsum zu bewahren? Die bereits erwähnte GENACIS-Studie* schlägt zwei Strategien vor. Einerseits den Verzicht auf Werbung, die Trinken mit Emanzipation

---

* Die Abkürzung steht für *Gender, Alcohol, and Culture: An International Study*, also Geschlecht, Alkohol und Kultur, eine internationale Studie, und untersuchte das Konsumverhalten in 38 Ländern auf fünf Kontinenten.

gleichsetzt, andererseits positive Vorbilder, und zwar sowohl auf medialer als auch persönlicher Ebene.[10] Die Unterstützung anderer Frauen, das, was Rupi Kaur meint mit »Wir brauchen mehr Liebe von uns selbst und einander«.[11] Meine Erfahrung bestätigt das. Da waren literarische Figuren wie die Neunzehnjährige in Bernardine Evaristos *Mädchen, Frau etc.*, über deren Abstinenz es heißt: »Yazz sieht ihren Verstand als ihr wertvollstes Gut und will ihn sich nicht verderben.«[12] Reale Frauen wie die Podcasterinnen Vlada Mättig[13] und Nathalie Stüben[14], die mit großem Mut über ihre überwundene Abhängigkeit sprechen. Die Journalistin Claire Touzard, deren Autobiografie *Sans alcool* Anfang 2021 in Frankreich für Furore sorgte. Mit der Haltung »Ich finde es interessant, in der Enthaltsamkeit ein subversives Verhalten zu erkunden«[15] belehrt sie nicht zuletzt ihren Schwiegervater eines Besseren, der behauptete, als bretonische Französin liege Trinken in ihrer DNA.[16]

Dann waren da die Frauen, die mir im realen Leben begegneten. Isabella Steiner etwa, die mit ihrer Geschäftspartnerin Katja Kauf *Nüchtern Berlin* betreibt. Aus einer Website mit Tipps für ein nüchternes Leben wurden ein Onlineshop und schließlich ein Buch, in dem ich mit einem Miniinterview vertreten bin.[17] Oder Nicole Klauss, Autorin des Buchs *Die neue Trinkkultur. Speisen perfekt begleiten ohne Alkohol*, die garantiert weiß, welchen Grüntee man am besten zu Crêpes mit Zitronenzesten serviert. Auch die Berliner Patissière Dilek Topkara, die als gläubige Muslimin komplett auf Alkohol verzichtet. Dass sie noch nicht mal welchen probiert hat, also *niemals*, fand ich beim ersten Mal Hören genauso unvorstellbar wie ihre Erzählungen von damit einhergehenden Diskriminierungen. »Immerzu muss ich mich rechtfertigen«, erklärte sie an einem Sommerabend bei einer schwesterlich geteilten Sauerteigpizza. »Auf Partys drücken mir Wildfremde Gin Tonics in die Hand. Mein Glaube zählt für sie nicht als Ausrede.« Hier in Berlin, wo einfach alle tranken – prüfender Blick auf die auf den umliegenden Terrazzotischen platzierten Rosmarin-Gin-Tonics –, gerate sie andauernd in unangenehme Situationen. Ganz im Gegensatz zu ihrem früheren Wohnort London* oder der Heimat ihrer Eltern: »Nicht mal beim Essen spielt Alkohol in der Türkei eine große Rolle. Klar gibt es Raki, aber nicht, um die Gerichte interessanter zu machen, wie es bei einer Weinbegleitung der Fall ist. Genauso gut kann man Tee trinken oder Ayran oder Wasser.« Die Türkei als Paradies für Nichttrinker: Das deckte sich mit meinen eigenen Erfahrungen, damals mit Anfang zwanzig, als ich den Alkohol schon so gerne mochte, dass mir seine Abwesenheit einen ganzen Urlaub versaute.

Dass mir das Nüchternsein so leichtfiel, lag sicher auch am Zeitgeist. In *Deutschlandfunk Kultur* stieß ich auf einen Beitrag über die *Sobriety*-Bewegung und die Coachin Christiane Hartl, der es um »die Grauzonen zwischen Alkoholismus und gelegentlichem Rausch«[18] geht. »Vielleicht«, so schloss der Beitrag, »ist nüchtern zu leben die nächste Bewegung, die unsere Konsumgewohnheiten langsam, aber nachhaltig verändern wird.«

Wer über *sobriety* und *sober curious* nachdenkt, landet schnell bei *mindful drinking*. Der Begriff geht zurück auf Club Soda, ein weltweit aktives Netzwerk für bewussten Alkoholkonsum. »Paying attention«, aufmerksam sein, und »Living with intention«, absichtsvoll leben, lauten die beiden Glaubenssätze[19]. 2019 erschien das entsprechende Buch mit dem Titel *How to be a Mindful Drinker* (Wie man ein achtsamer Trinker wird), das ich natürlich sofort gekauft habe, denn *sober curious* war ich damals definitiv, auch wenn mein Konsum eine andere Sprache sprach.

Bereits 2017 fand in London das erste Mindful-Drinking-Festival statt, bestehend aus Workshops, Vorträgen und einer Produktmesse. Denn, noch eine gute Nachricht: Der entsprechende Markt explodiert. Einer der Pioniere war Ben Branson mit seinem 2015

---

* Zur Erinnerung: Aus London stammen nicht nur Seedlip und das Mindful Drinking Festival, es ist auch ein Ort für Bars wie das komplett alkoholfreie Redemption.

lancierten Kräuterdestillat Seedlip, das inzwischen ironischerweise zum Global-Spirituosen-Player Diageo gehört.* Mittlerweile gibt es Getränke auf Tee- oder Kombuchabasis, solche, die echte Spirituosen imitieren – besonders oft das Trendgetränk Gin –, Shrubs, also Essig auf Fruchtbasis, Kräuter- und Bitterextrakte, ganz abgesehen von der stetig wachsenden Zahl alkoholfreier Biere.** Schon heute ist in Deutschland jedes zehnte Bier alkoholfrei, Tendenz steigend.[20] Man muss also wirklich keine »Wut auf das Gaststättengewerbe« entwickeln wie die sich selbst als Feinschmeckerin bezeichnende Kristi Coulter, die feststellte, dass sich alkoholfreie Getränke in ihrer Heimatstadt Seattle auf Mocktails*** und »die Kaffee- und Teesorten auf der Dessertkarte« beschränkten[21], oder traurig am Wasserglas nippen wie Benjamin von Stuckrad-Barre, der in *Nüchtern am Weltnichtrauchertag* klagt: »Kellner, mitleidig: ›Und Sie bleiben beim Wasser?‹ Ich bleibe dabei. Er wird mich dazu, wie so viele andere auch, noch häufig befragen heute Abend, wie jeden Abend. Ungläubig oder ironiewitternd: ›Wasser?‹ Schockiert oder beleidigt: ›*Wasser?*‹ Jaja, Wasser, für mich nur Wasser.«[22]

Für mich bitte einen Karamellpopcornkombucha!**** Oder die Eigenkreation meines Freundes Holger, mit kalt extrahiertem Rooibostee, Bitter und alkoholfreiem Bier. Nur wenige Monate nüchternes Leben führten dazu, dass meine »Wein macht Freude«-Kiste plötzlich vollgepackt war mit alkoholfreien Spirituosen. Um über

---

* Zur Erinnerung: Der sponsert die britische Frauenfußballmannschaft.

** Streng genommen ist die Bezeichnung alkoholfrei nicht korrekt, diese Biere dürfen nämlich bis zu 0,5 Volumenprozent enthalten. Unpasteurisierter Kombucha wiederum kann schon mal zwei, drei Prozent Alkohol haben, ist also nichts für Schwangere und Menschen mit körperlicher Abhängigkeit. Ganz abgesehen davon können beispielsweise auch Sauerkraut und Orangensaft kleine Mengen Alkohol enthalten. Schuld sind Fermentationsprozesse, die Zucker in Säuren und Alkohol umwandeln.

*** Ein Kofferwort aus Cocktail und *to mock*, sich lustig machen. Gemeint sind alkoholfreie Varianten bekannter Cocktails, Virgin Mary statt Bloody Mary beispielsweise oder Safer Sex on the Beach.

**** Gibt es in Wiens einzigem komplett vegetarischen Sternerestaurant Tian.

400 Prozent stieg deren Umsatz 2019.[23] Praktischerweise wurden mir als Foodjournalistin viele dieser Produkte zugeschickt. Zugegeben dauerte es einen halben Tag, bis ich alle Hinweise auf Alkohol aus meinem Instagram- und Facebook-Profil getilgt hatte, die Weinflaschenfotos, die angesoffenen Videos, die Korkenzieherverlinkungen. Als Nächstes entfolgte ich sämtlichen Winzern, Bartenderinnen und Weinhandlungen (sorry, Leute) sowie all jenen, deren Weinetikettenfotos meinen Feed fluteten. Je mehr Storys von fränkischen Birnenshrubs ich postete, desto öfter wurden entsprechende Hersteller auf mich aufmerksam. Immer öfter kamen Leute in der digitalen oder analogen Sphäre mit der Frage nach alkoholfreien Alternativen auf mich zu. So staunte ich nicht schlecht, als der Sommelier meines Berliner Lieblingsrestaurants wissen wollte, ob ich ein paar deutsche Traubenseccos empfehlen könne. Philipp Rößle, Gründer des auf alkoholfreie Sekte spezialisierten Labels Kolonne Null, prophezeit, dass 2030 rund 15 Prozent aller konsumierten Weine, Biere und Spirituosen alkoholfrei sein werden.[24] Niemand muss an Silvester wie Susanne Kaloff während ihres alkoholfreien Selbstversuchs zwei Kisten Mineralwasser kaufen.

Ganz abgesehen von dem, was sich Restaurants in dieser Hinsicht einfallen lassen. So fand ich mich im Spätherbst in einem mit Pfauenfedern dekorierten Hotelrestaurant auf dem Südtiroler Ritten wieder, dessen alkoholfreie Menübegleitung mich regelrecht umhaute. Als Aperitif gab es fermentierten Hagebuttentee und Zirbenwasser, zum Steinpilzcarpaccio ein Gurken-Sellerie-Tonic und Kürbissaft mit alkoholfreiem Bier und zum Sauerampfersorbet eine Art alkoholfreien Espresso Martini auf Apfelsaftbasis. Im Wiener Tian verbrachte ich einen sieben Stunden langen Abend mit einem guten Freund, der bosnischen Nationallimo Smerka, einem aus dem antiken Griechenland stammenden Honigessig und einer Sauerteigbrotlimonade namens Kwas. Selbst in einem Burgenländer Landgasthof wurde das Acht-Gänge-Menü auf Wunsch mit Apfel-Sichuan-Saft und Thymian-Hanf-Tee begleitet.

In der gehobenen Gastronomie lässt sich das alkoholfreie Thema gut mit der vegetarischen und veganen Küche vergleichen. In den frühen Zweitausenderjahren hatte die schwäbische Landbevölkerung dafür null Verständnis. Ich weiß nicht, wie oft ich den Satz »Auch keine Wurst?« hörte oder Schinkenstücke von meiner *vegetarischen Pizza* kratzte. Heute hat sogar mein Dorfgasthof ein Gemüseschnitzel auf der Karte.

Natürlich gab es auch die anderen Fälle. Zurückgezogene Essenseinladungen und Abende, an denen ich mich zehn Gänge lang an einen einzigen pappsüßen Fruchtsecco klammerte. Das Außenseiterinnengefühl, wenn der Service diskret mein unbenutztes Weinglas abräumte, während alle anderen am Tisch sich begeistert einschenken ließen. Gleichzeitig fand ich spannend zu beobachten, wem es wirklich ums Essen ging und wem hauptsächlich ums Trinken. Ich für meinen Teil kann sagen, dass mein Geschmacksurteil nüchtern sehr viel klarer ist, allein deswegen, weil ich mich ans Dessert erinnern kann, ohne meine iPhone-Bibliothek zurate ziehen zu müssen.

Was mir bei Presseeinladungen genauso auffiel wie im privaten Kreis: Es gibt eben doch nicht gerade wenige Menschen, die gemäßigt trinken können. Wie oft hatte ich mir meine eigenen Entgleisungen schöngeredet mit der Ausrede: Am Ende waren eh alle voll. Jetzt sah ich, dass das nicht stimmte. Dass die Mehrheit am Tisch ein, zwei Gläser Wein trinken konnte, ohne Bordeauxflecken auf dem Tischtuch zu hinterlassen. Dass es nicht normal war, den Füllstand anderer Gläser genauer zu verfolgen als die Gespräche am Tisch, oder sich hauptsächlich darüber aufzuregen, dass der Kellner es so genau nimmt mit seinem Achtel (ist es nicht ein Zeichen von *Gastfreundschaft*, immer ein bisschen *über* dem Strich einzuschenken?). Währenddessen erinnerte ich mich daran, wie schrecklich anstrengend ich jene Weinbegleitungen empfunden hatte, die hundert Milliliter Spätburgunder für drei Gänge vorsahen, und ich am liebsten gerufen hätte: Stell doch einfach die verdammte Flasche auf den Tisch!

Auch in journalistischer Hinsicht erwies sich meine Entscheidung als fruchtbar. Meine Auftraggeber bestellten Texte über reinsortigen Südtiroler Apfelsaft und Fruchtseccos von schwäbischen Streuobstwiesen; über eine Berliner Hipster-Kombuchabrauerei[25] und ein in Köln produziertes Kräutergebräu, dessen Zutatenliste ganz offiziell »Licht« enthält[26]; über Bars, deren Karte komplett alkoholfrei ist[27], und einen Text mit dem herrlichen Titel »*Dry this at home*: Fünf Empfehlungen für alkoholfreien Genuss«, und zwar ausgerechnet für *Mixology*, ein Magazin für Barkultur.[28] Überraschenderweise entpuppten sich nämlich sogar jene Medien, die ganz unzweideutig das Trinken feierten, als *sober curious*. Für ein amerikanisches Onlinemagazin schrieb ich über die deutsche *sober scene*[29], für ein Weinmagazin verkostete ich steirischen Vogelkirschensaft. Seien wir realistisch: Es besteht nicht die Gefahr, dass plötzlich ganze Redaktionen austrocknen – und doch ist deren prinzipielle Offenheit für nüchterne Themen Beweis eines sich wandelnden Zeitgeists. Angesichts von Aperol-Spritz-Sommern und der winterlichen Glühweindichte (Achtung, Wortspiel) deutscher Weihnachtsmärkte könnte man meinen, alle seien ständig betrunken. Dabei lebte die Hälfte der Weltbevölkerung zwischen Juni 2020 und 2021 komplett abstinent.[30] Und ausgerechnet in einer Londoner Champagnerbar kann man sich zur Sommelière mit Fokus auf alkoholfreie Alternativen ausbilden lassen.[31]

Was für meine beginnende Nüchternheit sicher auch eine Rolle spielte, war, dass sie ungeplant mit der Coronakrise zusammenfiel. Im Frühjahr 2020 stieg der Absatz von Wein und Spirituosen in Deutschland um mehr als ein Drittel[32], und vor allem Frauen griffen stressbedingt während dieser Zeit vermehrt auf Alkohol zurück.[33] Mit meinen früheren Weinvorräten hätte ich die halbe Nachbarschaft versorgen können. Entsprechend froh bin ich, diese Pandemie nüchtern ausgehalten zu haben, ohne digitales Whiskey-Tasting und Zoom-Besäufnis mit entfernten Bekannten. Abgesehen davon, dass ich das große Glück hatte, gesund zu sein und Arbeit zu haben, konnte ich mich auf ein fittes Immunsystem und meine Resilienz verlassen, also die Fähigkeit, gegen äußerliche Schwierigkeiten inneren Widerstand zu leisten.

Stichwort Resilienz: Mit der Nüchternheit kam ein nie gekanntes Selbstbewusstsein. Es manifestierte sich in dem simplen Satz, mit dem ich bibeldicke Weinkarten zurückgehen ließ: »Ich trinke keinen Alkohol.« Wie man seine Abstinenz kommuniziert, ist sehr individuell, man kann es witzig angehen wie der Schauspieler Robert Downey Jr., der auf ein angebotenes Glas erwidert: »Eigentlich gerne, aber ich habe Weihnachten etwas vor«, oder drastisch wie Charlotte Roche, die sagt: »Nein, danke, ich bin trockene Alkoholikerin«, oder ganz ohne Kommentar, weil niemand das Recht auf eine Rechtfertigung hat.

Trinkend war ich mein eigener schlechter Einfluss, das frühreife Problemkind, das die brave Tochter zu jeglichem Unsinn anstiftet, so wie Nikki Reed damals im Film *Dreizehn*. Nüchtern behandelte ich mich wie eine gute Freundin, gab acht auf meine Bedürfnisse, dass ich genug Nahrung und Schlaf bekam, dass ich sicher nach Hause gelangte. Tat sich ein Problem auf, suchte ich nach einer Lösung. Wurde ich aus der Bahn geworfen, gönnte ich mir am Rand eine Pause, atmete durch und lief dann weiter.* Und weil ich mich auf mich selbst verlassen konnte, machte mir das Chaos der Welt – denn die drehte sich ja mit derselben Hochgeschwindigkeit weiter wie bisher – sehr viel weniger aus. Nicht zuletzt hatte ich ja getrunken, weil ich mein Leben mochte wie mein Olivenöl: intensiv, mit leichtem Kratzen im Abgang, ohne zu bemerken, dass es das auch so schon ist.

Außerdem wusste ich plötzlich sehr viel öfter, was ich wollte. Auch das ist ein nachweislicher Effekt der Abstinenz, weil der prä-

---

* So gesehen die erwachsene Variante jener Fußmattenweisheit, die mir meine Mama mal zu Weihnachten schenkte: »Hinfallen, aufstehen, Krönchen richten, weiterlaufen.«

frontale Cortex wieder in der Lage ist, seiner Arbeit nachzugehen, nämlich Entscheidungen zu treffen. Manche waren ganz klein, wie jene Weigerung, mich in einer von Campari gesponserten Bar zu treffen, oder die Absage von Essenseinladungen, die allzu offensichtlich an Alkohol geknüpft waren.

Andere waren groß. Viele meiner Freundinnen und Freunde verließen Berlin und gingen zurück in ihre Heimat. Für mich war das nie infrage gekommen, zu schwach war das Band, das mich mit meinem Dorf verband, außerdem gab es noch immer keinen Autobahnanschluss. Weg aus Berlin hingegen wollte ich sehr. Die Stadt erschien mir mehr und mehr wie ein lebensfeindlicher Ort, an dem Fahrradfahrer gegen Autotüren treten und SUV-Fahrer Kinderwägen umnieten und alle mit ausgefahrenen Ellenbogen durchs Leben gehen, weil wenn Berlin zu hart ist, bist du zu schwach, Schwester. Ich hatte es satt, von so viel Dreck umgeben zu sein und von dreihundertfünfundsechzig Tagen Sperrmüll. Das Versprechen vergangener Zeiten – sperrstundenfreie Clubs, lilienduftgeschwängerte Bars – hatte jeglichen Reiz verloren. Diesen Moloch, der Berlin für mich geworden war, zu verlassen, war auch eine Form von Selbstliebe.

»Wenn die Welt einmal untergehen sollte, ziehe ich nach Wien«, soll Gustav Mahler gesagt haben. So lange wollte ich nicht warten. Seit meinem Wegzug mit achtundzwanzig hatte ich das Klackern der Pferdekutschen vermisst, die regionalbahnfahrtnahen Berge, den allgegenwärtigen Mehlspeisenduft. Also zog ich zurück. Die Angst, die Stadt könnte für mich eine b'soffene G'schicht* bleiben, bewahrheitete sich nicht. Nüchtern war Wien genauso schön wie

---

* Zur Erinnerung: Mit dieser niedlich klingenden Umschreibung versuchte sich der damalige FPÖ-Chef Heinz-Christian Strache aus der Ibiza-Affäre zu ziehen. Das bisschen Wodka-Red-Bull! »B'soffene G'schicht« wurde in Österreich zum Unwort des Jahres 2019 gewählt. www.derstandard.de/story/2000111899744/ibiza-ist-das-oesterreichische-wort-des-jahres-2019

mit Wein, und hinter zwei verdrehten Buchstaben wartete eine ganze Welt. »Die Stadt gehört wieder mir«, rappte Fiva auf FM4, und genau so fühlte es sich an. Ich bezog eine Zweizimmerwohnung in der Nähe des Augartens und freute mich darauf, dort keinen einzigen Katertag durchleiden zu müssen. In einem Porträt über Hanya Yanagihara stieß ich mal über folgenden, die Wohnung der Autorin beschreibenden Satz: »Hier lebt jemand, der sich selbst sehr gut kennt und gut für sich sorgt, das spürt man sofort.«[34] Das war in der Endphase meines Trinkens, als ich mir nichts sehnlicher wünschte, als eine Frau zu sein, die es sich wert ist, »den Dreck der Stadt aus ihrer Wohnung fernzuhalten«. Damals schien dieses Ziel unerreichbar. Jetzt, in der Wiener Wohnung, standen frische Pfingstrosen auf meinem Esszimmertisch, auch wenn sich kein Besuch angekündigt hatte. Der Gast war nämlich ich.

Einmal trank ich Alkohol. Einen Kombucha aus dem Baskenland, dreißig Euro die Flasche. Fermentierter Tee gehörte zu meinen neuen Lieblingsgetränken, weil er toll zum Essen passte und sogar darmbakterienfreundlich war. An einem regnerischen Sonntag probierte ich ein halbes Glas davon, in Kombination mit einer Sashimi-Emmer-Bowl. Dem Etikett zufolge lag der Alkoholgehalt bei zweieinhalb Prozent. Schon nach wenigen Schlucken spürte ich eine Veränderung, als ob ein schiefer Ton die harmonische Partitur dieses gemeinsamen Essens mit einem Freund störte. Es war das absolute Gegenteil von etwas, was ich fühlen wollte. Ich trank das Glas nicht aus.

Später erinnerte mich an den Erlebnisbericht von John Seabrook, jenes weiter oben erwähnten Journalisten, der plötzlich alkoholfreies Bier so gern mochte. Einmal verkostete er gemeinsam mit seiner Frau den teuer nach New York importierten alkoholfreien Wein eines Rheingauweinguts. Den ersten Schluck fand er widerlich. Der zweite Schluck erinnerte ihn an die überreifen Weißweine im Keller seines Vaters, der dritte schmeckte dann plötzlich sehr gut. »Ich begann mich zu freuen. Heureka, ich hatte es gefunden!«[35] Erst dann ging ihm auf, dass er die Flaschen verwechselt hatte: Es handelte sich um echten Wein. So wie ich entschied auch Seabrook, das Glas nicht auszutrinken. Das, würde ich sagen, ist der wahre Heurekamoment.

Dann muss ich noch von den anderen Frauen erzählen. Teil meiner sogenannten Entwöhnungstherapie war ja auch die wöchentliche Gruppenstunde, hundert Minuten Zoom-Call, denn noch immer wütete die Pandemie. Wir waren zu acht. Die Krankenakten waren ein wildes Durcheinander von Abhängigkeiten verschiedenster Art, von Zwangsneurosen, Depressionen und Angstzuständen. Unser kleinster gemeinsamer Nenner war der Alkohol. Da war die ehemals heroinabhängige Kampfhundebesitzerin. Einmal sprach sie von Untertauchen und Personenschutz, dann verschwand sie plötzlich selbst, und irgendeine blöde Verschwiegenheitsklausel verbot unserer Gruppenleiterin, uns nähere Auskunft zu geben. Eine Anfang Zwanzigjährige mit blondem Undercut und schlimmen Kindheitserfahrungen schaltete oft während der Zoom-Calls ihre Kamera aus, vorgeblich, um für ihre Abendschule zu lernen. Ihre Diagnose lautete Mischkonsum. Gleiches galt für die alleinerziehende Mutter, deren Ex-Mann sie regelmäßig verprügelt hatte, ein Thema, das mir seit einiger Zeit sehr naheging. Sie wirkte oft fahrig, aber in ihrer Gebrochenheit auch überraschend stark. Besonders gerne mochte ich eine etwa gleichaltrige Kreuzberger Singlefrau, der das Trinken mehr zu fehlen schien als den anderen. Sie sehnte sich nach einem Partner und legte sich stattdessen eine Straßenhündin zu. Auch die Frau mit dem Waschzwang war mir sehr sympathisch, zumal ich gut nachvollziehen konnte, wie eine Vorliebe für Ordnung ins Manische kippt. Eine nicht mal Dreißigjährige hatte schon mehrere Entzüge hinter sich, eine sogenannte Drehtürpatientin mit dem Gesicht einer Babysitterin. Stichwort Gesicht: Einmal erzählte sie, wie sie eine Creme habe abgeben müssen, weil der darin enthaltene Alkohol zu einem Rückfall hätte führen können. Eine andere Frau fand ich zu Beginn unangenehm melodramatisch, eine schwedische Schönheit mit vollen Lippen und avernabrauner Mähne, die sich durch Alkohol und Marihuana in eine Depression manövriert hatte. Manchmal bestritt sie die Therapie vom Bett aus, mit rot geweinten Augen, die sie nur noch schöner wirken ließen. Durch den Bildschirm hindurch glaubte ich eine Feindseligkeit mir gegenüber zu spüren, als würde sie mir einen Mangel an Empathie unterstellen oder vielleicht an Emotionen generell. Im Einzelgespräch mit meiner Therapeutin – das immer auch dazu diente, die Erfahrungen mit der Gruppe aufzuarbeiten – fiel das Stichwort Übertragung, die Tendenz, eigene verdrängte Gefühle auf andere zu projizieren. Weil ich fürchtete, nicht genug Mitgefühl mit den anderen zu haben, verlagerte ich diesen Vorwurf auf die emotionalste Person in der Runde, die mich noch dazu in ihrem bodenlosen Schmerz an eine frühere Version meiner selbst erinnerte. Als mir das klar geworden war, löste sich meine Antipathie komplett auf.

Die Älteste von uns war eine Rentnerin, die ausschließlich allein zu Hause getrunken hatte und jetzt mit großem Eifer ihren Schrebergarten pflegte. Die Jüngste hatte gerade ihr Abitur hinter sich gebracht und war kürzlich rückfällig geworden, mit einer Flasche Sex on the Beach von Netto. Von allen Anwesenden bewunderte ich sie vielleicht am meisten, weil sie so jung war und schon so einen Durchblick hatte. Aber nein, eigentlich bewunderte ich jede von ihnen.

Manche dieser Frauen verschwanden plötzlich, ohne dass wir anderen Näheres erfahren hätten. Nur etwa jede zweite Teilnehmerin einer ambulanten Entwöhnungstherapie schafft es der Deutschen Rentenversicherung zufolge, dauerhaft abstinent zu bleiben.[36] Andere gehen sogar von Rückfallquoten bis zu 90 Prozent aus[37]. In meiner Gruppe hörte ich von Frauen, die monatelang nüchtern gewesen waren und dann an einem Mittwochabend im Supermarkt eine Flasche Wein kauften, *nur für den Fall*. Mit Rückfällen umzugehen war Teil der Therapie. Die entsprechende Strategie entsprach der allgemeingültigen: seine Gefühle wertzuschätzen und zu versuchen, sich selbst eine gute Freundin zu sein. Kein Selbsthass, sondern Mitgefühl. Vermutlich handhaben das die männlichen oder gemischten Gruppen genauso, aber für uns Frauen lag darin eine spezifische Macht. Weil keine von uns mit jenem übergroßen Selbstbewusstsein ausgestattet war, das die Anonymen Alkoholiker so gerne brechen möchten. Weil wir gelernt hatten, unseren Gefühlen zu misstrauen, aus dem einfachen Grund, dass die Welt uns ein Übermaß davon unterstellte – der Mythos weiblicher Hysterie hat sich erfolgreich ins 21. Jahrhundert hinübergerettet. In der Runde wurde uns beigebracht, Raum einzunehmen, uns selbst und unsere Bedürfnisse in jedem Moment als wertvoll zu erachten und unser Verlangen als stillenswert (abgesehen vom Verlangen zu trinken natürlich). Wir lernten, Nein zu sagen, zu Vätern, Partnern, Chefs. Oft waren wir nicht mal auf die Idee gekommen, dass das möglich sein könnte.

Einmal erzählte eine der mir besonders sympathischen Frauen, jene vom Waschzwang Betroffene, wie wütend sie die nüchternen Lifestyleratschläge machten: »Stricken, Yoga, Meditation, ich hab da keinen Bock drauf.« Dann berichtete sie, wie sie einige Tage nach einem Rückfall ihre To-do-Liste durchgegangen war – Hausverwaltung, Wäsche, mit dem Hund rausgehen –, sich stattdessen aufs Sofa gelegt und zwanzig Minuten lang die Wand angestarrt hatte. Als sie das erzählte, kamen ihr die Tränen und mir auch, weil es so einfach war und so bezeichnend für unsere Gesellschaft und uns Frauen im Besonderen. Weil in Partnerschaften der *mental load*, also das Mitdenken, Sichkümmern, das Leben-am-Laufen-Halten, größtenteils Frauensache ist. Weil auch Singlefrauen sehr viel häufiger als Männer von einem pathologischen Perfektionismus betroffen sind, der sie nie zur Ruhe kommen lässt. Und zwar nicht, weil er in ihrer Natur läge, sondern weil er ihnen, weil er uns anerzogen wird. Erfülle die Erwartungen über alle Maßen! Gib immer 150 Prozent! Sei die Königin der To-do-Liste, denn dann bist du liebenswert! Allzu oft definieren wir Frauen unseren Wert über Leistung. Und was bitte soll es für eine Leistung sein, vom Sofa aus die Wand anzustarren? Wie diese Frau mit dem Waschzwang habe auch ich Alkohol wenigstens zeitweise benutzt, um das Gedankenkarussell mal kurz abzubremsen. Nüchtern nahm ich mir immer mal wieder das Recht heraus, Nein zu sagen zu den Erwartungen meiner Umwelt. Mein Wandanstarren war das Musikhören. Wie traurig, dass ich mir dieses zweckfreie Hobby in der Vergangenheit nur erlaubt hatte, wenn ich betrunken gewesen war. Das wollte ich ändern, das will ich ändern. Ganz unbedingt.

Warum gelingt es manchen Menschen, von ihrer Sucht loszukommen, und anderen nicht? Der Neurowissenschaftler Marc Lewis fand darauf eine faszinierende Antwort. Als Grundlage diente ihm eine Studie, die verschiedene, von Ureinwohnern bewohnte Reservate untersuchte. Während die Suizidrate unter Jugendlichen teilweise achthundertmal so hoch war wie im kanadischen Durchschnitt, lag sie anderswo praktisch bei null. Entscheidend schien, wenig überraschend, ein stabiles soziales Netz zu sein. Viel spannender war die Beobachtung, dass die psychisch gesunden Jugendlichen in der Lage waren, Geschichten zu erzählen, ihr Leben in einen größeren Zusammenhang zu stellen.* Dazu passten Lewis' eigene Erfahrungen als Therapeut. Ein Wendepunkt kam immer dann, wenn sich der Blick seiner Patienten weg von der drogenfokussierten Gegenwart und hin zu Vergangenheit und Zukunft richtete. Die Vergangenheit: Wer war ich, welche innere Leere habe ich mit der Droge zu füllen versucht? Die Zukunft: Wie will ich leben, wer will ich sein? »Menschen müssen sehen können, dass ihr eigenes Leben voranschreitet, sich bewegt, von einer bedeutungsvollen Vergangenheit zu einer lebensfähigen Zukunft. Sie müssen sehen, dass sie etwas erreichen, dass sie Figuren in einer Erzählung sind, dass sie einen Sinn haben.«[38]

In der Fähigkeit zum Narrativ, so der Neurowissenschaftler, liege

---

* Im speziellen Fall der *Native Americans* war dies eng an die Traditionen der einzelnen Stämme geknüpft.

der Schlüssel zur Genesung. Wobei er diesen Begriff als unpassend empfinde, weil er Sucht nicht als Krankheit, sondern erlerntes Verhalten beziehungsweise Gewohnheit sehe. Weiter oben erwähnte ich das bereits: Es sei völlig normal, dass unser Gehirn angenehme Erfahrungen wiederholen wolle und je öfter diese stattfinden eine Art neuronale Abkürzung gehe. Bei einer Sucht passiere demnach Folgendes: Das Gehirn schütte Dopamin aus, einen Botenstoff, der für Motivation zuständig ist und auch unseren Nahrungs- und Fortpflanzungstrieb regelt. Zunächst nur beim Konsum der jeweiligen Substanz, dann bereits im Vorfeld, wobei immer mehr Außenreize damit verknüpft würden, bis irgendwann ein Geruch oder ein Lied als Trigger reiche, so wie die Glocke beim Pawlow'schen Hund. Dass eine Sucht zwingender werde als andere Gewohnheiten, liege einerseits daran, dass so viele Teile des Gehirns betroffen seien, von der für Gefühle zuständigen Amygdala über den Erwartungen generierenden orbitofrontalen Cortex und das Wünsche, Impulse und Handlungen koordinierende Corpus Striatum mit dem Nucleus Accumbens bis hin zum präfrontalen Cortex – Lewis spricht von der »Brücke des Schiffs« –, der unsere Selbstwahrnehmung, Erinnerungen und Entscheidungen lenke und letztlich unsere Persönlichkeit forme. Es liege andererseits aber auch an der starken emotionalen Komponente, dem, was der Neurologe *desire* nennt, Verlangen, das ihm zufolge stärkste menschliche Gefühl, das nie ganz befriedigt werden könne. Keine Droge wirkt länger als ein paar Stunden und lässt einen umso enttäuschter und bedürftiger zurück: bitte mehr! Anders als häufig angenommen, spielen Lewis zufolge Endorphine und Serotonin – das, was gemeinhin mit Glücksempfinden gemeint ist – dabei kaum eine Rolle, viel eher gleiche das Gehirn einem peitschenknallenden Kutschfahrer, der sein Pferd anschreit: Hopp, hopp, konsumiere! Auch interessant: Die Droge selbst enthalte keinen der erwähnten Botenstoffe, sondern setze lediglich die körpereigenen frei. So erkläre sich der Umstand, dass man von praktisch allem abhängig werden könne, Marathonlaufen, Gartenarbeit, Klassik-CDs, wie das beim Suchtspezialisten Gabor Maté der Fall war. Ich fand diese Vorstellung ausgesprochen hilfreich: dass all die guten Gefühle, die ich dem Trinken zuschrieb, schon immer da waren. Mir hatte bloß der richtige Schlüssel gefehlt. Anstatt diesen zu suchen, wählte ich die Brechstange Alkohol.

Der Forscher fährt fort: Bei einer Sucht tue das Gehirn, was sich evolutionär als sinnvoll erwiesen habe, es passe sich an. Ehemals erfreuliche Dinge wie ein ofenwarmer Schokokuchen verlören ihren Reiz. Je öfter das Suchtmittel konsumiert werde, desto mehr litte der präfrontale Cortex, die Schaltstelle, die für Selbstkontrolle zuständig ist. Aus Impuls werde Zwang. Statt langfristige Ziele wie ein freies, gesundes Leben überwiege der *now appeal*, die sofortige Lustbefriedigung, ähnlich einem Kind, das lieber jetzt ein Marshmallow haben will als später zwei.* Erschwerend kommt Lewis zufolge die sogenannte *ego fatigue* hinzu. Die allermeisten von uns verfügten nur über ein begrenztes Reservoir an Selbstkontrolle; wird die Energie zunehmend aufgebraucht, leidet darunter die Fähigkeit zur Selbstregulation. Nur wer seine Perspektive ändere, nämlich von »Ich darf nicht« zu »Ich will nicht«, könne dem entgehen.**

Die frohe Botschaft des Marc Lewis: Alle von der Sucht ausgelösten Veränderungen im Gehirn seien umkehrbar. Die Suchtautobahn werde erst zur Bundesstraße, dann zum Feldweg und schließlich gar nicht mehr befahren. Jedes positive Erlebnis rege das Wachstum der für rationale Entscheidungen zuständigen grauen Hirnsubstanz an – einer Studie zufolge weisen die Gehirne ehemals Süchtiger sogar mehr davon auf als die von Vergleichspersonen. Die Brücke des Schiffs arbeite besser als zuvor, was zu mehr Selbstkontrolle und

---

* 1972 glaubten Forscherinnen und Forscher, anhand des sogenannten Marshmallow-Tests einen Zusammenhang gefunden zu haben zwischen kindlicher Impulskontrolle und beruflichem Erfolg. Seine Ergebnisse sind heute zumindest umstritten. Siehe www.zeit.de/wissen/2018-06/selbstkontrolle-marshmallow-test-psychologie-experiment-selbstbeherrschung.
** Allen Carr lässt grüßen!

mehr Resilienz, also psychischer Widerstandskraft, führen könne. Nicht zuletzt deswegen fordert Lewis dazu auf, eine Sucht nicht als Krankheit zu sehen, sondern als persönliche Entwicklungsstufe. Viele seiner Patientinnen und Patienten wollten diese Erfahrung nicht missen. »Die meisten der genesenen Süchtigen, mit denen ich gesprochen habe, würden sich lieber als frei betrachten – nicht als geheilt, nicht als Verzichtende. (...) Sie würden sich lieber als jemanden sehen, der sich durch die Sucht entwickelt hat und dadurch stärker geworden ist.«[39]*

Die Thesen des 1951 geborenen Amerikaners – der übrigens selbst bis zu seinem dreißigsten Lebensjahr von Opiaten abhängig war – sind umstritten, viele halten noch immer an jenem Krankheitsmodell fest, das die American Medical Association 1967 festlegte. Mir hingegen half sein 2015 erschienenes Buch *The Biology of Desire* mindestens so sehr wie der Stapel *quit lit*. Weil es einen aus der Opferrolle befreit und einem Handlungsmacht über das eigene Schicksal zugesteht. So wendet sich Lewis auch entschieden gegen den Ansatz der Anonymen Alkoholiker. Die Droge sei nichts, was uns ein Leben lang definiere – »Hi, mein Name ist Eva, und ich bin Alkoholikerin« –, sondern das, was andere »Überlebensmechanismus« nennen. Fänden wir einen Ersatz, verliere sie ihre Macht: »Sie sind nur so lange alkoholabhängig, wie Sie Alkohol trinken.« Den Weg aus der Sucht bezeichnet Lewis als Empowerment, die damit einhergehende Empfindung als »atemberaubend«:

»Es fühlt sich an, als würde man von momentanen Erfahrungsbrocken zu der Kohärenz einer ganzen Person übergehen. Es fühlt sich so an, als wäre man der Autor und Verfechter des eigenen Lebens. Es fühlt sich so an, als wäre man wirklich. Man stelle sich vor, was das

---

* Auf diesen Umstand spielt zum Beispiel auch der Titel von Laura McKowens Buch *We are the Luckiest* an: Wir, die ehemals Süchtigen, haben eine lebensverändernde Erfahrung gemacht.

für die Fähigkeit bedeutet, den eigenen Urteilen, Werten, Instinkten und Errungenschaften zu vertrauen. Statt Entscheidungen zu treffen, die offensichtlich selbstzerstörerisch sind, geht man dazu über, Entscheidungen zu treffen, die sich selbst verstärken und erhalten.«[40]

Entscheidender Teil seiner Überlegungen ist die Umkehrung des titelgebenden Verlangens, weg von der Droge, hin zu einem neuen Lebensentwurf. Und die bereits erwähnte Fähigkeit, seine Sucht in ein Narrativ zu überführen, und zwar nicht als Tragödie, sondern eins mit Happy End. Eine Variation von Joan Didions berühmtem Satz: »Wir erzählen uns Geschichten, um zu leben«, hin zu: »Wir erzählen uns Geschichten, um zu werden, wer wir sein wollen.«

Nachdem sie mir geholfen hatte, meine vier Gepäckstücke plus Fahrrad zum Bahnhof zu bugsieren, schickte mir meine Freundin am Tag meines Umzugs nach Wien eine Nachricht. Sie werde mich vermissen und sich gleichzeitig für mich freuen, weil es das ist, was Freundinnen tun. Darunter das Gedicht »Stufen« von Hermann Hesse, von dem ich lediglich den oft zitierten Satz »Denn jedem Anfang wohnt ein Zauber inne« kannte. (Ich bin ganz froh, es nicht schon mit achtzehn entdeckt zu haben, sonst stünde der Satz heute wahrscheinlich auf meinem Arm).*

Jahrelang war das Trinken ein Zauber ohne Ende gewesen, Funken schlagend wie das Lagerfeuer bei jener Klassenparty, bei der ich zum ersten Mal die Hand eines Jungen, den ich mochte, an einer Stelle spürte, die mir fremd und vertraut zugleich war. Scheinbar machte es mich unabhängig, vom Urteil des Jungen, aller Jungen, aller Männer, genauso wie von meinem eigenen. Jetzt hieß es Abschied nehmen, nicht nur von Berlin, sondern auch von meinem alten Ich und vor allem vom Alkohol, jeden Tag ein bisschen mehr.

---

* Schon vor Jahren habe ich mir geschworen: bloß keine Tattoos mehr. Wobei ich das von Holly Whitaker entworfene *Teatotaller*-Motiv – ein TT auf einer Art Scrabble-Stein – schon sehr nice finde.

Würde dieser Prozess jemals ganz abgeschlossen sein? Vielleicht nicht, und vielleicht war das wichtig, weil mich die Erinnerung davon abhielt, wieder mein Glas zu füllen.

Ich hatte getrunken, um zu einer anderen Version meiner selbst zu werden, tough, stolz, emanzipiert. Das Verrückte: In dem Moment, in dem ich damit aufhörte, bin ich genau das geworden.

Immer schon war mein Leben vom Wunsch nach Kontrolle bestimmt gewesen. In der Grundschule wollte ich den Vorlesewettbewerb gewinnen, im Gymnasium nicht rot werden bei der Begegnung mit Frank aus der 12c. Das anschließende Hungern war der Versuch, Deutungshoheit über einen Bereich zu bekommen, einen einzigen wenigstens. Mit Mitte zwanzig stand ich bei einer MRT-Untersuchung kurz vor einer Panikattacke, festgeschnallt in einer Röhre liegend, ohne Zeitgefühl, mit einem irren Industrial-Sound in den Ohren. Ich hatte keine Angst vor der Situation als solcher – zu ersticken oder für immer da drin zu bleiben oder so –, sondern davor, die Kontrolle über meinen Körper zu verlieren. Hinterher notierte ich in mein Tagebuch: »Alles, wovor ich mich fürchte, bin ich selbst. Dass der Geist die Macht über den Körper verliert. Sehnsucht nach totaler Kontrolle. Wie passt das mit meiner Vorliebe für Rausch zusammen?« Berechtigte Frage. Heute würde ich sagen, der Rausch war das dringend notwendige Ventil, eine Miniauszeit vom Über-Ich. Kein Wunder, dass so viele Anorektikerinnen trinken. Perfektionszwang ist etwas zutiefst Weibliches. In nüchternem Zustand fiel mir Nichtstun wahnsinnig schwer, fällt es mir immer noch.

»Es geht ums Loslassen«, sagte meine Therapeutin gegen Ende unserer gemeinsamen Zeit. »Darum, die Kontrolle abzugeben, und zwar ohne Angst.« Das Streben nach Perfektion gehorche denselben Gesetzen wie jene des Trinkens: Es sei nie genug. Wenn ich mir das Loslassen erlaubte, beim Essen, Lieben, Leben, und zwar ohne ein gefülltes Glas in der Hand, würde ich das System mit seinen eigenen Waffen schlagen.

Wenn ich als Kind nicht einschlafen konnte, rief ich nach meiner Mutter und fragte sie: »Mama, woran soll ich denken?« Meist schlug sie vor, mich an die Ereignisse des vergangenen Tages zu erinnern, mit Fokus auf das Schöne, was gar nicht so weit von jener mentalen Dankbarkeitsliste entfernt war, die ich heute als Erwachsene führe.

Einschlafprobleme habe ich noch immer von Zeit zu Zeit. Als ich noch trank, lag das oft am Herzrasen oder an den Sorgen und Vorwürfen, die ich mir bezüglich meines Trinkens machte. Inzwischen liege ich manchmal länger wach, weil ich mir nach dem Abendessen doch unvernünftigerweise einen Espresso macchiato bestellt habe, manchmal aber auch, weil ich mich so sehr auf den nächsten Tag freue, den ersten Kaffee, die Arbeit an einem interessanten Text, eine Verabredung, einen Lauf, der mich auspowern und glücklich zurücklassen wird. Nach so vielen Jahren, in denen das Trinken einen so großen Raum in meinem Denken und Dasein eingenommen hat, habe ich endlich Platz für die wirklich wichtigen Dinge. Weniger aufregend ist mein Leben deshalb nicht geworden, im Gegenteil. »Zu leiden ist interessant, sich davon zu erholen aber auch.«[41] So sagt es Leslie Jamison.

Wenn ich mir mich selbst heute als Schlafende vorstelle, dann ohne verrutschten Rock, ohne aufgeknöpfte Bluse, sondern im Schlafanzug, zugedeckt, friedlich. Neben meinem Bett steht eine Wasserflasche, daneben liegen die AirPods. Vielleicht habe ich zum Einschlafen Musik gehört.

So lange war ich die Frau auf Edvard Munchs Gemälde. Jetzt nicht mehr. Jetzt bin ich die Frau, die ich immer sein wollte. Weil ich frei bin. Unabhängig.

Danke

Allein kann ich vieles, mit anderen kann ich fast alles.

Danke an drei wunderbare Frauen: Meine Agentin Imke Rösing und die Agentur Rauchzeichen, die dieses Projekt von Anfang an unterstützt haben. Nannette Elke, Programmleiterin von Harper-Collins, ohne deren Engagement es dieses Buch nicht geben würde. Schon als wir zum ersten Mal Trüffelpasta an der Bushaltestelle aßen, wusste ich: *It's a match*. Und meiner Lektorin Judith Schneiberg, die aus der Ferne so, so viel Gutes getan hat.

Danke an Jürgen Welte von HarperCollins, auch dass ich das schockierende Cover behalten durfte.

Das Cover! Danke an Nora Blum für das fantastische Foto. Danke an Florian Reimann für die zwei Runden Autorinnenfotos und dass sich solche Dinge mit dir nie nach Arbeit anfühlen.

Danke an meine Freundinnen und Freunde: Miri, *my love*, mit der ich auch nüchtern jederzeit losfliegen kann. Wien und ich, wir warten auf dich. Martin, der mich so gut kennt wie fast niemand und dass ich dank dir jeden Morgen vom Bett aus die Berge sehen kann. Christina, von der ich so viel gelernt habe, vom Kombuchabrauen bis hin zu Vulvaliebe. Christine, *my dearest*, mit der ich jede Portion Mapo Tofu teilen würde. Katha, die egal ob von New York oder Köln oder Berlin aus immer für mich da ist. Paulina, die nicht nur mit mir lacht, sondern auch weint – nicht als Schauspielerin, sondern als Gefährtin. Julian, mein Butterbub, dessen digitale und analoge Umarmungen jeden Nieseltag zum Leuchten bringen. Julia, deine Wut und deine Liebe inspirieren mich. Max fürs Handwerken in der ersten eigenen Wohnung und am gebrochenen Herzen. Maggi dafür, dass unsere Freundschaft so viel mehr ist als betrunken durch Wien stolpern. Birgit für ihre Hilfsbereitschaft in Ästhetik- und allen anderen Fragen, und Flo, in dessen Wohnung ich dieses Buch geschrieben habe, eine Wohnung, in der ich kein einziges Mal verkatert erwacht bin. Anne-Sophie, deren Talent und Klugheit ich so sehr bewundere – danke fürs Zuhören, immer, und besonders damals, bei Gewitter am Schwimmteich sitzend. Omid, der von einer nächtlichen U-Bahn-Bekanntschaft zu einem Freund fürs Leben wurde. Micky für so viele unvergessliche Koch- und Essabende, die dank dir mit Prisecco genauso toll sind wie mit Prosecco. Holger für den Brottrunk und dein Vertrauen. Timon für sein Premiumfreundschaftscoaching und dass unser Band nach so vielen Jahren noch immer so stark ist.

Danke an meine Therapeutinnen Daniela Kronfeldt und Anne Schmidt-Gertz.

Danke an meine Schwester Sara für deine Hilfe in allen Lebenslagen und dass du Trüffelpasta genauso gerne magst wie ich. Danke an meinen Bruder Frank, dein fotografischer Blick auf die Welt ist beneidenswert.

Danke an Sigi, dass du mich immer wie die Tochter behandelt hast, die du dir gewünscht hast.

Und zuletzt danke an meine Eltern. Ich liebe euch.

An-
merkungen

Das Bild

1 Ingeborg W. Owesen, *Edvard Munch between Gender, Love and Women's Rights*, in *Edvard Munch. 1863–1944*, Skira, 2021, S. 297–305.
2 Ann Dowsett Johnston, *Drink. The Deadly Relationship between Women and Alcohol*, Fourth Estate, 2013, S. 55.
3 https://de.statista.com/statistik/daten/studie/5382/umfrage/alkohol verbrauch-je-einwohner-an-reinem-alkohol/
4 https://www.zeit.de/wissen/gesundheit/2019-05/gesundheitsstudie-alkohol-konsum-jugendliche
5 https://www.sueddeutsche.de/gesundheit/alkoholkonsum-frauen-trinken-fast-so-viel-alkohol-wie-maenner-1.3221388
6 Holly Whitaker, Quit Like a Woman: Nüchtern und glücklich in einer Welt voll Alkohol, MVG, 2021, S. 15.
7 https://www.dkfz.de/de/tabakkontrolle/download/Publikationen/sonst Veroeffentlichungen/Alkoholatlas-Deutschland-2017_Doppelseiten.pdf
8 Dowsett Johnston, S. 51.
9 Reshma Saujani: *Mutig, nicht perfekt. Warum Jungen scheitern dürfen und Mädchen alles richtig machen müssen*, Dumont, 2020, S. 30.
10 https://sz-magazin.sueddeutsche.de/gesundheit/ein-glaeschen-am-mittag-86265
11 https://www.telegraph.co.uk/women/womens-health/7549959/Cleverest-women-are-the-heaviest-drinkers.html
12 https://www.nytimes.com/2009/08/16/fashion/16drunk.html
13 Dowsett Johnston, S. 50.
14 https://www.thisisjanewayne.com/news/2020/08/26/das-private-ist-politisch-was-dieser-slogan-mit-der-fetischisierung-persoenlicher-erlebnisse-zu-tun-hat/
15 https://www.dailymail.co.uk/home/you/article-2513939/Alcohol-fuelled-failed-family-says-Ann-Dowsett-Johnston.html

16 Catherine Gray, *Vom unerwarteten Vergnügen, nüchtern zu sein. Frei und glücklich – ein Leben ohne Alkohol*, MVG, 2018, S. 384.
17 https://taz.de/!475010/

Die Flasche

1 Gray, S. 29 und https://www.aerztezeitung.de/Medizin/Kinder-und-Jugendliche-die-viel-Alkohol-vertragen-haben-ein-hohes-Risiko-spaeter-alkoholkrank-zu--393576.html
2 Allen Carr, *Endlich ohne Alkohol! Der einfach Weg mit Allen Carrs Erfolgsmethode*, Goldmann, 2013, S. 51.
3 https://www.zeit.de/gesundheit/2021-07/georg-schomerus-psychisch-kranke-stigmatisierung-vorurteile-depression-schizophrenie-sucht/komplettansicht
4 https://www.dialogwoche-alkohol.at/wissen/zahlen-fakten/
5 Gray, S. 267.
6 https://www.spiegel.de/wissenschaft/mensch/geschlechtsunterschied-alkohol-raubt-frauen-eher-den-schlaf-a-745777.html
7 Isabella Steiner, Katja Kauf, *Mindful Drinking. Nüchtern, happy, katerfrei – mit Genuss zum gesunden Maß*, Knesebeck, 2021, S. 55.
8 https://www.globaldrugsurvey.com/wp-content/uploads/2021/01/GDS2020-Executive-Summary.pdf
9 https://www.zeit.de/wissen/gesundheit/2018-04/alkohol-bier-konsum-risiko-forschung-grenzwerte
10 https://www.zeit.de/wissen/2017-02/alkohol-deutschland-alkoholindustrie-sucht-krankheit-lobbyarbeit
11 *Alkohol, der globale Rausch*, 2020, https://tv.orf.at/program/orf1/dok144.html
12 https://www.veoe.org/assets/PublicPDF/EB_4_2019_wie_harmlos_ist_moderater_alkoholkonsum.pdf
13 Dowsett Johnston, S. 41.
14 Ebd., S. 234.
15 https://www.tk.de/techniker/magazin/life-balance/familie/jugendliche-koma-saufen-2009380?tkcm=aaus
16 https://www.zoll.de/DE/Fachthemen/Steuern/Verbrauchsteuern/Alkohol-Tabakwaren-Kaffee/Steuergegenstand-Besonderheiten-Wein/Alkopop/alkopop_node.html
17 Dowsett Johnston, S. 67.
18 https://www.zeit.de//13/Flatrate-13/komplettansicht
19 https://www.quarks.de/gesundheit/drogen/alkohol-das-macht-er-in-deinem-koerper/
20 https://cdn.who.int/media/docs/default-source/alcohol/action-plan-on-alcohol_first-draft-final_formatted.pdf?sfvrsn=b690edb0_1&download=true

21 https://www.wir-hier.de/wissen-und-experimente/faktencheck/detail/15-fakten-zum-wein/
22 https://taz.de/Historikerin-ueber-Nazis-und-Bier/!5654865/
23 Steiner, Kauf, S. 20.
24 *Alkohol, der globale Rausch*, 2020
25 Ebd.
26 https://www.dhs.de/suechte/alkohol/zahlen-daten-fakten
27 https://www.bundesgesundheitsministerium.de/service/begriffe-von-a-z/a/alkohol.html
28 https://www.zeit.de/arbeit/2021-08/wine-mom-muetter-stress-alkohol-social-media/komplettansicht
29 Daniel Schreiber, *Nüchtern. Über das Trinken und das Glück*, Hanser Berlin, 2014, S. 34.
30 https://www.zeit.de/wissen/gesundheit/2018-04/alkohol-bier-konsum-risiko-forschung-grenzwerte/seite-2
31 https://www.bundesgesundheitsministerium.de/service/begriffe-von-a-z/a/alkohol.html
32 https://www.kenn-dein-limit.info/news/artikel/grosse-wirkung-von-alkoholwerbung-auf-kinder-und-jugendliche.html
33 https://de.statista.com/statistik/daten/studie/151370/umfrage/werbeausgaben-fuer-alkoholische-getraenke/
34 Schreiber, S. 47.
35 https://www.wiwo.de/technologie/blick-hinter-die-zahlen/blick-hinter-die-zahlen-44-alkohol-und-tabakkonsum-mehr-alkohol-wegen-corona-so-viel-trinken-die-deutschen-in-der-pandemie-/26693830.html
36 https://de.statista.com/statistik/daten/studie/491190/umfrage/marktvolumen-im-segment-alkoholische-getraenke-in-deutschland/
37 https://www.zeit.de/wissen/2017-02/alkohol-deutschland-alkoholindustrie-sucht-krankheit-lobbyarbeit/seite-2
38 https://www.stern.de/neon/wilde-welt/wirtschaft/was-wurde-eigentlich-aus-den-alkopops--8165244.html
39 https://de.statista.com/statistik/daten/studie/77503/umfrage/einnahmen-aus-branntweinsteuer-in-deutschland-seit-1960/
40 https://erab.org
41 https://www.spiegel.de/gesundheit/ernaehrung/alkohol-werbung-ein-prosit-auf-die-lobbyisten-von-erab-a-1148227.html
42 https://www.zeit.de/wissen/2017-02/alkohol-deutschland-alkoholindustrie-sucht-krankheit-lobbyarbeit/seite-2
43 https://www.zeit.de/wissen/2017-02/alkohol-deutschland-alkoholindustrie-sucht-krankheit-lobbyarbeit/seite-3
44 https://www.morgenpost.de/politik/article214343885/Landwirtschaftsministerin-lehnt-Mindestpreis-fuer-Alkohol-ab.html
45 https://www.zeit.de/wissen/2017-02/alkohol-deutschland-alkoholindustrie-sucht-krankheit-lobbyarbeit/seite-2

46 https://www.washingtonpost.com/national/health-science/drinking-mirror-app-shows-effects-that-alcohol-can-have-on-facial-appearance/2013/01/18/d1f5c6e0-5bec-11e2-beee-6e38f5215402_story.html
47 https://hellosundaymorning.org/who-we-are/
48 https://hellosundaymorning.org
49 https://www.bbc.com/news/world-australia-57408829
50 https://www.spektrum.de/news/suchtpraevention-in-island/1515343
51 https://www.sueddeutsche.de/leben/trinken-daenemark-alkohol-rausch-corona-thomas-vinterberg-druk-mads-mikkelsen-hygge-bier-1.5352951
52 https://www.researchgate.net/publication/285843262_Drug_harms_in_the_UK_A_multi-criterion_decision_analysis
53 Marc Lewis, *The Biology of Desire. Why Addiction is not a Disease*, Scribe, 2015, S. 174.
54 Schreiber, S. 29 f.
55 Schreiber, S. 67.
56 https://www.youtube.com/watch?v=66cYcSak6nE
57 https://www.researchgate.net/publication/232545123_Comparative_Epidemiology_of_Dependence_on_Tobacco_Alcohol_Controlled_Substancesand_Inhalants_Basic_Findings_From_the_National_Comorbidity_Survey
58 https://de.statista.com/themen/150/rauchen/
59 https://www.dimdi.de/static/de/klassifikationen/icd/icd-10-gm/kode-suche/htmlgm2018/block-f10-f19.htm
60 https://gesund.bund.de/icd-code-suche/f10-1
61 https://www.praevention.at/fileadmin/user_upload/08_Sucht/AUDIT.pdf
62 Kristi Coulter, *Klar im Kopf. Warum ich aufgehört habe, mir das Leben schönzutrinken*, Goldmann, 2019, S. 89.

Das Dorf

1 https://www.sueddeutsche.de/kultur/im-interview-autorin-helen-walsh-ich-bin-noch-nicht-einmal-dreissig-und-lebe-schon-abstinent-1.418613
2 Alderton, *Alles, was ich weiß über die Liebe*, Kiepenheuer & Witsch, 2019, S. 124.
3 https://www.zeit.de/kultur/2017-11/sexismus-frauen-opfer-taeter

Die Frauen

1 Anja Meulenbelt, Anke Wevers, Colet van der Ven, *Frauen und Alkohol*, Rowohlt, 1998, S. 118.
2 Ebd., S. 9.
3 https://www.kenn-dein-limit.de/alkoholkonsum/folgen-von-alkohol/

4 https://www.t-online.de/gesundheit/krankheiten-symptome/id_45719780/alkohol-warum-frauen-schneller-betrunken-sind.html
5 Dowsett Johnston, S. 92.
6 Ebd., S. 42.
7 https://www.derstandard.at/story/2000127886987/weniger-alkohol-fuer-frauen-im-gebaerfaehigen-alter-ein-lehrstueck-in?ref=instagram
8 https://www.dw.com/de/gender-pay-gap-es-bleibt-kompliziert/a-56813137
9 https://www.sueddeutsche.de/gesundheit/ungluecklich-muetter-sie-wollen-ihr-leben-zurueck-1.2419449-0#seite-2
10 https://www.sueddeutsche.de/leben/netzphaenomen-wein-statt-weinen-1.4924421
11 http://www.happy-bitch.com/wine/ – bei Erscheinen des Buchs war die Seite gelöscht
12 http://www.happy-bitch.com/about/
13 Meulenbelt, Wevers, van der Ven, S. 33.
14 https://www.hopfenhelden.de/frauen-in-der-biergeschichte/
15 Ebd.
16 https://www.e-periodica.ch/cntmng?pid=ros-001:2001:0::156
17 Adolf Rapp, *Die Mänade im griechischen Cultus, in der Kunst und Poesie*, Sauerländer, 1872, http://www.rhm.uni-koeln.de/027/Rapp1.pdf.
18 Steiner, Kauf, S. 198.
19 https://www.spiegel.de/geschichte/ein-land-auf-dem-trockenen-a-993ef706-ed24-4d36-8354-3bcc1a14a3b5
20 https://www.deutschlandfunkkultur.de/saufen-bis-zur-totalen-ernuechterung-vom-langen-kampf-gegen.976.de.html?dram:article_id=380232
21 https://www.brauereierlebnis-dortmund.de/werbung.php
22 Aus einer Werbeanzeige für Frauengold, siehe https://www.spiegel.de/fotostrecke/frauengold-herz-kreislauf-tonikum-der-fuenfzigerjahre-fotostrecke-127791.html.
23 https://www.spiegel.de/fotostrecke/frauengold-herz-kreislauf-tonikum-der-fuenfzigerjahre-fotostrecke-127791.html
24 https://sz-magazin.sueddeutsche.de/getraenkemarkt/getraenk-frauen-fuenfziger-alkohol-feminismus-90911
25 https://www.huffpost.com/entry/mommy-wine-culture-drinking-self-care_l_5e3475e9c5b6f2623328fc0d
26 Clare Pooley, *Chianti zum Frühstück. Eine Frau hört auf zu trinken und fängt an zu leben*, Beltz, 2018, S. 19.
27 Ebd., S. 22.
28 Ebd., S. 366.
29 https://sz-magazin.sueddeutsche.de/gesundheit/ein-glaeschen-am-mittag-86265
30 https://www.ncbi.nlm.nih.gov/pmc/articles/PMC3889179/
31 *Alkohol, der globale Rausch*, 2020

32 https://www.timeslive.co.za/news/south-africa/2014-05-06-sa-women-top-boozers/
33 https://gspirits.com
34 Dowsett Johnston, S. 50.
35 https://www.johnniewalker.com/en-us/our-whisky/limited-editions/jane-walker/
36 Whitaker, S. 61.
37 https://www.aerztezeitung.de/Medizin/Auch-wenig-Alkohol-schadet-Herz-und-Hirn-255481.html
38 Ebd.
39 https://www.verbraucherzentrale.de/wissen/lebensmittel/nahrungsergaenzungsmittel/fuer-immer-jung-mit-resveratrol-oder-opc-13389
40 https://www.emotion.de/schoenes-neues/genuss-reise/bas-kast-kochbuch
41 https://baskast.de/ueber-bas-kast/
42 https://www.theguardian.com/society/2018/aug/23/no-healthy-level-of-alcohol-consumption-says-major-study
43 https://www.sueddeutsche.de/panorama/vergewaltigung-die-7-wichtigsten-fakten-zu-sexueller-gewalt-1.2937498
44 Elisabeth Raether, *Die trinkende Frau*, Piper, 2016, S. 101.
45 Ebd., S. 25.
46 Ebd., S. 9.
47 Ruby Warrington, *Sober Curious*, Harper One, 2018, S. 110.
48 https://www.foodandwine.com/cocktails-spirits/vodka/fergies-voli-light-vodka-and-diet-secrets
49 https://www.mirror.co.uk/3am/celebrity-news/gwyneth-paltrowhits-bottle-during-pandemic-24066682
50 https://goop.com/wellness/detox/do-natural-wines-deliver-less-of-a-hang-over/
51 https://www.theguardian.com/lifeandstyle/shortcuts/2018/sep/25/should-we-all-be-drinking-whisky-in-the-bath-like-gwyneth-paltrow

Die Männer

1 Sven Hillenkamp, *Das Ende der Liebe. Gefühle im Zeitalter unendlicher Freiheit*, Klett-Cotta, 2010, S. 68.
2 Ebd., S. 151.
3 https://nypost.com/2016/03/09/what-were-the-ladies-really-drinking-on-sex-and-the-city/
4 https://www.theatlantic.com/entertainment/archive/2013/01/im-a-white-girl-why-girls-wont-ever-overcome-its-racial-problem/267345/
5 https://punchdrink.com/articles/not-drinking-with-girls-hannah-horvath/
6 https://www.refinery29.com/en-us/2017/02/138880/girls-controversial-sex-scene-shiri-appleby-not-rape

7 Lena Dunham, *Not That Kind of Girl. Was ich im Leben so gelernt habe*, S. Fischer, 2014, S. 160 f.
8 https://www.welt.de/gesundheit/psychologie/article134396956/Die-Gesetze-der-Anziehung-zwischen-Mann-und-Frau.html
9 https://www.tagesspiegel.de/kultur/eva-illouz-ueber-beziehungen-und-konsum-die-wahre-liebe/23253732.html

Der Hunger

1 *Im Hause Chanel*, 2005, https://programm.ard.de/TV/arte/im-hause-chanel-/eid_287247185064178
2 https://www.sueddeutsche.de/leben/lagerfeld-ueber-mager-models-runde-frauen-will-niemand-sehen-1.27899
3 Leslie Jamison, *Die Klarheit. Alkohol, Rausch und die Geschichten der Genesung*, Hanser Berlin, 2018, S. 52.
4 Caroline Knapp, *Hunger. Über Magersucht und weibliches Begehren*, Fischer, 2006, S. 20.
5 https://www.wiwo.de/unternehmen/dienstleister/werbesprech-nie-war-die-botschaft-so-wertlos-wie-heute/23163046.html
6 https://gbe-bund.de/pdf/Faktenbl_koerperbild_diaetverhalten_2013_14.pdf
7 Knapp, *Hunger*, S. 60.
8 https://www.brigitte.de/barbara/beauty/auf-der-suche-nach-dem-ursprung-des-koerperhasses-11051782.html
9 Sophie Passmann, *Komplett Gänsehaut*, Kiepenheuer & Witsch, 2021, S. 63.
10 Knapp, *Hunger*, S. 54.
11 https://www.franceinter.fr/emissions/modern-love/modern-love-31-janvier-2021
12 Dowsett Johnston, S. 91.
13 https://www.usmagazine.com/entertainment/news/oprah-winfrey-talks-sex-scenes-on-her-new-series-greenleaf-w210088/
14 https://www.fitforfun.de/abnehmen/figurfalle-getraenke_aid_2151.html
15 https://de.statista.com/statistik/daten/studie/6726/umfrage/diaet-erfahrung-bei-jugendlichen/
16 https://www.zeit.de/zeit-magazin/2020/11/diaet-schlankheitswahn-koerpergefuehl-ernaehrungsumstellung/komplettansicht
17 Laurie Penny, *Fleischmarkt. Weibliche Körper im Kapitalismus*, Edition Nautilus, 2012, S. 47.
18 Roxane Gay, S. 19.
19 Knapp, *Hunger*, S. 185.
20 Gray, S. 353.

Die Stadt

1. Christian Kracht, *Eurotrash*, Kiepenheuer & Witsch, 2021, S. 68.
2. https://www.aerzteblatt.de/archiv/147517/Stress-in-der-Grossstadt-Stadtplanung-fuer-gesunde-Psyche
3. Jamison, *Die Klarheit*, S. 37.
4. *Ich will keine Mühe, keinen Schweiß, kein Aua*, in Welt am Sonntag Nr. 38, 19.9.2021.
5. Isabella Straub, *Südbalkon*, Blumenbar, 2013, S. 43.
6. Schreiber, S. 66.
7. Benjamin von Stuckrad-Barre, *Nüchtern am Weltnichtrauchertag*, Kiepenheuer & Witsch, 2016, S. 32 f.
8. Jardine Libaire, Amanda Eyre Ward, *Berauscht vom Leben. Die Freiheit, nicht zu trinken*, Diogenes, 2021, S. 23.
9. Coulter, S. 84 f.

Die Arbeit

1. https://sz-magazin.sueddeutsche.de/theater/eidinger-schalko-interview-90320
2. Sacha Z. Scoblic, *Unwasted. My Lush Sobriety*, Citadel Press, 2011, S. 9.
3. https://www.wiwo.de/erfolg/beruf/hochstapler-syndrom-trauen-sie-ihren-faehigkeiten-/20532194-all.html
4. https://blog.zeit.de/teilchen/2015/10/08/ghost-keine-nachricht-von-sam
5. https://www.diepresse.com/5989560/die-krise-als-brennglas-ndash-auch-beim-alkoholkonsum
6. https://www.derstandard.de/story/2000058668207/jeden-tag-alkohol-gluck-gluck-gluck
7. https://de.statista.com/outlook/cmo/alkoholische-getraenke/wein/oesterreich
8. https://www.dialogwoche-alkohol.at/wissen/zahlen-fakten/
9. Warrington, S. 24.
10. Schreiber, S. 116.
11. https://www.youtube.com/watch?v=MXzwAXzUwwE
12. https://www.welt.de/vermischtes/article158586837/Das-traurige-Geheimnis-der-Louise-Delage.html
13. https://sz-magazin.sueddeutsche.de/essen-und-trinken/alkoholfreie-drinks-trend-rezepte-89614
14. *Alkohol, der globale Rausch*, 2020

Die Liebe

1. Susanne Kaloff, *Nüchtern betrachtet war's betrunken nicht so berauschend. Ein befreiendes Experiment*, Fischer, 2018, S. 44.
2. Knapp, *Alkohol – meine gefährliche Liebe*, S. 80.
3. Amy Liptrot, *Nachtlichter*, BTB, 2019, S. 49.
4. Laura McKowen, *We are the Luckiest. The Surprising Magic of a Sober Life*, New World Library, 2020, S. 26.
5. Jamison, *Die Klarheit*, S. 146.
6. https://www.welt.de/kultur/plus188254361/Abstinenz-Versuch-Alkohol-meine-grosse-Liebe.html
7. Knapp, *Alkohol – meine gefährliche Liebe*, S. 5.
8. Knapp, *Hunger. Über Magersucht und weibliches Begehren*, S. 261.
9. Leslie Jamison, *Die Empathie-Tests. Über Einfühlung und das Leiden anderer*, Hanser Berlin, 2015, S. 281 f.
10. Ebd., S. 297 f.
11. Ebd., S. 306.
12. Knapp, *Alkohol – meine gefährliche Liebe*, S. 16.
13. https://taz.de/Debatte-in-Frankreich/!5709877/
14. https://www.welt.de/kultur/literarischewelt/plus220489208/Pauline-Harmange-und-ihr-Manifest-Ich-hasse-Maenner.html
15. *Alkoholatlas Deutschland 2017*, S. 63 ff, siehe https://www.dkfz.de/de/tabakkontrolle/download/Publikationen/sonstVeroeffentlichungen/Alkoholatlas-Deutschland-2017_Doppelseiten.pdf.
16. https://www.aktionswoche-alkohol.de/hintergrund-alkohol/gewalt/
17. https://www.bmfsfj.de/bmfsfj/themen/gleichstellung/frauen-vor-gewalt-schuetzen/haeusliche-gewalt/haeusliche-gewalt-80642
18. https://www.dw.com/de/gewalt-gegen-frauen-mehr-femizide-in-deutschland/a-55562981
19. https://www.ncbi.nlm.nih.gov/pmc/articles/PMC3889179/
20. Meulenbelt, Wevers, van der Ven, S. 124.
21. https://www.dm.de/xantus-drinkcheck-armband-4er-pack-p4270000185717.html
22. Dowsett Johnston, S. 80.
23. Bettina Wilpert, *Nichts, was uns passiert*, Verbrecher Verlag, 2018, S. 33.
24. Ebd.
25. https://www.dkfz.de/de/tabakkontrolle/download/Publikationen/sonstVeroeffentlichungen/Alkoholatlas-Deutschland-2017_Doppelseiten.pdf, S. 64.
26. https://www.zeit.de/gesellschaft/zeitgeschehen/2016-01/koeln-silvester-sexuelle-uebergriffe-raub-faq
27. https://www.rnz.de/ratgeber/gesundheit_artikel,-corona-krise-wer-trinkt-jetzt-zu-hause-das-virus-und-der-alkohol-_arid,510440.html

28 https://www.zdf.de/nachrichten/politik/corona-haeusliche-gewalt-anstieg-100.html
29 https://www.rnz.de/nachrichten/bergstrasse_artikel,-alkoholmissbrauch-und-gewalt-bedeuten-alkohol-und-corona-mehr-gewalt-_arid,522286.html
30 https://taz.de/Gewalt-gegen-Frauen-in-Suedafrika/!5693473/

Die Wunde

1 Knapp, *Hunger. Über Magersucht und weibliches Begehren*, S. 261.
2 Leslie Jamison, *Die Empathie-Tests. Über Einfühlung und das Leiden anderer*, Hanser Berlin, 2015, S. 281 f.
3 Ebd., S. 297 f.
4 Ebd., S. 306.
5 Knapp, *Alkohol – meine gefährliche Liebe*, S. 16.
6 https://taz.de/Debatte-in-Frankreich/!5709877/
7 https://www.welt.de/kultur/literarischewelt/plus220489208/Pauline-Harmange-und-ihr-Manifest-Ich-hasse-Maenner.html
8 *Alkoholatlas Deutschland 2017*, S. 63 ff, siehe https://www.dkfz.de/de/tabakkontrolle/download/Publikationen/sonstVeroeffentlichungen/Alkoholatlas-Deutschland-2017_Doppelseiten.pdf
9 https://www.aktionswoche-alkohol.de/hintergrund-alkohol/gewalt/
10 https://www.bmfsfj.de/bmfsfj/themen/gleichstellung/frauen-vor-gewalt-schuetzen/haeusliche-gewalt/haeusliche-gewalt-80642
11 https://www.dw.com/de/gewalt-gegen-frauen-mehr-femizide-in-deutschland/a-55562981
12 https://www.ncbi.nlm.nih.gov/pmc/articles/PMC3889179/
13 Meulenbelt, Wevers, van der Ven, S. 124.
14 https://www.dm.de/xantus-drinkcheck-armband-4er-pack-p4270000185717.html
15 Dowsett Johnston, S. 80.
16 Bettina Wilpert, *Nichts, was uns passiert*, Verbrecher Verlag, 2018, S. 33.
17 Ebd.
18 https://www.dkfz.de/de/tabakkontrolle/download/Publikationen/sonstVeroeffentlichungen/Alkoholatlas-Deutschland-2017_Doppelseiten.pdf S. 64.
19 https://www.zeit.de/gesellschaft/zeitgeschehen/2016-01/koeln-silvester-sexuelle-uebergriffe-raub-faq
20 https://www.rnz.de/ratgeber/gesundheit_artikel,-corona-krise-wer-trinkt-jetzt-zu-hause-das-virus-und-der-alkohol-_arid,510440.html
21 https://www.zdf.de/nachrichten/politik/corona-haeusliche-gewalt-anstieg-100.html

22 https://www.rnz.de/nachrichten/bergstrasse_artikel,-alkoholmiss brauch-und-gewalt-bedeuten-alkohol-und-corona-mehr-gewalt-_arid,522286.html
23 https://taz.de/Gewalt-gegen-Frauen-in-Suedafrika/!5693473/

Die Hilfe

1 Daniel Schreiber, *Versuchen Sie mal, nichts zu trinken*, siehe https://taz.de/Alkoholabstinenz/!5076583/.
2 https://www.dgsf.org/aktuell/news/Klassiker_Bateson_Kontext%202-2008.pdf
3 https://www.zeit.de/zeit-magazin/wochenmarkt/2021-01/dry-january-alkoholfreie-getraenke-wochenmarkt
4 https://www.zeit.de/zeit-magazin/2014/36/t-shirt-weiss-mode-hipster
5 Meulenbelt, Wevers, van der Ven, S. 140.
6 https://alkoholhilfe.at/wp-content/uploads/2018/06/INFO-Test-CAGE.pdf
7 https://alkoholhilfe.at/wp-content/uploads/2018/06/INFO-Test-MALT.pdf
8 https://www.theguardian.com/film/2010/nov/07/another-year-mike-leigh-review
9 Meulenbelt, Wevers, van der Ven, S. 189 f.
10 https://www.hipsobriety.com/home/2014/12/16/my-name-is-holly-and-im-not-an-alcoholic-because-no-one-is
11 Warrington, S. 21.
12 Ebd., S. 218.
13 https://www.newyorker.com/magazine/2021/09/27/an-ex-drinkers-search-for-a-sober-buzz
14 Benjamin von Stuckrad-Barre, *Panikherz*, Kiepenheuer & Witsch, 2016, S. 564.
15 Whitaker, S. 121.
16 https://www.anonyme-alkoholiker.de/downloads/Zwölf-Schritte.pdf
https://www.deutschlandfunk.de/drogensuchtbekaempfung-in-den-usa-schmerz-stigma-schweigen.799.de.html?dram:article_id=392788
17 Whitaker, S. 119 f.
18 Ebd., S. 35 ff.
19 https://www.kenn-dein-limit.de/alkoholkonsum/folgen-von-alkohol/
20 Liptrot, S. 204.
21 Ebd., S. 225.
22 Ebd., S. 212.
23 https://www.theguardian.com/commentisfree/2019/jul/31/i-was-only-going-to-give-up-alcohol-for-a-month-but-i-wasnt-prepared-for-the-impact-it-had

24 https://www.theguardian.com/commentisfree/2019/jul/31/i-was-only-going-to-give-up-alcohol-for-a-month-but-i-wasnt-prepared-for-the-impact-it-had#comment-131562998

Das Ende

1 Knapp, *Alkohol – meine gefährliche Liebe*, S. 214.
2 https://www.theguardian.com/books/2013/sep/21/stephen-king-shining-sequel-interview
3 https://open.spotify.com/episode/2nKEzRo6dd6uH5KAf2EtDO?si=1n03pg8NTl66JaTASUJ_mA&dl_branch=1
4 Carr, S. 223.
5 Thomas Melle, *Die Welt im Rücken*, Rowohlt, 2016, S. 197.
6 Leslie Jamison, *Die Empathie-Tests*, S. 287.

Der Anfang

1 Ebd., S. 61.
2 https://www.huffpost.com/entry/exercise-alcohol-brain-study_n_3101501
3 Warrington, S. 221.
4 Ebd., S. 220.
5 Warrington, S. 212.
6 Liptrot, S. 217.
7 Ebd., S. 241.
8 Ebd., S. 295.
9 Caroline Knapp, *Hunger. Über Magersucht und weibliches Begehren*, S. 183.
10 https://www.ncbi.nlm.nih.gov/pmc/articles/PMC3889179/
11 Rupi Kaur, *Die Blüten der Sonne*, Fischer, 2017, S. 22.
12 Bernardine Evaristo, *Mädchen, Frau etc.*, Tropen, 2021, S. 70.
13 *Me Sober*, siehe https://me-sober-podcast.simplecast.com.
14 *Ohne Alkohol mit Nathalie*, siehe https://oamn.jetzt/podcast/.
15 https://www.arte.tv/de/videos/101975-000-A/literatur-alkoholkonsum-als-pseudo-emanzipation/
16 https://www.marieclaire.fr/sans-alcool-claire-touzard,1373184.asp
17 Steiner, Kauf, S. 206 f.
18 https://www.deutschlandfunkkultur.de/alkoholkonsum-wer-nicht-trinkt-braucht-eine-ausrede.976.de.html?dram:article_id=497340
19 https://joinclubsoda.com/what-is-mindful-drinking-7-habits/
20 https://www.tagesschau.de/wirtschaft/unternehmen/alkoholfreies-bier-dbb-101.html
21 Coulter, S. 136.
22 Benjamin von Stuckrad-Barre, *Nüchtern am Weltnichtrauchertag*, S. 9.

23 https://www.businessinsider.de/leben/selbstoptimierung/millenials-verzichten-immer-oefter-auf-alkohol-ich-weiss-genau-warum/
24 Steiner, Kauf, S. 210.
25 https://www.zeit.de/zeit-magazin/wochenmarkt/2021-01/kombucha-tee-brauen-fermentieren-scoby-thebouche-rezept
26 https://mixology.eu/markmans-herbal-elixir-alkoholfreier-verdauungsschnaps/
27 https://www.derstandard.de/story/2000121071691/ernuechternder-barbesuch-in-berlin
28 https://mixology.eu/dry-january-fuenf-empfehlungen-champagner-bratbirne-alkoholfrei/
29 https://trinkmag.com/articles/sober-culture-in-berlin-and-beyond
30 https://cdn.who.int/media/docs/default-source/alcohol/action-plan-on-alcohol_first-draft-final_formatted.pdf?sfvrsn=b690edb0_1&download=true
31 https://searcys.co.uk/st-pancras-by-searcys-offers-low-or-no-alcoholic-pairings/
32 https://sz-magazin.sueddeutsche.de/leben-und-gesellschaft/alkohol-werbung-corona-89507
33 https://www.diepresse.com/5989560/die-krise-als-brennglas-ndash-auch-beim-alkoholkonsum
34 https://www.zeit.de/zeit-magazin/2019/05/hanya-yanagihara-autorin-roman-new-york-hausbesuch
35 https://www.newyorker.com/magazine/2021/09/27/an-ex-drinkers-search-for-a-sober-buzz
36 https://www.sucht.de/tl_files/pdf/veroeffentlichungen/Zahlen%20und%20Fakten/7_Leistungen-Daten&Fakten_2015.pdf
37 https://www.mywaybettyford.de/suchtkompendium/rueckfall-alkohol/
38 Lewis, S. 204.
39 Ebd., S. 10.
40 Ebd., S. 206 f.
41 Jamison, *Die Empathie-Tests*, S. 324.